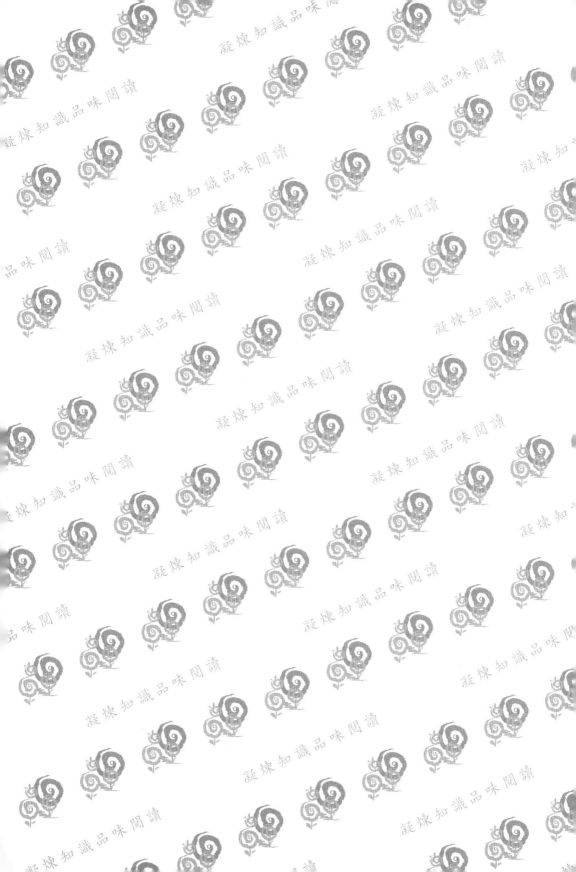

案例式

民法

林洲富 | 著

五南圖書出版公司 印行

推薦序 FOREWORD

　　林洲富法官所著《民法─案例式》，對於臺灣民法學的發展，有顯著意義。民法是私法的基本法，規範私人間的財產及人身關係的法律。本書以例題的方式說明及分析民法的原則，將民法理論應用於具體的民事事件，使理論與實務能夠相互應證，有助於將民法轉化成實用的學科，使民法真正成為生活中的法律。

　　林法官非常勤勉上進，平日除了忙於審判實務外仍不忘積極向學，就讀中正大學法律研究所以優異成績取得法學碩士學位，並進而攻讀原校的法律研究所博士課程。林法官對於民法領域的造詣很深，又兼具審判實務及學術研究的專業背景，使本書對於從事民事實務或學習民法者，都具有參考價值。

　　臺灣的社會正在快速進步變化中，跟隨著社會變化的脈動，民法學亦處於發展變遷的過程，從外國抄襲的民法典，必須要生根於臺灣的土地才能有新的生命。林法官融合理論與實務的作法，將有助於民法學的本土化，使我們可以樂觀地看到本土化的民法學早日來臨。

國立中正大學法律學系暨研究所教授
謝哲勝　謹識
2005年1月，於臺灣財產法暨經濟法研究協會

八版序

PREFACE

　　本著再版距前次出版日已逾6年，期間發現有部分內容有增刪之必要，適逢民法各於2013年12月11日、2014年1月29日、2015年1月14日、2015年6月10日、2019年4月24日、2019年6月19日分別增修民法法條，司法院釋字第748號解釋施行法並於2019年5月24日施行。職是，筆者利用8版校正與付梓同時，加以修正與勘誤，並增刪最新法律規定與實務見解，期盼法律規範與社會現狀相互契合。因著者才學容有不足，不周之處在所難免，期盼各界賢達先進，惠予指教，俾有所精進，實為本人之萬幸。

林洲富　謹誌

2020年8月1日

謹識於智慧財產法院

自 序 PREFACE

　　民法為萬法之母，並為私法之基本大法，規範私人間之財產及身分關係之法律，其於法律體系占有極為重要之地位。有鑑於我國民法內容浩繁，涵蓋範圍甚廣，故如何掌握法律規範之重點，正確解釋及適用法律，將民法理論應用於實際之民事事件，誠屬重要。筆者從事民事審判多年，本於教學及實務之工作經驗，謹參考國內、外學說及實務見解，試以例題之方式，說明及分析法律之原則，使實務與理論相互印證，將民法理論轉化成實用之學，俾於有志研習者易於瞭解，期能增進學習之效果。準此，茲將拙著定名為《民法－案例式》。因筆者學識不足，所論自有疏誤之處，敬祈賢達法碩，不吝賜教，至為感幸。

林洲富　謹識

2004年12月12日

於臺灣臺中地方法院民事庭

目 錄　CONTENTS

第二編 總 則

第一編

緒　論

目　次

第一章　民法之概念

　　A市政府為宣示總統、副總統選舉查賄之決心，而於A市監、檢、警聯繫會報中，由市長宣布提供新臺幣（下同）200萬元作為檢舉賄選之獎金，倘經檢察官偵查終結起訴，每案發給檢舉人200萬元獎金。適有甲自掏腰包以每鄰選舉人數每票500元之代價，前往乙之住處，囑請乙依該鄰選舉人數，每票500元發放與有選舉權之人，並以一成之價額作為乙發放賄款之代價，並期約於總統、副總統選舉之日，圈選某組候選人，乙乃向A市警察局檢舉賄選，甲因違反總統、副總統選舉罷免法，經檢察官提起公訴，並經法院判處有期徒刑。試問乙主張A市政府應依據會議所宣布之內容，對完成檢舉賄選之乙給予報酬，其向法院起訴請求A市政府給付報酬，是否有理由[1]？

壹、民法之定義及性質

一、民法之定義

　　法律有公法及私法之分：(一)公法（public law）係規定國家與人民間之關係或國家各機關間之法律。例如，憲法、稅法；(二)私法（private law）係規定私人間之法律關係。民法（civil law）為重要之私法，以規範私法人生活中之權利義務為其內容，分為財產法及身分法兩大類型。再者，民法分為形式意義民法與實質意義民法：(一)形式意義民法，係指形式上標明「民法」二字之法典；(二)實質意義民法，係指民法法典（civil code）以外，規範私人間社會關係之民事法規而言[2]。

---

[1] 臺灣臺中地方法院90年度訴字第1004號民事裁定。

[2] 例如，公司法、票據法、海商法及保險法等民事特別法。

二、民法之性質

民法為普通私法及實體法：(一)民法為最基本、最重要之私法。民法之效力適用於全國任何人、任何地方或任何事項，其為普通私法。如其他法律就同一事項有特別規定時，應優先適用該其他法律。例如，公司法就經理人之規定，屬特別規定，應優先於民法而適用之；(二)民法規定私法上之權利義務之發生、變更及消滅，其為實體法。而民事訴訟法規定對於已發生、變更或消滅之私法上權利義務，加以實現方法之法律，其為程序法。

貳、民法之效力

民法之效力係指民法之拘束力。民法之效力有三：(一)時之效力，原則上應自施行日期起生效，不用於施行前所發生之事項，此為法律不溯既往原則。而法律另有規定者，不在此限；(二)人之效力，基於屬人主義，對於居住本國或外國者，均有適用；(三)地之效力，依據屬地主義，對於本國領域之人民，不論其國籍為何，均有適用。而外國人有治外法權，或涉外民事法律有特別規定者，不在此限。

參、法院審判權之劃分

國家對於民事訴訟與行政訴訟設有不同之裁判系統，普通法院與行政法院，各具權限，不得逾越，其相互間應尊重彼此職權及其裁判效力。訴訟事件如為公法上之爭議，即屬於行政法院之權限，僅行政法院有裁判之權。倘原告主張之訴訟標的，係公法上之給付，其為公法關係之訴訟，非屬普通法院之權限，普通法院認其無受理訴訟權限者，應依職權裁定將訴訟移送至有受理訴訟權限之管轄法院（民事訴訟法第31條之2第2項）。倘無法移送者，應從程序上以裁定駁回原告之訴（民事訴訟法第249條第1項第1款）。訴訟事件是否屬民事訴訟之範疇，應以原告起訴主張為訴訟標的之法律關係為斷，而非以法院調查之結果為依歸。至於法院調查之結果，倘認為原告請求者不符法律規定之要

件時，屬其訴有無理由之問題，自與法院有否審判權無涉[3]。

肆、例題研析——普通法院就公法爭議無管轄權

一、公法與私法之區別

　　行政命令爲行政機關行使公權力單方面訂定，具有抽象及一般性拘束力之規範。所謂自治規則，係指自治團體所訂定具有抽象及一般性拘束力之命令，兩者均屬公法關係。而民法以規範私人生活之權利義務爲其內容，屬私法關係。準此，乙得否依私法關係向普通法院訴請A市政府給付報酬金，自應審究A市政府發給檢舉獎金之宣示，其性質係公法上行爲或者爲單純私法上契約而定。依據地方制度法第19條第1項第1款規定，縣（市）公職人員選舉、罷免之實施，爲縣（市）關於組織及行政管理自治事項，於此範圍內，縣市政府自得依法發布或下達自治規則（地方制度法第25條）。職是，檢舉賄選發放獎金之宣示，乃具有自治規則之性質，而有對外之法律效果。依學說上一般就公法與私法之區別標準觀之，無論從利益說[4]、從屬說[5]、舊主體說[6]或新主體說[7]而言，因此等檢舉獎金請求所生之爭議，其性質均應屬於公法事件，而爲公法上之法律關係，並非單純之私法契約。

二、依原告主張之法律關係而定

　　就乙主張之給付內容以觀，檢舉賄選發放獎金之宣示，乃具有自治規則之性質，而對外發生公法之法律關係，是乙主張爲訴訟標的之法律關係非屬私

---

[3] 最高法院88年度台抗字第168號民事裁定、102年度台上字第2401號民事判決。

[4] 利益說係以公益為目的者為公法，以私利為目的者為私法。

[5] 從屬說係以規範上下隸屬關係者為公法，規範平等關係者為私法。

[6] 舊主體說係指法律關係主體之一方或雙方為國家或機關者為公法，法律關係之主體雙方均為私人者為私法。

[7] 新主體說或特別法規說係指國家或機關以公權力主體地位作為法律關係之主體者，該適用之法律為公法，該法律對於任何人均可適用者，則為私法。

法上權利，自不得爲民事訴訟之標的。準此，乙依民事訴訟程序向普通法院訴請裁判，訴訟事件不屬普通法院之權限者，普通法院應依職權裁定將該訴訟移至有管轄權之高等行政法院（民事訴訟法第31條之2第2項、第249條第1項第1款）。倘乙主張懸賞廣告之法律關係，請求給付報酬（民法第164條第1項）。依據其所訴之事實，則爲法律上顯無理由，普通法院得不經言詞辯論，逕以判決駁回之（民事訴訟法第249條第2項）。

第二章　民法典之制定及體例

《例題2》

> 甲大學畢業後與乙結婚，育有子丙，甲受僱於丁公司，甲向戊建築公司購買房地，甲向己銀行貸款，並以房地所有權設定抵押權予己銀行，甲因車禍身亡，由乙妻及丙子繼承其遺產。試問上揭之法律關係為何？依據為何？

壹、民法典之制定

我國民法共分5編，即總則、債、物權、親屬及繼承。總則於1929年5月23日公布，同年10月10日施行。債於1929年11月22日公布，1930年5月5日施行。物權於1929年11月30日公布，1930年5月5日施行。親屬及繼承均於1930年12月26日公布，1931年5月5日施行。

貳、例題解析──民法典之體例

第一編總則（general principle），規定民法所共通適用之原則，甲從事法律行為是否有效成立，為總則所規範。第二編債（obligation），規定債權債務關係，甲受僱於丁公司成立僱傭關係，向戊建築公司購買房地成立買賣關係，向己銀行貸款成立消費借貸關係，均屬債之關係。第三編物權（rights in rem），規定對物之支配、使用及收益等權利義務關係，甲因貸款之故，以所有之房地為己銀行設定抵押權而成立抵押權關係。第四編親屬（family），規定親屬關係之發生、消滅及親屬間之權利義務，甲與乙結婚成立夫妻關係，丙為其等之婚生子女。第五編繼承（succession），規定因被繼承人死亡，由其具有一定親屬關係之人概括承受其遺產之關係。甲死亡後由乙妻與丙子繼承其遺產，屬繼承之法律關係。準此，債編及物權編以財產關係為內容，屬財產法之性質。親屬及繼承規範身分關係及因身分關係而生之財產關係，屬身分法。

第三章　民法之法源

《例題3》

> 　　甲酒後駕車超速，過失撞擊人行道之行人乙，導致乙受有重傷，乙之父母知悉乙有受傷後，身心十分痛苦。試問乙及其父母是否可依據民法規定，向甲請求損害賠償？

壹、法源之定義與類型

　　所謂民法之法源，係指構成民法之各種材料。法源之類型，分為制定法與非制定法。制定法包含法律、命令、地方自治法規及條約；非制定法包含習慣法與法理。

一、制定法

　　制定法分為：(一)所謂法律，係指立法院通過，總統公布之法律（憲法第170條）；(二)所謂命令，係指行政機關依據職權或法律所公布之規章；(三)所謂地方自治法規，係指省、縣、市、鄉、鎮等地方自治團體在自治權之範圍內所制定之法規；(四)所謂條約，係指國與國間之協議，我國對外所簽訂之條約，經立法院決議並公布者，其效力與法律相同。

二、非制定法

　　非制定法分為：(一)所謂習慣法，係指社會所慣行之事實，一般人確信其必須遵從而具有法之效力之規範（民法第1條）。例如，祭祀公業之繼承，依從習慣，以享有派下權之男系子孫或奉祀本家祖先之女子及從母性之子孫為限；(二)所謂法理，係指為維持法秩序之和平，事物所本然或應然之原理。法理之補充功能，在適用上包括制定法內之法律續造及制定法外之法律續造[1]。

---

[1] 最高法院101年度台上字第1695號民事判決。

例如，正義、衡平觀念（民法第1條）。

貳、例題解析——請求權基礎

甲酒後駕車超速，過失撞擊行人乙，導致乙受重傷，乙得主張侵權行為之法律關係，向甲請求醫療費用、喪失或減少勞動能力之損失、增加生活需要之支出及精神慰撫金[2]。至於乙父母基於愛子車禍而身受重傷，雖然身心十分痛苦，惟目前並無法源依據，作為乙父母向甲請求損害賠償之請求權基礎[3]。

---

[2] 民法第184條、第193條及第195條。

[3] 民法第194條規定侵害生命權之非財產上損害賠償，即不法侵害他人致死者，被害人之父、母、子、女及配偶，雖非財產上之損害，亦得請求賠償相當之金額。

第四章　民法之解釋

《例題4》

　　甲營造公司引進乙移工從事建築工作，適丙公司亟需人力投入其所承攬之工程，丙公司經甲公司之同意，派乙至丙承攬之工地工作，詎乙於工地搬運建築材料時，因其過失導致建築材料至高處落下，擊中行經工地之路人丁，造成丁受傷。試問丁應如何主張權利？依據為何？

壹、解釋民法之目的

　　解釋民法之目的，在於探求民法法源之意義，確定其內容，以期正確適用民法。將具體之事件事實，置於法律之規範要件，而發生一定之權利義務關係。換言之，藉由法律解釋過程導出法律適用之三段論。茲說明如後：(一)法律規範為大前提；(二)具體之事件事實為小前提；(三)以一定法律效果之發生為其結論。

貳、解釋民法之方法

一、文理解釋

　　依據法律條文之文理或字義所解釋。例如，民法第66條第1項規定，稱不動產者，係指土地及其定著物。所謂土地之定著物，依據文義解釋可知，定著物係指非土地之構成部分，繼續附著於土地，而達一定經濟上目的，不易移動其所在之物而言。例如，屋頂尚未完全完工之房屋，其已足避風雨，可達經濟上使用之目的者，即屬土地之定著物[1]。

---

[1] 最高法院63年度第6次民庭庭推總會議決議(1)，會議日期1974年12月3日。

第一編 第四章 民法之解釋 11

二、論理解釋

運用推理之方法，斟酌立法目的及社會生活之需要，以解釋法律條文之真意，其有下列數種方法：(一)擴張解釋：擴張法律條文之意義，使其合於法律真意之解釋。例如，民法第188條第1項所謂受僱人，並非僅限於僱傭契約所稱之受僱人，凡客觀上被他人使用為之服務勞務而受其監督者均係受僱人，不限於有簽訂僱傭契約者[2]；(二)限縮解釋：法條之文義過於廣泛時，則限縮其文義之適用範圍。例如，民法第125條固規定，請求權因15年間不行使而消滅，然此所謂請求權應限縮不適用身分關係所生之請求權。例如，夫妻一方請求他方履行同居之請求權，並無消滅時效完成之問題；(三)反對解釋：依據法條規定，以推論其反面之結果。例如，民法第12條規定，滿20歲為成年人。依其反面解釋，未滿20歲者，為未成年人。

三、類推適用

對於法律未明文規定之事項，援引類似之條文，而比附適用。例如，民法第983條規定，一定之親屬間不得結婚[3]。違反者，同法第988條第2款明定其結婚無效。倘該等親屬有訂定婚約者，其效力如何，法無明文，自應類推適用上開規定，其等婚約應屬無效。

參、例題解析——僱用人之責任

乙移工雖為甲營造公司所引進之勞工，惟丙公司經甲公司之同意，使乙至丙承攬之工地工作，是乙於丙公司之工地工作期間，乙與丙公司間具有使用及

---

[2] 最高法院57年台上字第1663號民事判決。

[3] 民法第983條第1項規定：與下列親屬，不得結婚：1.直系血親及直系姻親；2.旁系親在六親等以內者。但因收養而成立之四親等及六親等旁系血親，輩分相同者，不在此限；3.旁系姻親在五親等以內，輩分不相同者。第2項規定，前項直系姻親結婚之限制，於姻親關係消滅後，亦適用之。第3項規定，第1項直系血親及直系姻親結婚之限制，於因收養而成立之直系親屬間，在收養關係終止後，亦適用之。

監督之關係，自應適用受僱人與僱用人之關係，適用僱用人之責任。故乙因其過失導致建築材料至高處落下，擊中行經工地之路人丁，造成丁受傷。丙公司應與乙對被害人丁連帶負賠償責任（民法第188條第1項）。

第五章　民法上之權利及義務

《例題5》

> 甲向乙承租坐落臺北市大安區之房屋1棟，每月租金新臺幣3萬元，租賃期間為1年，租期屆滿後，甲拒絕交還房屋。試問乙如何行使權利，令甲交還房屋？

壹、民法上之權利

一、非財產權及財產權（89年高考）

　　私權依據標的區分，可分為非財產權及財產權：(一)所謂非財產權，係指該權利與權利主體之人格、身分有不可分離關係之權利。可分為人格權及身分權。人格權係權利人享有自己人格利益之權利。身分權係存於親屬身分關係之權利。例如，健康權為人格權，撫養請求權則屬身分權；(二)所謂財產權，係指享受財產利益之權利。茲說明如後：1.所謂債權，係指特定人對於特定人請求一定作為或不作為之權利。例如，買賣關係或租賃關係；2.所謂物權，係指直接支配特定物之權利。例如，所有權或抵押權；3.所謂準物權，係指民法物權編以外之物權，而與物權有相同之性質者。例如，礦業權或漁業權；4.所謂無體財產權，係指屬於個人精神或知能之創造、發明者。例如，著作權、商標權、專利權或營業秘密等智慧財產權。

二、請求權、支配權、形成權及抗辯權

　　私權依其作用，其可分為：(一)所謂請求權，係指請求他人作為或不作為之權利。請求權之發生，必須基於請求權之基礎而生。例如，物之所有人對於無權占有人，因其所有權而發生物上請求權，得向無權占有人主張所有物返還請求權（民法第767條第1項）；(二)所謂支配權，係指權利人直接支配其標的

物之權利。例如,土地所有人有使用、收益或處分其所有土地之權利,並排除第三人之妨害其支配(民法第765條);(三)所謂形成權,係指因一方之行為,得使某種權利、變更或消滅之權利。例如,無權處分人或無權代理人之行為,原對本人不生效力,經本人行使承認權時,該處分或代理行為之效果,即對本人發生效力(民法第118條第1項、第170條第1項);(四)所謂抗辯權,係指他人請求給付時,得為拒絕之權利。有一時抗辯權及永久抗辯權者:1.一時抗辯權,如民法第264條第1項規定,他方未為對待給付前,得行使同時履行抗辯;2.永久抗辯權者,如民法第144條第1項規定,時效完成後,債務人得行使消滅時效抗辯權,永久拒絕履行[1]。

貳、民法上之義務

所謂義務,係指法律所定之拘束,以作為或不作為內容。義務與權利係屬相對性,權利之內容為義務人之作為或不作為。義務以作為或不作為為標準,可分積極義務及消極義務。前者,如基於買賣關係如給予一定財物(民法第348條)。後者,經理人或代辦商之競業禁止(民法第562條)。以義務是否獨立存在為標準。獨立存在之義務為主義務,以主義務存在為前提而發生者為從義務。例如,保證債務而言,被保證人(即主債務人)之債務為主債務,而保證人之債務則屬從債務。

參、例題解析──請求權基礎

租賃定有期限者,其租賃關係於期限屆滿時消滅(民法第450條第1項)。承租人於租賃關係終止後,應返還租賃物(民法第455條第1項)。是乙得基於租賃物返還請求權,請求甲交還房屋。倘乙為房屋之所有權人,因租賃關係已

---

[1] 以私權之相互關係為標準可分主權利及從權利。前者係獨立存在之權利,後者以主權利之存在為前提。例如,原本債權為主權利,而利息債權為從權利。以私權有無移轉性為標準,分為專屬權及非專屬權。前者專屬於權利人一身,如人身權。後者非專屬於權利人本身,而得移轉於他人之權利,如物權。

消滅，甲為無權占有人，乙得基於所有權之物上請求權，請求甲交還房屋（民法第767條第1項）。再者，乙於甲交還房屋前，得基於不當得利請求權，向甲請求相當於租金損害之不當得利（民法第179條）。

總　則

目　次

第一章 法 例

《例題1》

甲與乙之所有土地相鄰，依據當地之習慣，相鄰人有優先承買權，甲將其土地出賣與丙。試問：(一)乙得否主張優先承買權？(二)丁與戊係兄弟，分別繼承其父之土地各1筆，丁欲將其繼承之土地售予第三人，而當地有親屬優先承買權之習慣，戊得否主張優先承買權？

《例題2》

甲男與乙女均為未成年人，當地有父母為未成年人子女代訂婚約之習慣，甲乙父母乃為其子女甲乙訂定婚約。試問該婚約有無效力？甲男與乙女是否受婚約之拘束？

《例題3》

甲男係未成年人，乙男係成年人，並無配偶。甲之父母與乙口頭約定，由乙收養甲為養子，嗣後乙死亡。試問收養契約之效力為何？甲得否繼承乙之遺產？

《例題4》

甲向乙借錢，甲開立借據交予乙為憑，借據記載：茲向乙借用新臺幣（下同）貳拾萬元，約定於2020年10月11日返還NT$210,000元。試問：(一)甲應清償借款數額為何？(二)甲簽發支票，支票記載面額壹佰零壹萬元，NT$1,100,000元，甲應清償金額為何？

壹、民事法則適用之順序

民事（civil case），法律所未規定者，依習慣；無習慣者，依法理（民法第1條）。而民事所適用之習慣，以不背於公共秩序或善良風俗者為限（民法第2條）。茲分別說明適用之次序：(一)所謂法律，係指立法院三讀通過，經總統公布，完成立法程序；(二)所謂習慣（custom），係指習慣法而言，習慣法之成立，須為社會多年慣行之事實及普通一般人有法律上確信為其基礎。且為法律所未規定及不背於公序良俗，始有補充法律之效力；(三)所謂法理（jurisprudence），係指推定社會共通之事理，是人類社會生活應遵守之原理原則。其為維持法秩序之和平，事物所本然或應然之原理[1]。

貳、使用文字之準則

依法律之規定，有使用文字之必要者，得不由本人自寫，但必須親自簽名。倘有用印章代簽名者，其蓋章與簽名生同等之效力。如以指印、十字或其他符號代簽名者，在文件上，經二人簽名證明，亦與簽名生同等之效力（民法第3條）。

參、確定數量之標準（90年高考）

關於一定之數量，同時以文字（character）及號碼（figure）表示者，其文字與號碼有不符合時，倘法院不能決定何者為當事人之原意，應以文字為準（民法第4條）。再者，關於一定之數量，以文字或號碼為數次之表示者，其表示有不符合時，倘法院不能決定何者為當事人之原意，應以最低額為準（民法第5條）。從而，一定數量或金額同時以文字及號碼表示，而兩者不相同，當事人對此有所爭執，應由法院依據各項事證，認定當事人之真意（real intent）。

---

[1] 最高法院101年度台上字第1695號民事判決。

肆、例題解析

一、習慣不得背於公序良俗

　　現行民法上並無不動產之近鄰有先買權之規定，縱使有此習慣，亦於經濟之流通及地方之發達，均有障礙，而有背於公共秩序，不具有法律之效力[2]。同理，出賣產業時，親屬有優先承買權之習慣，具有限制所有權之作用，其於社會經濟並無實益，顯背於公共秩序，不能認為有法律之效力[3]。準此，甲與乙之所有土地相鄰，甲出賣土地時，乙不得主張優先承買權。而丁與戊雖有兄弟關係，丁將其土地售予第三人，然戊無優先承買權。

二、習慣僅適用於法律未規定者

　　婚約應由男女當事人自行訂定（民法第972條）。因民事法則之適用順序，依序為法律、習慣及法理。法律已有明文規定者，不得適用習慣，是縱使當地有父母可替未成年子女代訂婚約之習慣，仍不生法律之效力，是甲、乙並未自訂婚約，自無婚約之效力可言。

三、收養子女應以書面為之

　　收養應以書面為之，並向法院聲請認可（民法第1079條第1項）。書面收養契約，雖無須由收養人及被收養人或其法定代理人自寫，然其等必須親自簽名。倘有用印章代簽名者，其蓋章與簽名生同等之效力。是本件收養契約未以書面為之，法定方式有欠缺，其等間之收養，依法不生效力，收養子女未以書面為之及向法院聲請認可者，其收養無效（民法第1079條之4）。是收養契約無效，甲非乙之養子，自不得繼承乙之遺產。

---

[2] 最高法院30年渝上字第191號民事判決。
[3] 最高法院30年渝上字第131號民事判決。

四、確定數量標準

關於一定之數量，同時以文字及號碼表示者，其文字與號碼有不符合時，倘法院不能決定何者為當事人之原意，應以文字為準（民法第4條）。是一定數量或金額同時以文字及號碼表示，而兩者不相同，當事人對此有所爭執，應由法院依據各項事證，認定當事人之真意。經法院審酌各項事證後，倘無法得知甲、乙間借貸之金額為新臺幣（下同）貳拾萬元或NT$210,000元時，應以文字為準，即借款金額為貳拾萬元。

五、票據法記載以文字為準

票據上記載之文字與號碼不符時，以文字為準（票據法第7條）。民法為民事普通法，票據法為民事特別法，依特別法優先於普通法之原則，票據上金額或數量之記載，自應適用票據法第7條規定，無須先推求當事人之真意，應逕以文字為準。是甲簽發支票，其支票面額固有壹佰零壹萬元或NT$1,100,000元，惟應以壹佰零壹萬元，作為發票人應擔保支付之金額（票據法第126條）。

第二章　權利主體

第一節　自然人

第一項　權利能力

《例題5》

甲男與乙女結婚，婚後至美國蜜月旅行，期間因丙駕駛車輛不慎，過失撞擊甲，導致甲傷重不治死亡，甲死亡時，乙女懷有胎兒丁。試問胎兒丁有無繼承甲遺產之權利及其是否得向丙主張損害賠償？

《例題6》

甲男及乙女為夫妻關係，育有丙子，甲男出外經商後，均未與任何人聯絡，生死不明已逾7年。試問乙女與丙子是否可取得甲男之財產？應循何方式為之？

壹、權利能力之定義與期間（91年司法人員四等）

一、自然人

(一)權利能力之定義

所謂權利能力者（legal capacity），係指在法律上得享受權利並負擔義務之能力。民法所謂之人包括自然人與法人，均為權利義務之主體，有享有權利及負擔義務之能力。自然人（natural person）之權利能力，始於出生，終於死亡（民法第6條）。

(二)權利能力之始期與終期

出生為自然人權利能力之始期，學者就出生之見解有：1.陣痛說；2.一部露出說；3.全部產生說；4.斷帶說；5.獨立呼吸說。以獨立呼吸說為通說，即以胎兒全部自母體分離，能以其自己之肺臟獨立呼吸時為出生。再者，死亡為自然人之權利能力終期，死亡有生理死亡及法律死亡。前者以心跳鼓動停止說為通說，因醫學之進步，有主張以腦死作為判斷死亡之標準[1]。所謂法律死亡，係指經法院死亡宣告推定其死亡。

二、胎　兒

原本未出生之胎兒僅為母體之一部，尚未出生，本無權利能力，惟原則上胎兒終將出生，為保護胎兒，應設例外規定，是胎兒以將來非死產者為限，關於其個人利益之保護，視為既已出生（民法第7條）。至於不利於胎兒之義務，自不得視為既已出生，無須負擔義務。倘將來死產，溯及喪失權利能力，是死產為法定之解除條件。

貳、外國人之權利能力

所謂外國人係指無中華民國國籍之自然人而言，有無中華民國國籍，應依國籍法認定之。至於有中華民國國籍及外國國籍之雙重國籍人，仍為中華民國之國民，而非外國人。民法總則施行法第2條規定，外國人於法令限制內有權利能力。原則上，外國人與本國人之權利能力相同。例外情形，我國得為我國之利益，以法令限制之。例如，林地、漁地、狩獵地、鹽地、礦地、水源地、要塞軍備區域及領域邊境等土地。不得移轉、設定負擔或租賃於外國人（土地法第17條第1項）。

參、死亡宣告之定義

所謂死亡宣告，係指自然人失蹤一定期間，經利害關係人或檢察官聲請，

---

[1] 人體器官移植條例第4條規定。

由法院爲死亡宣告之制度（event for declaring the death of a missing person）。自然人失蹤已久，生死不明，其有關之權利義務，難以確定，影響利害關係人甚鉅，故設立死亡宣告制度，以確定法律關係。失蹤人失蹤滿一定期間後，法院得因利害關係人或檢察官之聲請，爲死亡宣告（民法第8條）。以判決所確定之時，推定其爲死亡（民法第9條）。

肆、宣告死亡之要件

一、自然人已失蹤一定期間

民法第8條規定所稱失蹤，係指失蹤人離去其最後住所或居所，而陷於生死不明之狀態。所謂生死不明者，並非絕對而係相對之狀態，僅須聲請人、利害關係人及法院不知其行蹤，即爲失蹤[2]。再者，一般人滿7年，80歲以上滿3年或遭遇特別災難爲滿1年。而航空器失事者，爲滿6個月（民用航空法第98條）。

二、須經利害關係人或檢察官之聲請

所謂利害關係人，係指失蹤人之配偶、繼承人、法定代理人、債權人、受贈人、受遺贈人、人壽保險金受領人、人壽保險金受贈人、不動產之共有人及其他就死亡宣告有身分上及財產上利害關係之人而言。因遺產稅之徵收屬公法關係，是遺產稅徵收機關，非民法第8條第1項所稱之利害關係人，不得爲死亡宣告之聲請[3]。

伍、同時死亡之推定

多人同時遇難死亡，何人先死不易證明，而死亡先後，對於財產關係有重大影響。例如，父子同時遭遇空難死亡，無法證明其等死亡之先後時，則彼此

---

[2] 最高法院104年度台簡抗字第184號民事裁定。

[3] 司法院院解字第3230號解釋。

不互相繼承遺產。是為使法律關係單純。民法第11條規定，二人以上同時遇難者，無法證明其死亡之先後時，推定為同時死亡（dead simultaneously），權利能力同時消滅。

陸、例題解析

一、胎兒之保護

胎兒以將來非死產者為限，關於其個人利益之保護，視為既已出生（民法第7條）。至於不利於胎兒之義務，自不得視為既已出生，無須負擔義務。倘將來死產，溯及喪失權利能力，是死產為法定之解除條件。職是，本件胎兒丁得繼承其父甲之遺產，而胎兒丁為繼承人時，非保留其應繼分，繼承人乙不得分割遺產。胎兒丁關於遺產之分割，以其母乙為代理人（民法第1166條）。再者，不法侵害他人致死者，被害人之子女得請求賠償相當數額之慰撫金（民法第194條）。職是，胎兒丁得請求肇事者丙賠償精神慰撫金[4]。

二、死亡宣告之效力

繼承因被繼承人死亡而開始（民法第1147條）。乙妻或丙子得以利害關係人之身分，以甲失蹤已逾7年為由，向法院聲請對甲宣告死亡判決，經法院宣告死亡後，法律效果與真實死相同。準此，乙妻與丙子得基於繼承人之身分，繼承非專屬於甲財產上之權利與義務（民法第1148條第1項）。

---

[4] 最高法院66年台上字第2759號民事判決。

第二項　行為能力

《例題7》

　　試說明下列之法律行為有無效力：(一)甲係未滿7歲之未成年人，向乙買受土地，與乙簽訂買賣土地之契約。(二)丙為18歲之未成年人，向丁買受汽車，與丁簽訂汽車買賣契約。(三)戊為受監護宣告人，某日精神狀態回復正常，自行與己簽訂買賣房屋契約，出賣其所有之房屋。(四)庚為成年人，某日酒後酩酊大醉，而於無意識下與辛簽訂受僱傭契約，受僱於辛。

壹、行為能力之定義

　　所謂行為能力（juridical act），係指法律行為能力而言，其能獨立依自己行為而使其發生法律上一定效力之能力。人固因出生而取得權利能力，惟是否有具備行為能力，必須符合一定之要件，是人均有權利能力，然未必均有行為能力。

貳、行為能力之類型

　　我國民法以自然人之年齡、精神狀況或是否結婚，作為認定行為能力類型之標準。人之行為能力可分有行為能力、限制行為能力及無行為能力，茲分述如後：

一、有行為能力人

　　有行為能力人，係指成年人（民法第12條）及未成年人已結婚者（民法第13條第3項）。已結婚未成年人之婚姻關係，倘因離婚或配偶一方死亡消滅者，其已取得之行為能力不受影響。

二、限制行為能力人

限制行為能力人者可分：(一)滿7歲以上之未成年人（民法第13條第2項）。其所為之法律行為，原則上應得法定代理人允許或承認，始生法律之效力；(二)受輔助宣告之人為特定行為時，應經輔助人同意。而純獲法律上利益，或依其年齡及身分、日常生活所必需者，不在此限（民法第15條之2第1項）。

經法院為輔助宣告之人，其為法律行為時，應經輔助人同意，倘法律行為係單獨行為，未經輔助人同意，則法律行為無效。申言之，輔助人之同意，僅具補充受輔助宣告之人意思能力之性質，非謂輔助人有為輔助宣告者獨立為法律行為之權利，此與無行為能力或受監護宣告之人應由法定代理人為法律行為之情形不同[5]。

三、無行為能力人

無行為能力人，係絕對不能為有效法律行為之人，其所為之法律行為無效，應由法定代理人代理為之。無行為能力者可分：(一)未滿7歲之未成年人（民法第13條第1項）；(二)受監護宣告人（民法第15條）；(三)雖非無行為能力人，而其意思表示，係在無意識或精神錯亂中所為，其所為意思表示與無行為能力者相同，均屬無效（民法第75條）[6]。

參、外國人之行為能力

行為能力之原則上依據本國法認定之（涉外民事法律適用法第10條第1項）。外國人之行為能力，始於何時及其限制、喪失等問題，其與當事人本國之社會生活狀況關係最密，故應依其本國法。為維護我國國內之交易安全，避免相對人或第三人因不明行為人之本國人之法律，而遭受損害。故外國人依其本國法無行為能力或僅有限制行為能力，而依中華民國法律有行為能力者，就

---

[5] 最高法院102年度台抗字第76號刑事裁定。
[6] 最高法院105年度台上字第256號民事判決。

其在中華民國之法律行爲，視爲有行爲能力（第3項）。因身分關係或不動產之法律關係有其特殊性，故關於親屬法或繼承法之法律行爲，或就在外國不動產所爲之法律行爲，不適用前開規定（第4項）。

肆、監護宣告（100、108年司法人員三等）

對於因精神障礙或其他心智缺陷，致不能爲意思表示或受意思表示，或不能辨識其意思表示之效果者，法院得因本人、配偶、四親等內之親屬、最近1年有同居事實之其他親屬、檢察官、主管機關或社會福利機構之聲請，爲監護之宣告（民法第14條第1項）。受監護之原因消滅時，法院應依前項聲請權人之聲請，撤銷其宣告（第2項）。

伍、例題解析──法律行爲效力

一、未滿7歲之未成年人

甲係未滿7歲之未成年人，向乙買受土地，因甲係無行爲能力人，其意思表示應由法定代理人代理爲之（民法第76條）。職是，甲向乙所爲之買受土地意思表示，應爲無效，土地買賣契約不生效力（民法第75條）。

二、18歲之成年人

丙爲18歲之未成年人，雖得向丁買受汽車，然須經法定代理人事先允許或事後承認，倘未經法定代理人同意者，汽車買賣契約自不生效力（民法第77條）。

三、受監護宣告人

戊爲受監護宣告人，某日精神狀態雖回復正常，自行與己簽訂買賣房屋契約，出賣其所有房屋，然爲維護交易安全及保護受監護宣告人，受監護宣告人戊縱使有回復正常智能時，仍爲無行爲能力人，亦應由其法定代理人代爲意思表示及代爲意思表示（民法第1110條）。準此，戊所爲出賣房屋之意思表示無

效，該房屋買賣契約無效。

四、無意識之成年人

庚為成年人，某日酒後酩酊大醉，而於無意識下與辛簽訂受僱傭契約，受僱於辛。庚所為之意思表示，其與無行為能力者，並無區別，意思表示當然無效，是該僱傭契約無效（民法第75條）。

第三項　人格權

《例題8》

甲、乙某日因細故爭吵，甲竟持棍棒毆打乙身體成傷，乙自行就醫為此支出醫療費用，其精神受有痛苦。試問乙就受傷之精神痛苦，得對甲主張何權利？

壹、人格權之定義及類型

所謂人格權，係指關於人之存在及尊嚴之權利，為構成人格不可或缺之權利。人格為標的，屬非財產權，具有專屬性，不得繼承、轉讓或由第三人代位行使，其亦不可為提供擔保之標的。人格權有一般人格權及特別人格權之分。一般人格權於遭受侵害時，僅得請求除去、防止侵害及財產上之損害賠償。例如，肖像、秘密。特別人格權遭受侵害時，可另行請求非財產上之損害。例如，生命、身體、健康、名譽、姓名、信用、貞操及隱私等。

貳、人格權受侵害之保護

一、一般規定

(一)請求除去及防止侵害

人格權（personality）受侵害時，得請求法院除去其侵害。有受侵害之虞

時，得請求防止之（民法第18條第1項）。所謂除去侵害請求權，係指排除侵害以回復原有狀態。例如，將誹謗名譽之出版物，加以回收毀棄。所謂防止侵害請求權，係指尚未發生侵害之虞時，得請求防止其侵害，以避免侵害之發生。至於侵害人是否有故意或過失，在所不問。例如，防止其將準備誹謗名譽之出版物，加以散布。民法第18條第1項前段規定之人格權侵害除去請求權，並無消滅時效之適用[7]。

(二)損害賠償請求權

人格權遭受侵害，可能發生兩者損害，包含財產上及非財產上之損害。前者依據民法第184條規定之侵權行為之要件及效果。例如，侵害他人身體之醫療費用。後者以法律有特別規定者為限，得請求精神慰撫金（民法第18條第2項）。例如，姓名權（民法第19條）、生命權（民法第194條）、身體、健康、名譽、自由、信用、隱私、貞操或其他人格法益受不法侵害而情節重大者（民法第195條第1項）。

二、特別規定

(一)姓名權之保護

姓名權受侵害者，得請求法院除去其侵害，並得請求損害賠償（民法第19條）。侵害姓名有兩種型態：1.冒用他人姓名，係無權使用他人姓名而使用。例如，冒用名醫行醫、假借某公司董事長姓名詐騙、將他人姓名使用於貨品或廣告上；2.不當使用他人姓名。例如，在小說中以某大明星姓名作為應召女郎之姓名、以仇人姓名稱呼家中貓犬。姓名權所保護者，為身分上「同一性之利益」，故人之姓名，除依姓名條例第1條規定所為戶籍登記之姓名外，由個人自己選定並得隨時變更之字、別號、藝名、筆名、偏名、別名等均屬民法第19條姓名權保護之列[8]。準此，倘非冒用他人姓名或不當使用他人姓名，僅係在

---

[7] 最高法院106年度台上字第2677號民事判決。
[8] 最高法院101年度台上字第1319號刑事判決。

私人著作中引用他人眞實姓名，不能認爲侵害姓名權[9]。

(二)能力之保護

權利能力及行爲能力，不得拋棄（民法第16條）。權利能力與生俱來，爲發展健全人格所必須，倘拋棄權利能力，即喪失權利義務主體之資格，無異淪爲奴隸。故刑法第296條第1項規定，使人居於類似奴隸之不自由地位，應受刑法之處罰，旨在保護權利能力。而有行爲能力者能獨立爲有效之法律行爲，如拋棄行爲能力，人格勢必受損，影響社會之交易安全。再者，權利能力與權利不同，權利能力及行爲能力不得拋棄。權利之拋棄，僅須不違背法律之強制或禁止規定或公序良俗，自得任意爲之[10]。

(三)自由之保護

自由不得拋棄（民法第17條第1項）。自由之限制，以不背於公共秩序或善良風俗者爲限（第2項）。自由爲個人發展人格，從事各類活動之基礎，是對於人之自由自不得受不當之拘束或限制[11]。例如，阻止寡婦再嫁，係限制其結婚之自由，違背公序良俗者。

參、例題解析──侵害特別人格權之效力

甲竟持棍棒毆打乙身體成傷，不法侵害乙之身體權，身體權爲特別之人格權，乙除得依據侵權行爲之損害賠償請求權，請求甲賠償醫藥費用外（民法第184條第1項前段）。其因身體權受到不法侵害，而精神受有痛苦，並得依據民法第195條第1項之特別規定，請求甲賠償非財產上之損害即精神慰撫金。

---

[9] 臺灣高等法院85年度重上字第136號民事判決。

[10] 最高法院73年度台上字第3620號民事判決。

[11] 最高法院103年度台上字第793號民事判決。

第四項　住　所

《例題9》

甲男結婚前居住於臺北市，並設籍於此，甲男與乙女結婚後，因其等於臺中市工作，故於臺中市置產並遷至臺中市居住，而甲之父母仍居住臺北市，甲亦常於例假日返回臺北市與其父母親一同居住，甲向丙借款新臺幣100萬元。試問借款已屆清償期而不清償，丙欲依據借款關係請求甲給付借款，丙應向何法院起訴？

壹、住所之定義及效果

人為權利義務之主體，從事各種活動，為使法律關係之認定有一定之標準，住所為人之法律關係之中心地域，而在法律上形成各種效果：(一)就實體法而言有：1.決定失蹤之標準（民法第8條）；2.決定清償債務地之標準（民法第314條第2款）；3.決定行使保全票據上權利所應為行為之處所（票據法第20條）；(二)就訴訟法而言有：1.決定民事事件（民事訴訟法第1條）及刑事案件（刑事訴訟法第5條）之管轄法院標準；2.訴訟文書書狀之送達處所（民事訴訟法第136條）。

貳、住所之種類（98年三等特考）

一、意定住所

(一)住所之設定

依當事人之意思所設定之住所（establish domicile），其有主觀要件及客觀要件（民法第20條第1項）：1.主觀要件者，係指當事人有久住該處之意思，而認定有久住之意思，則依據客觀之事實。例如，購置資產、親屬居住、戶籍所在地及生活狀態等因素作綜合判斷。故因工作、經商、留學、服刑或服兵

役而一時離去其處所者,仍有回歸該處所之意思,不失爲久住該處之意思[12];2.客觀要件,係指居住於該一定地域之事實,並不以持續不斷居住或有無設戶籍於該處與否。故戶籍地與住所地之意義,不盡相同,戶籍所在地爲戶籍之住址,而住所地需依據一定之事實,足認有久住之意思及居住之事實,兩者可相同,亦可不同。再者,住所之設定,爲避免法律關係過於複雜,民法採單一主義,人不得同時有兩住所(民法第20條第2項)。

(二)住所之廢止

當事人亦可依據其意思爲住所之廢止(repeal to domicile),即依一定之客觀事實,主觀足認以廢止之意思離去其住所者,是爲廢止其住所(民法第24條)。雖有廢止住所之意思而不實離去,或者離去其住所而無廢止住所之意思,均不得謂住所之廢止。

二、法定住所

法定住所係依據法律之規定所設定之住所,而與當事人之意思無關。茲說明如後:(一)無行爲能力或限制行爲能力人之住所,以法定代理人之住所爲住所(民法第21條);(二)夫妻之住所,由雙方共同協議之;未爲協議或協議不成時,得聲請法院定之。法院爲住所裁定前,以夫妻共同戶籍地推定爲其住所(民法第1002條);(三)未成年之子女,以其父母之住所爲住所(民法第1060條)。

三、擬制住所

因住所不明或其他特殊情形,法律乃擬制當事人之住所,以確定法律關係之中心地域。其情形有二:(一)居所視爲住所,乃缺乏久住之意思,而爲某種特定目的而暫住之處所。民法第22條規定,住所無可考者。或者在我國無住所者。但依法須依住所地法者,不在此限。將其居所視爲住所。例如,流浪街頭之遊民,並無固定之住所,以其現行之居所地爲住所;(二)選定居所,即當事

---

[12] 最高法院102年度台抗字第201號民事裁定。

人因特定行為而選定居所，關於其行為者，視為住所（民法第23條）。例如，居住臺北市大安區之甲至臺中市南屯區經商，而在臺中市選定居所，關於其經商之法律關係，以臺中市之居所為住所。

參、例題解析——住所單一主義

　　甲男結婚前雖居住於臺北市，並設籍於此，甲男與乙女結婚後，而於臺中市工作、置產及居住，依據該等客觀事實，足認其有廢止及離去原臺北市住所之意思及行為，而有久住於臺中市之主觀意思及居住之客觀事實，故應以臺中市作為其住所，雖甲亦常於例假日返還臺北市與其父母親同住，甲之戶籍所在地雖設於臺北市，惟同一人不得有兩住所，自應以臺中市為甲之住所地。準此，甲向丙借款新臺幣100萬元，已屆清償期而不還，丙主張借款關係請求甲給付借款時，依據「以原就被」之原則，丙應向臺灣臺中地方法院起訴（民事訴訟法第1條第1項前段）。

第二節　法　人

第一項　通　則

《例題10》

　　甲為A有限公司之董事長，代表公司向B借款新臺幣600萬元，何人應負清償借款責任？倘A公司有甲、乙、丙3名董事，並無董事長，章程雖規定甲有代表權，惟未向經濟部辦理登記。試問下列行為之效力為何：(一)乙以A公司之名義向B借款。(二)A公司股東會決議，公司向外借款時，應由董事共同為之，而丙以公司名義向B借款。

《例題11》

　　A建設有限公司之股東為甲、乙、丙3人，其中甲擔任董事，經全體股東同意解散，而於清算期間，B工程公司起訴請求A公司給付積欠之工程款。試問應由何人擔任A公司之法定代理人？理由為何？

壹、法人之定義

　　所謂法人（juridical person），係指除自然人外，由法律所創設，賦予權利及義務主體之團體，此為法人法定主義（民法第25條）。依據法人實在說之組織體說之見解，其認為法律賦予法人人格之原因，認為法人與自然人相同，均有真實存在之人格，而法人為權利主體之組織，故法人有權利能力及行為能力[13]。

貳、法人分類

一、公法人及私法人

　　依據所設立之法律為依據區分：(一)公法人依據公法而設立之組織體。例如，依據憲法所成立之地方自治團體，依據水利法所設立之農田水利會；(二)私法人依據私法所成立之組織體。例如，公司依據公司法成立、銀行依據銀行法成立、合作社依據合作社法成立。因民法為私法，故民法有關法人之規定，原則上僅適用於私法人。

二、社團法人及財團法人

　　依據其成立之基礎為基礎，得區分社團法人及財團法人：(一)社團法人係以人為組織基礎之法人。其分營利社團及公益社團。前者以謀社員經濟上之利

---

[13] 法人之本質有法人擬制說、法人否認說及法人實在說。法人實在說亦分有機體說及組織體說。

益爲目的，如依據公司法所成立之公司（公司法第1條）。後者乃非以謀社團之經濟上之利益爲目的，如依據律師法、會計師法所成立之律師公會及會計師公會；(二)財團法人係以財產爲組織基礎，其成立之目的在於公益。例如，私立學校、寺廟、基金會。

三、公益法人及營利法人

依據成立之目的區分：(一)公益法人係謀社會上不特定之多數人利益爲目的之法人，主要以文化、學術、宗教及慈善等爲目的。例如，農會、工會、公會、商會；(二)營利法人係以營利及謀求組成人員之利益爲目的。例如，公司、銀行、合作社；(三)非以公益或非以營利爲目的者，其稱爲中間團體。例如，同學會、同鄉會、宗親會。

參、法人之設立主義及要件

一、設立主義

法人設立之主義有自由設立主義、特許主義、許可主義、準則主義及強制主義。依據民法第25條規定，法人非依本法或其他法律之規定，不得成立，係禁止自由設定法人。至於採取何種主義，因法人種類不同，而有所差別。

二、設立要件

(一)須經設立

法人之成立，須經設立人之設立。法人之設立，係設立人基於同一目的所爲之共同行爲（joint act）[14]。所謂共同行爲或多人行爲，係指有兩個以上同一目的之意思表示一致，而成立之民事法律行爲。

---

[14] 林洲富，商事法實例解析，五南圖書出版股份有限公司，2019年8月，11版1刷，17頁。

(二)須有法律之依據

財團、公益團體依據民法而成立，公司法依據公司法而成立。詳言之，營利社團採取準則主義，法人之設立合乎規定，即可取得法人之資格。例如，公司依據公司法所定之條件，適用準則主義。公益團體、財團之設立，須經主管機關許可，此爲許可主義（民法第46條、第59條）。特許主義者，係對於特殊之法人須經制定特別法或國家元首以命令准許者。職業團體性之公益法人，採國家強制其成立之強制主義，如律師、會計師及技師等職業公會。

(三)須經登記

法人非經向主管機關登記（register），不得成立（民法第30條）。是法人之設立採登記要件主義。所謂登記者，係將法定事項登記於主管機關之公簿，並登載於公報或當地新聞紙、公告牌，公示於社會大眾。依據民法規定成立之法人，其登記機關爲該法人事務所所在地之法院（民法總則施行法第10條）。依據公司法成立之公司，其登記登記主管機關爲經濟部（公司法第5條）。

肆、法人之能力

一、權利能力

(一)定 義

所謂法人之權利能力，係指法人在法律上得爲權利義務主體之資格。法人之能力始期自向主管機關登記完畢及核發登記證書之際，法人之終期於解散後清算完結，始爲終結（民法第40條第2項）。

(二)範 圍

法人於法令限制內，有享受權利、負擔義務之能力。但專屬於自然人之權利義務，不在此限（民法第26條）[15]。是權利能力之範圍有：1.法令上之限制：如公司法第16條規定，公司除依其他法律或公司章程規定得爲保證者外，

---

[15] 最高法院107年度台上字第515號民事判決。

不得爲任何保證人。公司負責人違反規定時，應自負保證責任；2.性質上之限制：因法人非自然之人體，以自然生理爲基礎之人格權，如生命權、身體權；或以一定自然人身分爲基礎之身分權，如親權、繼承權。法人均不得享有。

二、行爲能力

　　法人係人之組織或財產之集合，組織本身無法爲法律行爲，必須由自然人代爲法律行爲，故民法第27條規定，董事就法人一切事務，對外代表法人。例如，公司董事長與第三人訂立租約，因董事長有對外代表公司之權限，其在權限內與第三人訂立租約，爲合法有效。

三、侵權行爲能力

　　法人之董事或其他有代表權之人爲法人之代表機關，其基於權限所爲之行爲，實爲法人本身之行爲，倘有違法行爲，法人自應負侵權行爲責任，並與該行爲人負連帶賠償責任（jointly liable）。法人之侵權行爲能力之要件如後（民法第28條）[16]：(一)須爲董事或其他代表權之人行爲，倘爲無代表權之職員所爲，應適用民法第188條規定之僱用人責任[17]；(二)須由於執行職務加害於他人。所謂職務之行爲包括職務本身行爲及與職務有牽連之行爲[18]；(三)須其行爲具備一般侵權行爲要件，故董事或其他代表權人須因故意或過失，導致他人之權利或利益受有損害，而所侵害之客體爲私權（民法第184條）。舉例說明如後：1.法人之董事及有代表權之人，因個人之犯罪行爲而害及他人之權利

---

[16] 最高法院101年度台抗字第861號民事裁定：法人董事或其他有代表權之人，包括雖未經登記爲董事，然實際爲該法人之負責人即有權代表法人之實質董事在內。

[17] 民法第188條第1項規定：受僱人因執行職務，不法侵害他人之權利者，由僱用人與行爲人連帶負損害賠償責任。但選任受僱人及監督其職務之執行，已盡相當之注意或縱加以相當之注意而仍不免發生損害者，僱用人不負賠償責任。

[18] 最高法院104年度台上字第1968號民事判決。

者,其與執行職務無關者,被害人不得請求法人負連帶賠償責任[19];2.法人董事及有代表權之人違反稅法逃漏稅款,致國家受有損害,因所侵害者為公權,法人自無須負侵權行為之責任[20]。

伍、法人機關及住所

一、法人機關

法人係社會組織體,其行為必須賴自然人為之,藉由法人機關從事各類之社會活動。一般而言,法人之機關,係採權力分立之原則而設立,其有董事、社員總會及監察人。

(一)董 事

董事(director)為法人之法定常設必要機關,對外代表法人,對內執行職務。就代表權而言,董事有數人者,除章程另有規定外,各董事均得代表法人。對於董事代表權所加之限制,不得對抗善意第三人。就執行權而言,董事有數人者,法人事務之執行,除章程另有規定外,取決於全體董事過半數之同意,是執行職務之意思決定,原則上共同執行(民法第27條)。例如,聲請登記(民法第48條第2項、第61條第2項)、聲請破產(民法第35條)、充任清算人(民法第37條)、召集社員總會(民法第51條)、編製財產目錄及社員名簿(民法總則施行法第8條)。再者,董事與法人之關係,通說認為類似委任契約,應類推適用委任之關係。法人董事人數及資格,民法均無特別規定,特別法另有規定者,應從其規定。例如,股份有限公司董事不得少於3人(公司法第192條)。

(二)社員總會

1. 社團法人之最高意思機關

社員總會(the general meeting of members)為社團法人必設之最高意思機

---

[19] 最高法院48年台上字第1501號民事判決。

[20] 最高法院62年台上字第2號民事判決。

關，其有權決議之事項如後（民法第50條第2項、第57條）：(1)變更章程，社團變更章程之決議，應有全體社員過半數之出席，出席社員3/4以上之同意，或有全體社員2/3以上書面之同意。受設立許可之社團，變更章程時，並應得主管機關之許可（民法第53條）；(2)任免董事及監察人；(3)監督董事及監察人職務之執行；(4)開除社員，但以有正當理由時為限；(5)社團得隨時以全體社員2/3以上之可決解散之。總會之決議，其於通常決議，以出席社員過半數決之（民法第52條第1項）。總會決議方法有普通決議及特別決議，除有規定應行特別決議外，其餘決議由普通決議行之。無論何種決議，每位社員均有平等之表決權（民法第52條第2項）[21]。

2. 社員總會之召集

社員總會由董事召集之，每年至少召集1次。董事不為召集時，監察人得召集之。倘有全體社員1/10以上之請求，表明會議目的及召集理由，請求召集時，董事應召集之。董事受前開之請求後，1個月內不為召集者，得由請求之社員，經法院之許可召集之。總會之召集，除章程另有規定外，應於30日前對各社員發出通知，通知內應載明會議目的事項（民法第51條）。再者，決議之瑕疵可分得撤銷及無效兩者。前者指總會之召集程序或決議方法，違反法令或章程時，社員得於決議後3個月內請求法院撤銷其決議。但出席社員，對召集程序或決議方法，未當場表示異議者，不在此限（民法第56條第1項）。後者係指總會決議之內容違反法令或章程者，自屬無效，不須訴請撤銷程序，當然不生效力（第2項）。

(三)監察人

法人得設置監察機關，以監督察核法人之事物執行。監察人（controller）有數人者，除章程另有規定外，各監察人均得單獨行使監察權（民法第27條第4項）。監察人為監察機關，依據權力分立及制衡之原則，董事不得兼任監察人。

---

[21] 平等表決權為非營利社團之特徵，倘為營利性社團，得依出資額之多寡計算表決權。例如，公司法第179條規定，股東表決權依據其所有之股數計算。

二、住　所

法人與自然人相同均有權利能力，故法人應有住所，以爲其法律關係之中心地域，是民法第29條規定，法人以其主事務所（principal office）之所在地爲住所。而法人僅有單一之主事務所，此與自然人僅有單一之住所相同。

陸、法人之監督

一、業務監督

法人組織及活動，事關公益及私益，是國家應予監督以避免弊害發生，影響社會秩序及交易安全。有關法人之業務監督者：(一)公益法人業務之監督，即受設立許可之法人，其業務屬於主管機關監督，主管機關得檢查其財產狀況及其有無違反許可條件與其他法律之規定（民法第32條）；(二)妨礙監督權行使之處罰，倘受設立許可法人之董事或監察人，不遵主管機關監督之命令，或妨礙其檢查者，得處以罰鍰。而董事或監察人違反法令或章程，足以危害公益或法人之利益者，主管機關得請求法院解除其職務，並爲其他必要之處置（民法第33條）；(三)撤銷法人許可，即法人違反設立許可之條件者，主管機關得撤銷其許可（民法第34條）。

二、清算監督

法人之清算（liquidation），屬於法院監督。法院得隨時爲監督上必要之檢查及處分（民法第42條第1項）。倘清算人不遵法院監督命令，或妨礙檢查者，得處以罰鍰（民法第43條）。而清算之程序，除民法有規定外，準用股份有限公司清算之規定（民法第41條）。

柒、法人之消滅

一、清算之定義及原因

所謂清算者，係指清理已解散之法人之一切法律關係，使法人人格歸於消

滅之程序。清算原因有：(一)撤銷法人許可，即法人違反設立許可之條件者，主管機關得撤銷其許可（民法第34條）；(二)法人破產（bankruptcy），法人之財產不能清償債務時，董事應即向法院聲請破產。不為破產聲請，致法人之債權人受損害時，有過失之董事，應負賠償責任，其有2人以上時，應連帶負責（民法第35條）；(三)宣告法人解散，即法人之目的或其行為，有違反法律、公共秩序或善良風俗者，法院得因主管機關、檢察官或利害關係人之請求，宣告解散（民法第36條）；(四)章程或捐助章程所定之解散事由發生（民法第48條第1項第9款、第61條第1項第8款）。

二、清算人之任免及職務

　　法人解散後，其財產之清算，原則上由董事為之。例外情形，章程有特別規定，或總會另有決議者，不在此限（民法第37條）。倘無法定之清算人時，法院得因主管機關、檢察官或利害關係人之聲請，或依職權，選任清算人（民法第38條）。不論是法定或選任之清算人，法院認為有必要時，得解除其任務（民法第39條）。例如，清算人有不忠實之行為，有害清算程序之進行。清算人除代表法人處理有關清算之一切事務外，依據民法第40條規定如後：(一)終結現務；(二)收取債權；(三)清償債務；(四)移交賸餘財產等職務。

捌、例題解析

一、法人之行為能力

　　甲為A有限公司之董事長，代表公司向B借款新臺幣600萬元，A公司具有權利能力，甲之行為為A公司之行為，並非甲個人之借貸行為，是B應向A公司請求清償借款。

二、法人之代表

　　A公司有甲、乙、丙3名董事，並無董事長，章程規定僅有甲有代表權，是乙、丙之代表權全部被剝奪，依據民法第27條第1項後段規定，僅有甲得

代表A公司向B借款，並未向經濟部辦理登記，倘B不知章程僅規定甲有代表權，依據民法第31條規定，法人登記後，有應登記之事項而不登記，或已登記之事項有變更而不爲變更之登記者，不得以其事項對抗第三人。採登記對抗主義，縱使法人內部有效，惟不得對抗第三人，是A公司不得以乙董事無代表權，拒絕給付借款（民法第27條第1項前段）[22]。

三、董事代表權之限制

A公司股東會決議，公司向外借款時，應由董事共同爲之，該決議係限制董事之代表權，不必記載於章程，亦非屬應登記事項，倘B不知A公司股東會有上開限制董事代表權決議，A公司不得以丙未與甲、乙共同代表公司爲由，拒絕返還借款（民法第27條第3項）。

四、清算人之產生

民法第37條固規定，法人解散後，其財產之清算，原則上由董事爲之。但其章程有特別規定，或總會另有決議者，不在此限。公司法爲特別民事法，應優先適用，是無限公司之清算，以全體股東爲清算人。但本法或章程另有規定或經股東決議，另選清算人者，不在此限（公司法第79條）。有限公司之清算，準用無限公司有關規定（公司法第113條）。準此，A建設有限公司於章程有規定或經股東決議，選任清算人者。由章定或決議被選任者，擔任清算期間之法定代理人，否則B工程公司起訴請求A公司給付積欠之工程款，應由全體股東甲、乙、丙擔任A公司之清算人，即A公司之法定代理人。

---

[22] 登記之效力有登記要件主義與登記對抗主義，法人設立登記採登記要件主義（民法第30條）。

第二項　社　團

《例題12》

> 　　甲、乙、丙、丁4人成立臺灣財經法學會，共同選任甲擔任學會理事長，並於章程規定，召開會員大會時，必須於60日前發出通知，社員必須親自出席，不得授權他人代理。甲召集會員大會，並於30日前對各社員發出通知，乙授權丙代理出席，並參與會議表決，丁就召集期間及代理表決事項於會議中表示異議。試問甲召集之會員大會是否合法？理由為何？

壹、社團之成立

　　社團由人之集合體而成之社員團體，依目的可分營利目的之社團及非營利目的之社團。以營利為目的之社團（business corporation），其取得法人之資格，依據特別法之規定（民法第45條）。例如，公司之設立，依公司法規定[23]；非營利之社團適用民法規定。

一、須有設立行為

　　設立社團應訂定章程（bylaw），章程有必要記載事項及任意記載事項。必要記載事項有：(一)目的；(二)名稱；(三)董事之人數、任期及任免；(四)設有監察人者，其人數、任期及任免；(五)總會召集之條件、程序及其決議證明之方法；(六)社員之出資；(七)社員資格之取得與喪失；(八)訂定章程之年、月、日（民法第47條）。倘欠缺其中一項，則章程無效。而社團之組織及社團與社員之關係，倘以不違反第50條至第58條規定為限，得以章程任意定之（民法第49條）。

---

[23] 公司法第1條第1項規定：本法所稱公司，謂以營利為目的，依照本法組織、登記、成立之社團法人。

二、須依據法律設立

一般而言，公益社團或非營利社團適用民法規定（民法第25條）。以公益為目的之社團，其於登記前，應得主管機關之許可。例如，學術文化事業之公益社團，應經教育主管機關許可，而營利社團依據特別法規定。

三、須經登記

法人非向主管機關登記，不得成立（民法第30條）。社團設立應登記之事項有：(一)目的；(二)名稱；(三)主事務所及分事務所；(四)董事之姓名及住所。設有監察人者，其姓名及住所；(五)財產之總額；(六)應受設立許可者，其許可之年、月、日；(七)定有出資方法者，其方法；(八)定有代表法人之董事者，其姓名；(九)定有存立時期者，其時期（民法第48條第1項）。第4款及第6款至第9款，為相對必要登記事項，其餘則是絕對必要登記事項。社團之登記，由董事向其主事務所及分事務所所在地之主管機關行之，並應附具章程備案（第2項）。

貳、社團社員

一、社員之定義及權義

社員為組成社團之成員，社員在社團上具有一定之法律地位及資格，此種地位稱為社員權。社員權有共益權及自益權：(一)所謂共益權，係指社員參與社團事務之權利，如出席權、表決權（民法第52條、第53條）、總會決議之撤銷或無效宣告之請求權（民法第56條）；(二)所謂自益權，係指社員個人利益所享有之權利，如利益分配請求權。再者，社員之義務，主要為出資義務，而退社或遭開除之社員對於退社或開除前應分擔之出資，亦須負清償義務（民法第55條第2項）。

二、社員資格之取得及喪失

社員取得方法有二：(一)參與社團之設立；(二)加入社團。社員資格喪失

之原因亦有二：(一)退社，基於社員退社自由原則，社員得隨時主動退社，但章程限定於事務年度終，或經過預告期間後，始准退社者，不在此限。其預告期間，不得超過6個月（民法第54條）；(二)開除，其屬被動推出社團，倘有正當理由者，社團經社員總會決議剝奪社員資格（民法第50條第2項第4款）。已退社或開除之公益社團之社員，對於社團之財產無請求權（民法第55條第1項）。已退社或開除社員，對於其退社或開除以前應分擔之出資，仍負清償之義務（第2項）。

三、例題解析──撤銷總會決議

　　臺灣財經法學會於章程規定召開會員大會時，必須於60日前發出通知（民法第51條第4項）。社員必須親自出席，不得授權他人代理（民法第52條第3項）。是臺灣財經法學會之召集程序及決議方法應遵守章程之規定。準此，理事長甲召集社員大會，僅於30日前對各社員發出通知，而乙授權丙代理出席，並參與會議表決，違反章程所定之召集程序及決議方法，丁於會議中就召集期間及代理表決事項表示異議，丁得於決議後3個月內請求法院撤銷該會議決議。

第三項　財　團

《例題13》

　　A財團法人臺灣區域發展研究院召開董事會議，因捐助章程所定之組織不完全，為此決議變更A財團法人捐助章程之部分條文，並經主管機關同意備查在案。試問董事長甲應否聲請法院准許變更章程？理由為何[24]？

---

[24] 臺灣臺中地方法院92年度法字第9號、第33號民事裁定。

壹、財團之成立

財團（foundation）為財產之集合體，係以財產為基礎，而由法律賦予權利能力之公益法人，其成立要件有設立行為、應取得許可、應經主管機關登記。

一、須有設立行為

設立財團者，應訂立捐助章程。但以遺囑捐助者，不在此限（民法第60條第1項）。以遺囑捐助設立財團法人者，倘無遺囑執行人時，法院得依主管機關、檢察官或利害關係人之聲請，指定遺囑執行人（第3項）。章程必須以書面訂明事項有：(一)法人目的；(二)所捐財產；(三)財團之組織；(四)管理方法（民法第60條第2項、第62條）。第1款至第3款為章程絕對必要記載事項。捐助章程或遺囑所定之組織不完全，或重要之管理方法不具備者，法院得因主管機關、檢察官或利害關係人之聲請，為必要之處分（民法第62條）。

二、應取得許可

因財團為公益法人，而與社會關係密切，是民法就公益法人之成立採許可主義。準此，是財團於登記前，應得主管機關之許可（license）（民法第46條、第59條）。

三、須經登記

財團設立時，應登記之事項有：(一)目的；(二)名稱；(三)主事務所及分事務所；(四)財產之總額；(五)受許可之年、月、日；(六)董事之姓名及住所；(七)設有監察人者，其姓名及住所；(八)定有代表法人之董事者，其姓名；(九)定有存立時期者，其時期（民法第61條第1項）。財團之登記，由董事向其主事務所及分事務所所在地之主管機關行之。並應附具捐助章程或遺囑備案（第2項）。

貳、財團之管理

一、財團組織及管理方法

　　財團之組織及其管理方法，固應由捐助人以捐助章程或遺囑定之，惟捐助章程（endowment）或遺囑（will）所定之組織不完全，或重要之管理方法不具備者，將無由達成一定之目的，影響利害關係甚鉅，是法院得因主管機關、檢察官或利害關係人之聲請，爲必要之處分（民法第62條）。

二、財團組織之變更

　　爲維持財團之目的或保存其財產，法院得因捐助人（founder）、董事、主管機關、檢察官或利害關係人之聲請，變更其組織（民法第63條）。例如，財團名稱之變更非屬財團組織、重要管理方法或財團之目的等事項之變更，無庸向法院聲請准許[25]。

三、財團目的之變更

　　因情事變更，導致財團之目的不能達到時，主管機關得斟酌捐助人之意思，變更其目的及其必要之組織，或解散之（民法第65條）。例如，因財團法人與人民團體性質不同，倘由財團法人改組爲人民團體，雖其宗旨未變，然非內部組織之變更，而係主體之變更[26]。

四、宣告董事行為無效

　　爲維護社會公益，防止財團董事濫用職權，違反章程以圖私利，倘財團董事有違反捐助章程之行爲時，法院得因主管機關（authorities concerned）、檢察官或利害關係人之聲請，宣告其行爲爲無效（民法第64條）。例如，董事將

---

[25] 最高法院85年度台抗字第320號民事裁定；最高行政法院77年度判字第2069號行政判決。
[26] 最高法院44年台上字第56號民事判決。

財團之全部財產贈與第三人，因財團係以財產為基礎，無財產則無法完成其成立之目的，是主管機關、檢察官或利害關係人得向法院聲請，宣告贈與行為無效。

參、例題研析——財團之組織及管理方法

A財團法人董事會議，因捐助章程所定之組織不完全，乃決議變更A財團法人捐助章程之部分條文，並經主管機關同意備查在案，甲董事長應提出董事會議紀錄、主管機關備查函、修正前捐助章程、修正後捐助章程及修正條文對照表等文件，依據民法第62條規定，請求法院裁定准許之。

第三章　權利客體

《例題14》

　　甲與乙是鄰居，甲於乙出國期間，未經乙之同意，擅自在乙所有土地種植多顆蘋果樹。試問蘋果樹生長之果實，何人有權收取果實？理由為何？

《例題15》

　　甲向乙買受坐落臺北市大安區土地1筆及國產之中古Toyota汽車1輛，並已依約交付買賣價金完畢。試問甲於何時取得該土地及汽車之所有權？依據為何？

壹、物之定義

　　所謂物（thing），係指人體以外，為人力所能支配，並能滿足吾人社會生活需求之有體物及自然力。是物包含動產、不動產及自然物，茲將物之法律上意義分析如後：

一、人體非物

　　物係除人體以外，因人為權利主體，而物為權利客體，人為支配權利客體之主體，自不得淪為被支配之權利客體，導致喪失人格價值及減損人性尊嚴。至於人之屍體雖為物，而屬於繼承人公同共有，惟僅得為保存、祭祀及埋葬等行為，不得處分之。

二、物須為人力所能支配及滿足吾人之社會需求

　　物須為人力所能支配及滿足吾人之社會需求，即得為人力支配之物，始可取得特定利益，而滿足人類生活所需，否則於法律上並無意義。因無法支配及

滿足吾人之社會需求者，民法自無保護之必要性。

三、物須為有體物或自然力

物包括有體物及自然力，有體物係指占有一定空間而有形體存在者。例如，土地、房屋、車輛等。而自然力具有使用之價值者，亦屬物之範圍，如水力、電力、熱力等。

貳、物之分類

一、融通物與不融通物

以物得否為交易之標的為區別可分：(一)凡得為私法上交易客體之物，稱為融通物；(二)不得為私法上交易客體之物，稱為不融通物。例如，公有物、公用物及禁止物。

二、消費物與非消費物

以通常方法是否可反覆使用為區別：(一)消費物乃依物之通常使用方法使用後即失其存在之物，如金錢、米；(二)非消費物得以同一目的反覆使用之物，如房屋、車輛。

三、代替物與非代替物

以物是否可相互代替為區別：(一)代替物乃在於通常交易得以種類、品質、數量相同之物代替者，如金錢；(二)非代替物在一般交易觀念上注重其特性，其無替代性，如土地、古董。

四、特定物與不特定物

以物是否已由當事人具體指定為區別：(一)特定物係經當事人之意思表示，具體指出之特定物，如特定汽車、特定房地；(二)不特定物如某人僅以種類、品質、數量抽象指定之物，如蓬萊米10斤、鉛筆10枝。

五、可分物與不可分物

以物是否因分割而減損價值或改變性質區別：(一)可分物不因分割而變更其性質或減損價值，如米、油、鹽；(二)不可分物會因分割而減損價值或改變性質，如建築物、車輛。

參、不動產及動產

一、不動產

所謂不動產者（real property），係指土地及其定著物（民法第66條第1項）。不動產之出產物，尚未分離者，爲不動產之部分（第2項）。例外：種植於土地上之樹木、農作物尚未與土地分離者，自爲土地之部分。土地係指人力所能支配之地表及其上下（民法第773條）。所謂定著物，係指非土地之構成部分，繼續附著於土地，而達一定經濟上目的，不易移動其所在之物而言。屋頂雖尚未完全完工之房屋，然其已足避風雨，可達經濟上使用之目的者，即屬土地之定著物[1]。

二、動　產

所謂動產者（personal property），係指爲不動產以外之物（民法第67條）。是民法採二分法，非屬不動產者，即屬動產。例如，車輛、機械及書籍等，均爲動產。

三、區別之實益

區別不動產與動產之主要實益，在於物權之移轉，不動產物權移轉採書面及登記主義（民法第758條）。而動產物權之讓予，採交付主義（民法第761條）。例如，土地買賣必須土地所有權完成登記與買受人時，買受人始取得所

---

[1] 最高法院63年度第6次民庭庭推總會議決議(1)，會議日期1974年12月3日；最高行政法院106年度判字第416號行政判決。

有權。而車輛買賣則於車輛交付與買受人時，買受人即取得所有權。再者，兩者之取得時效之條件不同，不動產取得時效有10年及20年之分，而動產有5年與10年之區別（民法第768條至第770條）。

肆、主物與從物

所謂主物（principal thing），係指具有獨立效用而自為權利客體之物。所謂從物（accessory），非主物之成分，常助主物之效用，而同屬於一人者，但交易上有特別習慣者，依其習慣。例如，備胎與車輛均屬同一人所有，備胎附屬於車輛，具有幫助車輛發揮行駛之效用。因主物與從物區別之實益，在於主物之處分，及於從物（民法第68條第2項）。故處分車輛時，雖未表示包含備胎，惟效力亦及之。

伍、原物與孳息

以生產關係區分物之類型，可分原物與孳息。原物係產生孳息之物，孳息為原物所生之收益。孳息有天然及法定孳息兩種，果實為天然孳息，而利息為法定孳息。

一、天然孳息

所謂天然孳息（natural profit），係指果實、動物之產物及其他依物之用法所收穫之出產物（民法第69條第1項）。例如，水果、花卉、稻米、牛奶、羊毛、礦產等。有收取天然孳息權利之人，其權利存續期間內，取得與原物分離之孳息（民法第70條第1項）。例如，土地所有人將其土地出租予第三人種植農作物，承租人於租賃關係存續中，取得與土地分離之農作物。

二、法定孳息

所謂法定孳息（civil profit），係指利息、租金及其他因法律關係所得之收益（民法第69條第2項）。有收取法定孳息權利之人，按其權利存續期間內之日數，取得其孳息（民法第70條第2項）。例如，土地所有人將其土地出租

予第三人，承租人於租賃關係存續中，得向承租人收取租金[2]。

陸、例題解析

一、不動產之範圍

甲未經乙同意在其所有之土地種植果樹，該果樹未與土地分離，屬土地之部分（民法第66條第2項）。果樹雖爲甲所種植，因甲並無合法使用、收益乙所有土地之權利，自無收取天然孳息之權利（民法第70條第1項）。倘甲進入土地內收取果實，乙得以所有權受侵害爲由，向甲主張侵權行爲之損害賠償請求權。或基於所有人之地位，行使物上請求權，請求甲返還收取之果實（民法第767條第1項）。

二、不動產或動產所有權取得

不動產物權之移轉，採登記主義（民法第758條第1項）。動產物權之讓予，適用交付主義（民法第761條）。出賣人乙基於買賣關係，應將土地及汽車交付買受人甲，並有使甲取得所有權之義務（民法第348條第1項）。土地所有權完成登記與甲時，甲取得土地所有權，而汽車交付與甲時，甲即取得汽車所有權。

---

[2] 最高法院48年台上字第1086號民事判決。

第四章　法律行為

第一節　通　則

《例題16》

　　甲法院執行處有A、B、C股人員承辦執行業務，每股各使用一標匭供投標用，該三股均於每日上午10時同時開標，乙於投標時未依拍賣公告之規定將投標書投入A股使用之第一標匭，而投入B股使用之第二標匭。試問其投標是否有效？理由為何？

《例題17》

　　試問下列之買賣關係是否有效成立：(一)甲向乙購買服飾，未約定數量、價格。(二)甲、乙僅約定某種品牌服飾之數量，買賣價金以市價為準。(三)甲出賣丙所有之服飾與乙，言明品牌、數量及價金。

壹、法律行為之定義

一、以發生私法上效果為目的

　　所謂法律行為（juridical act），係指以意思表示為要素，因意思表示而發生私法效果之法律事實。其要件如後：(一)法律行為以意思表示為要素，表意人將心中欲發生一定私法效果之意思，表示於外部之行為；(二)法律行為以發生私法上效果為目的，法律事實適用法律之結果，在於引起私法上之權義變動；(三)法律行為乃法律事實之一種，法律事實係發生法律效果之原因，而人於社會生活有發生各種事實，有生法律效果者，如買賣、租賃、結婚。有不生法律效果者，如睡眠、散步、運動。法律行為為發生私法效果之法律事實，屬適法之表示行為。

二、法律事實

　　法律事實有人之行為及人之行為以外之事實：(一)人之行為以外之事實，有事件與狀態之分，前者如人之生死；後者如人之失蹤；(二)人之行為有適法行為及違法行為[1]，適法行為可分表示行為及非表示行為。非表示行為，如遺失物之拾得；表示行為可區分為意思表示、意思通知、觀念通知及感情表示。詳言之：1.所謂意思通知，係指行為人表示一定期望，依據法律規定發生一定效力之行為。例如，請求履行債務而發生時效中斷之效果（民法第129條第1項）；2.所謂觀念通知或事實通知，係指行為人將一定事實之觀念或認識，通知相對人之行為。例如，債權讓予之通知對債務人發生效力（民法第297條）；3.所謂感情表示，係指行為人表示一定感情之行為。例如，宥恕發生離婚請求權消滅之效果（民法第1053條）。意思通知、觀念通知及感情表示，其效力係由法律規定而發生，非基於表意人之表示行為，學理稱為準法律行為；4.所謂意思表示，係指法律行為發生效力，係由於當事人之意思表示而來。

貳、法律行為之分類

一、財產行為與身分行為

　　財產行為係以發生財產法效果為目的之行為，如債權行為、物權行為及準物權行為。身分行為係以發生身分法之效果為目的之行為，如親屬行為及繼承行為。

二、單獨行為、契約行為與共同行為

　　單獨行為乃當事人一方之意思表示，即可成立之行為，如解除契約、債務免除。契約行為係雙方相對立之意思表示一致，而成立之法律行為，如租賃、買賣[2]。共同行為係多數人相同之意思表示一致，而成立之法律行為，如社團

---

[1] 違法行為可分侵權行為及債務不履行。

[2] 中國大陸民法所稱之合同與我國所謂之契約，兩者係屬相同之概念。

法人之設立、社團社員總會決議。

三、要式行為與不要式行為

　　要式行為係法律行為之成立，除須意思表示外，尚須依一定方式始能成立者。非要式行為不須履行一定之方式，即可成立合法有效之法律行為。法律行為以非要式為原則。要式行為分為約定及法定要式行為。法律行為，不依法定方式者，無效。但法律另有規定者，不在此限（民法第73條）。例如，拋棄繼承（民法第1174條第2項）、兩願離婚（民法第1050條）、收養子女（民法第1079條）均應法定方式為之，否則無效。不動產租賃之契約，租賃期間逾1年者，應以字據訂立之，此為不動產租賃契約之法定方式。未以字據訂立者，僅視為不定期限之租賃，並非無效（民法第422條）。

四、要物行為與不要物行為

　　所謂要物行為，係指法律行為之成立，除意思表示外，尚須有物之交付。例如，寄託（民法第589條）。所謂不要物行為，係指僅依意思表示即可成立。例如，買賣、租賃或承攬。

五、有償行為與無償行為

　　所謂有償行為，係指一方以財產之給付為對價，取得他方對待給付之行為，買賣為典型之有償契約（民法第347條）。所謂無償行為，係指僅一方負有財產給付之義務，而他方無須為對待給付之行為，如贈與（民法第406條）。

六、處分行為與負擔行為（98年司法人員四等）

　　所謂處分行為，係指當事人直接使權利發生變動之行為，經由處分行為使現存權利直接發生移轉、變更或消滅之結果。物權行為能直接使物權引起變動之法律行為，是物權行為為處分行為。例如，移轉或設定不動產物權行為（民法第758條）。所謂負擔行為，係指當事人約定為一定給付之法律行為，而債

權行為以發生債權債務之負擔為內容，故債權行為負擔行為。例如，買賣、租賃、承攬。

七、主行為與附屬行為

主行為係指獨立成立之法律行為，而附屬行為係指以主行為之成立為其成立之前提者。例如，保證契約（民法第739條）、普通抵押權契約（民法第860條）。必須先有主債權契約之成立，該等附屬之行為始能成立。

參、法律行為之要件

一、成立要件

法律行為之成立可分一般成立要件及特別成立要件。一般成立要件之要件有三：(一)當事人；(二)標的；(三)意思表示。所謂特別成立要件，係指法律行為除具備一般成立要件外，亦須具備特別成立要件。例如，要式行為或要物行為，須履行一定之方式或交付標的物，始行成立。

二、生效要件

法律行為成立後，尚須具備生效要件始能生效，生效要件可分一般生效要件及特別生效要件。一般生效要件有：(一)當事人須有行為能力；(二)標的須確實、可能及合法；(三)意思表示須健全[3]。所謂特別生效要件，係指法律行為除具備一般生效要件之外，亦須具備特別生效要件。例如，附停止條件或始期之法律行為於條件成就時或期限屆至，始生效力（民法第99條第1項、第102條第1項）。例如，甲與乙約定，乙高考律師及格，甲給付新臺幣（下同）10萬元與乙，贈與契約雖已成立，惟於乙考取前，贈與契約之停止條件尚未成就，乙不得向甲請求給付10萬元。

---

[3] 最高法院100年度台上字第2030號民事判決。

肆、法律行為之標的

一、標的合法

(一)法律行為不得違反強制或禁止規定

1. 違反強制規定

法律行為，違反強制或禁止之規定者，無效。但其規定並不以之為無效者，不在此限（民法第71條）[4]。強制規定係法律命當事人應為一定行為。例如，結婚應以書面為之，有2人以上證人之簽名，並應由雙方當事人向戶政機關為結婚之登記（民法第982條、第988條第1款）。而男未滿18歲者，女未滿16歲者，不得結婚（民法第980條）。結婚違反年齡限制之規定者，當事人或其法定代理人得向法院請求撤銷之。但當事人已達該條所定年齡或已懷胎者，不得請求撤銷（民法第989條）。

2. 違反禁止規定

所謂禁止規定，係指法律命令當事人不得為一定之行為。例如，自由不得拋棄（民法第17條）。縱使自願拋棄自由，仍屬無效。而總會之召集程序或決議方法，違反法令或章程時，社員固得於決議後3個月內請求法院撤銷其決議（民法第56條第1項）。惟未經撤銷者，該決議亦屬有效。

(二)不違背公共秩序或善良風俗

法律行為，有背於公共秩序或善良風俗者，無效（民法第72條）。公共秩序係指國家社會之公共利益，善良風俗係指國民之一般道德觀念。例如，甲男為有婦之夫，與乙女約定同居條件，即甲將其所有之不動產所有權移轉登記與乙，倘終止同居關係，乙須將該不動產所有權返還與甲，甲、乙間之其約定有背善良風俗，應屬無效[5]。

---

[4] 最高法院103年度台上字第620號民事判決。
[5] 最高法院65年台上字第2436號民事判決。

(三)非暴利行為

　　法律行為，係乘他人之急迫、輕率或無經驗等主觀情事，使其為財產上之給付或為給付之約定，依當時客觀情形顯失公平者，法院得因利害關係人之聲請，撤銷其法律行為或減輕其給付。聲請撤銷，應於法律行為後1年內為之（民法第74條）。例如，甲於工程竣工時負債累累，不能向定作人乙領取價款時，將無以應付債主之迫索，乙利用上甲經濟困難之急迫機會，以低於原工程價額之數額與甲結算，在當時之客觀情事，顯失公平，承攬人甲自得聲請撤銷減少給付工程款之約定[6]。

二、標的可能

　　法律行為之標的須有實現之可能，標的物為自始而客觀不能，其法律行為無效。例如，已滅失之特定車輛出售與第三人，買賣契約無效；反之，簽訂買賣契約後，特定車輛因地震而滅失者，嗣後之不能，不影響買賣契約之成立生效（民法第225條、第226條）。所謂客觀不能，係指任何人均無法履行者。相對於主觀不能，係因債務人本身之主觀因素，導致其無法履行。例如，債務人出售他人之房地，因其無法取得該房地所有權，導致無法履行買賣契約之義務，此屬主觀不能，不影響買賣契約之效力。

三、標的確定或可得確定

　　法律行為之標的，須於法律行為成立時確定或可得確定者，始有生效。例如，僅約定買賣土地100坪，而無法確定土地之地號，或土地坐落位置，導致無從履行，故買賣契約無效。

---

[6] 最高法院99年度台抗字第63號民事裁定：民法第74條第1項所規定之撤銷權，須以訴之形式向法院請求為撤銷其行為之形成判決。

伍、例題解析

一、法定要式法律行為

　　強制執行法第87條規定，投標人應以書件密封，投入執行法院所設之標匭。該投標文件，應載明：(一)投標人之姓名、年齡及住址；(二)願買之不動產；(三)願出之價額。是投標人應依法院拍賣公告之規定將投標書投入指定之標匭，此乃投標行為之法定方式，違之者，依民法第73條前段規定，其投標為無效，某甲未依規定將投標書投入指定之標匭，其投標應為無效，因A、B、C標匭異時開標或承辦人員不止1人，勢必發生糾紛[7]。

二、法律行為之標的

　　甲向乙購買服飾，未約定數量、價格，當事人就標的物及其價金，無法確定（民法第345條第2項）。是買賣契約之標的無法確定，故屬無效。倘甲、乙約定某種品牌服飾之數量，並憑市價給付。依據民法第346條規定，價金雖未具體約定，惟依情形可得而定者，視為定有價金。故價金約定依市價者，視為標的物清償時、清償地之市價。職是，當事人就標的物及價金已達成合意，買賣契約即有效成立。

三、買賣契約之成立要件

　　買賣契約係當事人約定給付價金及標的物之債權行為，而發生債權債務之負擔為內容，因買賣契約與移轉所有權之物權契約不同，出賣人對於出賣之標的物，不以有處分權或所有權為必要。是甲出賣丙所有之服飾與乙，甲、乙就品牌、數量及價金互相同意，其買賣契約成立有效。因出賣人負有之移轉財產權及交付標的物與買受人之義務（民法第348條第1項）。倘甲無法經丙同意或取得標的物之所有權，導致未履行買賣關係之義務，自應依據買賣契約之法律

---

[7] 司法院(76)廳民2字第2490號函，發文日期1987年7月9日，民事法律問題研究彙編，6輯，370頁。

關係，負債務不履行之責任，並不影響買賣契約之效力。

第二節　行為能力

《例題18》

甲係未經法院宣告受監護的罹患重度身心疾病之病人，某日與乙建商訂立不動產買賣契約，將其市價新臺幣600萬元之所有房地，以高於市價之價格賣與乙。試問甲、乙間買賣契約之效力為何？理由為何？

壹、完全行為能力人

完全行為能力人有兩種：(一)滿20歲而未被宣告監護之成年人；(二)未成年人而已結婚者。完全有行為能力者可獨立為法律行為，取得權利或負擔義務之資格，原則上，其所為之法律行為完全有效，例外，如其法律行為係於無意識（unconsciousness）或精神錯亂（mental disorder）所為者，則為無效（民法第75條）。

貳、限制行為能力人之行為能力（96年司法人員三等）

限制行為能力人係指滿7歲之未成年人，尚未結婚或未受監護宣告人。限制行為能力人所為之法律行為，原則上須經允許，始能生效。例外則不須經允許，即生效力，茲分述如後。

一、個別允許之法律行為

法定代理人對於限制行為能力人之某一特定法律行為允許者，稱為個別允許。限制行為能力人為意思表示及受意思表示，應得法定代理人之允許，故經允許或事前同意後，其法律行為始完全有效（民法第77條）[8]。倘未經允許之

---

[8] 最高法院100年度台上字第1029號民事裁定。

法律行為，應視其爲單獨行爲或契約而有不同效力。

(一)單獨行為

單獨行爲未經允許爲無效，即限制行爲能力人未得法定代理人之允許，所爲之單獨行爲，無效（民法第78條），以保護限制行爲能力人之利益。例如，解除契約、免除債務。

(二)契約行為

契約未經允許爲效力未定，限制行爲能力人未得法定代理人之允許（事先同意），所訂立之契約，須經法定代理人之承認（事後同意），始生效力（民法第79條）。倘法定代理人承認者，契約發生效力，拒絕則契約確定不生效力。爲避免契約效力懸而未定，民法賦予相對人催告權及撤回權：1.催告權係指契約相對人，得定1個月以上期限，催告法定代理人，確答是否承認。法定代理人未於期限內確答，視爲拒絕承認（民法第80條）；2.撤回權係指限制行爲能力人所訂立之契約，未經承認前，相對人得撤回之。但訂立契約時，知其未得有允許者，不在此限（民法第82條）。即善意之契約相對人始有撤回權。再者，限制行爲能力人於限制原因消滅後，承認其所訂立之契約者，其承認與法定代理人之承認，有同一效力（民法第81條第1項）。契約相對人得向原限制行爲能力人，行使催告權（第2項）。

二、概括允許之法律行為（99年高考）

法定代理人概括允許限制行爲能力者處分某種財產或允許其爲某種營業者，則限制行爲能力人於概括允許之範圍內所爲之法律行爲即屬有效。其情形有三，茲說明如後：

(一)特定財產之處分（92年司法人員四等）

法定代理人允許限制行爲能力人處分之財產，限制行爲能力人，就該財產有處分之能力（民法第84條）。例如，父母給與限制行爲能力之零用錢，限制行爲能力人自得自行處分，不須再經法定代理人個別允許。

(二)特定營業之行為

法定代理人允許限制行為能力人獨立營業者，限制行為能力人，關於其營業，有行為能力（民法第85條第1項）。故法定代理人允許限制行為能力人獨立營業者，限制行為能力人就其營業既有行為能力，其屬民事訴訟法第45條所稱能獨立以法律行負擔義務之人，就其營業有關之訴訟事件，有訴訟能力，自為原告或被告，無須法定代理人擔任其訴訟代理人。

(三)特定行為

受輔助宣告之人為下列行為時，應經輔助人同意（民法第15條之2第1項）：1.為獨資、合夥營業或為法人之負責人；2.為消費借貸、消費寄託、保證、贈與或信託；3.為訴訟行為[9]；4.為和解、調解、調處或簽訂仲裁契約；5.為不動產、船舶、航空器、汽車或其他重要財產之處分、設定負擔、買賣、租賃或借貸；6.為遺產分割、遺贈、拋棄繼承權或其他相關權利。

三、無須允許之法律行為

限制行為能力人或受輔助宣告人有純獲法律上之利益或依據依其年齡及身分、日常生活所必需者（民法第77條但書、第15條之2第1項但書），則無須法定代理人或輔助人允許。因該等情形，對於限制行為能力人而言，無損及限制行為能力人之利益。所謂純獲法律上利益者，係指單純獲得利益或免除義務者，無須負擔任何法律上義務。例如，未附有負擔之贈與。至於依其年齡及身分、日常生活所必需者，須就各限制行為能力者，依據具體事實認定之。例如，學生購買學校上課所必須之文具或乘坐公共運輸工具。

四、強制有效之法律行為

限制行為能力人用詐術使人信其為有行為能力人或已得法定代理人之允許者，其法律行為為有效（民法第83條）。限制行為人竟使用詐術使相對人誤信其為有行為能力人或已得法定代理人之允許，如變造身分證或偽造法定代理人

---

[9] 最高法院107年度台上字第3921號刑事判決。

之同意書等。此時自無保護該限制行為能力者之必要，限制行為人所為之法律行應為有效。

參、無行為能力人（108年司法人員四等）

無行為能力人係指未滿7歲之未成年人及被宣告為受監護人而言。無行為能力人之意思表示，無效（民法第75條前段）。無行為能力人由法定代理人代為意思表示，並代受意思表示（民法第76條）。無行為能力人應由法定代理人代為法律行為，始生效力。屬事實行為者，如拾得遺失物、發現埋藏物，對無行為人亦可發生應有之法律效果。再者，雖非無行為能力人，然其意思表示，係在無意識或精神錯亂中所為者，因事實上欠缺意思能力，其所為之法律行為無效（民法第75條後段）。

肆、例題解析

一、無行為能力人之行為效力（100年三等特考）

甲係未經法院宣告受監護之成年身心病患，倘其為出買土地之意思表示時，在無意識或精神錯亂中所為，其事實上欠缺意思能力，甲所為之法律行為無效（民法第75條後段）。再者，甲為未滿7歲之未成年人，應由其法定代理人代為意思表示，並代受意思表示，是其所為之法律行為無效（民法第76條）。

二、限制行為能力人之行為效力

甲為滿7歲之未成年人而未婚，限制行為能力所訂立之契約，須經法定代理人允許或承認，始生效力（民法第79條）。倘法定代理人同意者，契約發生效力，拒絕則契約確定不生效力。乙得定1個月以上期限，催告甲之法定代理人，確答是否承認。法定代理人未於期限內確答，視為拒絕承認（民法第80條）。或者，倘乙不知甲未得有允許者，乙於未經甲之法定代理人承認前，乙得撤回其買受土地之意思表示，使買賣契約不生效力（民法第82條）。

三、有行為能力人之行為效力

甲雖為身心病患，倘其為出買土地之意思表示時，並無意識或精神錯亂之情事，其意思表示健全，甲亦為成年人，或未成年而已結婚，其所為之法律行為有效，該土地買賣契約有效。

第三節　意思表示

《例題19》

甲得知乙之農地已因政府之都市計畫變更為建地，乃向乙偽稱該地將被政府徵收，使乙信以為真，而將土地出售於甲或丙。試問：(一)乙得否向甲或丙表示撤銷出賣土地之意思表示？(二)乙不信甲所言時，甲竟以脅迫之方式，使乙心生畏懼，而將土地出售於甲或丙，乙得否向甲或丙表示撤銷出賣土地之意思表示？

壹、意思表示之定義及其要件

所謂意思表示（expression of intent），係指表意人欲發生一定私法上之效果，而將其效果意思表示於外部之行為。意思表示之成立要件有三：效果意思、表示意思及表示行為。

一、效果意思

所謂效果意思者，係指行為人有欲成立某法律行為，發生特定私法上效果之意思。例如，甲欲以新臺幣（下同）100萬元向乙購買汽車1輛，甲心中期待給付100萬元買賣價金，向乙取得汽車所有權之效果意思。

二、表示意思

所謂表示意思者，係指行為人有意將內心決定之效果表達於外部之意思。例如，甲有將心中期待給付100萬元，以取得汽車所有權之效果意思，表達其

外部之意思。

三、表示行為

所謂表示行為者，係指行為人將心中之效果，表達於外部行為。例如，甲將其欲給付100萬元買賣價金，取得乙之汽車所有權之效果意思，以語言向乙為要約表示。

貳、意思表示之分類

一、有相對人或無相對人

有相對人之意思表示者，係指表意人應向相對人為意思表示，而相對人有特定人或不特定人，前者如甲向乙表示欲購買其汽車；後者自動販賣機之設置，向不特定人出售商品。無相對人之意思表示者，係其意思表示之成立不必對相對人為之，如立遺囑（民法第1199條）。

二、明示或默示

所謂明示者，係指以言語、文字或其他習慣上使用之方法，直接表示其意思於外部。例如，書信、電話或交談直接表示其意思。所謂默示者，係指以使人推知之方法，間接表示其意思於外部。例如，將蔬果置於市集，標示價格，其旁放置收錢盒，經過之人取走蔬果，並將價錢置於收錢盒，可認為默示成立買賣契約。當事人互相表示意思一致者，無論其為明示或默示，契約即為成立（民法第153條第1項）。例外情形，法律有限於明示者，須有明示之意思表示。例如，連帶債務之成立，除法律另規定者外，須債務人明示，否則不能成立（民法第272條第2項）。

三、對話或非對話

(一)對話意思表示

所謂對話意思表示，係指表意人以立即使相對人瞭解其意思表示之方法，

與相對人直接交換意思，如面對面交談。有相對人之對話意思表示生效，民法採瞭解主義，以對話人為意思表示者，其意思表示，以相對人瞭解時，發生效力（民法第94條）。

(二)非對話意思表示

所謂非對話意思表示，係指表示人無法立即使相對人瞭解其意思表示之方法，導致相對人無法立即直接交換意思表示，如書信往來。有相對人之非對話意思表示生效，民法採達到主義，非對話而為意思表示者，其意思表示，以通知達到相對人時，發生效力（民法第95條第1項）。

參、意思表示之解釋（100年高考）

所謂意思表示之解釋，係指當事人之意思表示，有因約定有欠周全，或用語不同或前後矛盾，因此必須加以闡明，以確定當事人之真意及內容。而解釋意思表示之原則，應探求當事人之真意（real intention），不得拘泥於所用之辭句（民法第98條）。解釋契約應通觀契約全文，並斟酌訂立契約當時及過去之事實暨交易上之習慣，依誠信原則，從契約之主要目的及經濟價值等作全盤之觀察，以邏輯推理及演繹分析之方法解釋，必契約之約定與應證事實間有必然之關聯，始屬相當[10]。契約文字業已表示當事人真意，無須別事探求者，不得反捨契約文字而更為曲解，避免當事人事後任意翻異，否認其意思表示。例如，租賃契約書之條文、標題與簽名處均明載土地之租賃，並無任何文字表明係出售，而當事人具有相當之學歷、社會經驗，足見契約文字已表示當事人之真意為土地租賃，自不得由當事人一方任意曲解為買賣關係。

肆、意思表示不一致

意思表示不一致，係指心中之效果意思與外部之表示行為不一致。其意思表示之效果如何認定，民法係以外部表示為準為原則，即表示主義。例外情形，始以內部意思為準，即意思主義，以調和當事人之利益及交易安全。意思

---

[10] 最高法院103年度台上字第713號民事判決。

表示不一致，有當事人故意不一致及偶然不一致。前者可分心中保留及通謀虛偽；後者則有錯誤及誤傳。

一、故意不一致

(一)心中保留

所謂心中保留、真意保留或單獨虛偽意思表示，係指表意人無欲為其意思表示所拘束之意，而為意思表示者，其意思表示，不因之無效（民法第86條本文）。係採表示主義，原則上為有效之意思表示。例外情形，則為無效，是表意人心中保留為相對人所明知者，當無保護之必要，自應以表意人之真意為準（民法第86條但書），係採意思主義，使其意思表示無效。例如，甲稱讚乙之新車十分拉風，倘乙戲稱甲喜歡，則贈送之，而甲明知乙並不期望該意思發生效力，是贈與契約無效。

(二)通謀虛偽（99年高考）

1. 意思表示無效

所謂通謀虛偽或稱虛偽表示（fictitious expression of intent），係指表意人與相對人通謀而為虛偽意思表示者，其意思表示無效（民法第87條第1項）。例如，債務人欲免其財產被強制執行，而與第三人通謀而為虛偽意思表示，將其所有不動產為第三人設定抵押權者，製造假債權，因通謀虛偽表示之意思為無效，第三人不得向債務人主張債權。為保護交易安全，通謀虛偽表示之當事人不得以其無效對抗善意第三人（第1項但書）。例如，甲欲免其財產被強制執行，而與乙通謀而為虛偽意思表示，將其所有不動產出售並移轉登記於乙名下，乙將該不動產出售並移轉與丙，倘丙為善意者，其取得不動產所有權，甲不得以其與乙有通謀虛偽意思表示買賣及移轉不動產所有權之情事，主張其為不動產之所有權人。

2. 隱藏他項法律行為

虛偽意思表示，隱藏他項法律行為者，適用關於該項法律行為之規定（民法第87條第2項）。例如，父基於贈與之意思，以買賣之方式將不動產所有

移轉登記予其子，因買賣行為係通謀虛偽意思表示，自屬無效，倘隱藏之贈與行為具有贈與之成立及生效要件，應為有效。

二、偶然不一致

所謂偶然不一致，係指表意人意思表示不一致，為其所不知而偶然發生。可分錯誤及誤傳兩種類型。為保護表意人，其得於意思表示後1年內行使撤銷權（民法第90條）。

(一)錯　誤

1. 內容錯誤

所謂錯誤（mistake），係指表意人之表示，因誤認或不知，致與其意思偶然之不一致，而為其所不知。依據民法第88條之規定有內容錯誤及表示錯誤之分，符合一定要件下，表意人得撤銷其意思表示。內容錯誤者，係因表意人之誤認，導致其所表示之內容，與其效果意思不一致。其主要內容對關於當事人錯誤、標的物本身錯誤、法律行為性質錯誤。例如，誤乙為甲、誤鉛為金、誤買賣為贈與。至於動機錯誤，不得視為錯誤而撤銷。因動機並非意思表示之一部，而不表示於外部，為維護交易安全，原則上，動機錯誤不得視為民法所稱之錯誤。例外情形，表意人已將其動機表示以外，並構成意思表示內容之一部，且交易上認為重要者，則得視為錯誤而撤銷之。民法第88條第2項設有特別規定，當事人之資格或物之性質，倘交易上認為重要者，其錯誤，視為意思表示內容之錯誤。例如，誤認為難民而贈與、誤認仿古製品為真品而高價購買。

2. 表示錯誤

所謂表示錯誤，係指表意人表示之方法有錯誤，其雖有表示之存在，但對於表示之事項未認識者，即表意人若知其事情即不為意思表示者（民法第88條第1項）。例如，欲書寫新臺幣（下同）50萬元出售某輛汽車，誤寫為20萬元。

3. 撤銷意思表示與保護信賴利益

表意人就錯誤之意思表示，非出於自己之過失者，表意人得於意思表示後1年內，行使撤銷權（民法第88條第1項但書、第90條）。為維持交易安全，表

意人撤銷錯誤之意思表示時，表意人對於信其意思表示為有效而受損害之相對人或第三人，應負賠償責任。其撤銷之原因，受害人明知或可得而知者，則不得請求賠償。請求賠償之範圍限於信賴利益之賠償，不包含履行利益。例如，甲借貸100萬元向乙購買房地，並以150萬元之價金將該房地轉賣丙，乙因錯誤之事由，撤銷出賣房地之意思表示，甲非因過失而不知撤銷原因，可向乙請求賠償借款所支付之利息及必要費用，不得請求轉賣之買賣差價[11]。

(二)誤 傳

所謂誤傳（incorrect transmission），係指傳達人或傳達機關傳達錯誤。例如，使者口傳，誤將買受為出租。誤傳之情形適用一般錯誤規定，故意思表示，因傳達人或傳達機關傳達不實者，得撤銷其意思表示（民法第89條）。表意人就錯誤之意思表示，非出於自己之過失者，表意人固得於意思表示後1年之除斥期間內，行使撤銷權。惟表意人對於信其意思表示為有效而受損害之相對人或第三人，應負信賴利益之賠償責任（民法第90條、第91條）。

伍、意思表示不自由（94年司法人員四等）

意思不自由係因他人之不法、不當之手段，導致為意思表示，主要有詐欺及脅迫。為維護表意人意思決定之自由及社會秩序之健全，民法規定表意人受詐欺或脅迫而為意思表示者，表意人得撤銷其意思表示（民法第92條）[12]。

一、詐 欺

(一)要 件

所謂詐欺者（fraud），係指詐欺人故意欺罔被詐欺人，使其陷於錯誤，並因之而為意思表示之行為。例如，甲持低價之仿製古董向乙兜售，偽稱為真正古董，乙信以為真，高價購入贗品，足見甲有持贗品為真品之詐欺故意，其有虛構不實之事實之詐欺行為，導致乙陷於錯誤，誤以為贗品為真品，而向甲

---

[11] 損害賠償之範圍有積極利益及消極利益，即信賴利益及履行利益。

[12] 最高法院100年度台上字第858號民事判決。

為購買該贗品之意思表示，是甲誤贗品為眞品而向乙表示購買古董之意思表示，其與乙之詐欺行為具有相當因果關係。所謂詐欺，包括積極之欺罔行為或消極隱匿事實，即在法律上、契約上或交易之習慣上就某事項負有告知之義務者，不得隱匿該錯誤事實，導致表意人陷於錯誤。僅單純之緘默並無違法性，其與詐欺要件不符。

(二)撤銷意思表示（104年司法人員四等）

因被詐欺而為意思表示者，表意人得撤銷其意思表示。但詐欺係由第三人所為者，以相對人明知其事實或可得而知者為限，始得撤銷之。蓋表意人所為之意思表示係因第三人之詐欺行為所致，相對人善意而無過失時（bona fide），表意人自不得撤銷意思表示（民法第92條第1項）。而被詐欺而為之意思表示，其撤銷不得以之對抗善意第三人（第2項），以保護交易安全。例如，乙受甲詐欺而低價出售汽車，甲將汽車出售與善意之丙，乙以詐欺為由撤銷甲、乙間之買賣契約，使之無效，丙仍得主張其與甲間之買賣契約有效。倘甲已將汽車交付與丙，丙已取得所有權，乙不得向丙請求返還汽車，僅得向甲請求損害賠償。撤銷受詐欺所為之意思表示之除斥期間，應於發見詐欺或脅迫終止後，1年內為之。但自意思表示後，經過10年，不得撤銷（民法第93條）。

二、脅　迫（105年司法人員四等）

(一)要　件

所謂脅迫（duress），係指使人發生恐怖而為意思表示之行為。例如，甲持刀械向乙聲稱，其在逃亡亟需用錢，要求乙以不相當之高價向其購買劣質茶葉，乙心生畏懼乃支付新臺幣（下同）10萬元購買市價僅100元之劣質茶葉，足見甲有持刀械脅迫乙之故意，該違法不當之脅迫行為，導致乙發生恐怖心理，而向甲為購買劣質茶葉之意思表示，是甲發生恐怖心理而向乙表示購買茶葉之意思表示，而與乙之脅迫行為具有相當因果關係。倘屬被絕對強制而為之意思表示者，係缺乏表示意思及表示行為，其意思表示無效，毋庸撤銷之。

(二)撤銷意思表示

因脅迫之違法性較詐欺爲嚴重，對於被脅迫人之保護自須較被詐欺人爲周全，是其法律效果與受詐欺者有所不同，脅迫行爲不論爲第三人或相對人所爲，表意人均得撤銷之。而被脅迫而爲意思表示，其撤銷得以之對抗善意第三人。被脅迫而爲意思表示，自脅迫終止後，1年內爲之，但自意思表示後，經過10年，不得撤銷之（民法第93條）。

陸、例題研析

一、受詐欺爲意思表示

甲得知乙之農地因政府之都市計畫已變更爲建地，基於詐欺之故意，向乙僞稱該地將被政府徵收，使乙陷於錯誤，而將土地出售於甲或丙，是乙陷於錯誤而爲出售土地之意思表示，而與甲之詐欺行爲具有相當因果關係。乙係受甲之詐欺而爲意思表示者，乙自得向甲撤銷其意思表示（民法第92條第1項本文）。因丙並非施以詐欺之人，是乙向丙撤銷出買土地之意思表示，必須丙明知或可得而知，有上揭之詐欺情事，否則不得撤銷其意思表示（第1項但書）。

二、受脅迫爲意思表示

甲基於脅迫之故意，以脅迫之不法方式，使乙因被脅迫而發生恐怖心理，而將土地出售於甲或丙，是乙發生恐怖心理而爲出售土地之意思表示，而與甲之脅迫行爲具有相當之因果關係。甲係施以脅迫之人，乙自得向甲撤銷其意思表示（民法第92條第1項）。丙雖非施以脅迫之人，惟脅迫行爲不論由第三人或相對人所爲，表意人均得撤銷，且被撤銷而爲之意思表示，其撤銷得以對抗善意第三人，是乙自得對丙表示撤銷出賣土地之意思表示，縱使丙不知有脅迫之情事，仍得撤銷。

第四節　條件及期限

《例題20》

> 　　乙向甲保險公司投保，並約定乙為被保險人，甲公司先向要保人乙收取保險費，並以同意承保為保險契約之生效要件，延後簽訂保險契約，而於未簽訂保險契約前，發生保險事故，甲公司不同意承保。試問乙是否依據保險契約請求給付保險金？理由為何？

壹、法律行為之附款

　　所謂法律行為之附款，係指對法律行為之效力，加以限制者。而附款分為條件、期限及負擔三種類型，各有不同之效力。茲將民法總則規定之條件及期限，說明如後。

貳、條　件（100年司法人員四等）

一、條件之定義

　　所謂條件（condition），係指當事人以將來客觀不確定事實之成就與否，決定其法律行為效力之發生或消滅之一種法律行為之附款[13]。例如，甲與乙約定，倘乙律師考試及格，甲將贈與新臺幣（下同）5萬元，律師考試及格為條件，是否及格繫屬於將來不確定之事實，難以預料，倘確定將來會發生者，則為期限而非條件。將來乙律師考試及格，贈與5萬元之法律行為，即發生效力，其為停止條件。

二、條件之分類及效力

　　以決定法律行為是否發生效力或效力消滅者區分，可分停止條件及解除

---

[13] 最高法院103年度台上字第516號民事判決。

條件：(一)附停止條件之法律行為，其於條件成就時，發生效力，或稱積極要件（民法第99條第1項）；(二)附解除條件之法律行為，於條件成就時，失其效力，或稱消極要件（第2項）。例如，甲與乙約定，倘乙律師考試及格，甲將贈與新臺幣（下同）5萬元，律師考試及格為停止條件，決定贈與效力之發生；反之，甲與乙約定，甲贈與5萬元，將來律師考試不及格，將返還之，律師考試及格為消滅條件，決定贈與效力之消滅。

三、條件成就或不成就之擬制

條件是否成就，應任其自然發生，如以不正當行為阻止條件發生或促使條件成就，為保護相對人之利益，民法第101條有擬制規定，因條件成就而受不利益之當事人，倘以不正當行為阻其條件之成就者，視為條件已成就（第1項）[14]。反之，因條件成就而受利益之當事人，如以不正當行為促其條件之成就者，視為條件不成就（第2項）。例如，甲與乙約定，倘乙律師考試及格，甲將贈與新臺幣（下同）5萬元，甲於考試前製造車禍，導致乙無法參加律師考試，阻止高考及格條件成就，此不正當之行為應視高考及格。反之，甲與乙約定，甲贈與5萬元，將來律師考試不及格，將返還之，乙考試舞弊而僥倖及格，應視為不及格。

四、附條件利益之保護

條件成否未定前，法律行為之當事人有期待權存在，而期待權為法律上所保護之權利，故附條件之法律行為當事人，而於條件成否未定前，倘有損害相對人因條件成就所應得利益之行為者，負賠償損害之責任（民法第100條）。例如，甲、乙約定，如乙結婚，甲贈與房屋1棟，結婚前甲拆除房屋，是乙結婚時，得向甲請求損害賠償，倘乙未結婚，則不得請求。

---

[14] 最高法院103年度台上字第2068號民事判決。

參、期　限

一、期限之定義

　　所謂期限（term），係指當事人以將來確定發生之事實為內容，以限制法律行為效力之發生或消滅之法律行為之附款。例如，甲、乙訂定租賃契約，約定自訂定契約日起算，經過1年，租賃契約生效。或者自訂定契約日起算，經過1年，租賃契約失效。

二、期限之種類及效力

　　以決定法律行為是否發生效力或效力消滅者區分，可分始期及終期：(一)始期係限制法律行為發生效力之期限，即於期限屆至時，發生效力（民法第102條第1項）；(二)終期係法律行為已成立生效，因期限屆滿，而使法律行為喪失效力（第2項），而於期限屆滿時，失其效力。再者，因期限未屆至前，法律行為之當事人有期待權存在，故附期限之法律行為當事人，而於期限屆至前，倘有損害相對人因期限屆至所應得利益之行為者，負賠償損害之責任（第3項準用第100條）。

肆、例題解析——條件成就之擬制

一、預收第1期保險費

　　保險契約、保險單或暫保單之簽訂，原則上須與保險費之交付，同時為之（保險法施行細則第4條第1項）。倘保險人向要保人先行收取保險費，而延後簽訂保險契約；則在未簽訂保險契約前，發生保險事故，保險人竟可不負保險責任，未免有失公平。故保險法施行細則第4條第2項、第3項作補充規定，財產保險之要保人在保險人簽發保險單或暫保單前，先交付保險費而發生應予賠償之保險事故時，保險人應負保險責任。人壽保險人於同意承保前，得預收相當於第1期保險費之金額。保險人應負之保險責任，以保險人同意承保時，溯自預收相當於第1期保險費金額時開始。

二、保險人同意承保為停止條件

保險契約於預收保險費金額時，附以保險人同意承保之停止條件，使其發生溯及之效力，排除保險法施行細則第4條第2項、第3項規定。而依據通常情形，保險人應同意承保者，因見保險事已經發生，竟不同意承保，希圖免其保險責任，是保險人係以不正當行為阻其條件之成就，依民法第101條第1項規定，視為條件已成就[15]。準此，甲保險公司向要保人及被保險人乙先行收取保險費，而於未簽訂保險契約前，發生保險事故，甲縱使不同意承保，乙仍得依據保險契約請求甲給付保險金（保險法第4條）[16]。

第五節　代　理

《例題21》

> 　　甲將其印鑑章、印鑑證明及房地所有權狀交付乙辦理不動產所有權移轉登記與丙，惟乙竟持之向丁銀行借款，以該房地設定抵押權與丁銀行，作為擔保戊向丁借款之債權。試問甲應否負責？理由為何？

壹、代理之定義

所謂代理（agency），係指代理人（agent）於代理權限內，以本人（principal）即被代理人之名義，向第三人為意思表示，或自第三人受領意思表示，而直接對本人發生效力之行為，由本人、代理人及第三人成立三面關係。由於社會關係日趨複雜，個人之活動領域日益擴大，故創設意定代理制度，以擴充行為能力之活動範圍。法定代理人之制度，可補助無行為能力或限制行為能力人之行為能力之欠缺。

---

[15] 最高法院104年度台上字第1963號民事判決。
[16] 最高法院69年台上字第3153號民事判決。

貳、代理要件及效力

一、以本人名義為法律行為

　　代理人於代理權限內，以本人名義為意思表示或受意思表示。是代理人之法律行為須本於代理權為之，如無代理權，原則上對本人無效。而代理須以本人名義為法律行為，以區分自己行為與代理行為。倘未表示本人名義，而相對人亦不知其為代理人，屬代理人以自己名義為法律行為，代理人應負自行負責。

二、對本人發生效力

　　代理直接對本人發生效力，即代理人所為之法律行為所發生之法律效果，直接對本人發生效力（民法第103條）。自不必要求代理人具備完全行為能力，是代理人所為或所受意思表示之效力，不因其為限制行為能力人而受影響（民法第104條）。因代理人為法律行為之實際行為人，是代理人之意思表示，因其意思欠缺、被詐欺、被脅迫，或明知其事情或可得而知其事情，致其效力受影響時，其事實之有無，應就代理人決之。例外情形，代理人之代理權係以法律行為授予者，其意思表示，倘依照本人所指示之意思而為時，自與代理人無關，是其事實之有無，應就本人決之（民法第105條）。

三、限於法律行為及準法律行為

　　代理行為之內容，僅限於法律行為及準法律行為。至於事實行為及侵權行為則不得代理，倘代理人為之，應視自己之行為，自負責任。因身分行為具有專屬性，必須本人親自為之，不得代理。例如，結婚、訂婚或離婚行為均不得代理，其代理行為不生效力。

參、代理之分類

一、意定代理及法定代理

以代理權發生之依據為區別，可分意定代理及法定代理：(一)意定代理之代理權係基於本人之意思表示而發生者，其代理權之授予，依據民法第167條規定，即代理權係以法律行為授予者，其授予應向代理人或向代理人對之為代理行為之第三人，以意思表示為之；(二)法定代理之代理權係基於法律規定而發生者。例如，父母為未成年子女之法定代理人（民法第1086條）。

二、有權代理及無權代理

以代理人有無代理權限為區別，可分有權代理及無權代理。代理人基於法律規定或本人之授權而有代理權者，為有權代理。法律未規定或本人未授權而代理權者，則為無權代理。而無權代理（unauthorized agency）有表見代理及狹義無權代理之區分。

(一)表見代理（104年司法人員四等）

由自己之行為表示以代理權授予他人。知他人表示為其代理人而不為反對之表示者對於第三人應負授權人之責任（民法第169條）。表見代理雖原無代理權，然有相當理由足令人信為有代理權，法律令本人負代理之責任[17]。例如，甲之印章與支票簿常交與乙保管，簽發支票時係由乙填寫，印章及支票一併交與乙保管使用，自足使第三人信其曾以代理權授予乙，甲自應負授權人之責任。

(二)狹義無權代理（104年司法人員四等）

代理人無代理權或雖有代理權而逾越代理權時，無代理權人以代理人之名義所為之法律行為，非經本人承認，對於本人不生效力。即狹義無權代理係效力未定之行為（民法第170條第1項）。法律賦予相對人催告權及撤回權：1.法

---

[17] 最高法院100年度台上字第596號民事判決。

律行爲之相對人，得定相當期限，催告本人確答是否承認，如本人逾期未爲確答者，視爲拒絕承認（第2項）；2.無代理權人所爲之法律行爲，其相對人於本人未承認前，得撤回之。但相對人爲法律行爲時，明知其無代理權者，則無保護之必要，自不得撤回（民法第171條）。

三、單獨代理及共同代理

代理人有數人者，其代理行爲應共同爲之，其爲共同代理。例外情形，法律另有規定或本人另有意思表示者，數代理人各得單獨有效爲代理行爲者，其屬單獨代理（民法第168條）。例如，訴訟代理人有2人以上者，均得單獨代理當事人，屬單獨代理（民事訴訟法第71條第1項）。

四、自己代理及雙方代理

所謂自己代理，係代理人代理本人與自己爲法律行爲。例如，甲授權乙代理權出售房地，乙以自己之名義買受房地。雙方代理者，代理人同時爲本人及第三人之代理人。例如，甲授權乙代理權出售房地，丙亦授權乙代理權買受房地。因自己代理或雙方代理，易造成利益衝突，原則上應禁止之。是代理人非經本人之許諾，不得爲本人與自己之法律行爲，亦不得既爲第三人之代理人，而爲本人與第三人之法律行爲。例外情形，其法律行爲，係專履行債務者，不會損及本人之利益，自得自己代理及雙方代理（民法第106條）。

肆、代理權之消滅

一、基本關係之消滅

代理權之消滅，依其所由授予之法律關係（legal relation）決定（民法第108條第1項）。例如，因僱傭、委任關係而授予代理權者，終止僱傭、委任關係時，其代理權亦隨之消滅。

二、代理權之限制及撤回

原則上，代理權得於其所由授予之法律關係存續中撤回之。例外情形，依該法律關係之性質不得撤回者，不在此限（民法第108條第2項）。而代理權之限制及撤回，不得以之對抗善意及無過失之第三人（民法第107條）。因代理權之限制及撤回，倘有可能導致第三人誤以為代理人仍有代理權，為保護第三人，本人不得主張代理人無權代理。而代理權消滅或撤回時，代理人有將授權書交還於授權者之義務，不得留置，避免發生表見代理情事發生（民法第109條）。

伍、例題研析──表見代理

甲將其印鑑章、印章證明及房地所有權狀交付乙辦理不動產所有權移轉登記與丙，乙於辦理不動產所有權移轉與丙固有代理權限，然甲並未授權乙代理其設定抵押權，以擔保戊對丁之借款債權，是該設定抵押權之行為，係屬無權代理。然甲交付上揭物品與乙之行為，使丁有相當理由相信甲有授予代理權與乙設定抵押權，是甲應負代理人之責任（民法第169條）。

第六節　無效及撤銷

《例題22》

甲男及乙女之父母為大學同學與多年好友，為甲與乙訂定婚約，事後經甲男及乙女同意。試問甲、乙間之婚約，何時合法有效成立？理由為何？

《例題23》

A股份有限公司董事長甲代表A公司先與乙簽訂買賣契約，嗣後A公司授權職員丙與丁簽訂租賃契約。試問上開買賣或租賃契約是否有效？理由為何？

壹、無效之法律行為

一、定　義（96年司法人員三等）

　　所謂無效者，係指法律行為因欠缺生效要件，而自始、當然、確定不發生法律上之效力，不因期間經過或當事人承認而發生效力，原則上，任何人均得對無效之法律行為，主張其無效。例如，違反公序良俗之行為，該行為無效（民法第72條）。

二、效　果

(一)全部無效及一部無效

　　法律行為之一部分無效者，全部均為無效（void）。但除去該部分亦可成立者，則其他部分，仍為有效（民法第111條）。例如，甲向乙購買數筆土地，並簽訂土地買賣契約，約定該數筆土地之買賣須合併為之，不可割裂而缺一不可。其中有1筆土地部分，因給付不能而無效時，買賣契約有關於其他土地之買賣契約，亦屬無效。

(二)無效行為之轉換

　　無效之法律行為，倘具備他法律行為之要件，並因其情形，可認當事人若知其無效，即欲為他法律行為者，其他法律行為，仍為有效（valid）（民法第112條）。例如，密封遺囑，應於遺囑上簽名後，將其密封，於封縫處簽名，指定二人以上之見證人，向公證人提出，陳述其為自己之遺囑，如非本人自寫，並陳述繕寫人之姓名、住所，由公證人於封面記明該遺囑提出之年、月、日及遺囑人所為之陳述，與遺囑人及見證人同行簽名（民法第1192條第1項）。倘不具備密封遺囑之法定之方式，對立遺囑人而言，非其所願，如有符合第1190條所定自書遺囑之方式者，有自書遺囑之效力（民法第1193條）[18]。

---

[18] 自書遺囑者，應自書遺囑全文，記明年、月、日，並親自簽名；如有增減、塗改，應註明增減、塗改之處所及字數，另行簽名。

(三)無效法律行為之當事人責任

無效法律行為之當事人，而於行為當時知其無效，或可得而知者，應負回復原狀或損害賠償之責任（民法第113條）。例如，以違禁物作為買賣之標的物，其買賣契約當然無效，當事人於行為時知悉或可得而知有此項無效之原因，自有返還定金之回復原狀義務。

貳、得撤銷之法律行為

一、定　義（96年司法人員三等）

法律行為因其意思表示有瑕疵，得由撤銷權人以意思表示為撤銷，使已生效之法律行為溯及的消滅其效力之意思表示。例如，撤銷因被詐欺、被脅迫或錯誤而成立生效之法律行為。撤銷與撤回不同，撤回係就尚未發生效力之意思表示，阻止其發生效力。

二、效　果

撤銷權之行使，應以意思表示為之。如有相對人者，其意思表示，應向相對人為之（民法第116條）。法律行為經撤銷者，視為自始無效（void ab initio）（民法第114條第1項）。當事人知其得撤銷或可得而知者，其法律行為撤銷時，應負回復原狀或損害賠償之責任（第2項）。例如，甲受乙之詐欺而出賣其機車，並交付之，甲撤銷被詐欺所為出賣機車之意思表示，乙負有返還機車之回復原狀義務。

參、效力未定

一、定　義（96年司法人員三等）

所謂效力未定之法律行為，係指法律行為雖已成立，然其效力是否發生尚未確定，須待他人為同意或承認而後生效。是效力未定之行為與無效行為、得撤銷行為不同。

二、種　類（99年司法人員三等）

(一)須得第三人同意之行為

以第三人之同意作為法律行為之生效要件，其同意或拒絕，得向當事人一方為之（民法第117條），而允許為事前同意，承認為事後同意，經同意後，溯及於法律行為時而成為確定有效之法律行為，倘第三人拒絕之，自始成為無效之法律行為。例如，限制行為能力人未得法定代理人之允許，所訂立之契約，須經法定代理人之承認，始生效力（民法第77條）。

(二)無權處分之行為（93、103年司法人員四等）

無權利人就權利標的物所為之處分，經有權利人之承認始生效力（民法第118條第1項）[19]。無權利人就權利標的物為處分後，取得其權利者，其處分自始有效。但權利人或第三人已取得之利益，不因此而受影響（第2項）。例如，甲將機車出租與乙，乙以自己之名義將機車出售於丙，並交付之，嗣後甲將機車出賣於乙，先前之無權處分行為變成自始有效。甲於同意前，基於租賃契約所向乙收取之租金，毋庸返還與丙。再者，數處分相牴觸者，以最初之處分為有效（第3項）。例如，甲將屬於乙之債權，先後讓予丙、丁，嗣後甲取得乙之債權，以最初讓予丙之處分行為有效。

(三)無權代理行為（99、103年司法人員四等）

無代理權人以代理人之名義所為之法律行為，非經本人承認（consent），對於本人不生效力（民法第170條第1項）。例如，甲未經乙之授權，逕以乙之名義與丙簽訂土地買賣契約，事後乙承認而生效力，乙應負代理人之責任。

肆、例題解析

一、無效法律行為之效力

婚約應由男女當事人自行訂定，不得由他人代理之（民法第972條）。是

---

[19] 最高法院105年度台上字第1834號民事判決。

由父母代爲訂定者，當然、自始及確定無效。因婚約爲不許代理之法律行爲，縱使本人對於父母代訂之婚約爲承認，仍不適用關於無權代理行爲得由本人一方承認之規定。準此，甲男及乙女事後所爲之承認，應認爲新訂之婚約。

二、代理與代表之相異處

A公司董事長甲代表A公司與乙簽訂買賣契約，代表人之行爲視爲本人之行爲，故買賣契約對A公司生效。而A公司授權職員丙與丁簽訂租賃契約，丙之代理行爲所生之效力及於A公司，A公司應代理人之責任，其租賃契約有效。代理與代表之不同處如後：(一)代表人與法人係一個權利主體之關係，而代理人與本人係二個權利主體之關係；(二)代表行爲爲法人行爲，而代理行爲並非本人之行爲，僅效力歸屬於本人；(三)代表行爲包括法律行爲、事實行爲及侵權行爲，而代理行爲僅限於法律行爲及準法律行爲。

第五章　期日及期間

> 甲委請乙興建大樓1棟，於2020年1月1日簽訂承攬契約，約定2年之工作天完成，期間例假日及不能工作之雨天有150天。試問承攬人乙應於何日完成？理由為何？

壹、期日及期間之定義

所謂期日（date），係指不可分及視為不可分之時間。例如，某年6月10日或某日下午1時。所謂期間（period），係指為自一定期日至另一定期日。例如，某年6月5日至7月5日。是日期有如幾何圖形之點，而期間有如點至點之線[1]。

貳、期間之計算

一、起　點

以時定期間者，即時起算（民法第120條第1項）。例如，上午10時約定2小時內交付貨物，應自上午10時起算至中午12時止。而以日、星期、月或年定期間者，其始日不算入（第2項）。意思表示或法律行為成立之日不算入。例如，於10月1日約定10日後交付貨物，10月1日不算入，自10月2日起算，連續算至10月11日止。連續期間之計算，採曆法計算法（民法第123條第1項）。例如，租賃期間自1月1日起算2個月，依據曆法計算方法應至2月28日或2月29日。非連續期間之計算，即月或年，非連續計算者，每月為30日，每年為365日（第2項）。係採自然計算法，按實際時間，精確計算。例如，承攬工程約

---

[1] 民法第119條規定：法令、審判或法律行為所定之期日及期間，除有特別訂定外，其計算依本章之規定。

定1個月之工作天,應以實際工作天算足30日,即應扣除例假日、雨天等無法工作日數。

二、終　點

以日、星期、月或年定期間者,以期間末日之終止,為期間之終止(民法第121條第1項)。例如,租賃期間自10月1日起算1個月,至10月31日下午12時止。期間不以星期、月或年之始日起算者,以最後之星期、月或年與起算日相當日之前1日,為期間之末日。但以月或年定期間,於最後之月,無相當日者,以其月之末日,為期間之末日(第2項)。例如,10月2日起算1月,應自11月2日止。或者自2018年8月31日起算1年6個月,則2020年2月28日為期間之末日。

三、期間終止之延長

應於一定期日或期間內,為意思表示或給付者,其期日或其期間之末日,為星期日、紀念日或其他休息日時,以其休息日之次日代之(民法第122條)。例如,民事訴訟之上訴期間,自送達判決後起算20日,甲於1月1日收受判決書,至1月21日滿20日,而該日為週六,是甲於下週一即1月23日向法院提起上訴,尚未逾上訴期間。

參、年齡計算

年齡(age)自出生之日起算(民法第124條第1項)。例如,2020年1月1日出生,因年齡採週年計算法,自2020年12月31日下午12時止,算足1年為1歲。出生之月、日無從確定時,推定其為7月1日出生。知其出生之月,而不知其出生之日者,推定其為該月15日出生(第2項)。

肆、例題研析——期間之計算

　　甲委請乙興建大樓1棟，於2020年1月1日簽訂承攬契約，始日不算入（民法第120條第2項）。則自2020年1月2日起算，應要扣除例假日及不能工作日，屬非連續期間，採自然計算法，每年365日（民法第123條第2項）。2年之工作日計730日，加上非工作日150天，合計880日，至2022年5月30日止，因該日為週一，應以次日為終點，是承攬人乙應於2022年5月31日下午12時前完成大樓興建（民法第122條、第121條第2項）。

第六章　消滅時效

《例題25》

　　試問下列請求權是否罹於時效：(一)甲、乙係夫妻，甲夫離家逾15年，乙妻基於夫妻關係請求甲夫，履行同居義務，甲夫以該請求權因15年間不行使而消滅，拒絕同居，是否有理？(二)丙男與丁女訂定婚約，逾15年未結婚，丙男請求丁女履行婚約，丁女拒絕履行婚約，是否有理？

《例題26》（82年高考）

　　甲向乙承租不動產，租賃期間屆滿後，仍繼續使用達10年，期間均未給付任何金額與乙，乙向甲要求給付相當於租金之金額，甲認為渠等間無租賃關係而拒絕給付任何金額。試問何人有理由？依據為何？

《例題27》

　　甲持乙所簽發之本票，向法院聲請准予強制執行，經持本票裁定執行乙之財產，僅獲部分滿足，法院核發債權憑證與甲，甲於4年後，發現乙另有其他財產，持債權憑證向法院聲請對乙之財產執行。試問法院應如何處理？依據為何？

壹、時效之定義

　　因時間之經過而影響權利之存續或其行使者，可分除斥期間及時效期間。詳言：(一)所謂除斥期間或稱預定期間，係權利預定存續之期間；(二)所謂時效，係指因一定事實狀態已繼續一定之期間，而發生一定效果之制度，可分取得時效與消滅時效：1.取得時效，係占有他人之物繼續達一定期間而發生權利取得之效果，其規定於民法物權編；2.消滅時效，係因請求權之不行使，繼續一定之期間，債務人遂取得抗辯權，使債權人之請求權行使受到妨礙，其規定

於民法總則編。時效制度存在之主要理由有三：(一)尊重既有秩序，維持社會交易安全；(二)不保護於權利上睡眠者；(三)避免舉證困難。

貳、除斥期間及消滅時效期間之區別

除斥期間及消滅時效期間有如後差異：(一)就立法精神而言，除斥期間在於維持繼續存在之原秩序，消滅時效在於維持新建立之秩序；(二)就適用客體而言，除斥期間之客體為形成權。消滅時效之客體為請求權，原則上請求權均有消滅時效之適用。例外情形，純粹身分請求權及已登記不動產之物上請求權，並無消滅時效之適用；(三)就期間計算而言，除斥期間為不變期間，消滅時效有中斷或不完成之規定；(四)就效力而言，除斥期間經過後，權利當然消滅，法院應依職權調查。請求權罹於時效，義務人得主張拒絕給付之抗辯權，當事人未援用者，法院不得依職權作為裁判之依據。

參、消滅時效之期間（106年司法人員四等）

消滅時效（extinctive prescription），自請求權可行使時起算。以不行為為目的之請求權，自為行為時起算（民法第128條）[1]。例如，借款清償期屆至，債權人自該日起得行使借款請求權，或約定離職後競業禁止1年，自離職日起算。消滅時效之期間，可分一般時效與特別時效期間，時效期間不得以法律行為延長或縮短（民法第147條）。當事人不得約定延長或縮短時效期間，因時效期間為強制規定。

一、一般期間

請求權（claim），因15年間不行使而消滅。但法律所定期間較短者，依其規定（民法第125條）[2]。倘無特別規定，請求權之消滅時效期間為15年。例如，基於買賣、租賃、借貸、委任等契約之請求權。

---

[1]　最高法院108年度台上字第26號民事判決。
[2]　最高法院108年度台上字第123號民事判決。

二、特別期間

(一)5年時效

利息、紅利、租金、贍養費、退職金及其他1年或不及1年之定期給付債權，其各期給付請求權，因5年間不行使而消滅（民法第126條）。例如，基於不動產租賃契約而生之租金請求權[3]。

(二)2年時效（99年高考）

2年時效者如後：1.旅店、飲食店及娛樂場之住宿費、飲食費、座費、消費物之代價及其墊款；2.運送費及運送人所墊之款；3.以租賃動產為營業者之租金；4.醫生、藥師、看護生之診費、藥費，報酬及其墊款；5.律師、會計師、公證人之報酬及其墊款；6.律師、會計師、公證人所收當事人物件之交還；7.技師、承攬人之報酬及其墊款；8.商人、製造人、手工業人所供給之商品及產物之代價（民法第127條）[4]。例如，基於醫療行為所生之醫療費用。

(三)商人所供應商品之代價請求權

民法第127條第8款所稱商人所供應之商品之代價請求權，適用2年消滅時效期間規定之目的，旨在於該請求權宜速履行，以免因證據滅失，徒增爭議。所稱商人所供應之商品，不以日常生活所需之小額或小量商品為限。凡商人所供應之商品在客觀上為日常頻繁交易之客體者均屬之，初不以商品價格之多寡作為辨別標準。所謂日常頻繁交易之客體者，亦不限於該商品前已存有多次交易或曾與第三人交易事實為必要。且買受該商品者，並不排除買受之人再利用該商品以獲取利潤者[5]。

---

[3] 最高法院104年度台上字第715號民事判決。
[4] 最高法院102年度台上字第524號民事判決。
[5] 最高法院104年度台上字第1828號民事判決。

肆、消滅時效之中斷

一、定　義

所謂時效中斷，係指時效進行中，因有與時效基礎相反之事實發生。例如，請求、承認、起訴或與起訴同一效力等事由，使已進行之期間歸於無效之制度。

二、事　由（107年司法人員四等）

(一)請　求

所謂請求（demand），係指權利人於訴訟外，行使權利之行為，請求會發生消滅時效中斷之效果（民法第129條第1項第1款）。因時效因請求而中斷者，倘未於6個月內起訴，視為消滅時效未中斷（民法第130條）[6]。

(二)承　認

所謂承認（acknowledge），係指義務人向權利人表示其權利存在之觀念（民法第129條第1項第2款）。承認之方式不一，書面、言語明示或默示均可，例如，債務人請求緩期清償、提供擔保、支付利息、清償部分債務等。承認發生時效中斷之效果，具有絕對之效力。

(三)起　訴

所謂起訴（bring an action），係指權利人向法院提起民事訴訟而主張權利之行為，包括民事訴訟及刑事附帶民事訴訟（民法第129條第1項第3款）。時效雖因起訴而中斷者，若撤回其訴，或因不合法而受駁回之裁判，其裁判確定，視為不中斷（民法第131條）。

(四)起訴有同一效力

民法第129條第2項規定，其與起訴具有同一效力者如後：1.依督促程序，

---

[6] 最高法院101年度台上字第1858號民事判決。

聲請發支付命令。時效因聲請發支付命令而中斷者，倘撤回聲請，或受駁回之裁判，或支付命令失其效力時，視爲不中斷（民法第132條）；2.聲請調解或提付仲裁，時效因聲請調解或提付仲裁而中斷者，倘調解之聲請經撤回、被駁回、調解不成立或仲裁之請求經撤回、仲裁不能達成判斷時，視爲不中斷（民法第133條）；3.申報和解債權或破產債權，時效因申報和解債權或破產債權而中斷者，倘債權人撤回其申報時，視爲不中斷（民法第134條）；4.告知訴訟，時效因告知訴訟而中斷者，倘於訴訟終結後，6個月內不起訴，視爲不中斷（民法第135條）；5.開始執行行爲或聲請強制執行，時效因開始執行行爲而中斷者，倘因權利人之聲請，或法律上要件之欠缺而撤銷其執行處分時，視爲不中斷[7]。時效因聲請強制執行而中斷者，倘撤回其聲請，或其聲請被駁回時，視爲不中斷（民法第136條）。

三、效　力

(一)時之效力

時效中斷者，自中斷之事由終止時，重行起算（民法第137條第1項）[8]。在時效中斷前已經過之時效期間，全部歸於無效，時效重新計算。因起訴而中斷之時效，自受確定判決，或因其他方法訴訟終結時，重行起算（第2項）。例如，借款請求權之消滅時效期間自判決確定日起算15年。經確定判決或其他與確定判決有同一效力之執行名義所確定之請求權，其原有消滅時效期間不滿5年者，因中斷而重行起算之時效期間爲5年（第3項）。例如，甲向乙汽車租賃公司承租汽車，基於動產租賃契約所生之租金請求權之消滅時效爲2年，經民事判決確定者，租金請求權之消滅時效延長5年。

(二)人之效力

時效中斷不僅對當事人有效，就其繼承人（successor）及受讓人

---

[7] 最高法院104年度台上字第441號民事判決。

[8] 最高法院103年度台上字第344號民事判決。

（assignee）間，亦有效力（民法第138條）[9]。例如，甲向乙借款，已屆清償期2年，甲向乙請求延期清償，乙將借款請求權讓予丙，丙得以甲承認之事實，主張中斷時效之效力，自承認起算有15年之消滅時效期間。

伍、消滅時效不完成

一、定　義

　　所謂消滅時效不完成，係指時效期間行將完成之際，因有難於行使其權利之事實發生，法律乃使時效暫不完成之謂。因時效不完成係暫時停止時效之進行，故亦稱時效停止，其性質上係將時效期間加以延長，權利人自可於延長期間內行使權利。

二、消滅時效中斷與消滅時效不完成

　　消滅時效中斷與消滅時效不完成不同：(一)前者係由於當事人之行為所致；後者係當事人行為以外之事實；(二)前者自中斷前所經過之時效期間，係歸於無效；後者於時效停止前已經過之時效期間仍屬有效；(三)前者僅對特定人有效；後者對任何人均有效力。

三、事　由

(一)事　變

　　時效之期間終止時，因天災或其他不可避之事變，致不能中斷其時效者，自其妨礙事由消滅時起，1個月內，其時效不完成（民法第139條）。例如，颱風來襲，造成交通及通訊中斷。

(二)繼承關係

　　屬於繼承財產之權利或對於繼承財產之權利，自繼承人確定或管理人選定

---

[9] 最高法院103年度台上字第740號民事判決。

或破產之宣告時起，6個月內，其時效不完成（民法第140條）。例如，被繼承人死亡，有無繼承人不明。

(三)行為能力關係

　　無行為能力人或限制行為能力人之權利，於時效期間終止前6個月內，若無法定代理人者，自其成為行為能力人或其法定代理人就職時起，6個月內，其時效不完成（民法第141條）。例如，未成年人父母死亡後而無遺囑指定監護人，亦無民法第1094條第1項所列舉之法定監護人。

(四)法定代理關係

　　無行為能力人或限制行為能力人，對於其法定代理人之權利，於代理關係消滅後1年內，其時效不完成（民法第142條）。例如，因父母之故意虐待，將其未成年子女毆打成傷，子女對父母之損害賠償請求權。

(五)婚姻關係（99年民間公證人；101年高考）

　　夫對於妻或妻對於夫之權利，於婚姻關係消滅後1年內，其時效不完成（民法第143條）。例如，夫向妻借款，其借款請求權本於婚姻關係存續期間罹於時效，因有婚姻關係不便行使，自得於婚姻關係消滅內1年內，行使借款請求權。

陸、消滅時效完成之效力

一、對於債務人之效力

　　消滅時效完成後，債務人得拒絕給付（民法第144條第1項）。債權人之請求權並不消滅，債權人雖得請求，惟債務人得行使抗辯權拒絕給付。債權人之請求權未消滅，僅債務人得行使抗辯權拒絕給付，故請求權已經時效消滅，債務人仍為履行之給付者，不得以不知時效為理由，請求返還；其以契約承認該債務或提出擔保者，亦可認為債務人拋棄拒絕給付之抗辯權，自不得主張承

認或擔保之行為，不生效力（第2項）[10]。例如，借款請求權已罹於時效，債務人仍給付借款與債權人，債權人可保有該給付。民法第147條規定，禁止預先拋棄時效利益，而於時效完成後，得拋棄時效之利益。債務人知時效完成之事實而為承認者，其承認自可認為拋棄時效利益之默示意思表示，時效完成之利益經拋棄者，回復時效完成前之狀態，債務人不得再以時效業經完成拒絕給付。

二、對於債權人之效力

以抵押權、質權或留置權擔保之請求權，雖經時效消滅，債權人仍得就其抵押物、質物或留置物取償（民法第145條第1項）[11]。惟對於利息及其他定期給付之各期給付請求權，經時效消滅者，不得就擔保物取償（第2項）。例如，借款本金於消滅時效完成後，仍就擔保物取償，惟利息部分則不得就擔保物取償。因民法第880條就時效完成後抵押權之實行有特別規定，以抵押權擔保之債權，其請求權已因時效而消滅，倘抵押權人於消滅時效完成後，5年間不實行其抵押權者，其抵押權消滅。是實施抵押權時，應適用5年之除斥期間。

三、對於從權利之效力

主權利因時效消滅者，其效力及於從權利。但法律有特別規定者，不在此限（民法第146條）。權利有主從之別者，從權利應依附於主權利。原則上，從權利之時效雖未完成，然主權利因時效而消滅，從權利仍隨之消滅。例外情形，如民法第145條第2項及第880條規定，從權利不消滅。

---

[10] 最高法院104年度台上字第2219號民事判決。
[11] 最高法院107年度台上字第85號民事判決。

柒、例題解析

一、消滅時效之客體

(一)履行同居請求權

請求權因15年間不行使而消滅,固為民法第125條所明定,然基於身分關係之請求權,並無消滅時效之適用。例如,因夫妻關係而生之同居請求權、因婚約而生之結婚請求權[12]。甲乙係夫妻,甲夫離家逾15年,乙妻基於夫妻關係請求甲夫,履行同居義務(民法第1001條)。履行同居之請求權不適用消滅時效,甲夫不得以離家已逾15年為由,而拒絕同居。

(二)履行婚約請求權

丙男與丁女訂定婚約,亦無罹於時效之問題(民法第972條),雖逾15年未結婚,丙男請求丁女履行婚約,丁女自不得以請求權之消滅時效已完成,拒絕履行婚約。然因婚約不得請求強迫履行,丁女得以此拒絕履行(民法第975條)。

二、5年之短期消滅時效(98年司法人員四等)

不動產租金之請求權因5年間不行使而消滅,為民法第126條所明定。至於終止租約後之賠償與其他無租賃契約關係之賠償或不當得利,名稱雖與租金不同,然實質上仍為使用不動產之代價,其時效之計算應為5年[13]。甲向乙承租不動產,租賃期間屆滿後,仍繼續使用達10年,期間均未給付任何金額與乙,甲與乙雖無租賃關係,惟甲占有及使用租賃物並無合法權源,導致乙受有損害,乙得依據不當得利之法律關係(民法第179條)。請求甲給付5年相當於租金之不當得利,逾5年期間者,甲得以時效完成為抗辯,拒絕給付(民法第144條第1項)。

---

[12] 最高法院48年台上字第1050號民事判決。
[13] 最高法院49年台上字第1730號民事判決。

三、消滅時效之延長

　　經確定判決或其他與確定判決有同一效力之執行名義所確定之請求權，其原有消滅時效期間不滿5年者，因中斷而重行起算之時效期間為5年（民法第137條第3項）。例如，訴訟上成立之和解。因本票裁定不具與確定判決同一之效力，其時效並不因之而延長為5年。是持本票裁定執行者，因聲請執行而中斷（民法第136條）。其時效自執行法院核發債權憑證日起，重新起算3年（票據法第22條第1項）[14]。甲持乙所簽發之本票，向法院聲請准予強制執行，經持本票裁定執行乙之財產，僅獲部分滿足，法院核發債權憑證與甲，甲於4年後發現乙另有其他財產，持債權憑證向法院聲請對乙之財產執行，乙得以時效完成為抗辯，拒絕給付（民法第144條第1項）。

---

[14] 林洲富，實用強制執行法精義，五南圖書出版股份有限公司，2020年2月，14版1刷，31頁。

第七章　權利之行使

《例題28》

> 甲與乙因停車位之問題，發生爭吵，甲竟毆打乙成傷，乙氣憤難平，隨即拾起其旁之石塊，持之毆打甲成傷。試問乙應否就甲之受傷，負損害賠償責任？

壹、權利行使之基本原則

一、禁止違反公益

權利之行使，不得違反公共利益，此為權利社會化之意義（民法第148條第1項前段）。所謂公共利益（public interest），係指不特定多數人利益之通稱，為增進國家社會生存發展不可缺之基本要素。權利之行使是否違反公共利益，應以權利人之客觀行為作標準加以判斷，非以權利人主觀是否有違背公益為目的。例如，甲封閉其所有供公眾使用之私設巷道，其所有權之行使，違反公共利益。

二、權利濫用之禁止

權利之行使，不得以損害他人為主要目的，故禁止權利濫用，為權利社會化之表徵（民法第148條第1項後段）[1]。權利之行使，是否以損害他人為主要目的，應就權利人因權利行使所能取得之利益，與他人及國家社會因其權利行使所受之損失，比較衡量以定之。倘權利行使之結果，自己所得利益極少，而他人及國家社會所受之損失甚大，得視為以損害他人為主要目的，此乃權利社會化之基本內涵所必然之解釋[2]。

---

[1] 最高法院100年度台上字第1590號民事判決。

[2] 最高法院71年台上字第737號民事判決。

三、誠實信用原則

行使權利，履行義務，應依誠實及信用方法（民法第148條第2項）。此為誠實信用原則，係適用法律之最高原則，乃法律領域之帝王條款。所謂誠信原則，係指於具體之法律關係，依據公平正義之理念，衡量當事人之利益之法律原則[3]。例如，甲積欠乙借款，甲於其等遇強盜之際，清償借款與乙，甲清償債務，違反誠信原則，應屬無效。再者，誠信原則之效用如後：(一)解釋或補充法律行為；(二)解釋或補充法律規定；(三)作為立法之準則。

四、權利失效

權利人在相當期間內未行使其權利，除有特殊情事足使義務人正當信賴權利人已不欲行使其權利外，尚難僅因權利人久未行使其權利，即認其嗣後行使權利違反誠信原則而權利失效。所謂特殊情事，必須權利人之具體作為或不作為，如經相對人催告行使權利，仍消極未有回應；或積極從事與行使權利相互矛盾之行為等，始足當之[4]。

貳、自力救濟

有權利即有救濟，權利始得獲得實現，而權利如受侵害，原則上雖應請求公力救濟，然因請求公力救濟，有一定程序而緩不濟急，對權利之保障，難免不周全，故於例外情形，符合法定要件，承認自力救濟稱自衛行為，民法規定之自力救濟有三：正當防衛、緊急避難及自助行為。

一、正當防衛

所謂正當防衛（legal defense），係指對於現時不法之侵害，為防衛自己或他人之權利所為之行為，未逾越必要程度範圍，不負損害賠償之責（民法第149條）。有無逾越必要程度範圍，應就具體情事，依客觀標準決定之，不能

---

[3] 最高法院100年度台上字第445號民事判決。
[4] 最高法院104年度台上字第1772號民事判決。

僅憑受害人損害之結果為斷[5]。例如，甲持刀追殺乙，甲為保護其生命權，持槍將乙擊斃。正當防衛所防衛之權利，並無限制，而緊急避難則限於生命、身體、自由或財產等權利。

二、緊急避難

所謂緊急避難（necessity），係指因避免自己或他人生命、身體、自由或財產上急迫之危險所為之行為，不負損害賠償之責但以避免危險所必要，並未逾越危險所能致之損害程度者為限（民法第150條第1項）。倘其危險之發生，倘行為人有責任者，應負損害賠償之責（第2項）。即避難行為加以他人之損害，必須少於或等於危險所產生之損害，該危險並非行為人所造成，始得阻卻違法。例如，甲之狗追咬乙，乙為避免被咬傷，搶奪丙之手杖用以打狗，縱使狗或丙受傷，乙為保護其身體權，而造成對甲對狗所有權或丙之身體權，保護之法益優於或等於被侵害之法益，自不負損害賠償責任。倘該狗係因乙挑釁而起，乙應就甲或丙所受之損害，負損害賠償責任。緊急避難對於任何人均得實施避難行為，而正當防衛僅得對不法侵害者為之。

三、自助行為

所謂自助行為（self-assistance），係指為保護自己權利，對於他人之自由或財產施以拘束（restrain）、押收（seize）或毀損（destroy）者，不負損害賠償之責。但以不及受法院或其他有關機關援助，並非於其時為之，請求權不得實行或其實行顯有困難者為限（民法第151條）。例如，債務人為逃避債務而欲搭機前往國外，債權人為保護自己之債權，得於機場拘束債務人之自由，使債務人無法離境。

參、例題解析──正當防衛之要件

正當防衛須對現在不法之侵害而為，對於過去或未來之侵害，則無正當防

---

[5] 最高法院64年台上字第2442號民事判決。

衛可言（民法第149條）。甲、乙發生爭吵，甲毆打乙成傷後，甲之侵害已成過去，乙爲報復而持石塊毆打甲，毆打行爲應屬互毆，而與正當防衛之要件不符。職是，甲、乙對自己造成對方受傷所發生之損害，應互負侵權行爲之賠償責任，不得主張正當防衛（民法第184條第1項前段）。

第三編

債

第一章 通 則

第一節 債之發生

《例題1》

　　甲與乙賭博，甲積欠賭債新臺幣100萬元，乙向其追討。試問：(一)甲以賭博違反法律令為由拒絕給付，甲之主張，是否有理由？(二)甲於清償賭債後，以賭債為不法之債為由，向乙要求返還賭債，乙是否得拒絕之？

壹、債之定義

　　所謂債者，兼指債權與債務而言，係指特定人即債權人（creditor）對於特定人即債務人（debtor）得請求為特定行為之法律關係。所謂特定行為，係指給付之意，包括作為及不作為（民法第199條）[1]。例如，甲向乙借款新臺幣100萬元，甲及乙間有借款之債權債務關係，甲於清償期屆至，乙得向甲請求清償借款。債務以其效力區分，可分完全債務及不完全債務。完全債務係指債務人不履行時，債務人得依訴權提起訴訟，請求強制履行，一般債務屬之。不完全債務或稱自然債務，債務人是否履行，憑債務人之意思決定，債權人不得以訴權請求履行，倘債務人自動履行，亦不得依不當得利關係請求返還。例如，不法原因給付之債務（民法第180條第4款）、超過利息限制之利息債務（民法第205條）。

貳、債法之內容

　　民法債編分為兩章，第一章為通則（general provision），為債編總論，係各種之債通用之一般法則。第二章規定各種之債（particular kinds of obligation），為債編各論。債法原則上為任意法，即當事人約定之相互間權利

---

[1] 最高法院102年度台上字第189號民事判決。

義務內容，不違反公序良俗或強制規定，可由當事人自由約定，此為契約之自由原則，故債之種類及內容不限於債編各論所規定之類型。

參、例題研析──自然債務

賭博係違反法令（民法第71條）或公序良俗（民法第72條）之行為，應屬無效之行為，是賭債非債，雖不得請求給付，然已給付者，因具有不法之原因，則不得請求返還（民法第180條第4款）。甲與乙賭博，甲積欠賭債新臺幣100萬元，乙向其追討，甲自得賭博係違反法令或公序良俗之無效行為，拒絕給付賭債。倘甲於清償賭債後，因該給付具有不法之原由，不得向乙要求返還[2]。

第一項　契　約

《例題2》

甲以網路向A飯店預定房間，A飯店依據該網路，依據其訂房作業，承諾時無須通知，A飯店可將房間備妥。甲依據預定之日期，前往A飯店投宿，A飯店竟稱客房已客滿，無法提供房間與甲。試問A飯店之主張，是否有理由？

《例題3》

甲向乙購買房地，並簽訂房地買賣預約書，約定買賣坪數、地號、價金、繳納價款、移轉所有權登記期限等內容，甲依據房地買賣預約書，請求乙交付房地及移轉其所有權，乙則聲稱渠等之契約屬預約性質，買賣契約尚未成立為由，而拒絕履行出賣人義務。試問乙之抗辯，是否有理由？

---

[2] 最高法院103年度台上字第620號民事判決：倘當事人一方對於確定判決之效力得事先以法律行為否認，無異允許其得預先任意排除該判決之拘束力，自有違判決效力之公益性與強行性，應認為係違反公共秩序。

《例題4》

　　試問下列情形有無合法成立買賣契約？(一)甲開設A精品服飾店，標明某件服飾價格為新臺幣（下同）3萬元，乙前往A精品服飾店交付3萬元要求購買該件服飾，甲要價5萬元。(二)甲寄發服飾廣告與乙，廣告之價目表標明某件服飾價格為3萬元，乙要求以價目表所列之價格購買該服飾。

壹、契約之定義

　　契約（contract）有廣義及狹義之分。廣義之契約，泛指以發生私法上效果為目的之合意而言；狹義之契約專指債權契約，係二人以上當事人，以債之發生為目的，彼此所為對立意思表示，互相一致之法律行為。民法債編通則所規定之契約，專指債權契約。

貳、契約之種類

一、有名契約及無名契約

　　以法律有無明文規定者區分，可分有名契約及無名契約：(一)有名契約亦稱典型契約，為法律賦予一定名稱及規定其內容，民法債編第二章所定各種之債即屬之[3]；(二)無名契約或非典型契約，因法律未賦予一定名稱及規定其內容，無名契約依據契約及經濟之目的，類推適用與該契約相近之有名契約之相關規定。

二、雙務契約與單務契約

　　以雙方當事人是否互有對價關係，區分為雙務契約與單務契約：(一)雙務契約者，係雙方當事人各須負擔給付義務之債務契約。例如，買賣、租賃；(二)單務契約者，僅當事人一方負有債務，他方不負債務或雖負債務而無對價

---

[3] 包括2種以上有名契約之內容者，稱為混合契約。

關係。例如，贈與、使用借貸。

三、有償契約與無償契約

以雙方當事人是否各因給付而取得對價利益區分，有償契約與無償契約：(一)有償契約者，係雙方當事人各因給付而取得對價利益之契約。例如，買賣、租賃；(二)無償契約者，僅當事人一方爲給付，他方並無對價關係之給付契約。例如，贈與、使用借貸。

四、本約及預約

預約係約定將來成立一定契約之契約，如消費借貸預約（民法第475條之1）。本約爲履行該預約成立之契約。兩者異其性質及效力，預約權利人僅得請求對方履行訂立本約之義務，不得逕依預定之本約內容請求履行。例如，買賣預約得就標的物及價金之範圍先爲擬定，作爲將來訂立本約之範本[4]。

參、契約之成立要件

一、契約要素意思合致（101年司法人員四等）

當事人互相表示意思一致者，無論其爲明示（express）或默示（imply），契約即爲成立（民法第153條第1項）[5]。例如，甲願以新臺幣6萬元出售其機車，乙同意以該價金買受之，雙方當事人互相表示意思一致。當事人對於必要之點，意思一致，而對於非必要之點，未經表示意思者，推定其契約爲成立，關於該非必要之點，當事人意思不一致時，法院應依其事件之性質定之（第2項）。例如，租金及租賃物爲租賃契約之必要之點（民法第421

---

[4] 最高法院102年度台上字第488號民事判決。

[5] 最高法院101年度台上字第1294號、102年度台上字第682號民事判決：意思表示有明示及默示之分，前者係以言語文字或其他習用方法直接表示其意思；後者乃以其他方法間接的使人推知其意思。默示之意思表示與單純之沉默有別，單純之沉默除經法律明定視爲已有某種意思表示外，不得即認係表示行爲。

條）。至於租賃期間、押租金、給付租金時期等，並非必要之點。

二、契約成立方式

(一)意定方式

契約當事人約定其契約須用一定方式者，在該方式未完成前，推定其契約不成立（民法第166條）。例如，當事人約定機車買賣契約必須經過公證，未經公證則買賣契約不成立。

(二)法定方式

法定要式契約者，而未踐行其方式，原則上無效（民法第73條）。例如，不動產物權之移轉、設定或變更之契約，應由公證人作成公證書（民法第166條之1第1項）。未經公證，其契約雖不成立，然當事人已合意為不動產物權之移轉、設定或變更而完成登記者，仍為有效（第2項）。因當事人已有變動不動產物權之合意，並經地政機關完成登記，債權契約未經公證，仍生物權變動之效力，以緩和其要式性。

肆、契約成立之方法

一、要約與承諾

(一)要　約

所謂要約（offer），係指以訂立一定契約為目的，而喚起相對人承諾之一種意思表示。例如，甲向乙表示以新臺幣60萬元出售其汽車與乙。契約之要約人，因要約而受拘束。所謂因要約而受拘束，係指要約一經生效，要約人不得將要約擴張、限制、變更或撤回而言。例外情形，係要約當時預先聲明不受拘束，或依其情形或事件之性質，可認當事人無受其拘束之意思者，不在此限（民法第154條第1項）。貨物標定賣價陳列者，視為要約。但價目表之寄送，不視為要約，係要約引誘（第2項）。

(二)要約失效

要約失效之原因有四：1.要約經拒絕者，失其拘束力（民法第155條）；2.對話爲要約者，非立時承諾，即失其拘束力（民法第156條）；3.非對話爲要約者，依通常情形可期待承諾之達到時期內，相對人不爲承諾時，其要約失其拘束力（民法第157條）；4.要約定有承諾期限者，非於其期限內爲承諾，失其拘束力（民法第158條）。

(三)撤回要約之通知

要約人欲撤回要約之通知，阻止要約生效，倘其到達在要約到達之後，而按其傳達方法，通常在相當時期內應先時或同時到達，其情形爲相對人可得而知者，相對人應向要約人即發遲到之通知（民法第162條第1項）。相對人怠於爲遲到通知者，其要約撤回之通知，視爲未遲到（第2項）。該撤回要約之通知，即生效力。

(四)要約引誘

所謂要約引誘，係指引誘他人向自己爲要約故要約之引誘，僅爲準備行爲，其本身不發生法律上之效果，要約與要約引誘之區別，應視其表示行爲，是否足以決定契約必要之點。例如，招租房屋、徵聘職員、商品推銷廣告等，均未足以決定契約必要之點，均屬要約引誘。

(二)承　諾

1.定　義

所謂承諾（accept），係指答覆要約之同意意思表示。承諾之內容，必須與要約之內容完全一致，契約始能成立。例如，甲向乙表示以新臺幣（下同）60萬元出售其汽車與乙，乙同意以該價金買受汽車。承諾之通知，按其傳達方法，通常在相當時期內可達到而遲到，其情形爲要約人可得而知者，應向相對人即發遲到之通知（民法第159條第1項）。倘要約人怠於爲遲到通知者，其承諾視爲未遲到，即生承諾之效力（第2項）。是遲到之承諾，原則上應視爲新要約（民法第160條第1項）。或者將要約擴張、限制或爲其他變更而承諾者，

視為拒絕原要約而為新要約（第2項）[6]。例如，甲向乙表示以60萬元出售其汽車與乙，乙出價50萬元，則為新要約。

2. 撤回承諾之通知

承諾人欲撤回承諾之通知，阻止承諾生效，倘其到達在承諾到達之後，而按其傳達方法，通常在相當時期內應先時或同時到達，其情形為相對人可得而知者，相對人應向承諾人即發遲到之通知（民法第162條第1項）。相對人怠於為遲到通知者，其承諾撤回之通知，視為未遲到（第2項）。該撤回承諾之通知，即生效力（民法第163條準用第162條）。

二、要約交錯

所謂要約交錯，係指當事人偶然的互為要約，而其內容卻完全一致，亦可成立要約。例如，甲向乙表示以新臺幣（下同）5萬元之價款出賣電腦1部，乙同時向甲表示，其以5萬元購買該部電腦，甲、乙成立電腦買賣契約（民法第345條）。

三、意思實現

所謂意思實現，係指於承諾無須通知之情形，而有可認為承諾之事實，契約即可成立[7]。意思實現之要件有：(一)依習慣、事件性質或要約人要約當時預先聲明，其承諾無須通知者；(二)在相當時期內，有可認為承諾之事實時，其契約為成立（民法第161條）。例如，預定飯店房間，依據飯店業者之習慣，承諾時無須通知，飯店將房間備妥，住宿契約即可成立。

---

[6] 最高法院105年度台上字第356號民事判決。

[7] 最高法院95年度台上字第969號民事判決：意思實現以客觀上有可認為承諾之事實存在為要件，有此事實，契約即為成立。有無此事實，應依具體情事決定之。

伍、懸賞廣告

一、懸賞廣告之定義及效力

　　所謂懸賞廣告（rewarding public notice），係指以廣告聲明對完成一定行為之人給與報酬。廣告人（promisor）對於完成該行為之人，負給付報酬之義務（民法第164條第1項）。數人先後分別完成前項行為時，由最先完成該行為之人，取得報酬請求權。倘數人共同或同時分別完成行為時，由行為人共同取得報酬請求權（第2項）。廣告人善意給付報酬於最先通知之人時，其給付報酬之義務，即為消滅（第3項）。縱使行為人不知有廣告而完成廣告所定之行為，亦準用懸賞廣告之規定（第4項）。例如，甲登報聲明尋找愛犬，尋獲者則有新臺幣（下同）6萬元之報酬，乙尋獲該犬，甲應依據懸賞廣告之內容，給付6萬元報酬與乙。原則上，因完成懸賞廣告之行為而可取得一定之權利者，其權利屬於行為人（民法第164條之1本文）。例如，依據懸賞廣告完成著作，而取得著作權。但廣告另有聲明者，不在此限（但書）。例如，約定由懸賞廣告者取得著作權。

二、懸賞廣告之撤回

　　預定報酬之廣告，倘於行為完成前撤回時，除廣告人證明行為人不能完成其行為外，對於行為人因廣告善意所受之損害，雖應負賠償之責。然以不超過預定報酬額為限（民法第165條第1項）。廣告定有完成行為之期間者，推定廣告人拋棄其撤回權（第2項）。例如，甲登報聲明尋找愛犬，尋獲者則有新臺幣（下同）6萬元之報酬，乙見報後四處獲找該犬，因該犬自行回家，甲嗣後登報撤回懸賞廣告，倘乙不知該犬已回甲處，甲應於6萬元內賠償善意乙所支出之費用。

三、優等懸賞廣告

　　所謂優等懸賞廣告，係指以廣告聲明對完成一定行為，於一定期間內為通知，而經評定為優等之人給與報酬者。廣告人於評定完成時，負給付報酬之

義務（民法第165條之1）。例如，徵求學術著作或獎勵技術之發明，僅對入選之作品或成果給付報酬。優等之評定，由廣告中指定之人爲之。廣告中未指定者，由廣告人決定方法評定之（民法第165條之2第1項）。前開所爲之評定，對於廣告人及應徵人有拘束力（第2項）。廣告人及應徵人均不得請求法院裁判以代評定結果。倘被評定爲優等之人有數人同等時，除廣告另有聲明外，共同取得報酬請求權（民法第165條之3）。原則上，被評定爲優等之人因完成懸賞廣告之行爲，而可取得一定之權利者，其權利屬於行爲人（民法第165條之4）。例如，依據優等懸賞廣告完成學術著作，而取得該著作權。例外情形，係優等懸賞廣告另有聲明者，不在此限。例如，約定由懸賞廣告者取得學術著作權。

陸、例題解析

一、意思實現

　　甲以網路向A飯店預定房間，A飯店依據其作業，備妥房間，承諾無須通知甲，因意思實現而成立住宿契約（民法第161條）。住宿契約係以租賃契約與膳食買賣契約、提供勞務契約之混合契約。甲依據預定之日期，前往A飯店投宿，A飯店應依據住宿契約之內容，提供住宿與甲，A飯店以客房已客滿爲由，而未提供房間與甲，顯然違反住宿契約之義務，A飯店應對甲負債務不履行之損害賠償責任。

二、預約與本約之區別

　　預約係約定將來訂立本約之契約。倘將來係依所訂之契約履行而無須另訂本約者，縱名爲預約，仍非預約。甲向乙購買房地，並簽訂房地買賣預約書，約定買賣坪數、地號、價金、繳納價款、移轉所有權登記期限等內容，雖名稱爲房地買賣預約書，然已就買賣標的物及價金之買賣契約之必要點，互相合意一致，可依照該房地買賣預定書履行買賣契約之權義，自屬本約之性質，無須再行訂立買賣本約，是甲依據房地買賣預約書，得請求乙交付房地及移轉其所

有權（民法第348條第1項）。乙聲稱本件契約屬預約性質，買賣契約尚未成立為由，而拒絕履行出賣人義務，為無理由。

三、要約與要約引誘之區別

　　貨物標定賣價陳列者，視為要約。甲開設A精品服飾店，標明某件服飾價格為新臺幣（下同）3萬元，應視為要約，乙前往A精品服飾店交付3萬元要求購買該件服飾，乙應受要約之拘束，不得要抬高價格至5萬元（民法第154條第2項本文）。因價目表之寄送，不視為要約，係要約引誘（第2項但書）。要約引誘之目的，係引誘他人向自己為要約，故要約之誘引，僅為準備行為，其本身不發生法律上之效果。甲寄發服飾廣告與乙，廣告之價目表標明某件服飾價格為3萬元，其性質屬要約引誘，乙要求以價目表所列之價格購買該服飾，必須甲為要約表示，經乙承諾後，買賣契約始成立。

第二項　代理權之授予

《例題5》

　　甲將身分證及印章交予乙向戶政機關聲請核發戶籍謄本，乙持該身分證及印章，以甲之名義與丙訂立保證契約，擔保乙對丙之借款債務。試問甲對乙之債務應否對丙負保證之責任？甲是否為保證人？

壹、代理權授予之定義

　　所謂代理權之授予（conferring of authority of agency），係指使代理人所為之代理行為，對本人發生效力，代理人並無利益可言，而代理權之授予為單獨行為，無須得代理人之承諾，代理人不因之負擔代理行為之義務。是授予代理權僅發生代理行為之法律效果直接歸於本人，並非債之發生原因。

貳、代理權授予之方法

代理權係以法律行為（juridical act）授予者，其授予應向代理人或向代理人對之為代理行為之第三人，以意思表示為之（民法第167條）。是意定代理權之授予方式有二：(一)向代理人為之，稱為內部授權。(二)向第三人為之，即代理人為法律行為之相對人，此為外部授權[8]。

參、共同代理

代理人有數人者，其代理行為應共同為之，其為共同代理。但法律另有規定或本人另有意思表示者，數代理人各得單獨有效為代理行為者，則屬單獨代理（民法第168條）。例如，訴訟代理人有2人以上者，均得單獨代理當事人，屬單獨代理（民事訴訟法第71條第1項）。

肆、無權代理

法律未規定或本人未授權而代理權者，其為無權代理。無權代理分為表見代理及狹義無權代理。所謂表見代理，係指無代理權人，因與本人間有一定關係，而有相當理由，足使相對人信其為代理人而與之為法律行為，相對人得對於本人主張其法律效果之制度。所謂狹義無權代理，係指表見代理以外之無權代理。

一、表見代理

表見代理成立之情形有三：(一)由自己之行為表示以代理權授予他人。或知他人表示為其代理人而不為反對之表示者，對於第三人應負授權人之責任（民法第169條）；(二)代理權有限制及撤回之情事，原代理人仍為代理行為（民法第107條）；(三)代理權因授權關係終止或存續期間屆滿而消滅，原代理人仍為代理行為。再者，表見代理雖原無代理權，然有相當理由足令人信為

---

[8] 最高法院95年度台上字第2282號民事判決。

有代理權，法律令本人負代理之責任。例如，甲將印鑑章、印鑑證明及不動產所有權狀交與乙保管，並對丙表示欲出售其不動產，甲之上揭行為，自足使丙信其曾以代理權授予乙，倘乙以甲之代理人名義與丙簽訂不動產買賣契約，甲自應負授權人之責任[9]。

二、狹義無權代理

(一)定　義

代理人無代理權或雖有代理權而逾越代理權時，無代理權人以代理人之名義所為之法律行為，非經本人承認（acknowledge），對於本人不生效力，即狹義無權代理係效力未定之行為（民法第170條第1項）。例如，甲未經乙授權，擅自以乙之代理人名義，向丙購買汽車，簽訂汽車買賣契約，甲不承認乙之無權代理行為，自無須負授權人責任。

(二)催告與撤回權

法律賦予相對人催告權及撤回權，即法律行為之相對人，得定相當期限，催告本人確答是否承認，如本人逾期未為確答者，視為拒絕承認（民法第170條第2項）。或者，無代理權人所為之法律行為，其相對人於本人未承認前，得撤回之。但相對人為法律行為時，明知其無代理權者，則無保護之必要，自不得撤回（民法第171條）。

伍、例題研析——表見代理之成立要件

由自己之行為表示以代理權授予他人者，對於第三人應負授權人之責任，必須本人有表見之事實，足使第三人信該他人有代理權之情形存在。我國人民常將自己印章交付他人，委託他人辦理特定事項者，倘持有印章之人，除受託辦理之特定事項外，而以本人名義所為其他法律行為，均須由本人負表見代理之授權人責任，顯不合理[10]。是甲雖將身分證及印章交予乙向戶政機關聲請核

---

[9] 最高法院100年度台上字第596號民事判決。
[10] 最高法院70年台上字第657號民事判決。

發戶籍謄本，惟並未授權乙以本人之名義與丙訂立保證契約，持有本人之身分證及印章，不足使丙相信乙有代理甲簽訂保證契約之權利存在，是甲就保證契約之訂立，無須應負表見代理之授權人責任。

第三項 無因管理

《例題6》

甲死亡時在國內無親人，甲之友乙於甲生前為其支出醫療費用新臺幣（下同）10萬元，為處理甲之後事支出殯葬費用20萬元。試問嗣後甲之配偶及子女返國，乙可否向甲之配偶及子女求償？

《例題7》

甲向乙購買土地1筆，出賣人乙因拒絕繳納土地增值稅，導致無法辦理土地所有權移轉。試問買受人甲代乙繳納增值稅，甲可否向乙求償該款項？依據為何？

壹、無因管理之定義

所謂無因管理（management of affairs without mandate），係指未受委任，並無義務，而為他人管理事務之事實行為（民法第172條）。例如，收留迷失之兒童、老人。

貳、無因管理之要件

無因管理之當事人為管理人（manager）及本人（principal），其成立之要件有三：(一)須管理他人之事務，故自己事務誤認為他人事務而加以管理，不成立無因管理；(二)須有為他人管理之意思，所謂管理之意思，係有意使管理行為所生之事實上利益，歸屬本人之意思，倘為自己利益之意思而為，缺乏管理之意思。為他人之意思與為自己之意思，可同時並存，是為圖自己之利益，

同時具有爲他人利益之意思，亦可成立無因管理[11]；(三)須無法律上之義務，即無法定及契約約定義務而言，故父母撫養子女、醫師治療病患，因有法定或約定義務，無法成立無因管理。

參、無因管理之效力

一、管理人之義務

(一)適當之管理義務

　　管理人應依本人明示或可得推知意思，以有利本人之方法爲之（民法第172條）。何謂有利於本人之方法，應依客觀標準定之，並非由管理人之主觀意思決定。

(二)通知並俟指示之義務

　　管理人開始管理時，以能通知爲限，應即通知本人。倘無急迫之情事，應俟本人之指示（民法第173條第1項）。無因管理係管理本人之事務，自應尊重本人之決定。

(三)報告及計算之義務

　　無因管理準用第540條至第542條關於委任之規定（民法第173條第2項）。管理人應將管理事務進行之狀況，報告本人，無因管理關係終止時，應明確報告其始末。管理人因處理管理事務，所收取之金錢、物品及孳息，應交付於本人。管理人以自己之名義，爲本人取得之權利，應移轉於本人。管理人爲自己之利益，使用應交付於本人之金錢或使用應爲本人利益而使用之金錢者，應自使用之日起，支付利息。如有損害，並應賠償。

(四)賠償之義務

　　管理人違反本人明示或可得推知之意思，而爲事務之管理者，對於因其管理所生之損害，原則上應負無過失責任，縱無過失，仍應負賠償之責（民法

---

[11] 最高法院104年度台上字第1823號民事判決。

第174條第1項）。例外情形如後：1.管理係為本人盡公益（public interest）上之義務，或為其履行法定扶養義務，或本人之意思違反公共秩序善良風俗者，管理人不負賠償責任（第2項）。例如，替本人納稅、撫養本人之子女；2.管理人為免除本人之生命、身體或財產上之急迫危險，而為事務之管理者，對於因其管理所生之損害，除有惡意或重大過失者外，不負賠償之責（民法第175條）。例如，救助車禍受傷之本人，因輕過失而毀損其車輛或服飾，不負賠償責任。

(五)受任人義務

管理事務經本人承認者，除當事人有特別意思表示外，溯及管理事務開始時，適用關於委任之規定（民法第178條）。職是，管理人之義務與受任人義務相同。

二、本人之義務

(一)適法管理

管理人盡適當之管理義務，其管理事務利於本人，並不違反本人明示或可得推知之意思者，或者為本人盡公益上之義務，或為其履行法定扶養義務者，管理人為本人支出必要或有益之費用，或負擔債務，或受損害時，得請求本人償還其費用及自支出時起之利息，或清償其所負擔之債務，或賠償其損害（民法第176條）[12]。準此，管理人有費用償還、負債清償及損害賠償等請求權。

(二)不適法管理

管理人未盡適當之管理事務，即管理事務不合於民法第176條之情形時，本人仍得享有因管理所得之利益，而本人對於管理人之義務，以其所得之利益為限（民法第177條第1項）。至於管理人明知為他人之事務，而為自己之利益

---

[12] 最高法院107年度台上字第136號民事判決：現代之法制為鼓勵人類發揮互助之美德，以導正社會冷漠功利之風氣，乃打破曩昔干涉他人事務為不法之藩籬，創設無因管理制度，性質上為介乎道德與法律間之折衷產物。

管理之者，並非無因管理，其爲不法管理，不法管理所生之利益可歸本人享有，此爲準無因管理（第2項）。

肆、例題研析

一、適法之無因管理

依據我國民法扶養制度所依據之社會及倫理精神價值以觀，扶養內容之範圍，不僅包括維持日常生活衣、食、住、行之費用，應包括幼少者之教育費及死亡者之殯葬費用。依民法第1115條規定，甲之子女爲甲之直系血親卑親屬，自有履行扶養之義務。民法第1116條之1規定，夫妻互負扶養之義務，其負扶養義務之順序與直系血親卑親屬同，職是，甲之配偶有履行扶養之義務。乙爲甲之配偶及其子女，代爲支付醫療費用及殯葬費用，自得依無因管理之規定，向甲之配偶及其子女請求返還（民法第176條）。

二、盡公益之義務

民法第176條第1項所謂利於本人，係指客觀利益而言，本人是否認爲有利，並非決定標準。土地增值稅依土地法第182條規定，應由土地出賣人負擔，買受人代出賣人繳納該稅款，消滅出賣人所負公法上之義務，自係有利於出賣人。管理人爲本人代繳稅款，係爲本人盡公益上之義務，雖違反本人之意思，然依民法第176條第2項規定，得請求本人償還其爲本人支出之必要費用[13]。甲向乙購買土地，出賣人乙拒絕繳納土地增值稅，買受人甲代乙繳納增值稅，甲自得向乙求償。

---

[13] 最高法院78年度台上字第1130號、92年度台上字第207號民事判決。

第四項　不當得利

《例題8》

甲與乙約定，甲以乙之名義參加律師高考考試，乙交付新臺幣10萬元作為報酬，甲為乙考試之結果，未達錄取之及格標準。試問乙要求甲交還該報酬，甲是否得拒絕之？

壹、不當得利之定義與類型

一、不當得利之定義

所謂不當得利（unjust enrichment），係指無法律上之原因而受利益，致他人受損害者，應返還其利益（民法第179條）[14]。例如，甲誤以為乙之狗為其所有，而加以飼養，是甲之損失與乙之受益，具有直接因果關係，應成立不當得利。不當得利成立之原因有基於當事人行為或自然事實，故不當得利在性質上屬事件，而非法律行為。

二、不當得利之類型

不當得利依其類型，可區分為給付型不當得利與非給付型不當得利[15]：(一)給付型不當得利，係指基於受損人之給付而發生之不當得利[16]；(二)非給付型不當得利，係指經由給付以外之行為，如受損人、受益人、第三人之行為；或法律規定或事件所成立之不當得利[17]。

---

[14] 最高法院102年度台上字第930號民事判決。

[15] 最高法院100年度台上字第899號民事判決。

[16] 最高法院100年度台上字第990號、106年度台上字第239號民事判決。

[17] 最高法院102年度台上字第2056號民事判決。

貳、不當得利之成立要件（103、105年司法人員四等）

不當得利之成立要件有四：(一)一方受有利益：因一定事實之結果，導致財產總額有增加或應減少未減少之情事；(二)他方受有損害：現存財產總額有減少或應增加而未增加；(三)損益之間有因果關係：受利益致他人受損害，必須受利益與受損害之間，有直接之因果關係存在，其間有無因果關係，應視受利益之原因事實，其與受損害之原因事實，是否為同一事實為斷，倘非同一事實，縱兩事實之間有所牽連，亦無因果關係[18]；(四)無法律上原因：無法律上之權利，其原因有本於給付而生之不當得利及本於非給付而生之不當得利。前者如買賣契約不成立，出賣人收受之價金，則無法律之原因。後者如無權占用他人土地，此使用他人土地所得利益，相當於通常應支付之租金，無權占有人所得利益，即無法律之原因。

參、不當得利之效力

一、返還之標的

不當得利之受領人，除返還其所受之利益外，倘本於該利益更有所取得者，並應返還（民法第181條本文）[19]。例如，買賣契約不成立，出賣人應返還價金。但依其利益之性質或其他情形不能返還者，應償還其價額（但書）。例如，無權占用他人土地，此使用他人土地所得利益，依其性質，無法原物返還，無權占有人應返還相當於通常應支付之租金。是不當得利返還之標的，原則上應返還原物，不能原物返還時，應償還金錢。

二、返還之範圍

(一)善意受領人

受領人不知無法律上之原因，而其所受之利益已不存在者，免負返還或

---

[18] 最高法院101年度台上字第443號民事判決。
[19] 最高法院105年度台上字第2102號民事判決。

償還價額之責任（民法第182條第1項）[20]。例如，善意受領人將受領之標的物贈與他人。轉贈他人雖受領人免負返還責任，然法律衡量受害人與轉得人間之利益，認受害人應予保護。即不當得利之受領人，以其所受者，無償讓予第三人，而受領人因此免返還義務者，第三人於其所免返還義務之限度內，負返還責任（民法第183條）。

(二)惡意受領人

惡意受領人分自始惡意者及中途惡意者，前者係受領人於受領時，知無法律上之原因，應返還受領時所得之利益。後者，乃其後知無法律上之原因時，應返還所現存之利益。惟不論何者，均應附加利息，一併償還，倘有損害，亦應賠償之（民法第182條第2項）[21]。準此，惡意受領人應返還之範圍有利益、利息及損害。

肆、特殊不當得利

不當得利固應予返還，惟有特殊情形者，不得請求返還之，此為特殊之不當得利（民法第180條）：(一)給付係履行道德上之義務者。例如，對於法律上無扶養權利之人，予以撫養者，其給付不得請求返還（第1款）；(二)債務人於未到期之債務因清償而為給付者。因期前清償，債權人並非無權利而受益，故不得請求債權人返還（第2款）；(三)因清償債務而為給付，而於給付時明知無給付之義務者。明知無給付之義務，而任意給付，顯係自願受損，具有直接與確定故意，是該非債清償，不得請求返還[22]（第3款）；(四)因不法之原因（unlawful cause）而為給付者。但不法之原因僅於受領人一方存在時，不在此限（第4款）。所謂不法原因，係指違背公序良俗或強行規定（民法第71條、第72條），基於不法原因而為給付，法律無保護之必要。例如，因賄選所為給付、因姦淫而給付之代價。

---

[20] 最高法院102年度台上字第930號民事判決。

[21] 最高法院105年度台上字第800號民事判決。

[22] 最高法院105年度台上字第229號民事判決。

伍、例題研析——特殊不當得利

當事人使用金錢力量,使考試院舉行之考試發生不正確之結果,為此不法之目的所支出之金錢,應適用民法第180條第4款前段規定,認為該金錢基於不法原因而為給付者,不得請求返還。甲與乙約定,甲以乙之名義參加律師高考考試,乙交付新臺幣10萬元作為報酬。甲為乙考試之結果,未達錄取之及格標準,乙要求甲交還該報酬,因乙所支出之金錢,基於不法原因而為給付者,自不得請求甲返還之。

第五項 侵權行為

《例題9》

甲偷竊乙之汽車1部,並將該贓物出賣與知情之丙,甲依據侵權行為之法律關係向丙請求損害賠償。試問丙主張其非竊賊,拒絕賠償,是否有理由?

《例題10》

試問下列情況,是否發生侵權行為責任?(一)地政機關之公務員甲,疏忽而錯誤,導致土地所有權人乙之面積有短少,所有權人乙有何權利得主張之?(二)丙依據侵權行為法律關係,向某人請求損害賠償,地方法院法官丁判決丙敗訴,丙不服上訴,經高等法院廢棄該判決,改判丙勝訴確定在案,又命丁應給付新臺幣100萬元確定在案,丙得否向地方法院或法官丁請求賠償?

《例題11》

甲為乙公司之業務員,某日甲因公司規定之上班時間將屆,為免於遲到,超速駕駛自己所有之機車,過失撞傷丙。試問丙請求甲與乙公司連帶賠償其損害,乙公司拒絕負連帶賠償責任,是否有理?

《例題12》

甲年老而不能維持生活，其配偶已過世，由其乙子及丙女扶養之，乙與丙之經濟能力相等，因丁之過失而駕駛車輛肇事，導致乙死亡。試問甲對丁有何權利得以主張？依據為何？

壹、侵權行為之意義及種類

所謂侵權行為（tort），係指因故意或過失，不法侵害他人權利或利益之行為。加害人對被害人應負損害賠償之責任，為債之發生原因。其得分一般侵權行為及特殊侵權行為兩者類型。前者為民法第184條所規定者，後者係民法第185條至第191條所規範之類型民法。

貳、一般侵權行為之定義及類型

一、一般侵權行為之定義（105年司法人員四等）

所謂一般侵權行為，係指因故意或過失，不法侵害他人之權利者，負損害賠償責任（民法第184條第1項前段）。故意以背於善良風俗之方法，加損害於他人者亦同（第1項後段）。違反保護他人之法律，致生損害於他人者，負賠償責任。但能證明其行為無過失者，不在此限（第2項）。職是，一般侵權行為採過失責任主義（doctrince of negligent liability）。

二、一般侵權行為之類型

一般侵權行類型如後：(一)權利之侵害，權利包括財產權及人身權。例如，所有權、身體權；(二)違反善良風俗之故意侵害。例如，故意於女子宿舍旁，開設妓院，導致無法或難以出租宿舍；(三)違反保護他人之法律。例如，違反交通規則而導致他人受傷或死亡[23]。所謂違反保護他人之法律，係指以保

---

[23] 最高法院100年度台上字第1314號民事判決。

護他人為目的之法律，即一般防止妨害他人權益或禁止侵害他人權益之法律而言；或雖非直接以保護他人為目的，而係藉由行政措施以保障他人之權利或利益不受侵害者，亦屬之[24]。

參、一般侵權行為之成立要件（99年三等特考；101年司法人員四等）

一、須有加害行為與不法行為

加害行為包括積極作為及消極不作為。所謂不法行為，係指違背公序良俗或強行規定。加害行為本質雖屬不法，然有阻卻違法事由存在時，不構成不法性。例如，正當防衛、緊急避難、自助行為。

二、侵害他人之權利或利益

侵害之客體包括權利，侵害之權利方法並無限制。侵害利益之方法，須以故意背於善良風俗之方法，加損害於他人。不論是權利或利益，均指私權而言，不包含公權。

三、須致生損害

損害範圍包括：(一)積極損害及消極損害；(二)財產損害及非財產損害。民事責任係以填補被害人所受損害為目的，無損害即無責任，故必須有實際損害發生。

四、加害行為及損害間有相當因果關係存在

損害賠償之債，依據社會之通念，認有損害之發生及有責任原因之事實間，有相當因果關係為成立要件[25]。例如，甲故意駕駛汽車撞擊乙，乙因而受

---

[24] 最高法院100年度台上字第390號民事判決。

[25] 最高法院101年度台上字第443號民事判決。

傷，甲之加害行為及乙之受傷，具有相當之因果關係。

五、須有責任能力

所謂責任能力或侵權行為能力，係指侵權行為人有負擔損害賠償之能力。有無侵權行為能力，因就行為當時有無識別能力具體決定之。所謂識別能力，係指識別自己行為之結果能力。

六、須有故意或過失

所謂故意，係指行為人對於構成侵權行為之事實，明知並有意使其發生，或預見其發生而發生，並不違背其本意。所謂過失，係指行為人雖非故意，然按其情節，應注意能注意而不注意，或對於構成侵權行為之事實，雖預見其發生而確信其不發生。行為人是否有故意或過失，應由被害人負舉證責任（民事訴訟法第277條）[26]。違反保護他人之法律，致生損害於他人者，負賠償責任，其為舉證責任倒置，被害人無須證明行為人有故意或過失，行為人欲免責，則必須證明其行為無過失者（民法第184條第2項）。

肆、特殊侵權行為之種類

一、共同侵權行為（98年司法人員四等）

數人共同不法侵害他人之權利或利益者，該等共同侵害行為人連帶負損害賠償責任（jointly liable）。不能知其中孰為加害人者，該等共同危險行為人，亦應負連帶責任（民法第185條第1項）。造意人（instigator）及幫助人（accomplice），視為共同行為人（joint tortfeasors）（第2項）。民事共同侵權侵權行為人間不以有意思聯絡為必要，數人因故意或過失不法侵害他人之權利，倘各行為人之故意或過失行為，均為其所生損害共同原因，即所謂行為關

---

[26] 民事訴訟法第277條規定：當事人主張有利於己之事實者，就其事實有舉證之責任。但法律別有規定，或依其情形顯失公平者，不在此限。

連共同,即成立共同侵權行為,各故意或過失行為人對於被害人應負全部損害之連帶賠償責任[27]。例如,甲、乙駕車因過失發生車禍,導致路人丙、乘客丁受有傷害,甲、乙應對丙及丁之損害,負連帶損害賠償責任。

二、公務員之責任

公務員(official)因故意違背對於第三人應執行之職務,致第三人受損害者,負賠償責任(民法第186條第1項前段)。所謂職務係指公法上之職務而言,倘屬私法上之職務,非此所謂之職務。其因過失者,以被害人不能依他項方法受賠償時為限,負其責任(第1項後段)。被害人得依法律上之救濟方法,除去其損害時,而因故意或過失不為之者,公務員不負賠償責任(第2項)。例如,國家賠償法已於1981年7月1日施行,被害人得依該法規定,以公務員因過失違背對於第三人應執行之職務,導致其權利受損害,而請求國家賠償[28]。被害人不得逕向公務員請求賠償。是被害人怠於向國家請求賠償損害,致其請求權罹於時效時,自不得請求有過失之公務員賠償[29]。公務員因故意違背對於第三人應執行之公法職務,不論被害人有無其他受賠償之方法,公務員均應負賠償責任(民法第186條第1項前段)。

三、法定代理人之責任(97、99、105、108年司法人員四等)

(一)監督責任

無行為能力人或限制行為能力人,不法侵害他人之權利者,以行為時有識別能力(capable of discernment)為限,與其法定代理人(guardian)連帶負損害賠償責任。行為時無識別能力者,由其法定代理人單獨負損害賠償責任,行為人不負責任(民法第187條第1項)。倘法定代理人監督並未疏懈,或縱加以相當之監督,仍不免發生損害者,不負賠償責任(第2項)。蓋法定負責人所

---

[27] 最高法院101年度台抗字第493號民事裁定、104年度台上字第1994號民事判決。
[28] 最高法院87年度台上字第473號、100年度台上字第1903號民事判決。
[29] 最高法院105年度台上字第538號民事判決。

以應負賠償責任，係法律課予監督之責，是法定代理人之監督並未疏懈，或縱加以相當之監督，仍不免發生損害者，自不負賠償責任。法定代理人之責任並非純粹之過失責任，亦非純粹之無過失責任，其責任屬所謂之中間責任。

(二)衡平責任

行為人於行為時無識別能力，法定代理人亦具備免責要件，對被害人而言，殊屬不公，是法院因被害人之聲請，得斟酌行為人及其法定代理人與被害人之經濟狀況，令行為人或其法定代理人為全部或一部之損害賠償，此為所謂之衡平責任（第3項）。原非無行為能力或限制行為能力之人，在無意識或精神錯亂中所為之行為致第三人受損害時，亦應令行為人為全部或一部之損害賠償（第4項）。

四、受僱人責任（97、101年司法人員四等；98年司法人員三等）

(一)監督責任

受僱人（employee）因執行職務，不法侵害他人之權利者，由僱用人（employer）與行為人連帶負損害賠償責任。但選任受僱人及監督其職務之執行，已盡相當之注意或縱加以相當之注意而仍不免發生損害者，僱用人不負賠償責任（民法第188條第1項）[30]。所謂受僱人，並非限於僱傭契約所稱之受僱人，凡客觀上被他人使用為之服務勞務而受其監督者均係受僱人[31]。執行職務範圍，除執行所受命令或受委託之職務本身外，倘受僱人濫用職務或利用職務上之機會及與執行職務之時間或處所有密切關係之行為，在客觀上足認為與其執行職務有關，而不法侵害他人之權利者，縱使係為自己利益，亦包括在內。倘客觀上並不具備受僱人執行職務之外觀，或係受僱人個人之犯罪行為而與執行職務無關者，不適用民法第188條第1項規定[32]。再者，僱用人之責任，在於選任受僱人及監督其職務之執行，未盡相當注意為依據。是僱用人於證明其選

---

[30] 最高法院100年度台上字第609號、100年度台上字第1314號民事判決。

[31] 最高法院57年台上字第1663號民事判決。

[32] 最高法院100年度台上字第609號民事判決。

任受僱人及監督其職務之執行，已盡相當之注意，或縱加以相當之注意而仍不免發生損害者，僱用人不負賠償責任。是僱用人之責任亦屬中間責任。

(二)衡平責任

僱用人能舉證而免除與受僱人之連帶責任時，導致被害人不能受損害賠償時，為保護受害人，法院因其聲請，得斟酌僱用人與被害人之經濟狀況，令僱用人為全部或一部之損害賠償，此為僱用人之衡平責任（民法第188條第2項）。僱用人應負責之故，係因保護被害人，受僱人始為實際之侵權行為人，是僱用人賠償損害時，對於為侵權行為之受僱人，有求償權，就內部關係而言，僱用人無分擔之責任。

五、定作人之責任

承攬人（undertaker）因執行承攬事項，不法侵害他人之權利者，定作人（proprietor）不負損害賠償責任（民法第189條本文）。但定作人於定作或指示有過失者，不在此限（但書）。因承攬人執行承攬事項，有其獨立自主之地位，定作人對於承攬人並無監督或選任之義務。例如，承攬人於施工期間，因其施工不慎，導致鄰地之建物倒塌，承攬人固自應負損害賠償責任。惟承攬人已於施工前告知定作人，應改變承作計畫範圍，否則將有導致鄰地下陷之危險，定作人堅持按原施工圖施作，則定作人應負損害賠償責任[33]。

六、動物占有人之責任

動物加損害於他人者，由其占有人（possessor）負損害賠償責任。但依動物之種類及性質已為相當注意之管束，或縱為相當注意之管束而仍不免發生損害者，不在此限（民法第190條第1項）。例如，遊客不顧安全設施及警告，擅自進入安全設施內，遭動物咬傷，動物園毋庸負責。動物係由第三人或動物之挑動，致加損害於他人者，其占有人對於第三人或動物之占有人，有求償權。

---

[33] 最高法院99年度台上字第1258號民事判決。

例如，甲故意破壞安全設備，導致動物逃離而咬傷遊客乙，動物園得向甲求償（第2項）。

七、工作物所有人之責任

(一)成立要件

土地上之建築物或其他工作物所致他人權利之損害，由工作物之所有人（owner）負賠償責任。但其對於設置或保管並無欠缺，或損害非因設置或保管有欠缺，或於防止損害之發生，已盡相當之注意者，不在此限（民法第191條第1項）[34]。所謂土地上之工作物，係指以人工作成之設施，建築物係其例示。而建築物內部之設備如天花板、樓梯、水電配置管線設備等，屬建築物之成分者，為建築物之一部，應包括在內[35]。而機器或設備未安裝於土地而易於移動者，非土地上之工作物[36]。所謂設置有欠缺，係指土地上之建築物或其他工作物，於建造之初即存有瑕疵而言。保管有欠缺者，係指於建造後未善為保管，致其物發生瑕疵而言[37]。例如，房屋之外牆磁磚剝落，擊中路人導致受傷，房屋所有人應負損害賠償責任。惟損害之發生，有應負責任之人時，賠償損害之所有人，對於該應負責者，有求償權（第2項）。例如，房屋外牆磁磚剝落之原因，係因承攬人施工不慎所致，房屋所有人得向承攬人求償。

(二)公有公共設施

工作物為公有公共設施者，該公有公共設施因設置或管理有欠缺，致人民生命、身體或財產受損害者，國家應負損害賠償責任（國家賠償法第3條第1

---

[34] 最高法院105年度台上字第2320號民事判決。

[35] 最高法院95年度台上字第310號民事判決。

[36] 最高法院107年度台上字第1611號民事判決。

[37] 最高法院105年度台上字第170號民事判決：為確保建築物或工作物安全而制定之建築法令、建築技術成規、安全檢查規則，固可供具體認定所有人是否已盡設置及保管責任之證據，然非可謂所有人於防止損害之發生，已盡相當注意義務而可免責（民法第191條）。

項）。係採無過失主義，以公共設施之設置或管理有欠缺，並因此欠缺致人民受有損害爲其構成要件，非以管理或設置機關有過失爲必要。其與民法第191條第2項相同，就損害原因有應負責任之人時，賠償義務機關對之有求償權。

八、商品製作人之責任

爲保護消費者之利益，商品製造人（manufacturer）因其商品之通常使用或消費所致他人之損害，負賠償責任（民法第191條之1第1項本文）[38]。商品之生產、製造或加工、設計，與其說明書或廣告內容不符者，視爲有欠缺（第3項）。商品製造人得舉證證明其對於商品之生產、製造或加工、設計並無欠缺或其損害非因該項欠缺所致或於防止損害之發生，已盡相當之注意者，則可不負損害賠償責任（第1項但書）。是商品製造人之責任係中間責任。所謂商品製造人，謂商品之生產、製造、加工業者。其在商品上附加標章或其他文字、符號，足以表彰係其自己所生產、製造、加工者，視爲商品製造人（第2項）。商品輸入業者（importer），應與商品製造人負同一之責任（第4項）。輸入業者包括自外國輸入商品至我國之出口商及我國之進口商。

九、動力車輛駕駛人之責任（99、108年司法人員四等）

汽車、機車或其他非依軌道行駛之動力車輛，在使用中加損害於他人者，駕駛人（driver）應賠償因此所生之損害（民法第191條之2本文）。動力車輛駕駛人應負中間責任，被害人無須舉證證明，動力車輛駕駛人有故意或過失，被害人得請求其所受損害。但行爲人得證明其於防止損害之發生，已盡相當之注意者，免除損害賠償責任（但書）。

十、經營一定事業或從事其他工作或活動之人之責任

由於企業發達及科技進步，所伴生而來之危險，自應由從事該危險來源者，對危險所生之損害賠償負賠償責任。是經營一定事業（business）或從事

---

[38] 最高法院97年度台上字第975號民事判決。

其他工作或活動之人，其工作或活動之性質或其使用之工具或方法有生損害於他人之危險者，對他人之損害應負賠償責任（民法第191條之3本文）[39]。但行為人得證明，被害人之損害非由於其工作或活動或其使用之工具或方法所致，或於防止損害之發生已盡相當之注意者，免除損害賠償之責任（但書）。

伍、侵權行為之效力

侵權行為成立，被害人對於負侵權行為責任之人得請求損害賠償，被害人與加害人間發生損害賠償之債。損害賠償之債權人，原則上為被害人本人。例外情形，係生命權被侵害時，導致被害人死亡，民法則賦予間接受害人損害賠償請求權。

一、損害賠償之範圍及方法（97年高考）

(一)喪失或減少勞動能力或增加生活上之需要

不法侵害他人之身體或健康者，對於被害人因此喪失或減少勞動能力或增加生活上之需要時，應負損害賠償責任（民法第193條第1項）。所謂喪失或減少勞動能力，係指工作能力之全部或一部喪失[40]。例如，因受傷休息無法工作，所損失之收入。所謂增加生活上之需要，係因受害後必須支出之費用而言[41]。例如，因車禍殘廢須安裝義肢，始能行動者。法院命加害人一次支付賠償總額，以填補被害人所受喪失或減少勞動能力之損害，應先認定被害人因喪失或減少勞動能力而不能陸續取得之金額，按其日後本可陸續取得之時期，依照霍夫曼式計算法，扣除依法定利率計算之中間利息，再以各時期之總數為加害人一次所應支付之賠償總額。前開損害賠償，法院得因當事人之聲請，定為支付定期金。但須命加害人提出擔保（第2項）。

---

[39] 最高法院96年度台上字第450號民事判決：醫療行為並非從事製造危險來源之危險事業或活動者，亦非以從事危險事業或活動而獲取利益為主要目的。

[40] 最高法院94年度台上字第2128號民事判決。

[41] 最高法院94年度台上字第1543號民事判決。

(二)精神慰撫金

不法侵害他人之身體、健康、名譽、自由、信用、隱私、貞操,或不法侵害其他人格法益而情節重大者,被害人雖非財產上之損害,亦得請求賠償相當之金額(民法第195條第1項前段)[42]。不法侵害他人,基於父、母、子、女或配偶關係之身分法益而情節重大者,亦得請求精神慰撫金(第3項)。例如,配偶一方遭他人強制性交。非財產上之損害賠償請求權具有專屬性,原則上不得讓與或繼承。但以金額賠償之請求權已依契約承諾,或已起訴者,則得讓與或繼承(第2項)。

(三)名譽回復之處分

名譽(reputation)被侵害者,並得請求回復名譽之適當處分(民法第195第1項後段)。例如,登報道歉。對於侵害名譽加害人因此所生之義務,非專屬於加害人一身之義務,該項義務在加害人死亡後應由其繼承人繼承,俾被害人所受侵害之名譽仍可獲得救濟[43]。

(四)對於毀損物之損害

不法毀損他人之物者,被害人得請求賠償其物因毀損所減少之價額(民法第196條),或者選擇回復原狀(民法第213條)。例如,車輛因車禍而毀損,受害人得請求車輛所必要之修復費用,修理材料以新品換舊品,應予折舊(民法第213條第3項)。

二、不法侵害他人致死者(101年高考;106年司法人員四等)

(一)醫療及增加生活上需要之費用或殯葬費

不法侵害他人致死者,對於支出醫療及增加生活上需要之費用或殯葬費之人,亦應負損害賠償責任(民法第192條第1項)。損害賠償之金額,應以實際支出及必要者為限。例如,全民健保所支付之醫療費用,被害人不得請求。

---

[42] 最高法院104年度台上字第2365號民事判決。
[43] 最高法院100年度台抗字第283號民事裁定。

(二)法定扶養義務

　　被害人對於第三人負有法定扶養義務者，加害人對於該第三人亦應負損害賠償責任（民法第192條第2項）[44]。其賠償方法及數額，原則上應以被害人生前扶養之情形為準，賠償扶養費之金額可請求定期或一次支付，如為一次支付者，應扣除中間之法定利息即年息5%，實務上採霍夫曼式計算法計算（民法第203條）。倘為定期金之支付，法院因當事人之聲請，應命加害人提出擔保（民法第192條第3項）。

(三)慰撫金

　　被害人之父、母、子、女及配偶，雖非財產上之損害，亦得請求賠償相當之金額（民法第194條）。慰撫金係以精神上所受無形之痛苦為準，非如財產損失之有價額可以計算（injury is not a purely pecuniary loss），究意何謂相當金額，自應審酌兩造之社會地位、經濟情況，暨被害人之父、母、子、女、配偶人所受痛苦之程度等情事，決定其數額。

三、損害賠償請求權之時效（98年司法人員三等；103、107年司法人員四等）

　　消滅時效，侵權行為所生之損害賠償請求權，自請求權人知有損害及賠償義務人時起，2年間不行使而消滅（民法第197條第1項）[45]。自有侵權行為時起，逾10年者，則損害賠償請求權罹於時效（第2項）[46]。而侵權行為發生之同時，常有加害人因之受有利益而構成不當得利之行為，被害人有損害賠償請求權與不當得利返還請求權競合之情形。是損害賠償之義務人，因侵權行為受利益，致被害人受損害者，縱使損害賠償請求權之時效已完成，被害人亦得

---

[44] 最高法院94年度台上字第983號民事判決、94年度台上字第1301號民事裁定。

[45] 最高法院94年度台上字第148號民事判決：加害人持續為侵權行為者，被害人之損害賠償請求權亦陸續發生，其請求權消滅時效期間，應分別自其陸續發生時起算。

[46] 最高法院107年度台上字第267號民事判決。

依關於不當得利之規定，返還其所受之利益於被害人，該請求權之時效爲15年（民法第125條）。

四、惡意之抗辯

因侵權行爲對於被害人取得債權者，被害人對該債權之廢止請求權，雖因時效而消滅，仍得拒絕履行（民法第198條）。例如，因被詐欺或脅迫而爲負擔債務之意思表示，其爲侵權行爲之被害人，被害人有如後之救濟方式：(一)被害人得於民法第93條所定期間內，撤銷其負擔債務之意思表示，使其債務歸於消滅[47]；(二)被害人於民法第197條第1項所定之時效未完成前，本於侵權行爲之損害賠償請求權，請求廢止加害人之債權；(三)被害人之撤銷權因經過除斥期間而消滅，且對於債權之廢止請求權消滅時效業已完成，得依民法第198條規定，拒絕履行債務。

陸、例題解析

一、一般侵權行爲

故買盜贓者，係在他人犯罪完成後所爲之行爲，性質上雖難認爲與該他人共同侵害被害人之權利，是故買贓物之人與實施竊盜之人，不構成共同侵害行爲。惟故買贓物者，其足使被害人難於追回原物，因而發生損害，係對於被害人爲另一侵權行爲，倘被害人因而受有損害，得依侵權行爲之法律關係，請求故買贓物之人賠償其損害。準此，甲偷竊乙之汽車，丙明知贓物而向甲買受之，甲之故買贓物之行爲，成立侵權行爲，乙因而受有損害，得依據侵權行爲之法律關係，請求丙負損害賠償責任（民法第184條第2項）。

---

[47] 撤銷不自由意思表示之除斥期間，應於發見詐欺或脅迫終止後，1年內爲之。但自意思表示後，經過10年，不得撤銷。

二、公務員侵權行為

地政機關之公務員甲，因過失而錯誤，造成土地所有權人乙之面積有短少，致乙受有損害，乙依據土地法第68條第1項規定，乙應先向地政機關請求賠償，不得向公務員甲請求賠償（民法第186條第1項）。土地法第68條第1項為國家賠償之特別法，應優先適用。

三、國家賠償責任

(一)國家賠償法第2條第2項規定

公務員於執行職務行使公權力時，因故意或過失不法侵害人民自由或權利者，人民得依國家賠償法第2條第2項規定，對該公務員所屬機關請求損害賠償。

(二)國家賠償法第13條

對於有審判或追訴職務之公務員，因執行職務侵害人民自由或權利，而欲請求該公務員所屬之機關賠償損害時，國家賠償法第13條有特別規定，須該公務員就參與審判或追訴案件犯職務上之罪，經判決有罪確定者，始得為之，自不能僅依國家賠償法第2條第2項規定，請求該有審判或追訴職務之公務員所隸屬機關賠償其所受損害[48]。職是，丙依據侵權行為法律關係向丙請求損害賠償，地方法院法官丁判決丙敗訴，丙不服上訴，經高等法院廢棄該判決，固改判丙勝訴確定在案，惟丁法官未因參與該民事事件審判而犯職務上之罪，經判決有罪確定，是丙不得向法院或丁法官請求損害賠償。

四、僱用人責任（97年司法人員四等）

民法第188條第1項規定，僱用人應與有不法侵害行為之受僱人負連帶賠償責任，以受僱人因執行職務所為之行為為要件。所謂執行職務，雖不以受指示執行之職務為限，然至少在外觀上，受僱人之行為依社會之一般概念，屬於執

---

[48] 最高法院75年度台再字第115號民事判決。

行職務者。甲固爲乙公司之受僱人,惟甲騎機車至工作地點之期間,發生肇事而撞傷丙,並非執行乙公司指示之職務,亦非於上班時間發生,非屬執行職務之行爲,是乙公司不負連帶賠償責任[49]。

五、損害賠償範圍（106年司法人員四等）

生命權受侵害時,間接受害人之損害請求權有三種類型:(一)間接受害人所之支出醫療費用、增加生活上需要費用及殯葬費,係實際支出及必要者,加害人應負損害賠償責任（民法第192條第1項）;(二)被害人對於第三人負有法定扶養義務者,加害人對於該第三人亦應負損害賠償責任（第2項）。其賠償方法及數額,原則上應以被害人生前扶養之情形爲準,賠償扶養費之金額可請求定期或一次支付;(三)被害人之父、母、子、女及配偶,雖非財產上之損害,得請求賠償相當之金額（民法第194條）。準此,甲得請求其支出之醫療費用、增加生活上需要費用及殯葬費,甲因其子乙之死亡,亦得向丁請求精神慰撫金。甲喪偶年老而不能維持生活（民法第1117條第2項）,由其乙子及丙女扶養之（民法第1115條第1項第1款）。乙與丙之經濟能力相等,而負扶養義務者有數人而其親等同一時,應各依其經濟能力,分擔義務（第3項）。準此,甲得向丁請求賠償1/2之扶養費。

第二節　債之標的

《例題14》

乙向甲借款新臺幣（下同）10萬元,約定借款清償期間為2年,年息30%,甲先扣除利息3萬元。試問甲得否依約定向乙請求給付約定利息?乙應如何給付本息?

---

[49] 司法院(71)廳民1字第0802號函,發文日期1982年11月5日,民事法律問題研究彙編,2輯,32頁。

《例題15》

乙乘坐甲所駕駛汽車時，因甲車與丙所駕駛之汽車相撞，導致乙受有傷害，甲、丙對車禍之發生均有過失。試問乙如何向甲及丙請求損害賠償？依據為何？

壹、債之標的之定義

債之要素有二：債之主體及標的。債之主體有債權人及債務人。所謂債之標的（object of obligation）、債之客體或債之內容，係指構成債權內容之債務人之行為，此行為稱之給付。債權人基於債之關係，得向債務人請求給付（民法第199條第1項）。給付內容，不以有財產價格者為限（第2項）。給付之內容包括作為及不作為（第3項）。前者，如給付一定之財產；後者，如競業禁止之約定[50]。

貳、種類之債

所謂種類之債，係指以不特定物為給付標的之債，其以種類中一定數量指示給付物之債。倘未特定前，並無給付不能之問題，因同種類之物，不至於全部滅失。給付物僅以種類指示者，依法律行為之性質或當事人之意思不能定其品質時，債務人應給以中等品質之物（民法第200條第1項）。債務人交付其物之必要行為完結後，或經債權人之同意指定其應交付之物時，其物即為特定給付物（第2項）[51]。例如，建築工程合約書就房屋門窗之規格、型式及材質等項目，均未詳載，依據種類之債之給付，自應符合中等品質之要求而具備相當之耐受度，以達房屋足以遮風蔽雨供人日常起居之用途。

---

[50] 最高法院102年度台上字第189號民事判決。
[51] 最高法院101年度台上字第1719號民事判決。

參、貨幣之債

所謂貨幣之債，係指以貨幣為給付標的之債。貨幣之債為典型之種類之債，其種類有本國貨幣之債及外國貨幣之債。以特種通用貨幣之給付為債之標的者，倘其貨幣至給付期喪失通用效力時，應給以他種通用貨幣（民法第201條）。以外國通用貨幣（foreign currency）定給付額者，債務人得按給付時，給付地之市價，以中華民國通用貨幣給付之。例外情形，係訂明應以外國通用貨幣為給付者，不在此限（民法第202條）。例如，以外國通用貨幣定給付額者，債務人得以中華民國通用貨幣為給付。倘為債權人請求給付，依債之本旨，僅得請求債務人以外國通用貨幣給付之。當事人明定應以美元為給付者，而債務人亦無不能給付美元之情形，債務人不得按給付時之外匯匯率，以新臺幣給付予債權人。

肆、利息之債

一、約定利息及法定利息

所謂利息之債，係指以利息為其給付標的之債。原本債權為主債權，利息債權為從債權，而利息之種類有約定利息及法定利息。應付利息之債務，其利率未經約定，除法律另有規定外，其法定利率為年息5%（民法第203條）。例如，票據債務利息，其法定利率為年息6%（票據法第28條、第97條）。利息不得滾入原本再生利息。但當事人以書面約定，利息遲付逾1年後，經催告而不償還時，債權人得將遲付之利息滾入原本者，依其約定（民法第207條第1項）。原則上雖禁止複利，惟商業上另有習慣者，適用該習慣（第2項）。例如，銀行或郵局活期儲蓄存款係每6個月計算複利一次，利息滾入原本成為原本之一部。

二、最高利率限制

約定利率逾年息12%者，經1年後，債務人得隨時清償原本（capital）。但須於1個月前預告債權人（民法第204條第1項）。該清償之權利，不得以契約

除去或限制之，以保護債務人（第2項）。民法第205條就最高利率有限制，故約定利率逾年息20%者，債權人對於超過部分之利息，無請求權。倘債務人給付超過部分之利息，經債權人受領後，並非不當得利。為防止債權人迴避禁止規範，債權人除應受法定最高利率之限制外，不得以折扣或其他方法，巧取利益（民法第206條）[52]。

伍、選擇之債

一、選擇權人

所謂選擇之債，係指於數宗給付中，得選定其一為給付標的之債[53]。例如，約定就機車一部或電腦一部，任選其一以為給付。選擇之債之選擇權，原則上屬於債務人。但法律另有規定或契約另有訂定者，不在此限（民法第208條）。債權人或債務人有選擇權者，應向他方當事人以意思表示為之（民法第209條第1項）。由第三人為選擇者，應向債權人及債務人以意思表示為之（第2項）。選擇權為形成權，一經行使，選擇之債則變為單純之債。

二、選擇權之行使期間與移轉

為避免有選擇權人遲未行使選擇權，導致債之關係無從特定，民法規定補救方法有三（民法第210條）：(一)選擇權定有之行使期間，倘於該期間內不行使時，其選擇權移屬於他方當事人；(二)選擇權未定有行使期間者，債權至清償期時，無選擇權之當事人，得定相當期限催告他方當事人行使其選擇權，倘他方當事人不於所定期限內行使選擇權者，其選擇權移屬於為催告之當事人；(三)由第三人為選擇者，倘第三人不能或不欲選擇時，選擇權屬於債務人。

---

[52] 最高法院103年度台上字第1403號民事判決。
[53] 最高法院100年度台上字第1579號民事判決。

三、選擇之債之給付不能

民法第211條規定給付不能之情形,即因不可歸責於債務人之事由,致給付不能者之情形,導致數宗給付中,有自始不能或嗣後不能給付者,債之關係僅存在於餘存之給付。例如,數宗給付之一宗,因地震而滅失。但其不能之事由,應由無選擇權之當事人負責者,有選擇權之人,得選擇給付不能之一宗而免給付義務(民法第225條);或者請求損害賠償(民法第226條)。

陸、損害賠償之債

一、定 義

所謂損害賠償之債,係指損害賠償為標的之債,有債務不履行與侵權行為之損害賠償。損害除可分財產之損害與非財產之損害,亦有積極損害及消極損害之分。

二、方 法

(一)回復原狀

損害賠償之方法,以回復原狀為原則,以金錢賠償為例外。即負損害賠償責任者,除法律另有規定或契約另有訂定外,應回復他方損害發生前之原狀。為合乎實際需求及使被害人之保障更周全,債權人得請求支付回復原狀所必要之費用,以代回復原狀(民法第213條第1項、第3項)。因回復原狀而應給付金錢者,自損害發生時起,加給利息(第2項)。

(二)金錢賠償

以金錢賠償之情形有二:1.應回復原狀者,如經債權人定相當期限催告後,逾期不為回復時,債權人得請求以金錢賠償其損害(民法第214條);2.不能回復原狀或回復顯有重大困難者,應以金錢賠償其損害(民法第215條)。例如,被害人定10日期限催告車禍之肇事者修復被害人之車輛,加害人未於期限內修復,被害人得自行修復,而請求修復費用之金錢賠償。

三、損害賠償之範圍

損害賠償之範圍（amount of compensation）有約定及法定之分。法定損害賠償範圍，除法律另有規定或契約另有訂定外，應以填補債權人所受損害及所失利益為限（民法第216條第1項）。所受損害屬積極損害，導致既存利益減少。所失利益則屬消極之損害，應增加之利益而不增加。即依通常情形，或依已定之計畫、設備或其他特別情事，可得預期之利益，視為所失利益。例如，以駕駛計程車為營業者，倘依據通常情形每日得新臺幣（下同）2千元之純利，因受傷無法工作者，該每日2千元為可得預期之利益。

四、賠償金額之減免（98年高考；99年司法人員四等；99年司法人員三等）

(一)損益相抵

損害賠償之債權人基於同一原因事實受有損害並受有利益者，其請求之賠償金額，應扣除所受之利益（民法第216條之1）[54]。例如，出賣人固因短付買受人私有單獨使用面積10坪，惟其現有共同使用部分之面積，建物登記簿謄本之記載，則為20坪，其較原配置圖所載增加10坪，此均屬買受人所有，除買受人實際予以使用外，倘未來欲轉售房屋，得併入主建物之面積合併計算價金。基於當事人所訂之買賣契約，出賣人實際所給付予買受人之標的物，雖使買受人受有私有單獨使用面積短少之損害，然同時並使買受人受有共同使用部分增加之利益，自應就買受人所請求之賠償金額扣除其所受之利益。

(二)過失相抵

損害之發生或擴大，被害人與有過失者，法院得減輕賠償金額，或免除

---

[54] 最高法院105年度台上字第632號民事判決：損益相抵乃被害人內部就損害與利益折算以確定損害賠償範圍之方法，其與債之抵銷尚屬有間。故於適用損益相抵時，法院就被害人所受利益縱有所判斷，僅屬認定損害賠償請求權範圍之理由或依據，該利益部分自無既判力之可言。

之（民法第217條第1項）[55]。例如，甲與乙駕駛車輛發生車禍，甲、乙各負60%、40%之責任，乙受有損害新臺幣（下同）10萬元，其向甲請求損害賠償時，應適用過失相抵，乙僅得請求6萬元。重大之損害原因，為債務人所不及知，而被害人不預促其注意或怠於避免或減少損害者，為與有過失（第2項）。例如，甲發生車禍，拒絕就醫，導致病情惡化，甲就其受傷加重之發生，與有過失。被害人之代理人或使用人與有過失者，亦準用過失相抵（第3項）。例如，乘客就司機因駕駛過失導致車禍，有過失相抵之準用。代理人包括意定及法定代理人。至於雙方互毆乃雙方互為侵權行為，與雙方行為為損害之共同原因者有別，並無民法第217條過失相抵原則之適用[56]。

(三)義務人生計關係之酌減

損害非因故意或重大過失所致者，如其賠償致賠償義務人之生計有重大影響時，法院得減輕其賠償金額（民法第218條）。換言之，損害係因侵權行為人之故意或重大過失所致者，縱使侵權行為人因賠償致其生計有重大影響，不得減輕其賠償金額。

五、讓與請求權

關於物或權利之喪失或損害，負賠償責任之人，得向損害賠償請求權人，請求讓與基於其物之所有權或基於其權利對於第三人之請求權（民法第218條之1第1項）。例如，受寄人因過失致寄託人所寄託之物，遭第三人竊取，受寄人對於寄託人負賠償責任，受寄人得向寄託人請求讓與基於物之所有權對於第三人之請求權。當事人得準用第264條規定之同時履行抗辯權，損害賠償請求權人在未獲得全部賠償前，得拒絕將讓與請求權之標的，讓與賠償義務人（第2項）[57]。

---

[55] 最高法院107年度台上字第1854號民事判決：民法第217條第1項所謂被害人與有過失，必須其行為與加害人之行為，為損害之共同原因，而其過失行為並為有助成損害之發生或擴大之行為者，始屬相當。

[56] 最高法院68年台上字第967號民事判決。

[57] 最高法院102年度台上字第906號民事判決。

柒、例題研析

一、利息之債

　　債權人不得以折扣或其他方法，巧取利益（民法第206條）。乙向甲借款新臺幣（下同）10萬元，甲先扣除利息3萬元，乙實收7萬元，僅能按原本7萬元計算利息。約定利率逾年息12%者，經1年後，債務人得隨時清償原本。但須1個月前預告債權人（民法第204條第1項）。本件約定借款清償期間2年，年息30%，乙得定於1個月前通知甲欲清償借款，並於1年後清償原本一部或全部。約定利率逾年息20%者，債權人對於超過部分之利息，無請求權（民法第205條）。職是，乙固得拒絕給付超過年息20%之利息部分，然乙依約給付利息，經甲受領後，不得請求返還。

二、過失相抵

　　乙乘坐甲所駕駛汽車，甲車與丙所駕駛之汽車相撞，乙因此受有傷害，甲、丙對車禍之發生均有過失。因駕駛汽車有過失致乘客之人被他人駕駛之汽車撞傷，乘客係因藉駕駛人載送而擴大其活動範圍，駕駛人駕駛汽車，應認係乘客之使用人，應準用過失相抵（民法第217條第3項）。是乙請求丙賠償時應承擔甲之過失，因與有過失之規定目的，在謀求加害人與被害人間之公平，故在裁判上法院得以職權減輕或免除之[58]。甲與丙係車禍肇事之共同行為人，乙得依據共同侵權行為之法律關係，請求甲、丙連帶負損害賠償責任（民法第185條）。

---

[58] 最高法院85年台上字第1756號民事判決。

第三節　債之效力

第一項　給付

《例題16》

　　甲銀行與乙簽訂定型化信用卡契約，約定持卡人乙得向發卡之甲銀行請求信用卡之核發，而憑信用卡於特約商店以簽帳方式作為支付消費帳款之工具，由甲銀行代為處理結清消費款項，嗣後向持卡人乙請求償還。試問特約商店未盡其善良管理人之注意義務，而由非持卡人丙持該信用卡消費，乙應否負責？

《例題17》

　　甲與乙簽訂工程契約，由甲負責承作大樓新建工程，乙給付報酬與甲，因施工期間，颱風來襲造成全國有多處河川橋梁倒塌，政府主管機關加強對河川管理，全面禁止開採河川砂石，造成國內砂石價格異常波動，導致承攬人甲施工成本驟增，甲與乙簽訂之工程契約，無法預見上開情形。試問甲主張有情事變更原則之適用，請求定作人乙增加報酬給付，是否有理由？

壹、債之效力

　　所謂債之效力（effect of obligation），係指債之關係成立後，為實現債之內容，債權人得請求債務人為給付，債務人負有為其給付之義務。所謂債務不履行，係指債務人不依照債之本旨實現債務之內容。債務不履行之情形有給付不能、給付拒絕、不完全給付及給付遲延四種類型。

貳、債務不履行之可歸責事由（94年司法人員四等）

債務人就債務不履行具有故意（intentional）或過失（negligent）之行為，原則上應負賠償責任（民法第220條第1項）。債務人之過失責任，依事件之特性而有輕重，倘其事件非予債務人以利益者，應從輕酌定（第2項）。

一、故　意

所謂故意者，係指行為人對於債務不履行之事實，明知並有意使其發生，或預見其發生而不違反其本意。例如，債務人明知借款清償期屆至，而故意不清償借款債務。

二、過　失

所謂過失者，係指行為人對於債務不履行之事實，應注意能注意而不注意，或其雖預見其發生，而確信其不發生。例如，駕駛汽車之人，未遵守交通號誌而擅闖紅燈，導致閃避路人不及，撞傷路人。過失有三種類型：(一)所謂抽象輕過失，係指欠缺善良管理人之注意義務，係以交易上之一般觀念，認為具有相當之知識經驗之人，對於一定事件所應有之注意為標準；(二)所謂具體輕過失，係指欠缺與處理自己事務為同一注意義務；(三)所謂重大過失，係指全然缺乏一般人之注意義務。

三、事　變

所謂事變者，係指非由於債務人之故意或過失所發生之變故，事變可分為通常事變及不可抗力：(一)所謂通常事變，係指債務人雖盡其應盡之注意義務，仍不免發生損害。倘再予特別之注意，或許可能避免發生。例如，旅客行李遭竊，倘嚴加防範，或許得避免其發生；(二)所謂不可抗力，係指不論任何人盡最大之注意義務，均無法抗拒或避免之事故。例如，地震、戰爭等。

參、債務人之責任能力

故意或過失責任之成立，以債務人有責任能力為前提，責任能力以意思能

力為基礎。換言之，債務人是否應負債務不履行責任，應以債務人於行為時，有無識別能力決定之。準此，無行為能力人或限制行為能力人，以行為時有識別能力為限，負債務不履行之責任。倘行為時無識別能力，法院因債權人之聲請，得斟酌債權人及債務人之經濟狀況，令債務人為全部或一部之損害賠償。有行為能力之人，在無意識或精神錯亂中所為之行為致債權人受損害時，法院因債權人之聲請，得斟酌當事人之經濟狀況，令債務人為全部或一部之損害賠償（民法第187條、第221條）。

肆、債務人對其代理人或使用人之責任

債務人之代理人或使用人，關於債之履行（perform obligation）有故意或過失時，債務人應與自己之故意或過失負同一責任。但當事人另有訂定者，不在此限（民法第224條）[59]。例如，甲旅行社與旅客乙簽訂旅遊契約，甲未經乙之同意，將該旅行業務轉讓予丙旅行社，丙旅行社係立於輔助甲履行債務之地位，旅遊契約當事人係甲與乙。丙旅行社就契約義務之履行有過失，屬可歸責甲之事由，乙自得請求甲債務不履行之損害賠償[60]。

伍、債務不履行而侵害人格權

債務人因債務不履行，致債權人之人格權（personality）受侵害者，準用第192條至第195條及第197條規定，負損害賠償責任（民法第227條之1）。例如，醫師不履行醫療契約之義務，導致病患之健康受損或死亡而侵害債務人之人格權時，得準用民法第192條至第195條及第197條規定，請求債務不履行之損害賠償，債權人毋庸就債務人之過失負舉證責任[61]。

---

[59] 最高法院90年度台上字第978號民事判決：所謂使用人，必以債務人對該輔助債務履行之第三人行為，得加以監督或指揮者為限。

[60] 最高法院103年度台上字第803號民事判決。

[61] 最高法院97年度台上字第280號民事判決：債權人依民法第227條不完全給付之規定請求債務人賠償損害，其與依同法第227條之1規定請求債務人賠償人格權受侵害之損害，係不同之法律關係，其請求權各自獨立，且其消滅時效各有規

陸、債務不履行之種類

一、給付不能

　　所謂給付不能（impossibility of performance），係指債務人不能依債務本旨而爲給付。給付不能係指嗣後不能，倘爲自始不能者屬標的不能，其契約爲無效（民法第246條第1項）。自始不能涉及債之關係是否成立，並非債務不履行。金錢債權並無給付不能之觀念，債務人無力償還金錢債權，屬執行之問題。給付不能因是否可歸責於債務人者，其有不同之效力。

(一)不可歸責於債務人事由

　　因不可歸責於債務人之事由，致給付不能者，債務人免給付義務（民法第225條第1項）。例如，買賣之標的物因地震而滅失，出賣人可免除給付義務。債務人因給付不能之事由，對第三人有損害賠償請求權者，債權人得向債務人請求讓予其損害賠償請求權，或交付其所受領之賠償物（第2項）[62]。例如，買賣標的有保險，因地震而滅失，對保險人所取得之損害賠償請求權，債權人可請求債務人讓予。

(二)可歸責於債務人事由

　　因可歸責於債務人之事由，致給付不能者，債權人得請求賠償損害（民法第226條第1項）[63]。例如，不動產買賣契約成立後，出賣人爲二重買賣，並將不動產之所有權移轉於後買受人者，移轉物所有權於原買受人之義務成爲不能給付，原買受人對於出賣人得請求賠償損害。倘給付一部不能者，而其他部分之履行，而於債權人無利益時，債權人得拒絕該部之給付，請求全部不履行之損害賠償（第2項）。例如，買賣契約明定出賣人應移轉2筆土地與買受人作爲建築基地，出賣人將其中之1筆土地移轉登記爲第三人，不僅導致該筆土地給

定。前者之請求權，應適用民法第125條之15年時效規定。後者之請求權，依民法第227條之1規定，應準用民法第197條之2年或10年時效規定。

[62] 最高法院97年度台上字第819號、105年度台上字第2111號民事判決。

[63] 最高法院100年度台上字第367號民事判決。

付不能，出賣人縱使將另1筆土地為移轉登記，因基地面積不足，亦無法興建房屋，因可歸責於出賣人之事由，致給付一部不能者，倘其他部分之履行，於買受人無利益時，買受人得拒絕該部分之給付，請求全部不履行之損害賠償。

二、不完全給付

(一)定　義

所謂不完全給付（incomplete performance），係指債務人不依債之本旨所為之給付。可分瑕疵給付及加害給付[64]。加害給付係指債務人之給付，不僅有瑕疵存在，而瑕疵導致債權人受有其他損害。例如，出賣人交付有暴衝瑕疵之車輛與買受人，導致發生車禍。

(二)效　力（104、106年司法人員四等）

因可歸責於債務人之事由，致為不完全給付者，債權人得依關於給付遲延或給付不能之規定行使其權利（民法第227條第1項）。詳言之：1.得補正者準用給付遲延之規定，債權人得請求補正，倘債務人不補正，則債權人得依據情形請求遲延賠償或替補賠償；2.不得補正者準用給付不能，債權人得返還所受領之給付，請求全部不履行之損害賠償。因不完全給付而生其他損害者，債權人並得請求賠償（第2項）[65]。即加害給付者，債務人除應負債務不履行之損害外，債權人得請求該履行利益以外之損害賠償。例如，醫師因醫療過失，導致病患發生其他疾病。

---

[64] 最高法院101年度台上字第1159號民事判決。

[65] 最高法院106年度台上字第342號民事判決：債務人因債務不履行，依民法第227條、第226條第1項規定，對於債權人負損害賠償責任，係採取完全賠償之原則，且屬履行利益之損害賠償責任，損害賠償之目的在於填補債權人因而所生之損害，其應回復者，並非原有狀態，而係應有狀態，應將損害事故發生後之變動狀況考慮在內。

三、給付遲延

(一)定 義

　　所謂給付遲延（default），係指債務已屆履行期，而有給付可能，但因可歸責於債務人之事由而未給付者。給付有確定期限者，債務人自期限屆滿時起，負遲延責任（民法第229條第1項）。給付無確定期限者，債務人於債權人得請求給付時，經其催告而未為給付，自受催告時起，負遲延責任。其經債權人起訴而送達訴狀，或依督促程序送達支付命令，或為其他相類之行為者，與催告有同一之效力（第2項）[66]。催告定有期限者，債務人自期限屆滿時起負遲延責任（第3項）。

(二)效 力

　　遲延因可歸責債務人之事由而生者，始由債務人負責，否則屬不可歸責於債務人之事由，致未為給付者，債務人不負遲延責任（民法第230條）。債務人遲延者，債權人得請求其賠償因遲延而生之損害（民法第231條第1項）。在遲延中，對於因不可抗力（force majeure）而生之損害，亦應負責，即債務人之責任加重（第2項）。債務人得證明縱不遲延給付，而仍不免發生損害者，則毋庸負遲延賠償。例如，給付遲延中而發生地震。遲延後之給付，而於債權人無利益者，債權人得拒絕其給付，並得請求賠償因不履行而生之損害（民法第232條）[67]。得以賠償代替原來給付，此為替代賠償。例如，婚禮公司於婚禮結束後始送交結婚禮服。再者，遲延之債務，以支付金錢為標的者，債權人得請求依法定利率計算之遲延利息。但約定利率較高者，仍從其約定利率（民法第233條第1項）。例如，未約定利率者，得請求年息5%之利息。對於利息，無須支付遲延利息（第2項）。倘債權人證明有其他損害者，並得請求賠償。

---

[66] 最高法院102年度台上字第2166號民事判決。
[67] 最高法院103年度台上字第1200號民事判決。

柒、情事變更原則

契約成立後，情事變更（change of circumstances），非當時所得預料，而依其原有效果顯失公平者，當事人得聲請法院增、減其給付或變更其他原有之效果（民法第227條之2第1項）[68]。非因契約所發生之債，亦得準用情事變更（第2項）。情事變更原則規定為私法上之原則，當事人於訴訟外或訴訟上均可主張之。其於訴訟上主張者，不論以訴為請求，抑以抗辯權行使，均為法所許[69]。而情事變更之事實，僅須在事實審言詞辯論終結前發生，法院即應依職權公平裁量為增減給付或變更其他原有效果之判決，毋庸由當事人另行起訴為之[70]。

捌、例題研析

一、債務人對履行輔助人之責任

定型化信用卡契約，其交易型態係約定持卡人得向發卡銀行請求信用卡之核發，核發後憑卡於特約商店以簽帳方式作為支付消費帳款之工具，由發卡銀行代為處理結清該消費借款，嗣後向持卡人請求償還，其契約之性質，係委任及消費借貸關係之混合契約，發卡銀行之主給付義務，係為持卡人處理消費款項之清償事務及提供特約商店供簽帳消費之服務。準此，特約商店係發卡銀行之履行輔助人。債務人之代理人或使用人，關於債之履行有故意或過失時，債務人應與自己之故意或過失，負同一責任。倘特約商店就簽帳消費過程，未盡其善良管理人之注意義務，任由非持卡人持信用卡消費，應認為發卡銀行未盡其善良管理人之注意義務。甲銀行與乙簽訂定型化信用卡契約，甲之特約商店

---

[68] 最高法院101年度台上字第1045號、105年度台上字第189號民事判決。

[69] 最高法院106年度台上字第2032號民事判決：當事人間契約明文約定不依物價指數調整價金，就常態性之物價波動，未超過契約風險範圍而為當事人可得預見，難認屬情事變更；僅就超過常態性波動範圍之劇烈物價變動，始有情事變更原則之適用。

[70] 最高法院90年度台上字第1657號民事判決。

未盡其善良管理人之注意義務，任由非持卡人丙持信用卡消費，自應認為發卡銀行甲未盡其善良管理人之注意義務，甲銀行自不得依據信用卡契約，向持卡人乙請求償還消費款。

二、情事變更原則

有無情事變更法則之適用？即依原有效果是否顯失公平？其屬事實問題，事實審法院應有裁量之權。工程施工期間，因颱風襲臺，主管機關命令全面禁採河川砂石，導致國內工程砂石供需失衡，使工程砂石料價格飆漲。政府禁採河川砂石政策，非承包商投標時所能預知。政府原本准許業者於河川採取砂石，嗣後因颱風來襲造成災害，而變更其政策，禁止業者採砂石，是禁止於河川地採取砂石之政策，確非當事人簽訂工程契約時所能預知之情事，是本件工程款之給付應有情事變更之原則適用。職是，承攬人甲依據情事變更原則，請求定作人乙增加報酬給付，其於法有據[71]。

第二項 遲 延

《例題18》

甲向乙承租房屋，並約定由出租人乙赴承租人甲處收取租金。試問乙得否以下列之情形，認為甲有積欠租金，對甲為終止租賃契約之意思表示？(一)乙未赴甲處所收取租金，甲催告乙收租。(二)甲將租金提存。

壹、受領遲延之定義

債之遲延（default）分為債務人給付遲延及債權人受領遲延。所謂債務人給付遲延，係指對於履行上需要債權人協力之債務，債務人依債務本旨而提起給付，使債權人處於可受領之狀態，而債權人拒絕受領或無法受領，自提出給

---

[71] 最高法院101年度台上字第813號民事裁定、102年度台上字第929號民事判決；臺灣臺中地方法院92年度建字第65號民事判決。

付時起,債權人負遲延責任(民法第234條)。例如,受僱人雖依據通常之上班時間到達公司,惟公司已結束營業,導致受僱人未能依約工作,僱用人為受領遲延;反之,債務人非依債務本旨實行提出給付者,不生提出之效力,自無遲延可言(民法第235條本文)。債權人預示拒絕受領之意思,或給付兼需債權人之行為者,債務人得以準備給付之事情,通知債權人,以代提出(但書)[72]。

貳、受領遲延之效力(100年高考)

給付無確定期限,或債務人於清償期前得為給付者,債權人就一時不能受領之情事,不負遲延責任。例外情形,係其提出給付,由於債權人之催告,或債務人已於相當期間前預告債權人者,不適用之(民法第236條)。債權人受領遲延之效力有五:(一)債務人減輕責任:在債權人遲延中,債務人僅就故意或重大過失,負其責任(民法第237條);(二)受領遲延利息支付之停止:在債權人遲延中,債務人無須支付利息(民法第238條);(三)孳息返還範圍之縮小:債務人本應返還由標的物所生之孳息或償還其價金者,而在債權人遲延中,以已收取之孳息為限,負返還責任,債務人不再負收取孳息之義務(民法第239條);(四)受領遲延費用賠償之請求:債權人遲延者,債務人得請求其賠償提出及保管給付物之必要費用(民法第240條)。因此費用係由債權人遲延而發生,自應由債權人負擔;(五)拋棄占有:債務人有交付不動產之義務,而於債權人遲延後,得拋棄其占有,免除保管責任(民法第241條第1項)。拋棄不動產,除不能通知者,應預先通知債權人,俾於債權人有所準備(第2項)。

參、例題研析──受領遲延之成立要件

依據租賃契約應由出租人赴承租人處收取租金,出租人未赴承租人處收租者,構成出租人受領之遲延,承租人給付租金未遲延。縱使承租人未為此項催

---

[72] 最高法院100年度台上字第794號民事判決。

告或提存租金，仍不能構成承租人之欠租責任[73]。甲向乙承租房屋，約定由出租人乙赴承租人甲處收取租金，而乙未赴甲處所收取租金，乙有受領遲延之成立要件。況甲有催告乙收租，或者將租金提存者，乙以甲欠租為由，對甲為終止租賃契約之意思表示，自不生終止契約之效力，當事人間之租賃關係仍繼續有效，乙占有使用房屋非無權占有，並非無法律上原因而受利益，非故意或過失侵害他人權利。

第三項 保 全

《例題19》

甲向乙買受1筆土地，甲於尚未辦理所有權移轉登記前，即將該土地出賣與丙，已屆甲應辦理所有權移轉登記與丙之清償期，甲未依約履行，丙迭經催告甲履行，甲均置之不理，該筆土地所有權仍登記於乙之名下。試問丙應如何主張權利？

壹、債權保全之定義

所謂債權保全（preservation），係債權人為確保其債權之清償，防止債務人財產減少之制度。債務人之總財產為全體債權人之共同擔保，其總財產之增減，關係債權人之利益。民法賦予債權人行使代位權及撤銷權，以維持債務人之財產狀況，確保債權人之債權滿足。

貳、代位權（91年司法人員四等）

所謂代位權（subrogation），係指債務人怠於行使其權利時，債權人因保全債權之必要，得以自己之名義，行使其權利（民法第242條本文）[74]。代位權行使之範圍，並不以保存行為為限，凡以權利之保存或實行為目的之一切審

---

[73] 最高法院52年台上字第1324號民事判決。
[74] 最高法院101年度台上字第1157號民事判決。

判上或審判外之行爲。例如，假扣押、假處分、聲請強制執行、實行擔保權、催告、提起訴訟等，債權人均得代位行使[75]。例外情形，係專屬於債務人本身者，債權人不得行使代位權（但書）。例如，債務人拋棄遺產繼承權。債權人之行使代位權，非於債務人負遲延責任時，不得行使（民法第243條本文）。但專爲保存債務人權利之行爲，不在此限（但書）[76]。例如，中斷時效、申報破產債權等。再者，民法第242條所定代位權之行使，須債權人如不代位行使債務人之權利，其債權即有不能受完全滿足清償之虞時，始得爲之。倘債之標的與債務人之資力有關，如金錢之債，代位權之行使應以債務人陷於無資力或資力不足爲要件[77]。

參、撤銷權（91年司法人員四等）

一、定　義

　　所謂撤銷權（right of revocation），係指債權人於債務人所爲之行爲，有害其債權，爲保全債權，得聲請法院撤銷債務人之行爲之權利[78]。債務人之總財產爲全體債權人之共同擔保，詐害債權行爲之撤銷，係保障全體債權人之利益，非確保特定債權（民法第244條第3項）。例如，出賣人爲二重買賣，先買受人不得主張撤銷後買賣契約。虛僞買賣乃雙方通謀而爲虛僞意思表示，依民法第87條第1項規定，其買賣當然無效，而與得撤銷之法律行爲經撤銷始視爲自始無效者不同，虛僞買賣雖屬意圖避免強制執行，其非民法第244條所謂

---

[75] 最高法院106年度台簡抗字第64號民事裁定。

[76] 最高法院103年度台上字第586號民事判決：民法第244條規定之撤銷權，係爲回復債務人之責任財產，以保全債權人在私法上之債權而設。課徵人民稅捐之稽徵機關，乃基於行政權之作用向人民課稅，納稅義務人未繳納之稅捐，屬於公權之範疇，該機關並非納稅義務人在私法上之債權人，究其本質仍與民法所規範之私法債權有其迥然不同之處，自不得援用民法專爲保全私法債權而設之規定。

[77] 最高法院101年度台上字第1157號民事判決。

[78] 最高法院101年度台上字第1753號民事判決。

債權人得聲請法院撤銷之債務人行為，債權人僅需主張無效，以保全自己之權利[79]。

二、要 件

債權人行使撤銷權之前提，必須債務人行為以財產為標的（民法第244條第3項）。例如，債務人結婚、收養子女、拋棄繼承等，係為身分行為，非以財產為標的，債權人不得撤銷。債權人行使撤銷權，應視債務人所為係有償或無償行為，其要件有所不同。

(一)無償行為

債務人所為之無償行為（gratuitous act），有害及債權者，債權人得聲請法院撤銷之（民法第244條第1項）。不論債務人於行為時或受益人於受益時是否明知有損害於債權人之權利，債權人均得撤銷之。所謂有害債權之行為，係指債務人所為行為須有害及債權，減少其清償資力，導致債權不能滿足。倘其行為雖導致其財產減少，然有資力足以清償其債務，不得聲請撤銷[80]。

(二)有償行為

債務人所為之有償行為（non-gratuitous act），而於行為時明知有損害於債權人之權利者，以受益人於受益時亦知其情事者為限，債權人得聲請法院撤銷之（民法第244條第2項）。職是，債務人及受益人均為惡意之主觀要件，債權人始得撤銷。

三、回復原狀

債權人聲請法院撤銷債務人之無償行為或有償行為時，得並聲請命受益人或轉得人回復原狀。例外情形，轉得人於轉得時不知有撤銷原因者，不在此限（民法第244條第4項）。例如，債務人將其土地贈與第三人，並移轉所有權登記，有害債權人之債權，債權人得訴請撤銷該贈與行為，並請求第三人塗銷所

---

[79] 最高法院50年台上字第547號民事判決。

[80] 最高法院103年度台上字第939號民事判決。

有權登記，回復登記爲債務人所有。撤銷權之除斥期間爲1年或10年，自債權人知有撤銷原因時起，1年間不行使，或自行爲時起，經過10年而消滅（民法第245條）[81]。

肆、例題研析──債權人之代位權

甲先向乙買受1筆土地，甲繼而將土地出賣與丙，已屆辦理所有權移轉登記與丙之期限，因甲怠於行使其對乙之所有權移轉請求權，丙得行使代位權，代位甲行使其對乙之所有權移轉請求權，使甲取得該土地所有權（民法第242條）。丙再依據其與甲之買賣契約，請求出賣人甲將土地所有權移轉登記與丙所有（民法第348條第1項）。實務上爲謀求訴訟經濟，丙請訴請求時，得同時主張代位權及買賣契約之法律關係，毋庸分別起訴。

第四項 契 約

《例題20》

> 甲向乙銀行提出信用卡之使用申請，乙銀行審核甲之財產、收入、職業等信用狀況後，決定准予甲申請及准予額度，並約定甲之妻丙爲附卡之使用人，正卡及附卡使用人就彼此間之消費款，應互負連帶清償責任。試問甲未依據信用卡使用契約，屆期清償消費款，乙銀行請求甲與丙負連帶清償責任，有無理由？

壹、契約效力之定義

契約（contract）爲債之發生原因，契約成立後在法律上所發生之效果，稱爲契約之效力，適用債之效力之一般規定。契約之特殊效力有：締約過失責任、契約之標的、附合契約、契約之確保、契約之解除、契約之終止、雙務契

---

[81] 最高法院101年度台上字第1753號民事判決。

約效力及涉他契約之效力等。

貳、締約過失責任

契約未成立時，當事人爲準備或商議訂立契約而有下列情形之一者，對於非因過失而信契約能成立致受損害之他方當事人，負賠償責任：(一)就訂約有重要關係之事項，對他方之詢問，惡意隱匿或爲不實之說明者；(二)知悉或持有他方之秘密，經他方明示應予保密，而因故意或重大過失洩漏之者；(三)其他顯然違反誠實及信用方法者（民法第245條之1第1項）。受有損害之一方得向負締約過失之他方請求信賴利益之賠償，該損害賠償請求權，因2年間不行使而消滅（第2項）。例如，乙欲向甲買受土地興建房屋，甲未告知乙土地無法興建房屋，導致乙買受土地之契約目的不能實現，買賣契約無法成立，使乙受有支出委請建築師設計之信賴利益之損害，甲應賠償乙之信賴利益之損害。

參、契約之標的

一、契約標的不能

契約爲法律行爲之一種，是契約之標的必須合法、可能及確定。是以不能之給付爲契約標的，原則上其契約爲無效（民法第246條第1項本文）[82]。例外情形有二：(一)其不能情形可以除去，而當事人訂約時，並預期於不能之情形除去後爲給付者，其契約仍爲有效。例如，買賣應具有特定身分之土地，嗣買受人取得特定身分後，始爲所有權移轉登記，買賣契約有效（第1項但書）[83]；(二)附停止條件或始期之契約，而於條件成就或期限屆至前，不能之

---

[82] 最高法院105年度台上字第1834號民事判決：在債權雙重讓與之場合，先訂立讓與契約之第一受讓人依債權讓與優先性原則，雖取得讓與之債權，然第二受讓人之讓與契約，並非受讓不存在之債權，而係經債權人處分現存在之第一受讓人債權，性質上爲無權處分，依民法第118條規定，應屬效力未定。

[83] 最高法院102年度台上字第2189號民事判決：原住民保留地之買賣，承買人雖非原住民，惟約定由承買人指定登記與任何具有原住民身分之第三人，或具體約定登記與具有原住民身分之特定三人，並非民法第246條第1項規定，以不能之

情形已除去者，其契約爲有效（第2項）。

二、信賴利益賠償

　　契約因以不能之給付爲標的而無效者，當事人於訂約時知其不能或可得而知者，對於非因過失而信契約爲有效致受損害之他方當事人，負賠償責任（民法第247條第1項）。即信賴無效契約之無過失當事人一方，得向他方請求信賴利益之損害賠償。給付一部不能，而契約就其他部分仍爲有效者，或依選擇而定之數宗給付中有一宗給付不能者，就不能之部分，亦得請求信賴利益賠償（第2項）。該信賴利益之損害賠償請求權，因2年間不行使而消滅（第3項）。

肆、附合契約──定型化契約

　　所謂附合契約，係指當事人一方爲與不特定多數人訂立同類契約之用，所提出預先擬定之契約條款。定型化契約條款不限於書面，其以放映字幕、張貼、牌示、網際網路或其他方法表示者，亦屬之（消費者保護法第2條第7款）。例如，工程之契約條款係定作人爲與不特定多數廠商訂立而單方面預先擬定，或者建設公司與不特定多數買受人訂立而單方面預先擬定之預售房屋土地之買賣契約，均屬定型化契約。爲防止契約自由之濫用及維護交易公平，民法第247條之1規定，依照當事人一方預定用於同類契約之條款而訂定之契約，爲下列各款之約定，按其情形顯失公平者，該部分約定無效，茲分述如後：(一)免除或減輕預定契約條款之當事人之責任者；(二)加重他方當事人之責任者[84]；(三)使他方當事人拋棄權利或限制其行使權利者；(四)其他於他方當事人有重大不利益者[85]。

　　給付爲契約之標的，其契約自屬有效。

[84] 最高法院107年度台上字第875號民事判決。

[85] 最高法院101年度台上字第1616號民事裁定：民法第247條之1所稱按其情形顯失公平，乃指依契約本質所生之主要權利義務，或按法律規定加以綜合判斷，有顯失公平之情形。

伍、契約之確保

一、定　金

(一)定　義

　　為確保契約之效力，法律設有兩種方法，即定金及違約金。所謂定金者，係契約當事人之一方，為確保契約之履行，交付於他方之金錢或其他代替物。定金契約以主契約之成立為前提，其為從契約。並以交付為成立要件，屬要物契約之性質。

(二)效　力

　　定金（earnest money）之效力有三：1.推定契約成立：訂約當事人之一方，由他方受有定金時，推定其契約成立（民法第248條）；2.作為契約履行：除當事人另有訂定外，契約履行時，定金應返還或作為給付之一部（民法第249條第1款）；3.契約不履行之處理：倘契約因可歸責於付定金當事人之事由，致不能履行時，定金不得請求返還（第2款）。契約因可歸責於受定金當事人之事由，致不能履行時，該當事人應加倍返還其所受之定金（第3款）。契約因不可歸責於雙方當事人之事由，致不能履行時，定金應返還之（第4款）。

二、違約金

(一)定　義

　　所謂違約金（payment for breach of contract），係指以確保債務履行為目的，由當事人約定債務人於債務不履行時，應支付一定金錢之一種從契約（民法第250條第1項）[86]。倘約定違約時應為金錢以外之給付者，其為準違約金

---

[86] 最高法院105年度台上字第169號民事判決：違約金係當事人約定契約不履行時，債務人應支付之懲罰金或損害賠償額之預定，以確保債務之履行為目的。至若當事人約定一方解除契約時，應支付他方相當之金額，則以消滅契約為目的，屬保留解除權之代價，兩者性質迥異。

（民法第253條）。例如，違約時應給付某廠牌之汽車1輛。

(二)類　型

違約金有懲罰性違約金及損害賠償預定性違約金，倘屬懲罰性違約金，債權人除得請求違約金外，並得請求履行債務，或不履行之損害賠償[87]。損害賠償預定性違約金，係以違約金作為不履行所生之賠償總額，請求違約金後，不得再請求其他損害賠償。違約金除當事人另有訂定外，視為因不履行而生損害之賠償總額，係損害賠償總額之預定。債務人不履行時，請求支付違約金，無須證明損害數額（民法第250條第2項前段）[88]。倘約定債務人不於適當時期或不依適當方法履行債務時，即須支付違約金者，債權人除得請求履行債務外，違約金視為因不於適當時期或不依適當方法履行債務所生損害之賠償總額（第2項後段）。此約定為債務不履行中之給付延遲及不完全給付所生損害賠償額之預約，屬賠償預定性違約金性質。

(三)違約金酌減

債務已為一部履行者，法院得比照債權人因一部履行所受之利益，減少違約金（民法第251條）。倘約定之違約金額過高者，法院得減至相當之數額（民法第252條）[89]。法院認約定之違約金額過高，核減至相當之數額，得以職權為之或由債務人聲請核減[90]。至於是否相當，即須依一般客觀事實，社會經濟狀況及當事人所受損害情形，以為斟酌之標準。倘債務人已任意給付違約金與債權人，得認為債務人自願依約履行，債務人不得再行請求返還[91]。

---

[87] 最高法院104年度台上字第984號民事判決。

[88] 最高法院102年度台上字第889號民事判決：賠償總額預定性之違約金，乃以該違約金作為債務人於債務不履行時之損害賠償總額之預定或推定。

[89] 最高法院102年度台上字第1330號民事判決：當事人約定之違約金過高，經法院酌減至相當之數額而為判決確定者，就該酌減之數額以外部分，倘債權人先為預扣，因該部分非出於債務人之自由意思而被扣款，債務人自得依不當得利法律關係請求債權人給付。

[90] 最高法院79年台上字第1612號民事判決。

[91] 最高法院79年台上字第1915號民事判決。

陸、契約之解除

一、解除權之發生

　　所謂契約之解除（rescind contract），係指當事人一方行使解除權，使契約之效力溯及消滅為意思表示。契約之解除經有解除權之一方之意思表示而成立，其為單獨行為，屬形成權之性質。解除權之發生有約定及法定兩種原因，法定發生原因有二：(一)因給付遲延之解除，非定期行為給付遲延時，契約當事人之一方遲延給付者，他方當事人得定相當期限催告其履行，如於期限內不履行時，得解除其契約（民法第254條）[92]。倘為定期行為給付遲延，即依契約之性質或當事人之意思表示，非於一定時期為給付不能達其契約之目的，而契約當事人之一方不按照時期給付者，他方當事人得不經催告，解除其契約（民法第255條）；(二)因給付不能之解除契約，債權人於有第226條之情形時，因可歸責於債務人之事由，致給付不能時，毋庸催告，得解除其契約（民法第256條）。

二、解除權之行使

　　解除權之行使，應向他方當事人以意思表示為之（民法第258條第1項）。契約當事人之一方有數人者，解除契約之意思表示，應由其全體或向其全體為之（第2項），此為解除權行使不可分之原則。解除契約之意思表示，不得撤銷（第3項）。

三、解除權之消滅

　　解除權之消滅原因有二：(一)解除權之行使，未定有期間者，他方當事人

---

[92] 最高法院102年度台上字第2161號民事判決：民法第254條規定，契約當事人之一方遲延給付者，他方當事人得定相當期限催告其履行，如於期限內不履行時，得解除其契約。故債務人遲延給付時，必須經債權人定相當期限催告其履行，而債務人於期限內仍不履行時，債權人始得解除契約。

得定相當期限，催告解除權人於期限內確答是否解除，倘逾期未受解除之通知，解除權即消滅。解除權之行使，當事人定有期間者，未於期限內行使解除權，解除權消滅（民法第257條）；(二)有解除權人，因可歸責於自己之事由，致其所受領之給付物有毀損、滅失或其他情形不能返還者，解除權消滅；因加工或改造，將所受領之給付物變其種類者，其解除權消滅（民法第262條）。

四、契約解除之效力

契約一經解除，其效力溯及既往歸於消滅，其效力有三：(一)回復原狀：契約解除時，當事人雙方回復原狀之義務[93]。除法律另有規定或契約另有訂定外，依下列規定為之：1.由他方所受領之給付物，應返還之；2.受領之給付為金錢者，應附加自受領時起之利息償還之；3.受領之給付為勞務或為物之使用者，應照受領時之價額，以金錢償還之；4.受領之給付物生有孳息者，應返還之；5.就返還之物，已支出必要或有益之費用，得於他方受返還時所得利益之限度內，請求其返還；6.應返還之物有毀損、滅失或因其他事由，致不能返還者，應償還其價額（民法第259條）[94]；(二)損害賠償：解除權之行使，不妨礙損害賠償之請求。債權人得行使債務人不履行所受損害及所生利益（民法第260條）[95]；(三)雙務契約規定之準用：當事人因契約解除而生之相互義務，準用民法第264條至第267條規定。即同時履行抗辯及危險負擔之規定（民法第261條）。

柒、契約之終止

所謂契約之終止（terminate contract），係指當事人一方行使終止權，使

---

[93] 最高法院102年度台上字第1431號民事判決：民法第259條規定契約解除時，當事人互負回復原狀之義務，所稱回復原狀，係指契約成立前之原狀而言。

[94] 最高法院103年度台上字第2139號民事判決：關於原物不能返還，應償還價額之計算，應以價額償還義務成立時客觀之價額為準。

[95] 最高法院101年度台上字第793號民事判決。

契約之效力向將來消滅之意思表示，其為單獨行為，屬形成權之性質。其與契約之解除不同，契約之解除有使契約溯及既往消滅之效力。契約終止以繼續性之契約關係為對象，如租賃、僱傭、委任等。而解除契約則以非繼續性契約為對象，如贈與、買賣、和解等。終止權之行使方法及效力準用解除權之規定，即第258條及第260條之規定，其於當事人依法律之規定終止契約者準用之（民法第263條）[96]。

捌、雙務契約效力

所謂雙務契約，係指雙方當事人互負對價關係之債務之契約。雙方互負對價關係之債務，在發生、履行及消滅上均有牽連性。雙務契約之效力有二：同時履行抗辯權及危險負擔。

一、同時履行抗辯權

(一)拒絕給付

因契約互負債務者，於他方當事人未為對待給付前，得拒絕自己之給付（民法第264條第1項本文）[97]。例如，出賣人未交付買賣標的物前，買受人得拒絕交付價金。惟自己有先為給付之義務者，不得拒絕給付（第1項但書）。例如，乘坐火車之乘客，應先購買車票。他方當事人已為部分之給付時，依其情形，倘拒絕自己之給付有違背誠實及信用方法者，不得拒絕自己之給付（第2項）。例如，出賣人已移轉房屋所有權與買受人，面積短少甚微，買受人不得拒絕給付全部價金。被告就原告請求履行因雙務契約所負之債務，在裁判上援用同時抗辯權時，倘原告不能證明自己已為對待給付或已提出對待給付，法

---

[96] 最高法院102年度台上字第2051號民事判決：民法第263條規定，第258條及第260條規定，其於當事人依法律之規定終止契約者，準用之。職是，同法第259條之契約解除後回復原狀規定，其於契約終止之情形，不在準用之列。

[97] 最高法院102年度台再字第19號民事判決：物之出賣人就其交付之買賣標的物，有應負瑕疵擔保責任或不完全給付之債務不履行責任，買受人得請求出賣人補正或賠償損害，並得依民法第264條規定行使同時履行抗辯權。

院應爲原告提出對待給付時，被告即向原告爲給付之判決，不得僅命被告爲給付，而置原告之對待給付於不顧。

(二)不安抗辯權

當事人之一方，應向他方先爲給付者，如他方之財產，於訂約後顯然減少，有難爲對待給付之虞時，如他方未爲對待給付或提出擔保前，得拒絕自己之給付，此爲不安抗辯權（民法第265條）。例如，房地買賣契約雖約定出賣人應先移轉所有權與買受人，惟訂約後，買受人陷於無支付價金之能力，出賣人得要求買受人給付價金或提出擔保前，拒絕交屋及所有權移轉登記。

二、危險負擔

危險負擔可分狹義及廣義兩種類型：(一)所謂狹義危險負擔，係指一方之債務，因不可歸責於雙方當事人之事由，導致給付不能，其因給付不能所發生之損失，應由何方當事人負擔；(二)廣義之危險負擔，包括因可歸責於債權人之事由，導致債務人給付不能，其所生損失之負擔。

(一)不可歸責於雙方當事人

因不可歸責於雙方當事人之事由致給付不能，危險負擔採債務人負擔主義，即因不可歸責於雙方當事人之事由，致一方之給付全部不能者，他方免爲對待給付之義務；如僅一部不能者，應按其比例減少對待給付（民法第266條第1項）。例如，甲向乙買受房屋1棟，房屋於交付前，因遇地震而毀損，買受人甲毋庸給付價金，損失由乙負擔之。倘甲已交付價金與乙，即已爲全部或一部之對待給付者，甲得依關於不當得利之規定，請求乙返還價金（第2項）。

(二)可歸責於當事人一方

因可歸責於當事人一方之給付不能，即當事人之一方因可歸責於他方之事由，致不能給付者，得請求對待給付。但其因免給付義務所得之利益或應得之利益，均應由其所得請求之對待給付中扣除之（民法第267條）。其危險係可歸責於債權人事由所致，自應由債權人負擔。例如，甲向乙買受房屋1棟，房屋因甲之過失燒燬，買受人甲應給付全部價金，損失應由甲負擔之，出賣人乙

毋庸交付及移轉所有權與甲。而甲應免除給付義務所減免之費用，應扣除之，此爲損益相抵之法則。

玖、涉他契約之效力

所謂涉他契約，係指契約之雙方當事人約定由第三人爲給付，或由他方向第三人爲給付者。涉他契約有第三人給付契約及向第三人給付契約兩種類型，前者爲第三人負擔契約；後者爲利益第三人契約。

一、第三人負擔契約

所謂第三人負擔契約，係指契約當事人之一方，約定由第三人對於他方爲給付者（民法第268條前段）。例如，甲向乙買受汽車，約定由乙使丙交付及移轉所有權與甲。於第三人不爲給付時，應負損害賠償責任（後段）。第三人並非契約當事人，其不因第三人負擔契約之訂定而當然負擔債務，第三人願意給付之原因，乃因第三人與債務人間有契約或其他事實關係存在。例如，第三人丙願意負擔交付汽車及移轉所有權與買受人乙，係因丙與出賣人甲有贈與關係，丙有贈與汽車與甲之義務[98]。

二、利益第三人契約

(一)定　義

所謂利益第三人契約，係指以契約訂定向第三人爲給付者（民法第269條第1項前段）[99]。要約人得請求債務人向第三人爲給付，第三人對於債務人，亦有直接請求給付之權（第1項後段）。例如，甲將貨物交付乙運送，由受貨人丙直接對運送人乙取得運送契約之權利，丙得直接向乙請求交付貨物。第三人對於前項契約，未表示享受其利益之意思前，當事人得變更其契約或撤銷之（第2項）。第三人對於當事人之一方表示不欲享受其契約之利益者，視爲自

---

[98] 最高法院102年度台上字第1855號民事判決。

[99] 最高法院102年度台上字第482號民事判決。

始未取得其權利（第3項）。

(二)債務人對第三人之抗辯

利益第三人之債務人，得以由契約所生之一切抗辯，對抗受益之第三人（民法第270條）[100]。約定向第三人為給付之契約，債務人固得以由契約所生之一切抗辯，對抗第三人。倘為雙務契約，即得於要約人未為對待給付前，拒絕對該第三人為給付。惟第三人僅為債權人，究非契約當事人，債務人不得對第三人請求履行要約人應為之對待給付。

拾、例題分析——附合契約

一、信用卡使用契約

信用卡使用契約，為消費者與發卡銀行間之委任契約與消費借貸的混合契約。消費者向發卡銀行提出信用卡之使用申請後，銀行據以決定是否發卡之考量因素，乃審核申請人之財產、收入及職業等信用狀況後，再決定是否准予申請及准予額度為何。據社會生活經驗可知，現今信用卡之核發，除未成年之申請人須由父母連帶保證外，其風險控制之本質，均係以申請人之個人信用狀況為徵信，並無另外要求申請人徵得連帶保證人後，始准予核發，導致變相鼓勵附卡之申請使用，使附卡持有人成為正卡持有人之連帶保證人。依照一般人對於附卡申請目的之認知，申請附卡係供親友之便利使用，鮮有使附卡使用人負連帶保證人之意思，足見令附卡使用人對正卡使用人之消費帳款負連帶清償責任，顯與消費者之意思有違。就附卡申領使用之本質與目的而言，正卡使用人願意就其所同意申領附卡使用人之消費帳款，負連帶清償責任，因正卡人係附卡人之保證人，而非附卡人係正卡人之保證人，始符合訂立申請信用卡契約之真意。附卡持有人之責任，僅須對自己之消費帳款負清償責任，而正卡持有人對附卡之消費金額負連帶清償責任。申請信用卡契約屬定型化條款，其契約條款倘約定附卡持有人須就正卡人之消費負連帶清償責任，顯然已逾消費者對

---

[100] 最高法院100年度台上字第1679號民事判決。

於申辦附卡使用所得預見之風險，並加重附卡人之責任，除違反消費者申請附卡使用之目的外，亦有違反誠信原則之不公平現象。況附卡持有人並未接受帳單，除無從按月知悉正卡持卡人所生帳款若干外，亦無法預知正卡持卡人將來之消費金額，進而限制正卡人之消費金額。倘正卡持卡人每月僅繳納最低應繳金額時，正卡人會被課以高額之循環利息，再滾入消費帳款中不斷累積，其超過原定之信用額度時，銀行仍會允許正卡人繼續使用，此時顯非附卡持有人所得預見控制。

二、誠信原則及平等互惠原則

依現行信用卡實務，倘正卡持有人使用信用良好，銀行會不斷提高正卡持卡人之信用額度，其通常並未徵詢附卡持有人之意見，依定型化契約之約定運作結果，有造成附卡持有人對於正卡持卡人之保證額度將不斷提升，因而使附卡持有人負擔非其所得控制之危險，消費者固相信提高信用額度係一種信任、獎勵與尊榮，然其無形中使附卡人負擔更高之保證風險，顯然已違反契約之公平誠信原則，顯失公平。是附卡持卡人須就正卡持卡人所生應付帳款債務負連帶清償責任之定型化契約條款，因違反誠信原則及平等互惠原則，法院應宣告無效[101]。甲向乙銀行提出信用卡之使用申請，並約定甲之妻丙為附卡之使用人，正卡及附卡使用人就彼此之消費款，互負連帶清償責任，甲未依據信用卡使用契約，屆期清償消費帳款，乙銀行請求甲、丙負連帶清償責任。因附卡持卡人須就正卡持卡人所生應付帳款債務負連帶清償責任之定型化契約條款，因違反誠信原則及平等互惠原則，該條款無效，丙毋庸就其夫甲之消費款負連帶清償責任。

---

[101] 臺灣高雄地方法院92年度訴字第409號民事判決。

第四節　多數債務人及債權人

《例題21》

甲、乙、丙應連帶給付丁新臺幣300萬元。試問下列情形之清償責任：(一)丁免除甲之債務，丁各得向乙、丙請求若干金額？(二)丁免除甲、乙、丙之連帶責任，丁各得向甲、乙、丙請求若干金額？(三)丁僅免除丙之連帶責任時，丁各得向甲、乙、丙請求若干金額？

《例題22》

甲向乙買受貨物，價金新臺幣（下同）100萬元，甲交付乙由丙所簽發面額同為100萬元之支票乙紙，作為支付貨款之方法，甲未於支票背書。試問乙屆期提示支票未獲付款，乙得如何行使權利？

壹、多數主體之債

所謂多數主體之債，係指債之關係，如債權人或債務人一方為二人以上者，或者雙方均為二人以上者。多數主體之債有三種類型：可分之債、連帶之債及不可分之債。

貳、可分之債

所謂可分之債，係指數人負同一債務或有同一債權，而其給付可分者。例如，甲、乙、丙共同向丁借貸新臺幣（下同）300萬元。除法律另有規定或契約另有訂定外，應各平均分擔或分受之；其給付本不可分而變為可分者，亦應各平均分擔或分受之（民法第271條）。例如，甲向乙、丙租用土地，約定由甲給付每月6萬元之租金予乙、丙，嗣甲與乙、丙終止租約，甲尚欠乙、丙1年之租金共72萬元，甲應各給付乙、丙36萬元。

參、連帶之債

所謂連帶之債，係指以同一給付為標的，而債之多數主體間具有連帶關係之債。各債權人得單獨請求全部之給付，各債務人有為全部給付之義務。所謂連帶關係，係指債之效力及消滅，一人所生事項，原則上對他債權人或債務人亦生效力。連帶之債可分連帶債務及連帶債權。

肆、連帶債務（100年司法人員四等）

一、連帶債務之定義

數人負同一債務，依明示之意思或法律之規定，對於債權人各負全部給付之責任者，為連帶債務（joint-obligation）（民法第272條第1項）。例如，未成年人甲、乙各駕車不慎相撞導致丙受傷。甲之法定代理人為丁，乙之法定代理人為戊。法定代理人係就未成年人之侵權行為負責，故甲丁負連帶責任，乙戊連帶責任（民法第187條）。

二、連帶債務之效力

(一)對外效力

1. 債權人之權利

連帶債務之債權人，得對於債務人中之一人或數人或其全體，同時或先後請求全部或一部之給付。連帶債務未全部履行前，全體債務人仍負連帶責任（民法第273條）。例如，所謂連帶保證債務，係指保證人與主債務人負同一債務，對於債權人各負全部給付之責任者而言，連帶保證人於主債務人未全部清償完畢前，應負連帶債務[102]。

2. 就債務人一人所生事項之效力

(1)絕對效力事項

就連帶債務人一人所生事項之效力，有及於他債務人者，稱為絕對效力

---

[102] 最高法院103年度台上字第392號民事判決。

事項。絕對效力事項有：①因連帶債務人中之一人為清償、代物清償、提存、抵銷或混同而債務消滅者，他債務人亦同免其責任（民法第274條）；②連帶債務人中之一人受確定判決，而其判決非基於該債務人之個人關係者，為他債務人之利益，亦生效力（民法第275條）；③債權人向連帶債務人中之一人免除債務，而無消滅全部債務之意思表示者，該債務人應分擔之部分，他債務人免其責任。而於連帶債務人中之一人消滅時效已完成者，該債務人應分擔之部分，他債務人免其責任（民法第276條）；④連帶債務人中之一人，對於債權人有債權者，他債務人以該債務人應分擔之部分為限，得主張抵銷（民法第277條）；⑤債權人對於連帶債務人中之一人有遲延時，為他債務人之利益，亦生效力（民法第278條）。

(2)相對效力事項

就連帶債務人一人所生事項之效力，倘不及於他債務人者，稱為相對效力事項。職是，相對效力事項，係指連帶債務人中之一人所生之事項，除前述或契約另有訂定者外，其利益或不利益，對他債務人不生效力。

(二)對內效力

1. 分擔義務

對內效力係指連帶債務人間之分擔部分及求償部分。連帶債務人相互間之分擔義務，除法律另有規定或契約另有訂定外，應平均分擔義務。例外情形，係因債務人中之一人應單獨負責之事由所致之損害及支付之費用，由該債務人負擔（民法第280條）。例如，連帶債務人甲、乙對債權人應負新臺幣（下同）200萬元之全部，而甲與乙內部之分擔額則為每人新臺幣100萬元。

2. 求償權利

連帶債務人間內部有分擔額，倘其中有一人履行債務逾自己分擔部分，自得向其他債務人求償，故連帶債務人中之一人，因清償、代物清償、提存、抵銷或混同，致他債務人同免責任者，得向他債務人請求償還各自分擔之部分，並自免責時起之利息（民法第281條第1項）。求償權人於求償範圍內，承受債

權人之權利。但不得有害於債權人之利益（第2項）[103]。倘連帶債務人中之一人，不能償還其分擔額者，其不能償還之部分，由求償權人與他債務人按照比例分擔之。但其不能償還，係由求償權人之過失所致者，不得對於他債務人請求其分擔（民法第282條第1項）。是縱使他債務人中之一人應分擔之部分已免責者，其仍應按比例分擔無法償還分擔額之連帶債務人部分，負其責任（第2項）。

3. 實例說明

甲、乙、丙、丁、戊共同向己借款新臺幣（下同）100萬元，約定對己負連帶清償責任，己免除甲之分擔額20萬元，是乙、丙、丁、戊就80萬元部分亦應負連帶清償責任。倘乙對己清償80萬元，使丙、丁、戊免責，乙可向丙、丁、戊請求按分擔額，各求償20萬元，戊死亡無繼承人，亦無遺產，乙顯然無法對戊求償，此部分應由甲、乙、丙、丁各負擔5萬元，是乙可向甲求償5萬元，向丙、丁各求償25萬元。

伍、連帶債權

一、連帶債權定義

數人依法律或法律行為，有同一債權，而各得向債務人為全部給付之請求者，為連帶債權（民法第283條）。所謂連帶債權（joint-claim），係指多數債權人有同一目的之數個債權，得各自或共同請求全部或一部之給付，而債務人對於其中任何一人為全部給付，即可消滅其債務者。其與公同共有之債權不同，因公同共有之債權為一個權利，其債務僅得向公同共有人全體清償，始生消滅債務之效力者。例如，遺產於分割前，各繼承人對於遺產全部為公同共有（民法第1151條）。是被繼承人之債務人欲清償其債務，應向全體繼承人清償，始生清償效力。

---

[103] 最高法院108年度台上字第422號民事判決。

二、連帶債權之效力

(一)對外效力

1. 債務人之給付

連帶債權之效力可分對外效力及對內效力，對外效力亦分債務人之給付及就債權人一人所生事項之效力。前者係指連帶債權之債務人，得向債權人中之一人，為全部之給付（民法第284條）。例如，甲向乙、丙借款新臺幣（下同）100萬元，約定為連帶債權，甲給付100萬元於乙或丙任何一人，全體債權人之債權均歸於消滅。

2. 就債權人一人所生事項之效力

(1)絕對效力事項

就連帶債權人一人所生事項之效力，有及於他債權人者，稱為絕對效力事項，倘不及於他債權人者，稱為相對效力事項。絕對效力事項有：①連帶債權人中之一人為給付之請求者，為他債權人之利益，亦生效力（民法第285條）；②因連帶債權人中之一人，已受領清償、代物清償、或經提存、抵銷、混同而債權消滅者，他債權人之權利，亦同消滅（民法第286條）；③連帶債權人中之一人，受有利益之確定判決者，為他債權人之利益，或者連帶債權人中之一人，受不利益之確定判決者，倘其判決非基於該債權人之個人關係時，對於他債權人，均生效力（民法第287條）；④連帶債權人中之一人，向債務人免除債務者，該債權人應享有之部分消滅，而於連帶債權人中之一人消滅時效已完成者，該債權人應享有之部分亦消滅（民法第288條）；⑤連帶債權人中之一人有遲延者，他債權人亦負其責任（民法第289條）。

(2)相對效力事項

所謂相對事項，係指就連帶債權人中之一人所生之事項，除前述絕對效力事項或契約另有訂定者外，其利益或不利益，對他債權人不生效力（民法第290條）。

(二)對內效力

連帶債權人相互間，除法律另有規定或契約另有訂定外，應平均分受其利

益（民法第291條）。例如，甲向乙、丙借款新臺幣（下同）100萬元，約定為連帶債權，甲給付100萬元於乙，甲對於乙、丙之債權歸於消滅。乙應給付丙之應分受部分與丙，金額為50萬元。

陸、不可分之債

一、定　義

所謂不可分之債，係指以同一不可分之給付為標的之複數主體之債，有不可分債權及不可分債務之兩種類型。所謂不可分者，係指有給付之標的本質使然或當事人之約定：(一)甲、乙負交付汽車1輛於丙，本質使然為不可分之債；(二)甲、乙對丙有新臺幣20萬元之債權，約定為不可分之債權。

二、效　力

所謂不可分債務之效力，係指數人負同一債務，而其給付不可分者，準用關於連帶債務之規定（民法第292條）。不可分債權之效力，係指數人有同一債權，而其給付不可分者，各債權人僅得請求向債權人全體為給付，債務人亦僅得向債權人全體為給付（民法第293條第1項）。債權人中之一人與債務人間所生之事項，其利益或不利益，對他債權人不生效力（第2項）。債權人相互間，準用第291條規定（第3項）。職是，連帶債權人相互間，除法律另有規定或契約另有訂定外，應平均分受其利益。

柒、例題解析

一、連帶債務及可分之債之效力

甲、乙、丙應連帶給付丁新臺幣（下同）300萬元，丁免除甲之債務，就甲應分擔之100萬元部分，其他債務人同免除責任（民法第276條第1項）。丁向乙、丙請求連帶清償200萬元。倘丁免除甲、乙、丙之連帶責任，連帶債務成為可分之債，可分之債可平均分擔（民法第271條）。故甲、乙、丙應各給

付100萬元與丁。倘丁僅免除丙之連帶責任時，丙僅就其應分擔之部分即100萬元部分負擔，其效力不及其他連帶債務人，而甲、乙對300萬元仍須負連帶清償責任。

二、不真正連帶債務

　　不真正連帶債務之發生，係因相關之法律關係偶然競合所致，多數債務人之各債務具有客觀之同一目的，而債務人各負有全部之責任，債務人中之一人或數人向債權人為給付者，他債務人亦同免其責任。甲向乙買受貨物，價金新臺幣（下同）100萬元，甲交付乙由丙所簽發面額同為100萬元之支票，作為支付貨款之方法，乙除得依據買賣關係向甲請求100萬元外，亦得依據票據關係向丙請求100萬元，甲、丙雖非連帶債務人，然債權人乙得對於債務人甲、丙之一人或數人或其全體，同時或先後請求全部或一部之給付，其中一人履行完畢，全體債務即歸消滅，其與連帶債務相同。不真正連帶債務與連帶債務不同，就內部關係而言，不真正連帶債務並無求償權及分擔部分。

第五節　債之移轉

《例題23》

　　甲對乙負有新臺幣50萬元之借款債務，由丙提供坐落臺北市大安區不動產設定抵押權，嗣後丁承擔該債務，或者受讓該債權。試問該抵押權是否繼續存在？理由為何？

《例題24》

　　甲承攬乙新建大樓工程，甲將其中之消防器材、消防水系統及消防弱電系統等工程交由丙承作，上開消防工程於2015年12月間完工後，甲積欠新臺幣（下同）40萬元之工程款，丙依據承攬契約向乙請求工程款，甲、乙及丙為此達成合意，乙直接給付40萬元與丙，嗣後乙未依約給付。試問丙於2020年6月間依據承攬關係請求甲給付該積欠之工程款，是否有理？

壹、債之移轉定義

所謂債之移轉，係指不變更債之給付內容，而變更主體。債權主體之變更，為債權之讓與；債務主體變更，係債務之承擔。債之移轉原因，有因法律規定及法律行為所致。

貳、債權讓與

一、定義及要件

(一)自由轉讓與不得移轉

所謂債權讓與契約（transfer of claim），係指移轉債權為標的之契約。原則上債權得自由讓與[104]。例外情形，下列債權不得移轉：1.依債權之性質，不得讓與者。例如，基於身分關係之扶養請求權、基於信任基礎之僱傭關係；2.依當事人之特約，不得讓與者；3.債權禁止扣押者。例如，請領退休金、撫恤金之債權（民法第294條第1項）。依當事人之約定，不得讓與之特約，不得以之對抗善意第三人（第2項）。

(二)債權讓與方式

債權之讓與，因讓予人及受讓人合意而生效，債權即同時移轉於受讓人，其為不要式契約及準物權契約[105]。非經讓與人或受讓人通知債務人，對於債務人不生效力。但法律另有規定者，不在此限（民法第297條第1項）。受讓人將讓與人所立之讓與字據提示於債務人者，其與通知有同一之效力（第2項）。再者，讓與人已將債權之讓與通知債務人者，縱未為讓與或讓與無效，債務人仍得以其對抗受讓人之事由，對抗讓與人（民法第298條第1項）。此為表見讓與之效力。讓與人將債權之讓與通知債務人者，非經受讓人之同意，不得撤銷

---

[104] 最高法院105年度台上字第165號民事判決：債權讓與係以移轉債權為標的之契約，讓與人須有債權，且就該債權有處分之權限，始得為之。

[105] 債權讓與契約一旦發生效力，債權人與債務人間立即發生債權移轉之效力，債權即移轉於受讓人。

其通知（第2項）。

二、效　力

(一)從權利之隨同移轉

讓與債權時，該債權之擔保及其他從屬之權利，隨同移轉於受讓人。但與讓與人有不可分離之關係者，不在此限。未支付之利息，推定其隨同原本移轉於受讓人（民法第295條）。所謂擔保者，係指擔保債權而存在之權利，如抵押權、質權、保證。從屬權利，如利息債權、違約金債權。

(二)證明文件之交付

讓與人應將證明債權之文件，交付受讓人，並應告以關於主張該債權所必要之一切情形（民法第296條）。準此，債權讓與人有協助受讓人行使債權之義務。

(三)對於受讓人抗辯之援用與抵銷之主張

債務人於受通知時，所得對抗讓與人之事由，均得以之對抗受讓人。債務人於受通知時，對於讓予人有債權者，倘其債權之清償期，先於所讓與之債權或同時屆至者，債務人得對於受讓人主張抵銷（民法第299條）[106]。

參、債務承擔

一、定義及要件

所謂債務承擔（assume obligation of debtor），係指由第三人負擔債務人之債務之契約。債務承擔之方式有二：(一)債權人與第三人間之承擔契約：原債務人脫離債之關係，第三人成為新債務人，稱為免責之債務承擔。免責之債務承擔，為第三人與債權人訂立契約承擔債務人之債務者，其債務於契約

---

[106] 最高法院107年度台上字第1049號民事判決：債權讓與僅變更債之主體，不影響債之同一性，故附隨於原債權之抗辯權，不因債權之讓與而喪失。

成立時，移轉於第三人（民法第300條）。第三人與債務人訂立契約承擔其債務者，非經債權人承認，對於債權人不生效力（民法第301條）。經債權人同意，原債務人即脫離原債務關係，應由承擔人對於債權人負清償之責。債務人或承擔人，得定相當期限，催告債權人於該期限內確答是否承認，倘逾期不為確答者，視為拒絕承認。債權人拒絕承認時，債務人或承擔人得撤銷其承擔之契約（民法第302條）；(二)債務人與第三人間之承擔契約：原債務人未脫離債之關係，債務人與第三人一併負責之債務承擔，稱為併存之債務承擔。

二、效　力

(一)債務人抗辯權之援用

　　債務人因其法律關係所得對抗債權人之事由，承擔人雖得以之對抗債權人。然不得以屬於債務人之債權為抵銷（民法第303條第1項）。至於承擔人因其承擔債務之法律關係所得對抗債務人之事由，不得以之對抗債權人（第2項）。例如，承擔人因承受債務人之不動產，而承受債務人之債務，縱使買賣契約無效或不成立，其不得以之對抗債權人，以保護債權人。

(二)從權利之存續

　　從屬於債權之權利，不因債務之承擔而妨礙其存在。例外情形，其與債務人有不可分離之關係者，不在此限（民法第304條第1項）。由第三人就債權所為之擔保，除第三人對於債務之承擔已為承認外，因債務之承擔而消滅（第2項）。因第三人之就債權設定擔保或為保證者，係基於其與債務人之信任關係，並無為他人為擔保之意思，故債務移轉於第三人時，倘原擔保人或保證人未承認債務之承擔，其擔保或保證消滅。

肆、法定併存之債務承擔

一、財產或營業之概括承受

　　就他人之財產或營業，概括承受其資產及負債者，因對於債權人為承受之通知或公告，而生承擔債務之效力。債務人關於到期之債權，自通知或公告

時起,未到期之債權,自到期時起,2年以內,其與承擔人連帶負其責任(民法第305條)。此為法定併存之債務承擔,無須債權人同意[107]。

二、營業合併

營業與他營業合併,而互相承受其資產及負債者,因對於債權人為承受之通知或公告,而生承擔債務之效力。其合併之新營業,對於各營業之債務,負其責任(民法第306條)。其合併之方式有二:(一)創設合併,係形成一新營業體;(二)吸收合併,係某營業主體吸收另一營業主體,被吸收者之主體消滅。例如,由甲股份有限公司吸收乙有限公司。

伍、例題研析

一、債務承擔就從權利存續之效力

第三人就債權所為之擔保,除第三人對於債務之承擔已為承認外,因債務之承擔而消滅(民法第304條第2項)。甲對乙負有新臺幣50萬元之借款債務,由丙提供不動產設定抵押權,嗣丁承擔甲對乙之該債務,除丙承認丁之承擔債務外,丙並無為丁為擔保之意思。況債務移轉於第三人,得視為債權人拋棄其擔保之利益,故抵押權之擔保歸於消滅。

二、債權讓與就從權利存續之效力

讓與債權時,債權之擔保及其他從屬之權利,隨同移轉於受讓人(民法第295條第1項)。是主債權讓與時,原則上從屬權利隨同移轉,故丙提供不動產設定抵押權,擔保債權之抵押權亦隨之移轉與債權受讓人丁,抵押權存續擔保丁對於甲之新臺幣50萬元債權。

---

[107] 最高法院98年度台上字第1286號民事判決:營業概括承受其資產及負債,係指就他人之營業之財產與債務,概括承受之意。職是,以營業為目的組成營業財產之集團,移轉於承擔人,營業之概括承受為多數之債權或債務,包括讓與人之經濟上地位之全盤移轉。

三、免責之債務承擔

(一)效　力

第三人與債權人訂立契約承擔債務人之債務者，其債務於契約成立時，移轉於第三人（民法第300條）。所謂債務承擔契約，係指以債務之承擔為標的之契約，而於契約成立時，新債務人即承擔人負擔原有之債務，債務因而現實的移轉，其為準物權契約，原債務人脫離債之關係，屬免責之債務承擔。甲承攬乙新建大樓工程，甲將其中之消防器材、消防水系統及消防弱電系統等工程交由丙承作，上開消防工程完工後，甲積欠新臺幣（下同）40萬元之工程款，甲、乙及丙達成合意，乙直接給付40萬元與丙，既然債務承擔係由甲（債務人）、丙（債權人）及乙（第三人）達成合意，由乙直接給付工程款與丙，是該債務承擔契約應屬甲脫離債之關係之免責債務承擔。嗣後丙未依約履行，此為可歸責乙之債務不履行之事由，丙不得依據原有之承攬關係，向甲請求給付工程款。

(二)承攬人之報酬請求權

承攬人之報酬請求權，因2年間不行使而消滅（民法第127條第7款）。本件消防工程業於2015年12月間完工交付（民法第490條第1項），丙於2020年6月間始向甲請求工程款。是縱使無上開債務承擔之契約，消滅時效，自請求權可行使時起算（民法第128條）。本件消防工程款自工作完成時起算，其請求權已罹於2年之短期時效，甲得拒絕給付（民法第144條第1項）[108]。

---

[108] 臺灣臺中地方法院93年度建簡上字第4號民事判決。

第六節 債之消滅

第一項 通 則

《例題25》

> 債務人乙以甲所有之不動產供擔保，為債權人丙設定之抵押權登記，而於債之關係消滅後。試問債務人乙得否請求抵押權人丙塗銷抵押權設定登記？依據為何？

壹、債之消滅之定義

所謂債之消滅（extinction of obligation），係指債權債務已客觀的不存在。債之移轉為債之主體之變更，僅主觀不存在，債之本身依然存在，是債之消滅與債之移轉不同。債之消滅之原因，依據民法債編通則所規定者，有清償、提存、抵銷、免除及混同等原因。

貳、債之消滅之共同效力

一、從權利之隨同消滅（93年司法人員四等）

債之關係消滅者，其債權之擔保及其他從屬之權利（accessory right），亦同時消滅（民法第307條）。債之擔保，如擔保物權。從屬之權利，如利息、違約金。

二、負債字據之返還及塗銷

債之全部消滅者，債務人得請求返還或塗銷負債之字據，其僅一部消滅或負債字據上載有債權人他項權利者，債務人得請求將消滅事由，記入字據。負債字據，倘債權人主張有不能返還或有不能記入之事情者，債務人得請求給與債務消滅之公認證書（民法第308條）。是債之全部消滅者，債務人得請求返

還或塗銷負債字據，負債字據之返還或塗銷，僅為證明債之消滅之證據方法，並非債之消滅之要件，故債已清償者，不得因負債字據未經返還或塗銷，即謂其債尚未消滅。

參、例題研析——債之消滅效力

抵押權之性質，係從屬於所擔保之債權而存在。債之關係消滅者，其債權之擔保及其他從屬之權利，亦同時消滅（民法第307條）。準此，債務人乙自得本於債之關係消滅後，請求抵押權人丙塗銷供債權擔保之抵押權設定登記。

第二項　清　償

《例題26》

乙向甲借款新臺幣50萬元，約定於2020年10月11日清償，屆清償期時，乙未經甲同意，提出與市價相當之黃金清償。試問是否具有清償之效力？理由為何？

壹、清償之意義

所謂清償（performance），係指依債務之本旨，實現債務內容之給付行為。清償主體有清償人及受領清償人，依債務之本旨清償，即債之關係消滅；反之，不依據債務之本旨清償，則不生清償之效力。

貳、清償之主體

一、清償人

債務人為清償人，而第三人（third party）亦得為清償人。例外情形，當事人另有訂定或依債之性質不得由第三人清償者，不在此限（民法第311條第1項）。第三人之清償，債務人有異議時，債權人固得拒絕其清償。但第三人就

債之履行有利害關係者（interest of conflict），債權人不得拒絕（第2項）。所謂利害關係之第三人，係指就債之清償，有財產上之利害關係者，如保證人、連帶債務人。就債之履行有利害關係之第三人爲清償者，而於其清償之限度內承受債權人之權利，但不得有害於債權人之利益（民法第312條）[109]。此承受之權利係基於法律規定之債權移轉，屬法定之債權移轉，是第297條之債權讓與通知及第299條之對於債權人抗辯之援用，均準用之（民法第313條）。準此，有利害關係之第三人清償後，取得求償權及承受債權人之權利。

二、受領清償人

(一)向有受領清償人清償

依債務本旨，向債權人或其他有受領權人爲清償，經其受領者，債之關係消滅（民法第309條第1項）。持有債權人簽名之收據或受領證書者，視爲有受領權人。但債務人已知或因過失而不知其無權受領者，則不生清償之效力（第2項）。

(二)向第三人清償

向第三人爲清償，經其受領者，其效力如後：1.經債權人承認或受領人於受領後取得其債權者，有清償之效力；2.受領人係債權之準占有人者，以債務人不知其非債權人者爲限，有清償之效力。所謂債權之準占有人，係指非債權人而以自己之意思，事實上行使債權，依據一般交易觀念，足使他人認其爲債權人，如持有銀行印章及存摺之人[110]；3.於債權人因而受利益之限度內，有清償之效力。

---

[109] 最高法院107年度台上字第768號民事判決。

[110] 最高法院42年台上字第288號民事判決：財產權不因物之占有而成立者，行使其財產權之人為準占有人，債權乃不因物之占有而成立之財產權之一種，故行使債權人之權利者，即為債權之準占有人，此項準占有人如非真正之債權人而為債務人所不知者，債務人對於其人所為之清償，仍有清償之效力，民法第310條第2款及第966條第1項定有明文。

參、清償客體

所謂清償之客體，係指債務之內容。債務人應按債務之本旨履行債務內容，使債權人之債權獲得滿足，債務人不依債之本旨履行者，債權人得拒絕受領，並無受領遲延之情事。

一、一部清償

債務人應依債務之本旨實現債務之內容，並無為一部清償之權利。但法院得依職權斟酌債務人之境況，許其於無甚害於債權人利益之相當期限內，分期給付（installment），或緩期清償（民法第318條第1項）。法院斟酌債務人境況之結果，許其分期給付或緩期清償時，當事人不得以所定期間不當，為提起上訴之理由。法院許為分期給付者，債務人一期遲延給付時，債權人得請求全部清償（第2項）。給付不可分者，法院僅得許其緩期清償，無法分期給付（第3項）。

二、代物清償

債權人受領他種給付以代原定之給付者，其債之關係消滅（民法第319條）。代物清償為要物契約，其成立非僅當事人之給付合意，必須現實為他種給付，他種給付為不動產物權之設定或轉移時，非經登記不得成立代物清償。倘僅約定將來應為某他種給付以代原定給付時，屬債之標的之變更，而非代物清償[111]。

三、新債清償

所謂新債清償、新債抵舊或間接給付，係指因清償債務而對於債權人負擔新債務者，除當事人另有意思表示外，倘新債務不履行時，其舊債務仍不消滅（民法第320條）。例如，甲簽發之同額支票交予乙作為清償借款債務之用，甲未將乙持有之借據收回或塗銷，顯係以負擔票據債務作為清償之方法，票據

---

[111] 最高法院65年台上字第1300號民事判決。

債務未履行而不消滅，原有之消費借貸債務，亦未消滅。新債清償時，債權人必須先請求履行新債務，倘新債務未履行，得請求履行舊債務[112]。

四、債之更改

所謂債之更改，係指成立新債務以消滅舊債務之契約。例如，銀行於借款到期時，借款人另開立新借據以換回舊借據，其收回舊借據之行為，即可知當事人有消滅原債務之意思，而成立新債務。此與新債清償不同，因後者之新債務不履行時，其舊債務仍不消滅。

肆、清償地

清償地（place of performance）係指債務人應為清償之地點，除法律另有規定或契約另有訂定，或另有習慣，或得依債之性質或其他情形決定者外，應依下列規定：(一)以給付特定物（specific thing）為標的者，當事人於訂約時，其物所在地為之；(二)其他之債，以債權人之住所地為清償地（民法第314條）。民法以赴償債務為原則，以債權人住所地（creditor's domicile）為清償地。所謂往取債務，係指以債務人之住所為清償地之債務而言。是往取債務者，必須債權人於清償期屆滿後，至債務人之住所收取時，債務人拒絕清償，始負給付遲延之責任。例如，買賣契約其價金之清償地及清償方法均未經約定，自應以債權人之住所地為清償地[113]。

伍、清償期

(一)定　義

所謂清償期，係指債務人應為清償之時期。除法律另有規定或契約另有訂定，或得依債之性質或其他情形決定者外，債權人得隨時請求清償，債務人亦

---

[112] 最高法院104年度台上字第912號民事判決。

[113] 最高法院98年度台抗字第468號、98年度台抗字第754號、100年度台抗字第916號民事裁定。

得隨時爲清償（民法第315條）。是債權未定清償期者，債權人得隨時請求清償，該請求權自債權成立時即可行使，依民法第128條規定，其消滅時效，應自債權成立時起算。

(二)期限利益

定有清償期者（deadline），債權人固不得於期前請求清償，倘無反對之意思表示時，債務人得於期前爲清償（民法第316條）。因期限利益，原則係爲債務人而設，債務人自得拋棄其利益，而爲期前清償。履行期未到與履行之條件未成就不同，而於履行期未到前，如債務人有到期不履行之虞者，債權人得提起請求將來給付之訴（民事訴訟法第246條）。在履行之條件未成就前，尚未生效，不許債權人提起將來給付之訴。

陸、清償費用

清償債務之費用（costs of performance），除法律另有規定或契約另有訂定外，由債務人負擔。但因債權人變更住所或其他行爲，致增加清償費用者，其增加之費用，由債權人負擔（民法第317條）。例如，依據民法第378條規定，買賣費用之負擔，除法律另有規定或契約另有訂定或另有習慣外，依下列之規定：(一)買賣契約之費用，由當事人雙方平均負擔。例如，不動產所有權移轉之代書費用；(二)移轉權利之費用、運送標的物至清償地之費用及交付之費用，由出賣人負擔；(三)受領標的物之費用、登記之費用及送交清償地以外處所之費用，由買受人負擔。

柒、清償抵充

一、指定抵充

所謂清償抵充（discharge），係指債務人對於同一債權人負有同種類給付之數宗債務時，因清償人所提出之給付，不足清償全部債額時，而決定以該給付抵充一部債額之清償。關於清償抵充之方法，原則上由清償人於清償時，指定其應抵充之債務（民法第321條）。

二、法定抵充

清償人不爲指定者，應依下列之規定，定其應抵充之債務，此爲法定之抵充，茲說明如後（民法第322條）：(一)債務已屆清償期者，儘先抵充；(二)債務均已屆清償期或均未屆清償期者，以債務之擔保最少者，儘先抵充；擔保相等者，以債務人因清償而獲益最多者，儘先抵充，倘先抵充利率較高。獲益相等者，以先到期之債務，儘先抵充；(三)獲益及清償期均相等者，各按比例，抵充其一部。再者，清償人所提出之給付，不論爲指定抵充或法定抵充，其抵充順位，依序先抵充費用，次充利息，最後充原本（民法第323條）。

捌、清償效力

債務人依債之本旨清償債務，其清償效力如後：(一)債之關係消滅：債務人依債務本旨（tenor of obligation），向債權人或其他有受領權人爲清償，經其受領者，債之關係消滅（民法第309條第1項）。其債權之擔保及其他從屬之權利，亦同時消滅（民法第307條）。債務人得請求返還或塗銷負債之字據（民法第308條第1項）；(二)受領證書給與請求權：清償人對於受領清償人，不論爲全部或一部清償，均得請求給與受領證書（民法第324條）；(三)給與受領證書或返還債權證書之效力：關於利息或其他定期給付，如債權人給與受領一期給付之證書，未爲他期之保留者，推定其以前各期之給付已爲清償（民法第325條第1項）。倘債權人給與受領原本之證書者，推定其利息亦已受領（第2項）。債權證書已返還者，推定其債之關係消滅（第3項）。

玖、例題研析

一、清償之定義

債務人應依債務之本旨清償，債之關係始歸消滅；反之，不依據債務之本旨清償，即不生清償之效力。消費借貸之契約，係當事人一方移轉金錢或其他代替物之所有權於他方，而約定他方以種類、品質、數量相同之物返還之契約（民法第474條第1項）。是乙向甲借款新臺幣50萬元，屆清償期時，乙依據消

費借貸之法律關係，應給付同額之金額與甲，否則甲得拒絕受領不符債務本旨之給付。

二、代物清償

甲得受領之黃金，而與乙成立代物清償契約，債權人甲受領黃金給付以代原定之金錢給付時，當事人債之關係消滅（民法第319條）。代物清償為要物契約，必須現實為他種給付。倘甲、乙僅約定將來以黃金給付代替原定金錢給付時，屬債之標的之變更，而非代物清償，亦非新債清償，甲僅能依約請求乙給付黃金，不得請求原先之金錢給付。

第三項　提　存

《例題27》

甲所有之土地經縣政府公告徵收，因甲不知去向，縣政府乃將該徵收款提存於法院，逾10年後，法院將該提存款為歸屬國庫之處分時，甲乃以未經提存所合法送達提存通知書為由，向法院提起異議。試問有無理由？應由何人舉證證明合法通知？

壹、提存之定義

提存之類型，分有清償提存及擔保提存。所謂清償提存（lodge），係指清償以消滅債務為目的，將給付物為債權人寄託於法院提存所之行為。依債務本旨之提存，發生清償之效力[114]。所謂擔保提存，係指以供擔保為目的所為之提存。

---

[114] 最高法院75年度台上字第1905號民事判決。

貳、提存之原因

清償提存之原因有二：(一)債權人受領遲延；(二)不能確知孰為債權人而難為給付者。清償人得將其給付物，為債權人提存之（民法第326條）。倘清償人未為給付之提出，或不依債務本旨提出，均不能構成提存之要件，逕為提存者，不生清償之效力。

參、提存當事人及標的物

提存當事人不以債務人為限，於第三人得為有效清償者，亦得為提存人。提存應於清償地之法院提存所為之（民法第327條）。提存之標的物有金錢、有價證券或其他動產（提存法第6條第1項）。給付物不適於提存，或有毀損滅失之虞，或提存需費過鉅者，清償人得聲請清償地之法院拍賣，而提存其價金（民法第331條）。倘給付物有市價者，該管法院得許可清償人照市價出賣，而提存其價金（民法第332條）。提存拍賣及出賣之費用，由債權人負擔（民法第333條）。

肆、提存效力

債務人依債之本旨提存，有如後效力：(一)危險負擔之移轉：提存後，給付物毀損、滅失之危險，由債權人負擔，債務人亦無須支付利息，或賠償其孳息未收取之損害（民法第328條）；(二)債權人得受取提存物：債權人得隨時受取提存物，倘債務人之清償，係對債權人之給付而為之者，在債權人未為對待給付或提出相當擔保前，得阻止其受取提存物（民法第329條）；(三)受取權之消滅：債權人關於提存物（lodgment）之權利，應於提存後10年內行使之，逾期其提存物歸屬國庫（民法第330條）。

伍、例題分析──受取提存物之除斥期間

清償提存之提存物，提存後已滿10年者，依民法第330條及提存法第11條第2項、第17條、提存法施行細則第10條規定，其提存物屬於國庫，故提存所應即解繳國庫，提存物受取權人及提存人均不得請求領取或取回。而提存後之

通知，並非提存之生效要件。為清償債務而為之提存，提存後即生消滅債務之效力，不因有無合法送達提存通知書而有所不同。依據提存法第11條第2項規定，民法第330條所定10年期間，自提存通知書送達發生效力之翌日起算，是甲得以未合法收受提存通知書為由，向法院提起異議。法院提存所應舉證證明以曾合法送達提存通知書，否則不生民法第330條之效力。

第四項　抵　銷

《例題28》

甲銀行與消費借貸之借款人乙約定，倘乙於甲銀行之存款遭扣押時，甲銀行得主張以消費借貸之債權抵銷乙在甲銀行之存款債權。試問乙之債權人丙向法院聲請扣押乙於甲銀行之存款，甲銀行則主張上開抵銷約定，是否有理由？

壹、抵銷之意義

所謂抵銷（offset），係指二人互負債務而給付之種類相同，並已屆清償期，使相互間所負對等額之債務，同歸消滅之一方之意思表示，具有清償債務之效力。

貳、行使抵銷權之方法

行使抵銷權之方法，應以意思表示，向他方為之（民法第335條第1項前段）。其為單獨行為，並不以經他方同意為生效要件，其性質屬形成權，抵銷權一經行使，雙方相互間債之關係，溯及最初得為抵銷時，按照抵銷數額而消滅（第1項後段）[115]。為使抵銷之效力具有確定性，是抵銷之意思表示，附有條件或期限者，應為無效（第2項）。

---

[115] 最高法院100年度台上字第2011號民事判決。

參、抵銷之要件

二人互負債務，而其給付種類相同，並均屆清償期者，各得以其債務，與他方之債務，互為抵銷。但依債之性質不能抵銷或依當事人之特約不得抵銷者，不在此限（民法第334條第1項）[116]。申言之：(一)二人互負債務：二人互有對立之債權，主張抵銷一方之債權稱為動方債權，他方被抵銷之債權稱為受方債權；(二)雙方給付種類相同：不同種類之給付，其經濟價值及目的不同，難以相互抵銷[117]。而清償地不同之債務，亦得為抵銷。但為抵銷之人應賠償他方因抵銷而生之損害（民法第336條）；(三)雙方債務均屆清償期：因抵銷有互相清償之效力，以雙方均得請求履行為前提。主張抵銷之動方債權人，雖受方債權人對其債權尚未到期，然動方債權人願意拋棄期限利益，亦得行使抵銷權（民法第316條）。債之請求權雖經時效而消滅，倘在時效未完成前，其債權已適於抵銷者，亦得為抵銷（民法第337條）。例如，甲對乙有土地租金債權，經5年未行使請求權，未逾5年前，乙對甲取得借款債權，並屆清償期，甲於時效完成後，亦得以租金債權與該借款債權，主張抵銷之；(四)債務之性質適合抵銷者：依據債務之性質不能抵銷者，許其抵銷，不符合債務之本旨。例如，相互提供勞務之債務，或不作為與單純作為之債務，縱使種類相同，性質上仍不許相互抵銷。

肆、抵銷之禁止

一、意定禁止

當事人固得以特約禁止抵銷（民法第334條第1項但書）。然為免第三人遭受不測之損害及保護交易之安全禁止抵銷特約，不得對抗善意第三人（第2項）。

---

[116] 最高法院100年度台上字第1982號民事判決。

[117] 最高法院104年度台上字第2124號民事判決：得供債務人抵銷之債權，須為其所有之對於債權人之債權，債務人與他人公同共有之債權，既非其單獨所有，其權利之行使不能單獨為之，自不得以之抵銷自己之債務。

二、法定禁止（96年司法人員三等）

民法之法定禁止事由如後：(一)禁止扣押之債，其債務人不得主張抵銷（民法第338條）。例如，公務員退休金、撫恤金等債權；(二)因故意侵權行為而負擔之債，其債務人不得主張抵銷（民法第339條）。例如，甲積欠乙借款，乙基於傷害之故意，不法傷害甲之身體，致負有侵權行為損害賠償債務，乙自不得主張抵銷；(三)受債權扣押命令之第三債務人，而於扣押後，始對其債權人取得債權者，不得以其所取得之債權與受扣押之債權為抵銷（民法第340條）。例如，甲對乙有債權，乙對丙亦有債權，甲因乙不依約履行債務，甲聲請法院將乙對第三債務人丙之債權予以扣押，禁止丙不得對乙給付（強制執行法第115條）。嗣後丙雖對乙取得債權，然丙不得主張其與乙之債權互相抵銷。因乙對丙之債權，已扣押在先，倘得以抵銷，將使扣押命令之效力，形同無效；(四)約定應向第三人為給付之債務人，不得以其債務，而與他方當事人對於自己之債務為抵銷（民法第341條）。基於利他契約之性質，第三人已取得直接請求給付之權，是當事人間不得主張抵銷行為，妨害第三人之權利。

伍、抵銷之效力

抵銷之效力，在於使雙方相互間債之關係，溯及最初得為抵銷時，按照抵銷數額而消滅（民法第335條第1項）。自得抵銷之際，不生計算利息之問題。當事人間有數宗或一宗債務，雖適合抵銷，惟債權額非同一，或者雙方之債權，除原本外，尚有利息及費用，而債權不足抵銷其全部者，均有抵充之問題。故清償之抵充之規定，即民法第321條至第323條規定於抵銷準用之（民法第342條）。

陸、例題研析──債務人為期前清償而主張抵銷之效力

一、抵銷為消滅債務之單獨行為

抵銷為消滅債務之單獨行為，僅須與民法第334條所定之要件相符，一經

向他方爲此意思表示即生消滅債務之效果，原不待對方之表示同意[118]。抵銷制度之本旨，在求具有相互同種債權人間之簡易清償及圓滿公平之處理，同時就行使抵銷權之債權人一方言，在債務人資力不足之場合，仍能爲自己之債權受到確實及充分清償利益，此時主動債權人對於被動債權有類似於擔保權地位之機能，是抵銷之目的爲簡易及公平，其機能爲擔保，抵銷制度此種目的與機能，在經濟社會有益於交易之助長。準此，能依本制度受保護之當事人地位，應受法律之保護，縱使被動債權有受扣押之情形，仍不得輕易加以否定。

二、消費借貸債權抵銷消費寄託債權

民法第340條明定受債權假扣押命令之第三債務人，而於扣押後始對債權人取得債權者，不得以其所取得之債權與受扣押之債權爲抵銷，此爲關於第三債務人對受扣押債權行使抵銷之限制。其反面解釋，係執行法院之扣押命令，並不影響第三債務人以扣押時或扣押以前對其債權人取得之債權（即主動債權），而與受扣押之債權（即被動債權）爲抵銷，縱使執行法院之禁止命令送達時，主動債權未屆清償期，且後於被動債權者亦同。易言之，第三債務人非在被動債權之受扣押後，始對債權人（即被動債權人）取得債權，可不問主動債權及被動債權清償之先後，僅要已達到抵銷之條件時，縱使被動債權遭受扣押，仍得以主動債權對受扣押後之被動債權主張抵銷。準此，甲銀行與消費借貸之借款人乙約定，倘乙於甲銀行之存款遭扣押時，甲銀行得主張以消費借貸之債權抵銷存款（即消費寄託）債權，縱使乙之債權人丙向法院聲請扣押乙於甲銀行之存款，甲銀行對於乙所負擔之存款債務，有爲期前清償之權利，而得於期前主張抵銷[119]。

---

[118] 最高法院50年台上字第291號民事判決。

[119] 最高法院100年度台上字第2011號民事判決：被告對於原告起訴主張之請求，提出抵銷之抗辯，祇須其對於原告確有已備抵銷要件之債權即可。而抵銷乃主張抵銷者單方之意思表示即發生效力，使雙方適於抵銷之二債務，溯及最初得為抵銷時，按照抵銷數額同歸消滅之單獨行為，且僅以意思表示為已足，原不待對方之表示同意（民法第334條、第335條）。

第五項　免　除

《例題29》

甲向乙借款，並提供其所有之不動產設定抵押權擔保該借款債權，乙向甲表示免除抵押權之擔保，並塗銷抵押權登記。試問乙是否免除甲清償借款責任？理由為何？

壹、免除之定義

所謂免除（release），係指債權人以一方之意思表示，拋棄其債權之單獨行為（民法第343條）。債權人向債務人表示免除其債務之意思而成立，無須債務人同意。因免除為處分行為，是為免除之人，對於該債權自須有處分權。

貳、免除之效力

債權人向債務人表示免除其債務之意思者，債之關係消滅（民法第343條）[120]。倘僅一部免除，則債之關係，一部消滅。債之全部消滅時，其從屬權利，亦隨之消滅。例如，利息、違約金。

參、例題研析——免除之效力

免除抵押權之擔保，僅免除物權之擔保，並非為免除其所擔保之債權。職是，甲向乙借款，並提供其所有之不動產設定抵押權擔保借款債權，乙僅免除物權之擔保，並塗銷抵押權登記，而無免除甲清償借款責任，是甲依據消費借貸關係，應負清償借款之義務。

---

[120] 最高法院98年度台上字第2245號民事判決。

第六項 混 同

《例題30》

甲向乙借款新臺幣（下同）20萬元，乙以該借款債權為丙設定質權，向丙借款。試問嗣後乙死亡，甲為乙之唯一繼承人，甲以債權與債務同歸於己之事實，否認丙對該20萬元之借款債權有質權存在，有無理由？

壹、混同之定義

所謂混同（merger），係指債權與其債務同歸一人之事實（民法第344條）。混同為事實而非行為，無須為意思表示。例如，債權人繼承債務人，或債務人繼承債權人。

貳、混同之效力

債權與其債務同歸一人時，原則上債之關係，因混同而消滅。但其債權為他人權利之標的或法律另有規定者，不在此限（民法第344條）。例如，繼承人對於被繼承人之權利義務，不因繼承而消滅（民法第1154條）。故繼承人與被繼承人相間之權利義務，並無混同之適用。再者，匯票發票人或承兌受讓未到期之匯票，得於匯票到期日前，再為背書轉讓他人，不因混同而消滅（票據法第34條）。

參、例題研析──混同效力之例外

債權與其債務同歸一人時，原則上債之關係，因混同而消滅。但其債權為他人權利之標的，債之關係不消滅（民法第344條）。甲向乙借款新臺幣（下同）20萬元，乙以該借款債權為丙設定質權，嗣後乙死亡，甲雖概括繼承乙之遺產，惟該借款債權為丙設定權利質權，債之關係不因混同而消滅，是丙對該20萬元之借款債權之權利質權，合法有效存在。

第二章　各種之債

第一節　買　賣

第一項　通　則

　　甲向乙建設公司買受預售房地，並簽訂土地及房屋買賣預約書，約定買賣坪數、價金、繳納價款及移轉登記期限等事項，乙建設公司要求甲依約給付價金。試問甲以該買賣契約僅屬預約性質，買賣契約之本約尚未成立，拒絕履行之，是否有理由？

壹、買賣之定義

　　所謂買賣（sale），係指當事人約定一方移轉財產權於他方，他方支付價金之契約，契約當事人出賣人及買受人（民法第345條第1項）。買賣為典型之有償契約，原則上於買賣契約以外之有償契約準用之。

貳、買賣之成立

　　當事人就標的物（object）及其價金（price）互相同意時，買賣契約即為成立（民法第345條第2項）。職是，買賣係財產權與金錢交換之契約，出賣人負有移轉財產權之義務，而買受人有交付價金之義務。所謂財產權者，係指具有經濟利益而得為交易之標的而言，包括債權、物權、準物權、無體財產權等。價金雖未具體約定，而依情形可得而定者，視為定有價金。價金約定依市價者（market price），視為標的物清償時、清償地之市價。但契約另有訂定者，不在此限（民法第346條）[1]。

---

[1] 最高法院105年度台上字第2150號民事判決。

參、買賣之性質

買賣之出賣人負有移轉財產之義務，買受人負有支付價金之義務，雙方互負之債務，兩者有對價關係，是買賣契約係雙務契約及有償契約。買賣為有償契約之典型，是於買賣契約以外之有償契約準用買賣契約規定。但為其契約性質所不許者，不在此限（民法第347條）。當事人就標的物及其價金互相同意時，買賣契約即為成立，無須具備一定方式，其為諾成契約及不要式。買賣契約僅約定當事人移轉財產及支付價金之債務，尚未發生物權直接變動之效果。是其為負擔契約及債權契約，不能對抗契約以外之第三人。

肆、例題研析──本約與預約之區別

預約係約定將來訂立一定本約之契約。倘將來係依所訂之契約履行而無須另訂本約者，縱名為預約，仍非預約。甲、乙所訂契約，雖名為土地及建物買賣預約書，明訂買賣坪數、價金、繳納價款及移轉登記期限等條款，其無須將來訂立買賣本約之約定，自屬本約而非預約[2]。準此，甲、乙就標的物及其價金互相同意時，買賣契約為合法成立（民法第345條第2項）。甲應依據買賣契約之約定給付價金（民法第367條）。

第二項　效　力

《例題2》

> 甲向乙購買坐落臺北市之房屋1棟，已給付買賣價金與乙，乙交付房屋前，因發生地震，導致房屋倒塌。試問甲得否向乙請求返還已交付之買賣價金？理由為何？

---

[2] 最高法院64年台上字第1567號民事判決。

《例題3》

> 甲就其所有之土地與乙成立買賣契約，就價金部分約定分期給付，乙於交付第1期款後，請求交付土地，甲主張同時履行抗辯，以未受領全部價金前，拒交付土地與乙占有。試問甲之主張，是否有理？

壹、出賣人之義務

一、移轉財產權之義務

(一)物之出賣人

物之出賣人，負交付其物於買受人，並使其取得該物所有權之義務（民法第348條第1項）。例如，不動產之買賣，除交付不動產外，應訂立物權移轉之書面，並辦理所有權移轉登記（民法第758條）。

(二)權利之出賣人

權利之出賣人，負使買受人取得其權利之義務，如因其權利而得占有一定之物者，並負交付（deliver）其物之義務（民法第348條第2項）[3]。例如，債權之出賣人，應依債權讓與之規定，辦理債權出賣之義務（民法第295條至第297條）。倘債權設有動產質權，應將動產交付債權之買受人。

二、瑕疵擔保之責任

所謂瑕疵擔保責任（responsible for warranty），係指出賣人依據買賣契約，擔保買賣標的物並無權利或物之瑕疵。瑕疵擔保責任為法定之無過失責任，以維持有償契約之交易安全，瑕疵擔保責任有權利瑕疵擔保責任及物之瑕疵擔保責任。

---

[3] 最高法院102年度台上字第2420號民事判決。

(一)權利瑕疵擔保

1.內　容

所謂權利瑕疵擔保或追奪擔保責任，係指出賣人應擔保權利無欠缺或存在之而言。擔保權利無欠缺為出賣人應擔保第三人就買賣之標的物，對於買受人不得主張任何權利（民法第349條）。例如，出賣人就其出賣之物，僅有部分之所有權，或者出賣他人之物。擔保權利存在係債權或其他權利之出賣人，應擔保其權利確係存在。有價證券之出賣人，並應擔保其證券未因公示催告（public summon）而宣示無效（民法第350條）。例如，出賣已清償完畢之債權或經除權判決宣告無效之支票債權。債權之出賣人，僅擔保債權之確實存在，對於債務人之支付能力（solvency），除契約另有訂定外，不負擔保責任。出賣人就債務人之支付能力，負擔保責任者，推定其擔保債權移轉時債務人之支付能力（民法第352條）。

2.成立要件

權利瑕疵擔保之成立要件有四：(1)權利瑕疵須於買賣契約成立時已存在，倘於嗣後發生者，為債務不履行或危險負擔之問題；(2)須買受人不知有權利瑕疵（defect）存在，買受人為善意。買受人於契約成立時，知有權利之瑕疵者，出賣人不負擔保之責。但契約另有訂定者，不在此限（民法第351條）；(3)須瑕疵於清償期屆至時，未能除去。例如，買賣成立時之買賣標的物雖為第三人所有，然於出賣人履行交付及移轉所有權時，出賣人已取得所有權；(4)當事人間並無反對之特約，是買受人同意放棄或限縮該權利，自應從其約定。出賣人應負權利瑕疵擔保責之規定，固非強行規定，當事人得約定免除、限制或加重之。惟以特約免除或限制出賣人關於權利之瑕疵擔保義務者，倘出賣人故意不告知其瑕疵，其特約為無效（民法第366條）。因出賣人故意不告知買賣標的物之瑕疵，違反交易之誠實及信用，不足保護之。

3.效　力

出賣人應負權利瑕疵擔保責任，出賣人不履行其擔保責任之義務時，買受人得依關於債務不履行之規定，行使其權利（民法第353條）。所謂行使關於債務不履行所生之權利，指解除契約及損害賠償請求而言。出賣人就權利瑕疵

擔保責任，負無過失責任，倘有權利之瑕疵發生，買受人為善意時，即可請求權利瑕疵擔保請求權，不問出賣人是否有故意或過失。而債務不履行之責任，須可歸責於出賣人之事由，買受人是否善意，不影響出賣人之責任。顯見兩者之責任不同，倘兩種責任均成立，買受人均得行使之。

(二)物之瑕疵擔保（104年司法人員四等）

1.內　容

所謂物之瑕疵，係指買賣標的物有缺點存在，物之瑕疵可分價值瑕疵、效用瑕疵及保證瑕疵三種類型。物之出賣人對於買受人，應擔保其物無滅失或減少其價值之瑕疵，亦無滅失或減少其通常效用（efficacy）或契約預定效用之瑕疵。例如，蔬果腐敗、保溫瓶無法保溫等。但減少之程度，無關重要者，不得視為瑕疵（民法第354條第1項）。例如，書本頁數重複1頁，將該頁除去，並無滅失價值或效用。出賣人並應擔保其物於危險移轉時，具有其所保證之品質（第2項）。例如，出賣人保證為建地，惟其為農業用地，無法供一般建築使用，不具保證之品質。

2.成立要件

(1)危險移轉時存在

須物之瑕疵於危險移轉（danger pass）時存在，即標的物交付於買受人之時，或契約所定危險移轉之時已存在，出賣人始負物之瑕疵擔保責任（民法第354條第1項、第373條）。

(2)買受人為善意並無重大過失

買受人於買賣契約成立時，知其物有瑕疵存在，出賣人不負擔保之責（民法第355條第1項）。買受人因重大過失，而不知瑕疵者，倘出賣人未保證其無瑕疵時，買受人不負擔保之責。但故意不告知其瑕疵者，出賣人亦應負責（第2項）。

(3)買受人須就受領物為檢查通知

買受人應按物之性質，依通常程序從速檢查其所受領之物。倘發見有應由出賣人負擔保責任之瑕疵時，應即通知（notify）出賣人（民法第356條第1項）。買受人怠於為通知有瑕疵存在者，除依通常之檢查（ordinary examination）不能發見之瑕疵外，視爲承認其所受領之物（第2項）。倘爲不能即知之瑕疵，至日後發見者，應即通知出賣人，怠於爲通知者，視爲承認其所受領之物（第3項）。例如，房屋是否會漏水，應俟下雨天始能知悉。出賣人故意不告知瑕疵於買受人者，而於出賣人故意不告知瑕疵（intentionally conceal the defect）於買受人者，可排除買受人之檢查通知義務（民法第357條）。因出賣人有違交易上之誠實信用，買受人之利益應予保護。

(4)異地買賣有瑕疵之處理

爲異地買賣者，買受人對於由他地送到之物，主張有瑕疵，不願受領者，如出賣人於受領地無代理人，買受人有暫爲保管之責（民法第358條第1項）。倘買受人不即依相當方法證明其瑕疵之存在者，推定於受領時爲無瑕疵（第2項）。例如，檢驗或鑑定機關證明瑕疵。送至買受人處之物易於敗壞者，買受人經依相當方法之證明，得照市價變賣之。如爲出賣人之利益，有必要時，並有變賣之義務（第3項）。買受人爲變賣者，應即通知出賣人，如怠於通知，應負損害賠償之責（第4項）。買受人變賣及通知之義務，係爲保護出賣人之利益而設。

(5)當事人間並無反對之特約

買受人同意放棄或限制瑕疵擔保權利，自應從其約定。因瑕疵擔保責任之規定，並非強行規定，當事人得約定免除、限制或加重之。惟以特約免除或限制出賣人關於權利之瑕疵擔保義務者，倘出賣人故意不告知其瑕疵，其特約爲無效（民法第366條）。

3. 效　力

(1)契約解除權

買賣因物有瑕疵，而出賣人應負擔保之責者，買受人得解除其契約（民法第359條）[4]。買受人主張物有瑕疵者，出賣人得定相當期限，催告買受人於其期限內是否解除契約（rescind cintract）。買受人未於期限內解除契約者，則喪失其解除權（民法第361條）。因主物有瑕疵而解除契約者，其效力及於

---

[4] 最高法院103年度台上字第196號民事判決。

從物。從物有瑕疵者，買受人僅得就從物之部分為解除（民法第362條）。再者，為買賣標的之數物中，一物有瑕疵者，買受人僅得就有瑕疵之物為解除（民法第363條第1項）。例如，同時購買數輛汽車，僅部分有瑕疵。買賣標的之數物，雖非均有瑕疵，當事人之任何一方，如因有瑕疵之物，與他物分離而顯受損害者，得解除全部契約（第2項）。例如，購買對表，1只有瑕疵，買受人僅買1只，即喪失購買對表之目的。

(2)價金減少請求權

買賣因物有瑕疵，而出賣人應負擔保之責者，買受人得選擇解除其契約或請求減少價金（reduction of price）。但依情形，解除契約顯失公平者，買受人僅得請求減少價金（民法第359條）。以總價金將數物同時賣出者，有部分之物有瑕疵，買受人得請求減少與瑕疵物相當之價額（民法第363條第1項）。

(3)損害賠償請求權

買賣之物，缺少出賣人所保證之品質者或出賣人故意不告知物之瑕疵，買受人得不解除契約或請求減少價金，請求不履行之損害賠償（compensate for injury of nonperformance）（民法第360條）。出賣人所負權利瑕疵擔保責任，係就其出賣之標的物，擔保其權利無缺及存在，故其損害金額，應按買賣雙方約定買賣標的物或權利應有之價值計算[5]。

(4)另行交付無瑕疵物之請求權

買賣之物，僅指定種類者，倘其物有瑕疵，買受人得不解除契約或請求減少價金，而即時請求另行交付無瑕疵之物（another thing free from defect）。出賣人就另行交付之物，仍負擔保責任（民法第364條）。

3. 通知出賣人

買受人因物有瑕疵，而得解除契約或請求減少價金者，其解除權或請求權，買受人應按物之性質，依通常程序從速檢查其所受領之物，倘發現有應由出賣人負擔保責任之瑕疵時，應即通知出賣人。不能即知之瑕疵，至日後發見者，應即通知出賣人（民法第356條）。自通知後6個月間不行使或自物之交付

---

[5] 最高法院106年度台上字第1364號民事判決。

時起經過5年而消滅（民法第365條第1項）[6]。關於6個月期間之規定，出賣人故意不告知瑕疵者，不適用之（第2項）。再者，出賣人就其交付之買賣標的物有應負擔保責任之瑕疵，而其瑕疵係於契約成立後始發生，且因可歸責於出賣人之事由所致者，出賣人除負物之瑕疵擔保責任外，同時構成不完全給付之債務不履行責任，買受人自得就該兩者權利擇一行使之[7]。

貳、買受人之義務

一、支付價金之義務

(一)主要義務

買受人之主要義務為支付價金（民法第367條）。價金交付時期，原則上應與買賣標的物之交付同時為之，除非法律另有規定或契約另有訂定或另有習慣者（民法第369條）。準此，標的物交付定有期限者，推定標的物交付之期限即為價金交付之期限（民法第370條）。標的物與價金應同時交付者，其價金應於標的物之交付處所交付之（民法第371條）[8]。買賣價金之數額及計算，應依當事人約定。惟價金依物之重量計算者，應除去其包皮之重量。但契約另有訂定或另有習慣者，從其訂定或習慣（民法第372條）。

(二)價金支付拒絕權

買受人有正當理由，恐第三人主張權利，致失其因買賣契約所得權利之全部或一部者，得拒絕支付價金之全部或一部（民法第368條第1項本文）。例如，買賣標的物之房屋因出賣人之債權人聲請法院假扣押查封在案，該房屋有遭強制執行拍賣而由第三人取得權利之可能，買受人自得主張價金支付拒絕之抗辯權，拒絕給付買賣價金，縱使出賣人已交付房屋與買受人，亦得主張抗辯

---

[6] 最高法院103年度台上字第196號民事判決。
[7] 最高法院77年度第7次民事庭會議決議(1)，會議日期1988年4月19日。
[8] 標的物與價金非同時交付者，則價金之交付處所，應適用民法第314條規定。

權[9]。但出賣人得已提出相當擔保者，要求買受人支付價金（第1項但書）或請求買受人提存價金（lodge price），保障自己之利益（第2項）。

二、受領標的物之義務

買受人對於出賣人，有受領標的物（accept object）義務（民法第367條）。一般債務，受領給付固為債權人之權利。然於買賣契約，買受人受領標的物，為其權利之行使，亦為義務之履行，出賣人已依債之本旨提出標的物之給付，而買受人拒絕受領或不能受領，買受人除有受領遲延之情事，倘有可歸責於買賣人之事由者，買受人應負給付遲延之責任。

參、買賣雙方之效力

一、利益及危險之承受負擔（102年司法人員四等）

(一)自交付時

買賣標的物之利益及危險，自交付時起，均由買受人承受負擔，但契約另有訂定者，不在此限（民法第373條）。所謂利益之承受，係指買賣標的物所生利益之取得。例如，孳息之取得。所謂危險負擔，係指不可歸責於雙方當事人之事由，導致買賣標的物發生損毀、滅失之狀態，此損失應由何方當事人負擔[10]。

(二)例 外

標的物利益與危險之承受負擔，原則上買賣標的物之利益及危險，以交付作為依據。例外情形有二：1.契約另有約定者。例如，約定交付之前，危險由買受人負擔；2.買受人請求將標的物送交清償地以外之處所者，自出賣人交

---

[9] 最高法院59年台上字第4368號民事判決。

[10] 最高法院103年度台上字第1617號民事判決：買賣標的物之危險，自交付時起，由買受人負擔。在於規範有關買賣之危險負擔，因不可歸責於雙方當事人之事由，致給付不能者，應如何分配其風險之問題。

付其標的物於為運送之人或承攬運送人時起，標的物之危險，故由買受人負擔（民法第374條）。惟買受人關於標的物之送交方法，有特別指示，而出賣人無緊急之原因，違其指示者，對於買受人因此所受之損害，應負賠償責任（民法第376條）。

(三)準用規定

標的物之危險，其於交付前已應由買受人負擔者，出賣人於危險移轉後，標的物之交付前，所支出之必要費用，買受人應依關於委任（mandate）規定，負償還責任（民法第375條第1項）。出賣人於標的物交付前，所支出之費用，倘非必要者，買受人應依關於無因管理（management of affairs without mandate）規定，負償還責任（第2項）。以權利為買賣標的之利益與危險之承受負擔，準用物之買賣規定，以權利為買賣之標的，倘出賣人因其權利而得占有一定之物者，準用民法第373條至第376條規定（民法第377條）。是以權利為買賣之標的，倘出賣人因其權利而得占有一定之物者，物之收益權屬於何方，應以其已否交付為斷，如尚未交付，買受人既無收益權，自無利益受損害之可言[11]。

二、費用之負擔

買賣費用（costs）係因買賣契約及履行所支出之費用，而買賣費用之負擔，除法律另有規定或契約另有訂定或另有習慣外，依下列之規定：(一)買賣契約之費用，由當事人雙方平均負擔；(二)移轉權利之費用，運送標的物至清償地之費用及交付之費用，由出賣人負擔；(三)受領標的物之費用、登記之費用及送交清償地以外處所之費用，由買受人負擔（民法第378條）。例如，就不動產買賣而言，土地增值稅依法由出賣人負擔，房屋契稅由買受人負擔，納稅固為公法之義務，然當事人得於買賣契約約定由當事人何方負擔。而該約定僅生私法上之效果，不生公法上之效果。

---

[11] 最高法院86年度台上字第3400號、102年度台上字第1595號民事判決。

肆、例題研析

一、買賣標的之危險負擔

不動產買賣契約成立後，其收益權及危險負擔，屬於當事人何方，應以標的物已否交付爲準（民法第373條）。是所有權雖已移轉，而標的物未交付者，買受人並無收益權。所有權雖未移轉，然標的物已交付者，買受人有收益權。危險負擔除契約另有訂定外，均自標的物交付時起，移轉於買受人，至於買受人已否取得物之所有權，在所不問[12]。準此，甲向乙購買房屋1棟，已給付買賣價金予出賣人乙，交付前因發生地震，導致房屋倒塌，倘契約未另有訂定，危險負擔應由乙負擔，是甲得向乙請求返還已交付之買賣價金（民法第266條第2項）。

二、標的物與價金之交付時期

民法第369條規定，標的物與價金之交付，原則上應同時爲之。屬例外情形，係法律另有規定或契約另有訂定或另有習慣者。本件土地買賣契約對於價金之交付，應從契約之所定。買賣契約僅就價金部分約定分期給付，而未約定土地之交付期間，應從當事人之眞意與契約之性質以爲決定。參諸購買土地而約定分期給付價金者，其目的在於先取得土地之利用，倘必待給付全部價金完畢，始能請求交付買賣標的物，自無約定分期給付價金之實益。是甲與乙成立買賣契約，就價金部分雖約定分期給付，然未約定交付土地之期間，依民法第348條規定與分期付款之契約解釋，甲於契約成立時，應負有交付土地之義務，甲自不得主張同時履行抗辯拒絕交付土地，否則應付遲延責任[13]。

---

[12] 最高法院33年上字第604號、47年台上字第1655號民事判決。
[13] 司法院第3期司法業務研究會，民事法律問題研究彙編，3輯，57頁。

第三項　買　回

《例題4》

　　甲將汽車1輛賣與乙，附有買回權，甲於買回期限內，向乙表示買回其原出賣之汽車，其未將約定之買回價金提出。試問乙是否應交付汽車與甲？買回契約是否生效？

壹、買回之定義

　　所謂買回（redemption），係指出賣人於買賣契約保留買回（redeem）之權利者，得於一定期限，再向買受人買回其標的物之再買賣契約。買回權為形成權，無須相對人承諾。買回之期限，不得超過5年，如約定之期限較長者，縮短為5年（民法第380條）。

貳、買回之效力

一、買回人之義務

(一)價金之返還

　　出賣人於買賣契約保留買回之權利者，得返還其所受領之價金，而買回其標的物（民法第379條第1項）。買回之價金原則上與原買賣（original price）之價金相同。買回之價金另有特約者，從其特約（第2項）。原價金之利息與買受人就標的物所得之利益，視為互相抵銷（offset）（第3項）。

(二)費用之償還

　　買賣費用由買受人支出者，買回人應與買回價金連同償還之。買回之費用，由買回人負擔（民法第381條）。買受人為改良標的物所支出之費用及其他有益費用，而增加價值者，買回人應償還之。但以現存之增價額為限（民法第382條）。

二、原買受人之義務

(一)交付標的物及其附屬物之義務

買受人對於買回人，負交付標的物及其附屬物之義務（民法第383條第1項）。買受人除交原物外，其從物（accessories）亦應一併交還。例如，甲出賣汽車及其附屬備胎與乙，並定有買回條款，甲行使買回權，乙應一併交付汽車及備胎。

(二)損害賠償義務

買受人因可歸責於自己之事由，致不能交付標的物或標的物顯有變更者，應賠償因此所生之損害（民法第383條第2項）。例如，汽車附屬之備胎，尚堪使用，買受人將其贈與第三人，自應賠償備胎之價額與買回人。

參、例題研析——買回之成立

買回契約效力之發生，以買回人於買回期限內，提出買回價金，向買受人表示買回為要件。買回人僅於買回期限內，向買受人表示買回其原出賣之標的物，並未將約定之買回價金提出，則買回契約尚未發生效力。出賣人甲將汽車賣與乙，並附有買回權，買回人甲雖於買回期限內，向買受人乙表示買回其原出賣之汽車，然未提出約定之買回價金。準此，甲不得請求乙履行買回契約之義務，交付原出賣之汽車[14]。

第四項　特種買賣

《例題5》

甲向乙買受二手車1部，約定先試車3日，甲認為滿意後，買賣始行生效，乙交付該車予甲，甲逾3日後未交還其車，甲亦未對乙表示滿意或接受之意思。試問乙請求甲給付買賣價金，是否有理？

---

[14] 最高法院79年台上字第2231號民事判決。

《例題6》

甲向乙訂購手機1萬支,甲交付乙樣本,約定依照貨樣給付,乙依約交付與樣本品質相同手機1萬支。試問甲以不符市場之一般品質為由,拒絕付款,是否有理由?

《例題7》

甲向乙汽車公司購買汽車一部,價款為新臺幣(下同)60萬元,約定以每月為1期,分20期給付,每期3萬元,倘有1期不履行時,則喪失期限之利益,視為全部到期,應立即全部償還,並簽訂附條件買賣契約,經登記在案。試問甲僅繳納至第2期即拒不繳納,乙汽車公司請求甲給付其餘所欠價金,有無理由?

《例題8》

債務人甲所有土地經債權人向法院聲請強制執行,執行法院核定底價新臺幣(下同)100萬元,並定期拍賣,甲於拍賣期日以125萬元參與競標,乙以次高價120萬元落標,執行法院認甲為最高價,核定由其得標。試問乙不服向法院起訴請求確認甲投標無效,並確認甲、乙買賣關係存在,同時移轉拍賣土地之所有權予乙,有無理由?

壹、試驗買賣

一、意 義

所謂試驗買賣(sale on approval),係指以買受人之承認標的物為停止條件而訂立之契約(民法第384條)。故試驗買賣之出賣人,有准許買受人試驗其標的物之義務(民法第385條)。是試驗買賣係以買受人之承認標的物,為買賣契約生效之停止條件。倘買受人於標的物試驗後未予承認,買賣契約因停

止條件不成就而未生效，試驗標的物所生之費用由出賣人負擔。

二、拒絕及承認

　　標的物經試驗而未交付者，買受人於約定期限，未就標的物為承認之表示，視為拒絕；其無約定期限，而於出賣人所定之相當期限內，未為承認之表示者，亦視為拒絕（民法第386條）。再者，標的物因試驗已交付於買受人，而買受人不交還其物，或於約定期限或出賣人所定之相當期限內不為拒絕之表示者，視為承認（民法第387條第1項）。買受人已支付價金之全部或一部，或就標的物為非試驗所必要之行為者，視為承認（第2項）。試驗買賣生效後，當事人雙方之權利義務關係，其與一般買賣相同。

貳、貨樣買賣

一、定　義

　　所謂貨樣買賣（sale of sample），係指按照貨物之樣本，而決定標的物之買賣。貨樣買賣常見於商品之大量採購場合，利於認定商品之品質。例如，依據某種玩具樣本，買賣玩具1萬個。

二、效　力

　　按照貨樣約定買賣者，視為出賣人擔保其交付之標的物與貨樣有同一之品質（民法第388條）。而給付物僅以種類指示者，依法律行為之性質或當事人之意思不能定其品質時，債務人應給以中等品質之物（民法第200條第1項）。倘出賣人雖有交付樣品與出賣人之情事，惟當事人間未約定按照貨樣給付買賣標的物，且依契約之性質或當事人之意思，亦不能定其品質，出賣人應給付買受人中等品質之物，完成買賣契約義務。

參、分期付款買賣

一、定　義

　　所謂分期付款買賣（sale of installment），係指約定價金分期支付之買賣。分期買賣之標的物，通常於契約成立時，即行交付。是出賣人有先交付標的物之義務，故多附有期限利益喪失約款、失權約款及所有權保留約款，民法為保護買受人及維護交易公平，就分期付款買賣設有一定之限制。

二、限　制

(一)期限利益喪失約款

　　分期付價之買賣，約定買受人有遲延時，出賣人得請求支付全部價金者，除買受人遲付之價額已達全部價金1/5外，出賣人仍不得請求支付全部價金（民法第389條）。

(二)解約扣價約款之限制

　　所謂解約扣價約款之限制或失權約款，係指分期付價之買賣，約定出賣人於解除契約時，得扣留其所受領價金者，其扣留之數額，不得超過標的物使用之代價及標的物受有損害時之賠償額（民法第390條）。

(三)保留所有權約款

　　所謂保留所有權約款，係指出賣人於全部價金受清償前或條件成就前，雖已將標的物先行交付買受人，然保留所有權，須價金給付完畢或條件已成就，出賣人始負移轉所有權之約定義務。

肆、拍　賣

一、定　義

　　所謂拍賣（auction），係指多數應買人公開出價，由拍賣人（auctioneer）擇其出價最高者，以拍板或依其他慣用之方法為賣定之表示而成立（民法第

391條）。拍賣當事人有拍買人及應買人，拍賣有二種：(一)強制拍賣，此為強制執行法所規範者；(二)任意拍賣，係由私人所拍賣，為民法所規定之拍賣。例如，銀行自行拍賣其經強制拍賣所承受之不動產，其屬任意拍賣。

二、成　立

(一)拍賣表示為要約引誘

拍賣人對於應買人所出最高之價，認為不足者，得不為賣定之表示而撤回其物（民法第394條）。因拍賣之表示屬一種要約之引誘，拍賣人對應買人所出最高價，認為不足者，得不為賣定之表示而撤回其物。而應買之表示，屬要約之性質，應買人自應受其拘束。而應買人所為應買之表示，自有出價較高之應買或拍賣物經撤回時，失其拘束力（民法第395條）。拍賣人對於其所經管之拍賣，不得應買（bid），亦不得使他人為其應買（民法第392條）。

(二)賣定表示為承諾

賣定之表示屬於承諾，由拍賣人以拍板或依其他慣用之方法為之，即為拍定（民法第391條）。拍賣人除拍賣之委任人有反對之意思表示外，得將拍賣物拍歸出價最高之應買人（民法第393條）。拍賣之買受人，應於拍賣成立時或拍賣公告內所定之時，以現金支付買價（民法第396條）。再者，拍賣之買受人，如不按時支付價金者，拍賣人無須通知，自得解除契約，將其物再為拍賣（resell）。再行拍賣所得之價金，如少於原拍賣之價金及再行拍賣之費用者，原買受人（the original buyer）應負賠償其差額之責任（民法第397條）。

三、拍賣及標賣之異同

拍賣與標賣，雖均可使競買人各自提出條件，擇其最有利者而出賣之方法。然兩者有相異處如後：(一)拍賣時，各應買人均得知悉他人之條件而有再行提出條件之機會。而標賣之場合，各投標人均不知悉他人之條件而無再行提出條件之機會；(二)強制執行法之拍賣，係採秘密之書面投標，而與標賣之概念相同。拍賣之表示為要約之引誘，並非要約；(三)標賣之表示，究為要約之

引誘抑為要約，自應解釋標賣人之意思定之。依普通情形而論，標賣人無以之為要約之意思，應解為要約之引誘，故開標後標賣人或不與全體投標人訂約，或與出價較低之投標人訂約，均無不可。而標賣之表示明示與出價最高之投標人訂約者，除別有保留外，應視為要約，出價最高之投標者為承諾，買賣契約因之成立，標賣人負有出賣人之義務。

伍、例題分析

一、試驗買賣之承認

標的物因試驗已交付於買受人，而買受人不交還其物，或於約定期限或出賣人所定之相當期限內不為拒絕之表示者，視為承認（民法第387條第1項）。甲向乙買受二手車，約定先試車3日，認為適意後買賣始行生效，其性質為試驗買賣，以甲承認標的物，作為買賣契約之停止條件（suspenseful condition）。甲逾3日未交還其車，固未對乙表示滿意或接受之意思，然甲之行為視為承認，乙得依據買賣契約，請求甲給付價金（民法第367條）。

二、貨樣買賣之品質擔保

按貨樣約定買賣者，視為出賣人擔保其交付之標的物與貨樣有同一之品質（民法第388條）。貨樣買賣適用第354條第2項之保證品質及買賣其他有關瑕疵擔保之規定。倘標的物不具備貨樣之品質時，買受人固得請求出賣人負物之瑕疵擔保責任。惟交付之標的物品質符合貨樣之品質，縱使與一般期待品質有落差，自不得認為品質有瑕疵。甲向乙訂購手機1萬支，甲交付乙樣本，約定依照貨樣給付，乙既然依約交付與樣本品質相同手機1萬支，縱使不符市場之一般品質，買受人甲不得以此為由，拒絕付款買賣價金。

三、動產擔保交易法之附條件買賣

動產擔保交易法第26條規定，所謂附條件買賣，係指買受人先占有動產之標的物，約定至支付一部或全部價金，或完成特定條件時，始取得標的物所有

權之交易。其附有保留所有權約款，固與民法分期付款買賣相當，惟動產擔保交易法為民法之特別法，同法第27條第6款規定，附條件買賣契約應載明買受人不履行契約時，出賣人行使物權及債權之方法。甲、乙間之附條件買賣契約中已載明如一期不履行時，即喪失期限利益，應即全部付款，故該條款載明出賣人行使債權之方法。準此，乙汽車公司請求甲給付其餘全部價款，自得依動產擔保交易法第27條第6款之特別規定而優先適用，不受民法第389條規定之限制，即買受人遲付之價額已達全部價金1/5[15]。

四、拍賣之成立

強制執行之拍賣，應解釋為買賣之一種，以債務人為出賣人，拍定人為買受人。債務人甲為土地之出賣人，不得以應買人之身分參與投標，其投標無效。次高標之乙願出之價額新臺幣（下同）120萬元，雖已超過拍賣最低價額新臺幣100萬元，惟未經執行法官當眾宣告乙得標，未成立拍定，甲與乙間不動產買賣契約尚未成立，執行法院應另定期日拍賣。準此，乙不服向法院起訴請求確認甲投標無效，並確認甲、乙買賣關係存在，同時移轉拍賣土地之所有權，為無理由[16]。

第二節　互　易

《例題9》

土地所有權人甲提供坐落臺北市土地，而由乙建築股份有限公司出資合作建屋，甲與乙為此簽訂合建契約。試問合建契約之性質為何？甲與乙之權利及義務為何？

---

[15] 臺灣高等法院暨所屬法院73年度法律座談會，臺灣高等法院歷年法律座談會彙編（上冊），194至195頁。

[16] 司法院第19期司法業務研究會，民事法律專題研究(9)，420至422頁。

壹、互易之定義

所謂互易（exchange），係指當事人雙方約定互相移轉金錢所有權以外之財產權之契約（民法第398條）。例如，地主與建商簽訂合建契約，契約言明須俟房屋建竣後，始將應分歸地主之房屋與分歸建築商之基地，互易所有權者，是當事人就其土地與建物間，互相移轉所有權，由建商取得土地所有權，地主取得建物所有權[17]。當事人之一方，除約定移轉金錢以外之財產權外，並應交付金錢者，此為附有補足金之互易，亦屬互易之一種（民法第399條）。

貳、互易之效力

當事人雙方約定互相移轉金錢以外之財產權者，準用關於買賣之規定（民法第398條）。除買賣中有關價金之規定外，互易均準用之。當事人之一方，約定移轉前條所定之財產權，並應交付金錢者，其金錢部分，準用關於買賣價金之規定（民法第399條）。故附補足價金部分，其與買賣價金相同，自應準用買賣價金之規定。

參、例題解析──合建契約之性質

土地所有權人提供土地由建築公司出資合作建屋，其契約之性質如何，應依契約內容而決定之，不能一概而論。茲分述如後：(一)互易契約：契約當事人約定，俟房屋建竣後，始將應分歸地主之房屋與分歸建築公司之基地，互易所有權者，其屬互易契約；(二)買賣及承攬之混合契約：契約規定建築公司向地主承攬完成一定之工作，建築公司向地主承攬完成一定之工作，而將地主應給與之報酬，充作買受分歸建築公司之房屋部分基地之價款，屬買賣與承攬之混合契約；(三)承攬契約：契約訂明各就分得房屋以自己名義領取建造執照，就地主分得部分而言，認該房屋之原始所有人為地主，地主與建築公司就此部分之關係為承攬契約[18]；(四)合夥契約：合建契約規定建築公司出資在地

---

[17] 最高法院102年度台上字第1987號民事判決。

[18] 臺灣高等法院暨所屬法院71年度法律座談會，臺灣高等法院歷年法律座談會彙編（上冊），242至243頁。

主提供之土地上建屋，由雙方共同將其出售分配金錢，屬當事人互約出資，一方出材料及勞力，另一方出土地以經營共同事業，建屋完成後共同出售分配金錢[19]。

第三節　交互計算

《例題10》

甲銀行及乙銀行訂立交互計算契約，甲銀行將其客戶之支票支付與乙銀行，乙銀行將其記入交互計算，嗣該支票經提示後不獲兌現。試問應如何處理？乙銀行應如何主張？

壹、交互計算之意義

所謂交互計算（current account），係指當事人約定以其相互間之交易所生之債權、債務為定期計算，互相抵銷，而僅支付其差額（balance）之契約（民法第400條）。記入後之債權、債務，債權人不得分別請求履行，債務人亦不得分別履行，此為交互計算之不可分。

貳、交互計算之效力

交互計算之效力有三，茲說明如後：(一)定期計算：交互計算之計算期，如無特別訂定，每6個月計算1次（民法第402條）；(二)互相抵銷：計算期屆至，當事人應將債權、債務，分別結算，互相抵銷，以計算其差額。當事人記入交互計算之項目，自計算後，經過1年，不得請求除去或改正（民法第405條）。例外情形，匯票、本票、支票及其他流通證券，記入交互計算者，倘證券之債務人不為清償時，當事人得將該記入之項目除去之，此交互計算之不可分性之例外規定（民法第401條）；(三)支付差額：記入交互計算之項目，得

---

[19] 司法院第1期司法業務研究會，民事法律專題研究(1)，113至114頁。

約定自記入之時起,附加利息。由計算而生之差額,得請求自計算時起,支付利息(民法第404條)。

參、交互計算之終止

當事人之一方,得隨時終止交互計算契約,而為計算。但契約另有訂定者,不在此限(民法第403條)。準此,交互計算一經終止,應截止債權、債務之記入,予以計算及支付差額。

肆、例題研析——交互計算之不可分性之例外

甲銀行及乙銀行訂立交互計算契約,甲銀行將其客戶之支票支付與乙銀行,乙銀行將其記入交互計算,嗣該支票經提示後不獲兌現,乙銀行得將該記入該支票金額除去之(民法第401條)。縱使記入交互計算之項目,自計算後已逾1年,亦得除去,不受1年期間之限制(民法第405條)。

<h1 style="text-align:center">第四節　贈　與</h1>

《例題11》

> 甲與乙約定,由甲贈與乙坐落臺北市中山區土地1筆,並經法院公證。試問甲不依約辦理不動產所有權移轉登記,乙得否請求甲辦理所有權移轉登記?

壹、贈與之意義及成立

所謂贈與(gift),係指當事人約定,一方以自己之財產無償(gratuitous)給與他方,他方允受之契約(民法第406條)。其為不要式契約、諾成契約及單務契約。贈與為無償契約之典型,其他無償契約,除有特別規定或性質所不許者外,應解為得準用贈與契約之規定。

貳、贈與之效力

一、移轉財產權之義務

贈與人（donor）應依贈與契約，負有移轉所贈與財產權（deliver property）義務。職是，當事人締結贈與契約，對於契約必要之點，即贈與標的物之意思表示一致時，贈與人負移轉贈與標的物之義務[20]。

二、債務不履行之責任

因贈與為單務及無償契約，是法律上減輕贈與人之責任，其責任範圍縮小及負責事由減輕如後：(一)責任範圍縮小，係指贈與物之權利未移轉前，原則上贈與人得撤銷其贈與。其一部已移轉者，得就其未移轉之部分撤銷之，無須有任何理由（民法第408條第1項）[21]。例外情形，係經公證之贈與，或為履行道德上義務而為贈與者，不得任意撤銷之（第2項）。是經公證之贈與，或為履行道德上義務而為贈與者，贈與人之贈與給付遲延時，受贈人（donee）得請求交付贈與物；其因可歸責於自己之事由致給付不能時，受贈人雖得請求賠償贈與物之價額（民法第409條第1項）[22]。惟受贈人不得請求遲延利息或其他不履行之損害賠償（第2項）；(二)負責事由減輕，係指贈與人僅就其故意（intentional act）或重大過失（gross negligence），對於受贈人負給付不能之責任（民法第410條）。

三、瑕疵擔保責任（92年司法人員四等）

贈與之物或權利有瑕疵時，贈與人不負擔保責任。但贈與人故意不告知其

---

[20] 最高法院91年度台上字第1520號民事判決。

[21] 最高法院103年度台上字第1473號民事判決：贈與物之權利未移轉前，贈與人得撤銷其贈與。其一部已移轉者，得就其未移轉之部分撤銷。贈與人之任意撤銷贈與權，係專屬於贈與人本身之權利，不得為繼承之標的。

[22] 公證法第2條第1項規定：公證人因當事人或其他關係人之請求，就法律行為及其他關於私權之事實，有作成公證書或對於私文書予以認證之權限。

瑕疵或保證其無瑕疵者，對於受贈人因瑕疵所生之損害，負賠償之義務（民法第411條）。附有負擔之贈與，其贈與不足償其負擔者，受贈人僅於贈與之價值限度內，有履行其負擔之責任（民法第413條）。準此，贈與之物或權利有瑕疵時，贈與人於受贈人負擔之限度內，負與出賣人同一之擔保責任（民法第414條）。

參、贈與之撤銷（100年司法人員四等）

一、撤銷之原因

(一)任意撤銷

係指未經公證（notarize）之贈與，或非爲履行道德上義務（moral obligation）而爲贈與者，贈與物之權利未移轉前，贈與人得撤銷（revoke）其贈與。其一部已移轉者，得就其未移轉之部分撤銷之（民法第408條1項）。

(二)法定原因撤銷

1. 贈與人之撤銷

受贈人對於贈與人，有下列情事之一者，贈與人得撤銷其贈與：(1)對於贈與人、其配偶、直系血親、三親等內旁系血親或二親等內姻親，有故意侵害之行爲，依刑法有處罰之明文者（民法第416條第1項第1款）。例如，故意傷害罪、侮辱罪；(2)對於贈與人有扶養義務而不履行者（第1項第2款）。因受贈人有忘恩負義之行爲，法律賦予贈與人撤銷權。此法定撤銷權，自贈與人知有撤銷原因之時起，1年內不行使或贈與人對於受贈人已爲宥恕之表示者，而歸於消滅（第2項）；(3)贈與附有負擔者，贈與人已爲給付而受贈人不履行其負擔時，贈與人得撤銷贈與（民法第412條第1項）[23]。

---

[23] 最高法院100年度台上字第860號民事判決：所謂附有負擔之贈與，係指贈與契約附有約款，使受贈人負擔應爲一定給付之債務者而言。負擔係一種附款，係贈與契約之一部，本質上仍爲贈與，以贈與爲主、負擔爲從，並無兩相對酬或互爲對價之性質。

2. 繼承人之撤銷權

受贈人因故意不法之行為，致贈與人死亡或妨礙其為贈與之撤銷者，贈與人之繼承人，得撤銷其贈與。但其撤銷權自知有撤銷原因之時起，6個月間不行使而消滅（民法第417條）。

二、方法及效果

贈與之撤銷，應向受贈人以意思表示為之（民法第419條第1項）。贈與撤銷後，贈與人得依關於不當得利之規定，請求返還贈與物（第2項）。不論是任意撤銷或法定原因之撤銷，贈與之撤銷權，因受贈人之死亡均歸於消滅（民法第420條）。

肆、贈與之拒絕履行

贈與人於贈與約定後，其經濟狀況顯有變更，倘因贈與致其生計有重大之影響，或妨礙其扶養義務之履行者，得拒絕贈與之履行（民法第418條）。此為贈與人之窮困抗辯，其性質為延期抗辯權，嗣於贈與人經濟狀況好轉時，受贈人自得請求履行。因民法第408條規定贈與物未交付前，贈與人得撤銷其贈與。可知贈與人之窮困抗辯，係以贈與人尚未交付贈與物為前提。

伍、特種贈與

一、有負擔贈與

所謂有負擔贈與，係指受贈人對於贈與人或第三人，負一定給付義務之贈與。例如，甲贈與乙房地，約定乙須為其服勞務1年。贈與附有負擔者，贈與人已為給付而受贈人不履行其負擔時，贈與人得請求受贈人履行其負擔，或撤銷贈與（民法第412條第1項）。負擔以公益為目的者，而於贈與人死亡後，主管機關或檢察官得請求受贈人履行其負擔（第2項）。例如，贈與空地約定供公眾無償停車。

二、定期給付贈與

所謂定期給付贈與，係指定期的、繼續的為財產上給付之贈與契約。例如，約定每月給付新臺幣1萬元。定期給付之贈與，因贈與人或受贈人之死亡，失其效力。但贈與人有反對之意思表示者，不在此限（民法第415條）。

陸、例題研析——贈與之效力

甲與乙約定，由甲贈與乙土地1筆，是甲、乙間成立贈與契約，並經法院公證，甲已不得任意撤銷贈與（民法第408條第2項）。詎甲不依約辦理所有權移轉登記，有給付遲延之事由存在，乙自得請求甲辦理土地所有權移轉登記。

第五節　租　賃

《例題12》

甲向乙承租房屋1棟，期限為3年，甲交付押租金新臺幣3萬元與乙，並取得房屋之占有。嗣於租賃期間，乙將房屋出售與丙，並為所有權移轉登記。試問租賃屆滿後，甲應向何人請求返還押租金？

《例題13》

乙向甲租地建築房屋，基地租賃契約明定，乙不得將土地租賃權轉讓或借與第三人。試問乙於租賃期間，將所建之房屋借與或出租予第三人丙使用，甲以乙違約為由，請求終止租約，有無理由？

《例題14》

甲將其位於商業區之房屋，出租予乙作為經營商業使用，土地法第97條第1項規定，城市地方房屋之租金，以不超過土地及其建築物申報總價年息10%為限。試問該房屋租金，應否受房屋租賃法定租金之最高額限制？

壹、租賃之定義

所謂租賃（lease），係指當事人約定，一方以物租與他方使用收益，他方支付租金之契約。租金（rental），得以金錢或租賃物之孳息充之（民法第421條）。例如，承租土地種植農作物，以農作物充作租金。租賃並非處分行為，是租賃標的物，不以出租人所有權為必要。權利之租賃依據民法第463條之1條規定，準用一般租賃之規定，此為準租賃關係。

貳、租賃之成立

當事人就租賃物及租金之意思表示一致時，租賃即成立，不以交付租金或租賃物為成立要件，其為不要式契約及諾成契約。民法就不動產之租賃有特別規定，即不動產之租賃契約，其期限逾1年者，應以字據訂立之，未以字據訂立者，視為不定期限之租賃（民法第422條）。

參、租賃之性質

租賃契約之雙方當事人為出租人（lessor）及承租人（lessee），當事人互負債務，具有對價關係，其互相給付而自他方取得利益，故為雙務契約及有償契約。

肆、租賃期限（107年司法人員四等）

租賃期限可分定期及不定期，租賃契約有期限者（period），租賃之期限不得逾20年。逾20年者，縮短為20年（民法第449條第1項）。期限已滿之原租賃契約，當事人得繼續期租賃關係，僅更新（renew）其期限（第2項）。租用基地建築房屋者，因鑑於建築之技術發達，房屋之可使用期限通常均逾20年，故不適用20年期限之規定（第3項）。租賃契約之期限，不得逾20年，係指有期限之租賃而言，是不適用未定期限之租賃，未經合法終止，可繼續至20年以上[24]。再者，租賃期限屆滿後，承租人仍為租賃物之使用收益，而出租人不即

---

[24] 最高法院65年台上字第2722號民事判決。

表示反對之意思者，視為以不定期限繼續契約，此為租賃契約之法定默示更新（民法第451條）[25]。

伍、租賃之效力

一、出租人之權利及義務

(一)租賃物之交付及保持合用之義務

出租人應以合於所約定使用收益之租賃物，交付承租人，並應於租賃關係存續中，保持其合於約定使用、收益之狀態（民法第423條）。租賃物交付後，承租人於租賃關係存續中，有繼續占有其物而為使用收益之權利。故其占有被侵奪時，承租人自得對於無權占有之他人，行使其占有物返還請求權[26]。

(二)租賃物之修繕之義務

租賃物之修繕（repair），除契約另有訂定或另有習慣外，由出租人負擔（民法第429條第1項）。出租人為保存租賃物所為之必要行為，承租人不得拒絕（第2項）。出租人之修繕義務，在使承租人就租賃物能為約定之使用收益，倘屬承租人就租賃物以外有所增設時，增設物自非出租人修繕義務之範圍。租賃關係存續中，租賃物如有修繕之必要，應由出租人負擔者，承租人得定相當期限，催告出租人修繕，倘出租人於其期限內不為修繕者，承租人得終止契約或自行修繕而請求出租人償還其費用或於租金中扣除之（民法第430條）。準此，出租人修繕之義務與承租人租金之支付，在租賃關係存續期間，立於互為對待給付之關係，得行使同時履行抗辯權。

---

[25] 最高法院101年度台上字第1398號民事判決：定有期限租賃之出租人不欲續租者，須於訂約時、期限屆滿前或屆滿後，向承租人具體、明白表示期滿後不再續租或續租應另訂租約之反對意思，使承租人有所預期，且不得任由承租人繼續為租賃物之使用收益。出租人僅就定期租賃原已具有之法律效果為重申之約定，不發生阻止續約之效力。

[26] 最高法院43年台上字第176號民事判決。

(三)瑕疵擔保責任

1. 物之瑕疵擔保責任

租賃關係存續中，因不可歸責於承租人之事由，致租賃物之一部滅失者，承租人得按滅失之部分，請求減少租金（民法第435條第1項）。倘承租人就其存餘部分不能達租賃之目的者，得終止契約（第2項）。租賃物為房屋或其他供居住之處所者，倘有瑕疵，危及承租人或其同居人之安全或健康時，承租人雖於訂約時已知其瑕疵，或已拋棄其終止契約之權利，仍得終止契約（民法第424條）。

2. 權利之瑕疵擔保

出租人應擔保第三人就租賃物不得主張妨害承租人使用收益之權利。承租人因第三人就租賃物主張權利，致不能為約定之使用、收益者，致租賃物之一部不能使用收益者，承租人得請求減少租金，倘承租人就其存餘部分不能達租賃之目的者，得終止契約（民法第436條）。

(四)負擔稅捐之義務

出租人應負擔租賃物繳納之一切稅捐（all charges and taxes），此非強制規定，當事人自得為相反之約定（民法第427條）。因而當事人之約定，屬私法關係，不得以此對抗稅捐機關依據公法關係課徵相關稅款。

(五)償還費用之義務

承租人就租賃物支出有益費用，因有增加該物之價值者，如出租人知其情事而不為反對之表示，而於租賃關係終止時，應償還其費用。但以其現存之增價額為限（民法第431條第1項）。承租人就租賃物所增設之工作物，雖可不請求償還費用而取回之，惟應回復租賃物原狀之義務（第2項）。至於租賃物為動物者，其飼養費則由承租人負擔（民法第428條）。承租人之償還費用請求權及工作物取回權，均因2年間不行使而消滅（民法第456條第1項）。該2年之期間，自租賃關係終止時起算（第2項）。租賃關係終止後，承租人得請求出租人償還有益費用之規定，係基於不當得利之理由而設，為不當得利之特別規定（民法第179條）。依特別法優於普通法之原則，應優先適用。既然有益費用償還請求權之消滅時效期間特別規定為2年，自無適用15年之消滅時效期間

（民法第125條）。

(六)不動產出租人之留置權

1. 法定留置權

不動產之出租人，就租賃契約所生之債權，對於承租人之物置於該不動產，有留置權。但禁止扣押之物，不在此限（民法第445條第1項）。留置權之效力，僅於已得請求之損害賠償及本期與以前未交之租金之限度內，得就留置物取償（第2項）。此為法定留置權，不以該留置物為不動產之出租人所占有，為其發生要件。

2. 留置權之消滅

不動產出租人之留置權，有兩種消滅之原因，茲分述如後：(1)承租人將取走留置物，出租人之留置權消滅。但其取去係乘出租人之不知，或出租人曾提出異議者，留置權不消滅（民法第446條第1項）。倘承租人因執行業務取去其物，或其取去適於通常之生活關係，或所留之物足以擔保租金之支付者，出租人不得提出異議（第2項）。再者，出租人有提出異議權，得不聲請法院，逕行阻止承租人取去其留置物，倘承租人離去租賃之不動產者，並得占有其物（民法第447條第1項）。承租人乘出租人之不知或不顧出租人提出異議而取去其物者，出租人得終止契約（第2項）；(2)承租人得提出擔保（furnish security），以免出租人行使留置權，並得提出與各個留置物價值相當之擔保，以消滅對於該物之留置權（民法第448條）。

二、承租人之權義

(一)支付租金義務

1. 租賃使用收益之對價

租金為租賃使用收益之對價，支付租金為承租人之主要義務，是承租人因自己之事由，致不能為租賃物全部或一部之使用、收益者，不得免其支付租金之義務（民法第441條）。而承租人支付租金之時期，承租人應依約定日期，支付租金；無約定者，依習慣；無約定亦無習慣者，應於租賃期滿時支付之。如租金分期支付者，而於每期屆滿時支付之。如租賃物之收益有季節者，

而於收益季節終了時支付之（民法第439條）。除有約定或習慣外，民法採租金後付主義。承租人租金支付有遲延者，出租人得定相當期限，催告承租人支付租金，倘承租人於其期限內不爲支付，出租人得終止契約（民法第440條第1項）。租賃物爲房屋者，遲付租金之總額，非達2個月之租額，不得依前項之規定，終止契約。其租金約定於每期開始時支付者，並應於遲延給付逾2個月時，始得終止契約（第2項）。租用建築房屋之基地，遲付租金之總額，達2年之租額時，方得終止契約（第3項）。

2. 未定期限之不動產租賃

未定期限之不動產租賃，因不動產之價值升降，當事人得聲請法院增減其租金（民法第442條）。房屋或土地出租人，就未定期限之不動產租賃契約，得向法院提起請求增加租金之訴，起訴前之租金未按原約定租額付清，倘法院准許增加之判決，得自出租人調整租金之意思表示時起算，起訴前未爲此項意思表示者，不得溯及請求調整[27]。換言之，租賃物爲不動產者，因其價值之升降，當事人固得依民法第442條聲請法院增減其租金，然在未聲請法院增減其租金前，原約定之租金額，並不因租賃不動產價值之升降，而失其拘束雙方當事人之效力。調整租金之訴，僅能增減租金之數額，不得將原約定之租金種類變更[28]。

(二)租賃物之使用收益

承租人應依約定方法，爲租賃物之使用（use）、收益（collect profits）；無約定方法者，應以依租賃物之性質而定之方法爲之（民法第438條第1項）。例如，耕地承租人對於租賃物，基於耕作之目的，固有自由改良之權利，然超此範圍，而將耕地變更使用，即非法之所許。承租人違反前項之規定爲租賃物之使用、收益，經出租人阻止而仍繼續爲之者，出租人得終止契約（第2項）。所謂違反約定使用方法，係指不依約定方法使用，並積極爲約定以外方法之使用者而言，如僅消極不爲使用，應不在違反約定使用方法之列。

---

[27] 最高法院48年台上字第521號民事判決。
[28] 最高法院75年台上字第2126號民事判決。

(三)保管租賃物之義務（91年司法人員四等）

1. 善良管理人之注意

承租人應以善良管理人之注意（the care of a good administrator），保管租賃物，租賃物有生產力者，並應保持其生產力（民法第432條第1項）。承租人違反此項義務，致租賃物毀損、滅失者，負損害賠償責任。但依約定之方法或依物之性質而定之方法為使用、收益，致有變更或毀損者，不在此限（第2項）。因承租人之同居人或因承租人允許為租賃物之使用、收益之第三人應負責之事由，致租賃物毀損、滅失者，承租人負損害賠償責任（民法第433條）。

2. 重大過失責任

承租人對於租賃物之保管，原則雖應負抽象輕過失責任，惟對失火則負重大過失責任，係屬例外。租賃物因承租人之重大過失，致失火而毀損、滅失者，承租人對於出租人負損害賠償責任（民法第434條）。承租人之失火責任之規定，係承租人應以善良管理人之注意義務保管租賃物之特別規定，其立法原意係在貫徹保護承租人之本旨，減輕其賠償責任。此規定雖為特別規定，非強制規定，倘當事人間合意約定承租人未盡善良管理人之注意，致房屋因失火而毀損滅失者，應負損害賠償責任者，在於加重承租人對火災之注意義務，其約定並未違背強制或禁止規定，應屬有效[29]。出租人就租賃物所受損害對於承租人之賠償請求權，自受租賃物返還時起算，2年間不行使而消滅（民法第456條）。

(四)通知義務

租賃關係存續中，租賃物如有修繕之必要，應由出租人負擔者，或因防止危害有設備之必要，或第三人就租賃物主張權利者，承租人應即通知出租人。但為出租人所已知者，不在此限（民法第437條第1項）。承租人怠於為前項通

---

[29] 最高法院102年度台上字第2002號民事裁定：租賃物因承租人失火而毀損、滅失者，以承租人有重大過失為限，始對於出租人負損害賠償責任。倘當事人以特約約定承租人就輕過失之失火亦應負責，其特約有效。

知，致出租人不能及時救濟者，應賠償出租人因此所生之損害（第2項）。出租人之此項賠償請求權，自受租賃物返還時起算，2年間不行使而消滅（民法第456條）。

(五)返還租賃物之義務

承租人於租賃關係終止後，應返還租賃物；租賃物有生產力者，並應保持其生產狀態，返還出租人（民法第455條）[30]。承租人之費用償還請求權，與其在租賃關係終止後所負返還租賃物之義務，非有互爲對價之關係，不得以有益費用未受清償，拒絕租賃物之返還[31]。再者，租約終止後，出租人除得本於租賃物返還請求權，請求返還租賃物外，出租人爲租賃物之所有人時，並得本於所有權之作用，依無權占有之法律關係，請求返還租賃物[32]。

三、租賃物對於第三人之關係

(一)買賣不破租賃原則（99年高考）

出租人於租賃物交付後，承租人占有中，縱將其所有權讓予第三人，其租賃契約，對於受讓人仍繼續存在，此爲買賣不破租賃原則（民法第425條第1項）。但未經公證之不動產租賃契約，其期限逾5年或未定期限者（indefinite period），排除適用買賣不破租賃原則（第2項）。蓋避免債務人受強制執行之際，而與第三人虛僞訂立長期或未定期限之不動產租賃契約，以妨礙債權人之執行。出租人於租賃物交付後，將其所有權讓予第三人時，其租賃契約既對於受讓人繼續存在，在承租人與受讓人間，自無須另立租賃契約，其於受讓之時

---

[30] 最高法院105年度台上字第1200號民事判決：按租地建屋契約，係以承租人使用其房屋爲目的，非有相當之期限不能達其目的，當事人雖未明定租賃之期限，依契約目的探求當事人之真意，應解爲定有租至房屋不堪使用時爲止之期限。是否不堪使用，原則上應以承租當時所建房屋之通常使用判斷之。房屋未經出租人同意而改造或更新材質結構致變更其使用期限者時，倘以變更後之狀態爲斷，違背租地建屋契約立約時當事人之真意。

[31] 最高法院33年上字第2326號民事判決。

[32] 最高法院75年台上字第801號民事判決。

當然發生租賃關係，受讓人繼受出租人行使或負擔由租賃契約所生之權利或義務，原出租人不得更行終止契約，請求承租人返還租賃物[33]。

(二)承租人得對抗物權人

出租人就租賃物設定物權，致妨礙承租人之使用收益者，承租人得對抗受設定物權之權利人（民法第426條）。例如，土地出租人將出租之土地出典他人，承租人之租賃契約對於典權人仍繼續存在，典權人成為新出租人，租賃物應由承租人繼續直接占有之。

(三)法律推定租賃關係

土地及其土地上之房屋同屬一人所有，而僅將土地或僅將房屋所有權讓予（transfer）他人，或將土地及房屋同時或先後讓予相異之人時，土地受讓人或房屋受讓人與讓予人間或房屋受讓人與土地受讓人間，推定在房屋得使用期限內，有租賃關係，其期限不受租賃最長期20年之限制（民法第425條之1第1項）[34]。因土地與房屋為各別之不動產，各得單獨為交易之標的，房屋在性質上不能與土地使用權分離而存在，使用房屋必須使用房屋之土地，基於保護房屋使用權之考量，使房屋所有權與土地利用權結成一體，促進房屋所有權之安定性，使土地使用權不因土地所有權之嗣後變動而受影響，俾資調和土地與房屋之利用關係，並兼顧社會經濟利益。倘租金數額當事人不能協議時，得請求法院定之（第2項）。

(四)租賃物轉租之限制

所謂轉租，係指承租人不脫離原租賃關係，而將租賃物出租予次承租人使用收益。原則上承租人非經出租人承諾，不得將租賃物轉租（sublet）於他人。例外情形租賃物為房屋者，除有反對之約定外，承租人得將其一部分轉租於他人（民法第443條第1項）。承租人違反規定，將租賃物轉租於他人者，

---

[33] 耕地三七五減租條例第25條有相同規定，在耕地租期屆滿前，出租人縱將其所有權讓予第三人，其租佃契約對於受讓受典人仍繼續有效，受讓受典人應會同原承租人申請為租約變更之登記。

[34] 最高法院102年度台上字第1508號民事判決。

出租人得終止契約（第2項）。適法之轉租情形，承租人將租賃物轉租於他人者，其與出租人間之租賃關係，仍爲繼續。因次承租人應負責之事由所生之損害，承租人負賠償責任（民法第444條）。轉租係轉租人與次承租人成立新租賃關係，其與租賃權之讓予不同。轉租人與出租人間之租賃關係仍然存在，次承租人與原出租人並無直接租賃關係之可言。準此，原出租人不得依據出租人之地位，對次承租人請求返還租賃物[35]。

陸、特種租賃

一、耕地租賃

(一)耕地租賃之定義及成立

1. 定　義

所謂耕地租賃，係以自任耕作爲目的，約定支付地租，使用他人之農地者，爲耕地租用（土地法第106條第1項）。耕作之範圍包括漁、牧在內（第2項）。適用耕地租賃之規定時，耕地375減租條例應最優先適用、其次爲土地法，均無規定者，始適用民法之規定[36]。

2. 成　立

耕地租約固應以書面爲之，而租約之訂立、變更、終止或換訂，亦應由出租人會同承租人申請登記（耕地三七五減租條例第6條第1項）。惟租約之訂立、變更、終止或換訂，應由出租人會同承租人申請登記，其立法之本旨，在於保護佃農及謀舉證上便利而設，縱使未作成書面及登記，耕地租賃仍有效成立[37]。耕地租佃期間，不得少於6年；其原約定租期超過6年者，依其原約定（耕地三七五減租條例第5條）。所稱之租約期間不得少於6年，爲強制規定，

---

[35] 最高法院68年台上字第3691號民事判決。

[36] 耕地三七五減租條例第1條規定：耕地之租佃，依本條例之規定；本條例未規定者，依土地法及其法律之規定。

[37] 最高法院51年台上字第2629號民事判決。

當事人不得依特約予以變更。

(二)租金之限制及押租之禁止

耕地地租租額，不得超過主要作物正產品全年收穫總量375‰；原約定地租超過375‰者，減為375‰；不及375‰者，不得增加（耕地三七五減租條例第2條第1項）。所謂主要作物者，係指依當地農業習慣種植最為普遍之作物，或實際輪植之作物；所稱正產品，係指農作物之主要產品而為種植之目的者（第2項）。出租人不得預收地租及收取押租（耕地三七五減租條例第14條）。為加強保護耕作承租人，耕作地之出租人除不得預收租金外，承租人不能按期支付應交租金之全部，而以一部支付時，出租人不得拒絕收受（民法第457條之1）。

(三)承租人之優先承受權

耕地出賣或出典時，承租人有優先承受之權，出租人應將賣典條件以書面通知承租人，承租人在15日內未以書面表示承受者，視為放棄。出租人因無人承買或受典而再行貶價出賣或出典時，承租人仍有優先承受權。出租人未於逾期限內以書面通知承租人而與第三人訂立契約者，其契約不得對抗承租人（耕地三七五減租條例第15條）。耕作地出租人出賣或出典耕作地時，承租人有依同樣條件優先承買或承典之權，承租人之優先承受權有物權之效力（民法第460條之1第1項）[38]。

(四)耕地轉租之禁止

承租人應自任耕作，並不得將耕地全部或一部轉租於他人[39]。承租人違法轉租時，原訂租約無效，得由出租人收回自行耕種或另行出租。惟承租人因服

---

[38] 民法第460條之1第2項規定：第426條之2第2項及第3項規定，於前項承買或承典準用之。

[39] 最高法院106年度台上字第2427號民事判決：耕地三七五減租條例第17條第1項第4款所稱不為耕作，係指承租人消極不耕作承租之土地，任其荒蕪。倘承租人已依耕地使用目的耕作，縱其作物稀散、農相非美、收成不佳，或未積極整理耕地致環境髒亂，亦非不為耕作。

兵役致耕作勞力減少而將承租耕地全部或一部託人代耕者，不視爲轉租（耕地三七五減租條例第16條）。

(五)租金減免請求權

耕地因災害或其他不可抗力致農作物歉收時，承租人得請求各地之耕地租佃委員會查勘歉收成數，議定減租辦法，該地耕地租佃委員會應於3日內辦理；必要時得報請直轄市或縣、市政府耕地租佃委員會復勘決定之。倘地方普遍發生前項農作物歉收情事，該地之耕地租佃委員會應即勘定受災地區歉收成數，報請直轄市或縣、市政府耕地租佃委員會議定減租辦法。耕地因災歉致收穫量不及3成時，應予免租（耕地三七五減租條例第11條）。耕作地之承租人，因不可抗力，致其收益減少或全無者，得請求減少或免除租金。該項租金減免請求權，不得預先拋棄（民法第457條）。

(六)收穫孳息、耕作費用及改良費用之償還

耕作地之承租人，因租賃關係終止時未及收穫之孳息所支出之耕作費用，得請求出租人償還之。但其請求額不得超過孳息之價額（民法第461條）。耕作地承租人於保持耕作地之原有性質及效能外，得爲增加耕作地生產力或耕作便利之改良。但應將改良事項及費用數額，以書面通知出租人。該項費用，承租人返還耕作地時，得請求出租人返還。但以其未失效能部分之價額爲限（民法第461條之1）。承租人對於承租耕地之特別改良得自由爲之，其特別改良事項及用費數額，應以書面通知出租人，並於租佃契約終止返還耕地時，由出租人償還之。但以未失效能部分之價值爲限（耕地三七五減租條例第13條）。所謂耕地特別改良，係指於保持耕地原有性質及效能外，以增加勞力資本之結果，致增加耕地生產力或耕作便利者。準此，改良費費用之償還應先適用耕地三七五減租條例。

(七)耕地附屬物之補充及返還

耕作地之租賃，附有農具、牲畜或其他附屬者，當事人應於訂約時，評定其價值，並繕具清單，由雙方簽名，各執1份（民法第462條第1項）。清單所載之附屬物，倘因可歸責於承租人之事由而滅失者，由承租人負補充之責任

（第2項）；反之，附屬物如因不可歸責於承租人之事由而滅失者，由出租人負補充之責任（第3項）。耕作地之承租人依清單所受領之附屬物，應於租賃關係終止時，返還於出租人；倘不能返還者，應賠償其依清單所定之價值。但因使用所生之通常折耗，應扣除之（民法第463條）。

二、基地租賃

(一)定義及成立

1.定　義

所謂基地租賃，係指租用建築房屋，即承租人租用土地，以在承租之土地上建築房屋為目的之租賃。是土地之地目雖經編列為建築物基地，然租賃契約訂明以堆置木材、敷設輕便鐵軌及設置停車場等為目的，並非租用建築房屋之土地[40]。原為耕地租賃自不能因耕地經編為住宅區用地，而認為租賃關係變成基地租賃關係[41]。適用基地租賃之規定時，平均地權條例應最優先適用、其次為土地法，均無規定者，始適用民法之規定。

2.成　立

當事人就租地建屋及支付租金之意思表示一致時，即成立基地租賃，其為不要式契約。租用基地建築房屋者，承租人於契約成立後，得請求出租人為地上權（superficies）之登記（民法第422條之1）。租用基地建築房屋，應由出租人與承租人於契約訂立後2個月內，聲請該管直轄市或縣（市）地政機關為地上權之登記（土地法第102條）。該2個月之期間限制，僅為訓示規定，是當事人雙方訂有租地建屋之租賃契約，承租人即有隨時請求出租人就租用土地為地上權設定之權利[42]。

(二)租金及擔保之限制

城市地方土地之租金，以不超過土地申報總價年息10%為限（土地法第

---

[40] 最高法院46年台上字第1168號民事判決。
[41] 最高法院64年台再字第80號民事判決。
[42] 最高法院67年台上字第1014號民事判決。

97條第1項、第105條）。租用土地擔保之金額，不得超過2個月土地租金之總額。已交付之擔保金，超過前項限度者，承租人得以超過之部分抵付房租（土地法第97條第1項、第105條）。

(三)優先購買權

基地出賣時，地上權人、典權人或承租人有依同樣條件優先購買之權（first right）。房屋出賣時，基地所有權人有依同樣條件優先購買之權。其順序以登記之先後定之。前項優先購買權人，而於接到出賣通知後10日內不表示者，其優先權視為放棄。出賣人未通知優先購買權人而與第三人訂立買賣契約者，其契約不得對抗優先購買權人（土地法第104條）。租用基地建築房屋，出租人出賣基地時，承租人有依同樣條件優先承買之權。承租人出賣房屋時，基地所有人有依同樣條件優先承買之權（民法第426條之2）。前項情形，出賣人應將出賣條件以書面通知優先承買權人。優先承買權人於通知達到後10日內未以書面表示承買者，視為放棄。出賣人未以書面通知優先承買權人而為所有權之移轉登記者，不得對抗優先承買權人。倘土地承租人代出租人出資建築房屋，並約明其房屋所有權屬於出租人，其與單純承租基地建築房屋其房屋所有權屬於承租人之情形不同，出租人將土地出賣與第三人，承租人對土地自無優先購買權。

(四)買賣不破租賃原則

租用基地建築房屋，承租人房屋所有權移轉時，其基地租賃契約，對於房屋受讓人（transferee），仍繼續存在（民法第426條之1）。房屋受讓人隨之取得基地承租權，基地出租人不得於租賃關係消滅前請求房屋受讓人拆屋還地[43]。

---

[43] 最高法院100年度台上字第2268號民事判決。

三、房屋租賃

(一)定義及成立

　　所謂房屋租賃，係指以房屋為租賃標的之契約。適用房屋租賃之規定時，租賃住宅市場發展及管理條例應最優先適用，平均地權條例、土地法依序適用，均無規定者，始適用民法之規定。當事人就房屋出租及支付租金之意思表示一致時，即成立房屋租賃，其為不要式契約。

(二)租金及擔保之限制

　　城市地方房屋之租金，以不超過土地及其建築物申報總價年息10%為限。約定房屋租金，超過前項規定者，該管直轄市或縣（市）政府得依前項所定標準強制減定之（土地法第97條）。土地施行法第25條規定，即土地及建築物之總價額，土地價額依法定地價，建築物價額依該管直轄市或縣（市）地政機關估定之價額。所謂城市地方，係指依法發布都市計畫範圍內之全部土地而言（平均地權條例第3條第1款）。以現金為房屋租賃之擔保或押租金，不得逾2個月房屋租金之總額。已交付之擔保金，超過2個月房屋租金總額者，承租人得以超過之部分抵付房租（土地法第99條）。以現金為租賃之擔保者，其現金利息視為租金之一部。該利率之計算，應與租金所由算定之利率相等（土地法第98條）。

柒、租賃之消滅

一、租期屆滿（99年高考）

　　租賃定有期限者（definite period），租賃關係於期限屆滿時消滅（民法第450條第1項）。租賃期限屆滿後，承租人仍為租賃物之使用收益，而出租人不即表示反對之意思者，視為以不定期限繼續契約（民法第451條）。所謂出租人不即表示反對之意思，係指依一般交易觀念，出租人於可能表示意思時而不表示者而言。出租人之異議，通常固應於租期屆滿後，承租人仍為租賃物之使用收益時，即行表示之。惟出租人慮承租人取得此項默示更新之利益，而於租

期行將屆滿之際，向之預為表示不願繼續契約者，亦屬有反對意思之表示[44]。例如，出租人之辦公處所與承租人之營業所均在同一縣（市），出租人於租賃期限屆滿後，仍為租賃物之使用，揆諸一般交易觀念，顯非不能即時表示反對之意思，其遲至月餘始表示異議，視為以不定期限繼續契約。

二、終止契約（107年司法人員四等）

(一)未定期限租賃

未定期限者，各當事人得隨時終止契約（terminate lease）。但有利於承租人之習慣者，從其習慣（民法第450條第2項）。終止未定期限租賃契約，應依習慣先期通知。但不動產之租金，以星期、半個月或1個月定其支付之期限者，出租人應以曆定星期、半個月或1個月之末日為契約終止期，並應至少於1星期、半個月或1個月前通知之（第3項）。

(二)定有期限之租賃

定有期限之租賃契約，倘約定當事人之一方於期限屆滿前，得終止契約者，其終止契約，應依第450條第3項規定，先期通知（民法第453條）。再者，承租人死亡者，租賃契約雖定有期限，其繼承人（successor）仍得終止契約，應依前開規定，先期通知（民法第452條）。租賃契約終止時，倘終止後始到期之租金，出租人已預先受領者，應返還與承租人，因此為不當得利（民法第454條）。

(三)租賃物之滅失

租賃物全部滅失者，其租賃關係當然消滅。至於租賃物之一部滅失者，如係不可歸責承租人者，承租人就其存餘部分不能達租賃之目的者，得終止契約（民法第435條）。

---

[44] 最高法院42年台上字第122號、第410號民事判決。

捌、例題解析

一、押租金之性質（99年高考）

　　出租人於租賃物交付後，承租人占有中，縱將其所有權讓予第三人，其租賃契約，對於受讓人仍繼續存在，此為買賣不破租賃原則（民法第425條第1項）。租賃契約之成立，不以交付押租金為成立要件，是因擔保承租人之債務而接受押租金，並非租賃契約之一部，係屬另一契約。此項押租金契約為要物契約，以金錢之交付為其成立要件，押租金債權之移轉，自亦須交付金錢，始生效力。押租金契約之成立，須以租賃契約存在為前提，其性質為從契約。倘出租人未將押租金交付受讓人，受讓人未受押租金債權之移轉，對於承租人自不負返還押租金之義務[45]。準此，甲向乙承租房屋，甲交付押租金新臺幣3萬元與乙，並取得房屋之占有。嗣於租賃期間，乙將房屋出售與丙，並為所有權移轉登記，丙固繼受出租人之地位，然租賃期限屆至，應視乙有無將押租金交予丙，丙有收受押租金時，甲自得向丙請求返還押租金；反之，乙未交付押租金與丙時，甲僅得向乙請求返還押租金。因押租金之當事人為甲、乙，而與甲、丙間之買賣契約無關，乙亦不得以押租金抵償租金。

二、基地租賃之轉租

　　乙向甲租地建築房屋，當事人於基地租賃契約明定，乙不得將土地租賃權轉讓或借與第三人。倘乙將基地轉租或借與第三人時，固構成違約情事，甲得終止租約（土地法第103條第3款）。然房屋所有人與基地所有人間就基地之租賃關係，並未規定房屋僅限於房屋所有人使用或收益者，房屋所有人將其房屋全部或一部分供與他人使用或收益，此為所有人對於地上房屋使用收益權之行使，此與單純之基地轉租或借與有別，自不構成終止基地租約之原因[46]。職是，乙於租賃期間，將所建之房屋借與或出租與第三人丙使用，丙所使用者乃

---

[45] 最高法院65年台上字第156號民事判決。
[46] 最高法院79年台上字第2678號民事判決。

乙之房屋，並非直接使用基地，因此不能因丙使用乙之房屋，即認為乙有違約將基地轉借或出租與他人使用，乙並無違約之情事，甲不得請求終止租約[47]。

三、房屋租賃法定租金之最高額限制

　　土地法第97條固規定，城市地方房屋之租金，以不超過土地及其建築物申報總價年息10%為限。然承租坐落商業區供營業使用之房屋，其目的在於重在房屋坐落位置之商業價值利用，店面之承租人不僅在其承租之房屋得以經營商業，並得享受整個商業區之特殊利益，其應付租金不僅為使用房屋之對價，且包括此項特殊利益之對價在內，其與一般房屋租賃不同，自不受土地法第97條所定房租及地租最高限制之拘束[48]。準此，甲將其位於商業區之房屋出租與乙作為經營商業使用，該房屋租金，自不受房屋租賃法定租金之最高額限制，乙應依據租賃契約之規定，給付約定之租金。

第六節　借　貸

第一項　使用借貸

《例題15》

　　甲為公務員有配置宿舍使用，其有按月扣繳宿舍使用費用新臺幣（下同）1,200元與其所屬機關，依據當地之租金行情，則為2萬元。甲離職時，該機關請求其交還宿舍。試問甲主張其有給付宿舍使用費用，性質相當於租金，是有租賃關係存在，拒絕交還宿舍，有無理由？

---

[47] 司法院(69)廳民1字第0264號函，發文日期1980年11月11日，民事法律問題研究彙編，1輯，49頁。

[48] 最高法院54年台上字第1528號民事判決；臺灣高等法院暨所屬法院73年度法律座談會，臺灣高等法院歷年法律座談會彙編（上冊），744頁；司法院(74)廳民1字第118號函，發文日期1985年2月25日，民事法律問題研究彙編，4輯，577頁。

壹、使用借貸之定義

所謂使用借貸（loan for use），係指當事人一方以物交付他方，而約定他方於無償使用（gratuitously use）後返還其物之契約，契約之當事人為貸與人（lender）及借用人（borrower）（民法第464條）。

貳、使用借貸之成立

使用借貸之成立，除當事人合意外，尚須交付借用物，其為要物契約。貸與人負有容許借用人使用義務，借用人負返還借用物之義務，兩者無對價關係，其為單務契約。因貸與人係無償將借用物交付借用人使用，自為無償契約，倘使用借用物，必須給付對價，其屬租賃契約，並非使用借貸契約。使用借貸與租賃關係，雖同為當事人約定一方以物交他方使用，然兩者性質不相同。因使用借貸契約，應為無償。倘係有償時，不論其名稱如何，或契約所用之文字如何，均屬租賃契約。

參、使用借貸預約

使用借貸預約，係約定負擔成立使用借貸本約義務之契約，其具有緩和使用借貸之要物性作用。因使用借貸預約為無償契約，預約貸與人不欲受預約之拘束，自得於使用借貸預約成立後，撤銷其約定。但預約借用人已請求履行預約，而預約貸與人未即時撤銷者，則不得撤銷（民法第465條之1）。

肆、使用借貸之效力

一、貸與人之權利義務

貸與人有容許借用人無償使用借用物之義務及瑕疵擔保責任，因使用借貸為無償契約，貸與人原則上不負瑕疵擔保責任，除非貸與人故意不告知借用物之瑕疵，致借用人受損害者，始應負賠償責任（民法第466條）。借用人之賠償請求權自借貸關係終止時起算，6個月間不行使而消滅（民法第473條）。

二、借用人之權利義務

(一)依約定方法使用借用物義務

借用人應依約定方法，使用借用物；無約定方法者，應以依借用物之性質而定之方法使用之（民法第467條第1項）。借用人非經貸與人之同意，不得允許第三人使用借用物（第2項）。

(二)保管借用物之義務

借用人應以善良管理人之注意，保管借用物（民法第468條第1項）。借用人違反前項義務，致借用物毀損、滅失者，負損害賠償責任。但依約定之方法或依物之性質而定之方法使用借用物，致有變更或毀損者，不負責任（第2項）。例如，甲向乙借用辦公室，因未盡善良管理人之注意、保管義務，導致借用之辦公室因失火而燒毀，自應負損害賠償責任。貸與人就借用物所受損害，對於借用人之賠償請求權，自受借用物返還時起算，6個月間不行使而消滅（民法第473條）。借用物之通常保管費用，由借用人負擔。借用物為動物者，其飼養費應由借用人負擔（民法第469條第1項）。

(三)借用人返還借用物義務

借用人應於契約所定期限屆滿時，返還借用物；未定期限者，應於依借貸之目的使用完畢時返還之。但經過相當時期，可推定借用人已使用完畢者，貸與人亦得為返還之請求（民法第470條第1項）。例如，因任職關係獲准配住宿舍，其性質為使用借貸，目的在使任職者安心盡其職責，倘借用人喪失其與所屬機關之任職關係，當然應認依借貸之目的，已使用完畢，配住機關自得請求返還。故公務員因任職關係配住宿舍，而於任職中死亡時，喪失其與所屬機關之任職關係，依借貸目的應認已使用完畢，使用借貸契約因而消滅。借貸未定期限，亦不能依借貸之目的而定其期限者，貸與人得隨時請求返還借用物（第2項）。

(四)有益費用償還請求權及工作物取回權

借用人就借用物支出有益費用，因而增加該物之價值者，準用第431條第1項之規定（民法第469條第2項）。借用人支出有益費用，因有增加該物之價值

者，倘貸與人知其情事而不爲反對之表示，而於使用借貸關係終止時，以其現存之增價額爲限，貸與人應償還其費用。借用人就借用物所增設之工作物，可不請求償還費用而取回之，而負回復租賃物原狀之義務（第3項）。有益費用償還請求權及工作物取回權，自借貸關係終止時起算，因6個月間不行使而消滅（民法第473條）。

(五)借用人之連帶責任

數人共借一物者，對於貸與人，連帶負責（民法第471條）。準此，共同借用人對於貸與人所負返還借用物及損害賠償義務，應負連帶責任（jointly responsible）。

伍、使用借貸之消滅

使用借貸除因期限屆滿、借用物之滅失及借用物返還而消滅外，有下列各款情形之一者，貸與人得終止契約（terminate the loan）（民法第472條）：(一)貸與人因不可預知之情事（unforeseen circumstances），自己需用借用物者，得終止契約，不問使用借貸是否定有期限，均包括在內。所謂不可預知之情事，係指在訂立使用借貸契約以後所發生之情事，而非訂立契約時所能預見者而言。至於自己需用借用物，僅須貸與人有自己需用借用物之原因事實爲已足，不問是否有正當事由而有收回之必要之事實[49]；(二)借用人違反約定或依物之性質而定之方法使用借用物，或未經貸與人同意允許第三人使用者；(三)因借用人怠於注意，致借用物毀損或有毀損之虞者；(四)借用人死亡者。

陸、例題研析——公務機關之宿舍

一、使用借貸之性質

公務機關之宿舍使用人扣繳之宿舍使用費，通常係用於宿舍之全面維護及修理。而宿舍使用費亦依據使用之員工職等之高低定其金額，而非按宿舍面

---

[49] 最高法院58年台上字第788號民事判決。

積之大小及價値，衡量其使用之對稱之價値所定之金額，非使用宿舍之對價。故員工使用宿舍，縱扣繳宿舍使用費，仍不成立租賃關係[50]。再者，租賃之租金，必須相當，始爲使用租賃物之代價，甲所扣繳之宿舍使用費，倘與使用房屋之租金相當，則得視爲租金，而認爲有償。倘其扣繳之宿舍使用費，與租金顯不相當，應視爲無償之使用借貸，乃係附有負擔之使用借貸。甲雖按月扣繳宿舍使用費用新臺幣（下同）1,200元，惟當地之租金行情爲每月2萬元，是使用費與租金顯不相當，自應視爲使用借貸契約。

二、借貸目的應認使用完畢

因任職關係獲准配住宿舍，其性質爲使用借貸，目的在使任職者安心盡其職責，倘借用人喪失其與所屬機關之任職關係，當然應認依借貸之目的，已使用完畢，配住機關自得請求返還（民法第470條第1項）。職是，甲因任職關係配住宿舍，其離職已喪失其與所屬機關之任職關係，依借貸目的應認已使用完畢，使用借貸契約因而消滅，自應返還配置之宿舍。

第二項　消費借貸

《例題16》

甲以乙爲連帶保證人，向丙銀行借用新臺幣300萬元，約定按月攤還本息，其逾期清償在6個月以內部分，按上開利率10%，逾6個月以上部分，按上開利率20%計付違約金，約定如有1期本息未付，即喪失期限利益，應就其所積欠之借款本金、利息及違約金立即全部一次清償。詎甲不依約繳納本息，經丙銀行屢次催討，均置之不理。試問丙銀行應如何主張權利？依據爲何？

---

[50] 最高法院102年度台上字第1317號民事判決：行政機關爲安定所屬人員生活，提供管理房舍或土地供其居住或建屋居住，係行政機關與其所屬人員間所爲之私法上借貸契約，該借貸契約之存續、終止或消滅，應依民法使用借貸之規定。

壹、消費借貸之定義

所謂消費借貸（loan for consumption），係指當事人一方移轉金錢或其他代替物（fungible thing）之所有權於他方，而約定他方以種類、品質、數量相同之物返還之契約（民法第474條第1項）。

貳、消費借貸之成立

消費借貸之成立，除當事人合意外，尚須交付借用物，其為要物契約（real contract）。故利息先扣之金錢借貸，其貸與之本金數額應以利息預扣後實際交付借用人之金額為準，預扣利息部分，未實際交付借用人，自不發生返還請求權[51]。再者，為緩和其要物性，即當事人之一方對他方負金錢或其他代替物之給付義務而約定以之作為消費借貸之標的者，亦成立消費借貸（民法第474條第2項）。消費借貸之貸與人所負移轉借用物所有權於借用人之義務，而與借用人所負返還同種類、品質、數量之物之義務，並無對價關係，貸與人交付借用物，為消費借貸之成立要件，非其債務，僅消費借貸借用人負返還義務，其為單務契約。消費借貸原則為無償契約，但約定有利息或其他報酬者，屬有償契約。

參、消費借貸之預約

所謂消費借貸預約，係指當事人約定負擔成立消費借貸本約義務之契約。消費借貸之預約，約定消費借貸有利息或其他報償，當事人之一方於預約成立後，成為無支付能力者，預約貸與人得撤銷其預約（民法第475條之1第1項）。消費借貸之預約，其約定之消費借貸為無報償者，準用第465條之1規定，原則上預約貸與人得任意撤銷其預約。但預約借用人已請求履行預約，而預約貸與人未即時撤銷者，不得撤銷之（第2項）。

---

[51] 最高法院104年度台簡上字第27號民事判決。

肆、消費借貸之效力

一、貸與人之權利義務

(一)返還請求權

貸與人於清償期屆至時，得向借用人請求返還同種類、同品質、同數量代替物（民法第478條）。倘有約定利息或其他報酬者，貸與人得向借用人請求支付（民法第477條）。

(二)物之瑕疵擔保責任

消費借貸，約定有利息或其他報償者，借用物有瑕疵時，貸與人應另易以無瑕疵之物，借用人仍得請求損害賠償（民法第476條第1項）。消費借貸為無報償者，借用物有瑕疵時，借用人得照有瑕疵原物之價值，返還貸與人（第2項）。無償借貸之情形，倘貸與人故意不告知其瑕疵者，借用人得請求損害賠償（第3項）。

二、借用人之權利義務

(一)借用物之用益及處分之權利

消費借貸之借用人依據消費借貸之法律關係取得借用物之所有權，借用人有使用、收益及處分借用物之權利。例如，甲向乙銀行借款新臺幣100萬元，甲取得該金錢之所有權。

(二)返還之義務

1. 非金錢借貸

返還借用物為借用人主要義務，申言之：(1)借用人應於約定期限內，返還與借用物種類、品質、數量相同之物。未定返還期限者，借用人得隨時返還，貸與人亦得定1個月以上之相當期限，催告返還（民法第478條）；(2)借用人不能以種類、品質、數量相同之物返還者，應以其物在返還時、返還地所應有之價值償還之。返還時或返還地未約定者，以其物在訂約時或訂約地之價值償還之（民法第479條）。

2.金錢借貸

金錢借貸之返還，除契約另有訂定外，應依下列之規定：(1)以通用貨幣為借貸者，倘於返還時已失其通用效力，應以返還時有通用效力之貨幣償還之；(2)金錢借貸約定折合通用貨幣計算者，不問借用人所受領貨幣價格之增減，均應以返還時有通用效力之貨幣償還之；(3)金錢借貸約定以特種貨幣為計算者，應以該特種貨幣，或按返還時、返還地之市價，以通用貨幣償還之（民法第480條）；(4)以貨物或有價證券折算金錢而為借貸者，縱有反對之約定，仍應以該貨物或有價證券按照交付時、交付地之市價所應有之價值，為其借貸金額，以通用貨幣返還之（民法第481條）。

(三)支付利息或報償之義務

利息（interest）或其他報償（remuneration），應於契約所定期限支付之。未定期限者，應於借貸關係終止時支付之。但其借貸期限逾1年者，應於每年終支付之（民法第477條）。

伍、例題研析——借用人之義務

所謂消費借貸，係指當事人一方移轉金錢或其他代替物之所有權於他方，而約定他方以種類、品質、數量相同之物返還之契約（民法第474條第1項）。所謂連帶保證債務，係指保證人與主債務人負同一債務，對於債權人各負全部給付之責任者而言（民法第272條第1項）。甲以乙為連帶保證人，向丙銀行借款，約定按月攤還本息，其逾期清償在6個月以內部分，按上開利率10%，逾6個月以上部分，按上開利率20%計付違約金，約定如有1期本息未付，即喪失期限利益。甲未約給付本息，丙得依消費借貸契約及連帶債務契約請求甲、乙連帶給付所積欠之借款本金、利息及違約金[52]。

---

[52] 臺灣臺中地方法院93年度訴字第1472號民事判決。

第七節　僱　傭

《例題17》

　　甲公司位於臺中市，乙係甲公司員工，在公司從事電腦文書處理業務，並居住於臺中市，而甲公司未經乙同意，將乙調至臺東縣之工廠，從事一般性之作業工作。試問乙拒絕前往，乙得否請求甲公司給付報酬？

壹、僱傭之定義

　　所謂僱傭（hire of services），係指當事人約定，一方於一定或不定之期限內爲他方服勞務，他方給付報酬（remuneration）之契約，僱傭契約之當事人爲僱用人（employer）及受僱人（employee）（民法第482條）。

貳、僱傭之成立

　　僱傭契約之成立，當事人就勞務及報酬之意思表示一致而成立，其屬不要式契約。受僱人爲僱用人服勞務，僱用人給付報酬，兩者互有對價及互爲給付之關係，故爲有償契約及雙務契約。國家基於社會政策及保護勞工之目的，制定勞動法，如勞動基準法、勞動事件法等特別法，是僱傭契約應優先適用勞動法，其未規定者，始適用民法。

參、僱傭之效力

一、受僱人之權利義務

(一)勞務供給義務

　　其僱傭關係具有專屬性，僱用人非經受僱人同意，不得將其勞務請求權讓予第三人。而受僱人非經僱用人同意，不得使第三人代服勞務（民法第484條第1項）。當事人之一方違反時，他方得終止契約（第2項）。受僱人明示或

默示保證其有特種技能時，倘無此種技能時，僱用人得終止契約（民法第485條）。

(二)報酬請求權

受僱人服勞務之代價，在於取得報酬。倘僱用人受領勞務遲延者，受僱人無補服勞務之義務，仍得請求報酬。但受僱人因不服勞務所減省之費用，或轉向他處服勞務所取得，或故意怠於取得之利益，僱用人得由報酬額內扣除之（民法第487條）[53]。例如，雇主不法解僱勞工，應認其拒絕受領勞工提供勞務之受領勞務遲延。勞工自無補上開期間服勞務之義務，並得依原定勞動契約請求該期間之報酬[54]。

(三)損害賠償請求權

受僱人服勞務，因非可歸責於自己之事由，致受損害者，得向僱用人請求賠償（民法第487條之1第1項）。倘損害之發生，有應負責任之人時，僱用人對於該應負責者，有求償權（reimbursement）（第2項）。

二、僱用人之權利義務

(一)對於受僱人負保護義務

受僱人服勞務，其生命、身體、健康有受危害之虞者，僱用人應按其情形為必要之預防（民法第483條之1）[55]。僱用人對於工作場所、設備、工具等，有使受僱人受危害之虞情形，應為必要之安全防護。倘僱用人未為之，係屬債

---

[53] 最高法院104年度台上字第1294號民事判決：勞動契約與以提供勞務為手段之委任契約之主要區別，在於提供勞務者與企業主間，其於人格上、經濟上及組織上從屬性之有無。

[54] 最高法院92年度台上字第1405號民事判決。

[55] 最高法院95年度台上字第2692號民事判決：基於社會政策之理由，為使受僱人受有周全之保障，民法增訂483條之1明定受僱人服勞務，其生命、身體、健康有受危害之虞者，僱用人應按其情形為必要之預防。此即屬同法第184條第2項所指保護他人之法律。

務不履行，自須其有可歸責之事由，始應對受僱人負損害賠償之責任。是僱用人無明知或可得而知工作場所等有使受僱人生命、身體、健康受危害之虞，而不爲必要之預防情事，自不能令其負責[56]。

(二)報酬給付義務

僱用人應依約給付報酬，倘依情形，非受報酬即不服勞務者，視爲允與報酬（民法第483條第1項）。未定報酬額者，按照價目表（tariff）所定給付之；無價目表者，按照習慣（customs）給付（第2項）。僱傭契約在受僱人一方，僅需依據約定對於受僱人一定勞務之供給而與以報酬，縱使受僱人供給之勞務不生預期之結果，仍應負給與報酬之義務[57]。報酬應依約定之期限給付之；無約定者，依習慣；無約定亦無習慣者，依下列之規定（民法第486條）：1.報酬分期計算者，應於每期屆滿時給付之；2.報酬非分期計算者，應於勞務完畢時給付之。

(三)勞務請求權

僱用人基於僱傭之法律關係，得請求受僱人給付勞務，此爲給付報酬之代價，受僱人給付勞務，成爲請求報酬之主要依據，受僱人給付勞務應受僱用人之指揮監督。

肆、僱傭之消滅

一、期限屆滿

僱傭定有期限者，其僱傭關係，於期限屆滿時消滅（民法第488條第1項）。僱傭未定期限，亦不能依勞務之性質或目的定其期限者，各當事人得隨時終止契約。但有利於受僱人之習慣者，從其習慣（第2項）。

---

[56] 最高法院105年度台上字第1528號民事判決。
[57] 最高法院45年台上字第1619號民事判決。

二、契約終止

當事人之一方,遇有重大事由(serious occurrence),其僱傭契約,縱定有期限,仍得於期限屆滿前終止之(民法第489條第1項)[58]。例如,僱用人停止營業、廠房失火燒毀、受僱人罹患重疾等。該重大事由,倘因當事人一方之過失而生者,他方得向其請求損害賠償(第2項)。

三、違反義務之終止

當事人違反勞務供給之專屬性,即僱用人非經受僱人同意,而將其勞務請求權讓與第三人。或受僱人未非經僱用人同意,而使第三人代服勞務,當事人之得據此終止契約(民法第484條)。受僱人並無其保證之特種技能時,僱用人得終止契約(民法第485條)。

伍、例題分析——合法調職及受領勞務遲延之效力

雇主調動勞工工作,不得違反勞動契約之約定,並應符合下列原則:(一)基於企業經營上所必須,且不得有不當動機及目的。但法律另有規定者,從其規定;(二)對勞工之工資及其他勞動條件,未作不利之變更;(三)調動後工作為勞工體能及技術可勝任;(四)調動工作地點過遠,雇主應予以必要之協助;(五)考量勞工及其家庭之生活利益(勞動基準法第10條之1)。

違反上揭規定者,其調職命令為非法行為。僱用人受領勞務遲延者,受僱人無補服勞務之義務,仍得請求報酬(民法第487條)。雇主非法調職勞工,應認雇主已預示拒絕受領勞工提供之勞務,故勞工縱未實際提供勞務而為雇主拒絕受領,仍應認雇主受領勞務遲延,受僱勞工無補服勞務之義務,自得請求報酬。甲公司位於臺中市,乙係甲公司員工,而於公司從事電腦文書處理業

---

[58] 最高法院95年度台上字第1449號民事判決:當事人之一方,遇有重大事由,其僱傭契約,縱定有期限,仍得於期限屆滿前終止之。重大事由屬不確定之法律概念,應斟酌僱傭契約之性質或內涵審認之。倘其事由已喪失勞務目的之信賴,倘使僱傭關係繼續,對當事人之一方,已屬不可期待,而有害於當事人之利益,並顯失公平時,得認為重大事由。

務，並居住於臺中市，因甲公司未經乙同意，將乙調至臺東縣之工廠從事一般性之作業生產，工作無須特殊技能，除可就近尋覓工人外，其與乙原先工作之性質，兩者顯然不同，工作地點距離乙之住處甚遠，對乙甚為不便，是乙自得拒絕前往，甲公司違法之調職行為，自可認已預示拒絕受領乙於原工作地點提供勞務之意思，即甲公司有受領勞務遲延情事，受僱人乙無補服勞務之義務，得請求報酬[59]。

第八節　承　攬

《例題18》

　　甲向乙承攬房屋新建工程，因可歸責於承攬人甲之事由，遲延工作，顯可預見其不能於期限內完成者。試問定作人乙得否解除承攬契約？依據為何？

《例題19》

　　甲、乙簽訂承攬契約，甲將其所有房屋之裝潢工程交與乙施作，依據承攬契約所規定之付款辦法，即契約訂立之日給付工程總價20%、工程完成20%時給付工程總價20%、工程完成40%時再給付工程總價30%、工程完成80%時再給付工程總價25%及工程完成驗收後付清工程尾款5%。契約另規定違約罰責，即乙未能按時完成系爭工程，其應按日以工程總價1/1000賠償甲。因乙承攬之工作，除有諸多瑕疵外，亦遲延完工交付，甲定期請求乙修補，乙均置之不理。試問甲應如何主張權利[60]？

---

[59] 最高法院99年度台上字第838號民事判決。
[60] 臺灣臺中地方法院92年度訴字第1720號民事判決。

壹、承攬之定義

所謂承攬（hire of work），係指當事人約定，一方為他方完成一定之工作，他方俟工作完成，給付報酬之契約（民法第490條第1項）。約定由承攬人供給材料者，其材料之價額，推定為報酬之一部（第2項）。完成工作之一方為承攬人（undertaker），給付報酬之一方為定作人（proprietor）。例如，承造房屋、室內裝潢。

貳、承攬之成立

當事人對於完成一定工作及給付報酬，意思表示一致時，承攬契約即為成立，其為不要式契約及諾成契約。承攬人所負完成一定工作之債務與定作人所負給付報酬之債務，互有對價及互為給付之關係，是承攬契約為雙務契約及有償契約。再者，承攬工作之所需材料，倘約定由承攬人供給材料而完成工作者，稱為製造物供給契約或工作物供給契約。例如，以承攬人提供建材為定作人興建房屋。該契約之性質為何，原則上應依當事人之意思為準，當事人之意思重於工作物之財產之移轉時，應為買賣關係。如當事人之意思重於工作完成時，即為承攬關係。倘當事人意思不明時，可認為承攬與買賣契約之混合契約，關於工作物之財產之移轉時，類推適用買賣關係。而關於工作完成，類推承攬關係[61]。

參、承攬之效力

一、承攬人之權利義務

(一)完成工作之義務

1. 交付工作物之義務

承攬人之主要義務為依約完成一定工作，工作完成後，有必須交付者，承攬人尚有交付工作物之義務。因可歸責於承攬人之事由，致工作逾約定期限

---

[61] 最高法院102年度台上字第553號民事判決。

始完成，或未定期限而逾相當時期始完成者，定作人得請求減少報酬或請求賠償因遲延而生之損害（民法第502條第1項）。例如，承攬建築工程之承攬人，因可歸責於己之事由，遲延進行，致不能於約定期限內完成者，除應就未完成之工程，有依約履行之義務外，如承攬契約有規定於逾期完工，應給付違約金者，亦應負因逾完成期限所生支付違約金之責任。承攬工作須於特定期限完成或交付為契約之要素者，定作人得於承攬人工作完成後解除契約，並得請求賠償因不履行而生之損害（第2項）。倘因可歸責於承攬人之事由，遲延工作，承攬工作須於特定期限完成或交付為契約之要素，顯可預見其不能於限期內完成，該遲延可為工作完成後解除契約之原因者，定作人得於工作進行期間解除契約，並請求損害賠償（民法第503條）[62]。工作遲延後，定作人受領工作時不為保留者，承攬人對於遲延之結果，不負責任（民法第504條）。即可認定作人拋棄請求減少報酬、遲延賠償及解除契約之權利。

2. 次承攬契約

承攬除當事人間有特約外，非必須承攬人自服其勞務，其使用他人，完成工作，自無不可，即承攬人得與他人訂立次承攬契約，使次承攬人承攬工作之全部或一部[63]。

(二)瑕疵擔保責任

承攬人對於其完成之工作應負瑕疵擔保責任，即承攬人完成工作，應使其具備約定之品質及無減少或滅失價值或不適於通常或約定使用之瑕疵（民法第492條）。茲分述擔保責任之效力、擔保責任之免除及擔保責任之存續期間如後：

---

[62] 最高法院91年度台上字第2196號、95年度台上字第1731號、103年度台上字第459號民事判決。在工作完成前，定作人雖得隨時終止契約，然承攬人亦取得請求定作人賠償其因終止契約所受損害之權利，承攬人之損害賠償請求權，係因定作人之終止契約而發生，是定作人之終止契約，不僅使契約向將來失其效力，並使承攬人取得請求損害賠償之權利。

[63] 最高法院65年台上字第1974號民事判決。

1. 瑕疵擔保責任之效力

(1)瑕疵修補請求權

工作有瑕疵者，定作人得定相當期限，請求承攬人修補之（民法第493條第1項）。承攬人不於定作人所定期限內修補者，定作人得自行修補，並得向承攬人請求償還修補必要之費用（第2項）。倘修補所需費用過鉅者，承攬人得拒絕修補，就此情形，定作人得不自行修補，而向承攬人請求償還修補必要之費用（第3項）。

(2)減少報酬請求權

承攬人不於定作人所定之期限內修補瑕疵，或者因修補所需費用過鉅而拒絕修補或其瑕疵不能修補者，定作人得請求減少報酬（民法第494條本文）。工作物之瑕疵非重要，或所承攬之工作為建築物或其他土地上之工作物者，定作人得請求減少報酬（但書）。

(3)契約解除權

承攬人不於定作人所定之期限內修補瑕疵，或者因修補所需費用過鉅而拒絕修補或其瑕疵不能修補者，其瑕疵重大者，定作人自得解除契約（民法第494條）[64]。所承攬之工作為建築物或其他土地上之工作物，而其瑕疵重大致不能達使用之目的者，定作人得解除契約（民法第495條第2項）。民法第494條但書雖規定，所承攬之工作為建築物或其他土地上之工作物者，定作人不得解除契約，係指承攬人所承攬之建築物，其瑕疵程度尚不致影響建築物之結構或安全，毋庸拆除重建者而言。然瑕疵程度已達建築物有倒塌之危險，定作人自無須承受此項危險，得解除契約[65]。

(4)損害賠償請求權

因可歸責於承攬人之事由，致工作發生瑕疵者，定作人除得請求修補或解除契約，或請求減少報酬外，並得請求損害賠償（民法第495條第1項）[66]。例

---

[64] 最高法院103年度台上字第2339號民事判決。

[65] 最高法院83年台上字第3265號民事判決。

[66] 最高法院102年度台上字第1147號民事判決：債權人依民法第495條第1項與第227條規定，請求債務人賠償損害，係不同之法律關係，其請求權各自獨立，消滅時效亦不同。

如，承攬工程有重大瑕疵而無法修補者，定作人解除契約，並請求因解除契約所生之損害。

(5)瑕疵預防請求權

工作進行中，因承攬人之過失，顯可預見工作有瑕疵或有其他違反契約之情事者，定作人得定相當期限，請求承攬人改善其工作或依約履行（民法第497條第1項）。承攬人不於定作人所定之期限內，依照改善或履行者，定作人得使第三人改善或繼續其工作，其危險及費用，均由承攬人負擔（第2項）。

(6)擔保責任之免除

承攬人擔保責任之免除原因有二：特約免除及可歸責於定作人者。前者，即承攬人之瑕疵擔保責任，固得由當事人特約免除或限制，然以特約免除或限制承攬人關於工作之瑕疵擔保義務者，倘承攬人故意不告知其瑕疵，其特約為無效（民法第501條之1）。再者，工作之瑕疵，因定作人所供給材料之性質或依定作人之指示而生者，承攬人雖不負擔保責任。然承攬人明知其材料之性質或指示不適當，而不告知定作人者，定作人自得行使瑕疵擔保請求權（民法第496條）[67]。

2.擔保責任之存續期間

(1)發現期間

定作人之瑕疵擔保請求權，倘其瑕疵自工作交付後經過1年始發見者，不得主張（民法第498條第1項）。工作依其性質無須交付者，該1年之期間，自工作完成時起算（第2項）。承攬人故意不告知其工作之瑕疵者，瑕疵發見期間之延長為5年（民法第500條）。再者，為土地上工作者，其發現期間有延長規定，是工作為建築物或其他土地上之工作物或為此等工作物之重大之修繕者，發現期限，延為5年（民法第499條）。承攬人故意不告知其工作之瑕疵者，瑕疵發見期間延長為10年（民法第500條）。瑕疵發見期間具有強制性，期限雖得以契約加長，然不得減短（民法第501條）。

---

[67] 最高法院105年度台上字第1257號民事判決。

(2)消滅期限

定作人請求承攬人負瑕疵擔保責任之期間，分爲瑕疵發見期間及權利行使期間。所謂瑕疵發見期間，係指定作人非於其期間內發見瑕疵，不得主張其有瑕疵擔保權利之期間，此爲民法第498條至第501條規定屬之。所謂權利行使期間，係指擔保責任發生後，定作人之權利應於一定期間內行使，否則歸於消滅之期間，民法第514條規定屬之。故定作人之瑕疵修補請求權、修補費用償還請求權、減少報酬請求權、損害賠償請求權或契約解除權，均因瑕疵發見後1年間不行使而消滅。職是，定作人行使瑕疵擔保請求權之1年消滅時效期間，應自瑕疵發見後起算。至於定作人是否知悉瑕疵發生有可歸責於承攬人之原因，其與瑕疵發見無涉，無法作爲判斷瑕疵發見時點[68]。

(三)承攬人法定抵押權（99年司法人員四等）

1.建築物工作物或重大修繕

承攬之工作爲建築物或其他土地上之工作物，或爲此等工作物之重大修繕者，承攬人得就承攬關係報酬額，對於其工作所附之定作人之不動產，請求定作人爲抵押權之登記（register of mortgage）；或對於將來完成之定作人之不動產，請求預爲抵押權之登記（民法第513條第1項）。法定抵押權擔保之範圍僅限於承攬人之報酬請求權，不包括損害賠償請求權、墊款償還請求權及定作人遲延給付所生之債權。承攬人請求設定抵押權登記，除得就已完成之不動產爲之外，而於工作開始前亦得請求預爲抵押權登記（第2項）。倘承攬契約已經公證者，承攬人得單獨申請而爲抵押權登記（第3項）。即承攬契約內容業經公證人作成公證書者，雙方當事人之法律關係自可確認，足認定作人已有會同前往申辦登記抵押權之意，承攬人無庸再向定作人請求。就修繕報酬所登記之抵押權，其於工作物因修繕所增加之價值限度內，優先於成立在先之抵押權（第4項）[69]。因抵押物之毀損，因承攬人重大修繕時，使抵押物之價值得以保全，自應優先於成立在先之抵押權，以期合理。

---

[68] 最高法院100年度台上字第1232號民事判決。
[69] 最高法院100年度台抗字第157號民事裁定。

2.對抗要件

因法定抵押權之發生，易致與定作人有授信往來之債權人，因不明不動產有法定抵押權之存在而受不測之損害，得由承攬人請求定作人會同為抵押權登記，並兼採預為抵押權登記制度，抵押權之登記，以訂定契約時已確定之約定報酬額為限，以兼顧承攬人之利益及交易安全。準此，法定抵押權之成立應經登記，始得對抗第三人。

二、定作人之權義

(一)給付報酬之義務

1.後付主義

定作人給付報酬為其主要義務，縱契約未約定報酬給付，倘依情形，非受報酬即不為完成其工作者，視為允與報酬（民法第491條第1項）。未定報酬額者，按照價目表所定給付之；無價目表者，按照習慣給付（第2項）。約定由承攬人供給材料者，其材料之價額，推定為報酬之一部（民法第490條第2項）。報酬應於工作交付時給付之，無須交付者，應於工作完成時給付之（民法第505條第1項）。工作係分部交付，而報酬係就各部分定之者，應於每部分交付時，給付該部分之報酬（第2項）。報酬採後付主義，當事人另有約定者，從其約定。

2.估計報酬概數

當事人訂立契約時，僅估計報酬之概數者，倘其報酬因非可歸責於定作人之事由，超過概數甚鉅者，定作人得於工作進行中或完成後，解除契約（民法第506條第1項）。工作為建築物或其他土地上之工作物或為此等工作物之重大修繕者，工作已完成者，定作人僅得請求相當減少報酬。倘工作物尚未完成者，定作人得通知承攬人停止工作，並得解除契約（第2項）。定作人解除契約時，對於承攬人，應賠償相當之損害（第3項）。承攬人之損害賠償請求權，於定作人解除契約後，1年間不行使而消滅（民法第514條第1項）[70]。

---

[70] 最高法院100年度台上字第592號民事判決。

(二)工作協力及受領之義務

工作需定作人之行為始能完成者，而定作人不為其行為時，承攬人得定相當期限，催告定作人為之（民法第507條第1項）。例如，定作人應供給材料或供給建築房屋之基地。定作人不於承攬人所定之期限內為其行為者，承攬人得解除契約，並得請求賠償因契約解除而生之損害（第2項）[71]。承攬人之契約解除權，自其催告所所定期限屆滿後，1年間不行使而消滅（民法第514條第1項）。再者，承攬之工作，以承攬人個人之技能為契約之要素者，承攬人死亡或非因其過失致不能完成其約定之工作時，其契約當然終止。工作已完成之部分，對定作人為有用者，定作人有受領及給付相當報酬之義務（民法第512條）。

(三)危險之負擔

工作毀損、滅失之危險，而於定作人受領前，由承攬人負擔，其不得請求報酬。倘定作人受領遲延者，其危險由定作人負擔，定作人自應給付報酬（民法第508條第1項）。定作人所供給之材料，因不可抗力而毀損、滅失者，承攬人不須負責，由定作人負擔危險，此為天災歸所有人負擔之原則（第2項）。因可歸責於定作人之履行不能時，是定作人受領工作前，因其所供給材料之瑕疵或其指示不適當，致工作毀損、滅失或不能完成者，承攬人倘及時將材料之瑕疵或指示不適當之情事通知定作人時，得請求其已服勞務之報酬及墊款之償還，定作人有過失者，並得請求損害賠償（民法第509條）[72]。承攬人之契約解除權，自其催告所所定期限屆滿後，1年間不行使而消滅（民法第514條第1項）。定作人受領工作之時期，倘依工作之性質，無須交付者，以工作完成時視為受領（民法第510條）。自工作完成後，由定作人負擔危險。

---

[71] 最高法院102年度台上字第2162號民事判決。
[72] 最高法院103年度台上字第221號民事判決。

肆、承攬之消滅

一、解除契約

定作人與承攬人解除契約事由如後：(一)定作人依據民法第494條、第495條第2項、第502條第2項、第503條、第506條解除契約；(二)承攬人依據民法第507條解除契約。承攬契約一經解除，契約溯及消滅。

二、終止契約

契約終止有意定終止及法定終止：(一)所謂意定終止，係指工作未完成前，定作人得隨時終止契約。但應賠償承攬人因契約終止而生之損害。因原承攬契約於終止前，仍屬有效，是定作人應賠償因契約終止而生之損害，自應包括承攬人已完成工作部分之報酬及其就未完成部分應可取得之利益，但應扣除承攬人因契約消滅所節省之費用及其勞力使用於其他工作所可取得或惡意怠於取得之利益[73]；(二)所謂法定終止，係指承攬之工作，以承攬人個人之技能為契約之要素者，倘承攬人死亡或非因其過失致不能完成其約定之工作時，其契約為終止（民法第512條第1項）。工作已完成之部分，而於定作人為有用者，定作人有受領及給付相當報酬之義務（第2項）[74]。

伍、製造物供給契約

基於契約自由原則，當事人當得自行決定契約之種類及內容，達成其所欲發生之權利義務關係，倘當事人間契約之性質不明，致影響法規之適用者，法院應闡明並曉諭當事人為法律意見之陳述或主張，並依職權本於法律確信，自為契約之定性以完成法規之適用，不受當事人所陳述法律意見之拘束。所謂製

---

[73] 最高法院92年度台上字第738號民事判決。

[74] 最高法院102年度台上字第1149號民事判決：定作人與承攬人合意終止承攬契約，其與因可歸責於承攬人之事由而終止承攬契約，性質不同，效果亦異。除有特別約定外，定作人並不當然得依原來之承攬契約請求承攬人賠償修補瑕疵之費用等損害。

造物供給契約或工作物供給契約，係指當事人之一方以自己之材料，製成物品供給他方，而由他方給付報酬之契約[75]。此契約之性質，究係買賣抑或承攬，應探求當事人之眞意以確定之。倘當事人之意思，重在工作之完成，應定性爲承攬契約；倘當事人之意思，重在財產權之移轉，應解釋爲買賣契約；兩者無所偏重或輕重不分時，爲承攬與買賣之混合契約[76]。

陸、例題研析

一、解除承攬契約之要件

因可歸責於承攬人之事由，遲延工作，顯可預見其不能於期限內完成，依民法第503條之規定，得以其遲延，可爲工作完成後解決契約之原因時，定作人得據此解除契約。所謂工作完成後解除契約之原因，依同法第502條第2項規定，係以工作於特定期限內完成爲契約之要素者而言，倘非以此爲契約之要素，定作人僅得請求減少報酬，不得解除契約[77]。反之，期限僅係約定期限者，定作人不可解除契約。甲向乙承攬房屋新建工程，因可歸責於承攬人甲之事由，遲延工作，顯可預見其不能於期限內完成者，契約所約定之完工交付期間，係當事人約定之期限，該期限本非契約要素。定作人得解除契約者，限於客觀性質上爲期限利益行爲，且經當事人約定承攬人須於特定期限完成或交付者，始有適用[78]。準此，約定期限與特定期限內完成爲契約之要素者不同，定作人乙應先定相當期限催告承攬人甲履行，倘於期限內仍不履行，即可解除契約（民法第229條第1項、第254條）。

---

[75] 最高法院59年台上字第1590號民事判決。

[76] 最高法院104年度台上字第1746號民事判決。

[77] 司法院第1期司法業務研究會，民事法律專題研究(1)，132至133頁。

[78] 最高法院89年度台上字第2506號民事判決。

二、瑕疵擔保責任

(一)修補瑕疵與給付違約金

工作有瑕疵者，定作人得定相當期限，請求承攬人修補之。承攬人不於所定期限內修補者，定作人得自行修補，並得向承攬人請求償還修補必要之費用（民法第493條第1項、第2項）。甲、乙簽訂承攬契約，甲將其所有房屋之裝潢工程交與乙施作，依據承攬契約所規定之付款辦法，即契約訂立之日。給付工程總價20%、工程完成20%時給付工程總價20%、工程完成40%時再給付工程總價30%、工程完成80%時再給付工程總價25%及工程完成驗收後付清工程尾款5%。契約另規定違約罰責，即乙未能按時完成系爭工程，其應按日以工程總價1/1000賠償甲。因乙施作之工程有瑕疵，定作人甲定期請求承攬人乙就其承作之裝潢工程，修補瑕疵，乙未於合理之相當期限修補裝潢工程之瑕疵，甲自得於自行修補後，向乙請求償還修補之必要費用。況乙未能按時完成工作，應按日以工程總價1/1000給付違約金與甲。

(二)抵銷工程報酬

二人互負債務，而其給付種類相同，並均屆清償期者，各得以其債務，與他方之債務，互為抵銷（民法第334條第1項）。甲得向乙請求修補裝潢工程瑕疵所必要金額及乙因遲延完工依約應給付違約金。倘甲尚有部分工程報酬未給付，甲自得主張與未付之工程報酬互相抵銷，如工程報酬逾甲主張之抵銷金額，乙得依據承攬契約請求抵銷後之剩餘金額。反之，工程報酬不足甲主張之抵銷金額，乙不得依據承攬契約請求報酬。

第八節之一　旅　遊

《例題20》

甲參加乙旅行社所舉辦之大陸江南5日旅遊，甲於蘇州市之絲綢店購買天然絲綢，回臺灣後發現並非天然絲綢，係人工合成纖維。試問甲得向乙旅行社主張何種權利？依據為何？

壹、旅遊之定義

旅遊營業人（tourist agency）以提供旅客（traveler）旅遊服務爲營業，而收取旅遊費用之人，旅遊契約之當事人爲旅遊營業人及旅客（民法第514條之1第1項）。所謂營業，係指以營利爲目的之事業，其與商業同其意義。而旅遊服務，係指安排旅程及提供交通、膳宿、導遊或其他有關之服務（第2項）。

貳、旅遊之成立

當事人雙方就給付旅遊費用及提供旅遊服務意思表示一致時，即成立旅遊契約，其爲不要式契約及諾成契約。旅客所負給付費用之債務與旅遊營業人提供旅遊服務之債務，互有對價及互爲給付關係。準此，旅遊契約爲雙務契約及有償契約。

參、旅遊之效力

一、旅遊營業人之權利義務

(一)收取旅遊費用之權利

旅遊營業人從事旅遊業務，因其提供旅客旅遊服務，爲其主要之義務，故有依約向旅客收取旅遊費用（expense of travel）之權利（民法第514條之1第1項）。

(二)瑕疵擔保責任

旅遊爲有償契約，旅遊營業人對其所提供之旅遊服務，應負瑕疵擔保責任。即旅遊營業人提供旅遊服務，應使其具備通常之價值及約定之品質（民法第514條之6）。旅遊營業人就其提供之旅遊服務有瑕疵時，旅客得行使瑕疵擔保之請求權：1.瑕疵改善請求權：旅遊服務不具備通常之價值及約定之品質者，旅客得請求旅遊營業人改善之（民法第514條之7第1項前段）；2.減少費用請求權：旅遊營業人不爲改善或不能改善通常之價值及約定之品質時，旅客得請求減少費用（第1項中段）；3.終止契約之權：倘旅遊營業人提供之旅遊服務之瑕疵，有難於達預期目的之情形者，旅客並得終止契約（第1項後

段）；4.損害賠償請求權：因可歸責於旅遊營業人之事由致旅遊服務不具備通常之價值或約定品質者，旅客除請求減少費用或並終止契約外，並得請求損害賠償（第2項）；5.終止契約送回原地請求權：旅客因旅遊營業人所提供之旅遊服務有瑕疵，依法終止契約時，旅遊營業人應將旅客送回原出發地。其所生之費用，由旅遊營業人負擔（第3項）。

(三)不得變更旅遊內容之義務

　　旅遊營業人非有不得已之事由（unavoidable circumstances），不得變更旅遊內容（民法第514條之5第1項）。旅遊營業人有不得已之事由，導致變更旅遊內容時，其因此所減少之費用，應退還於旅客；所增加之費用，不得向旅客收取（第2項）。旅遊營業人依法變更旅程時（itinerary），倘旅客不同意者，其得終止契約（第3項）。旅客因依旅遊營業人變更旅程時而終止契約時，得請求旅遊營業人墊付費用將其送回原出發地。而於到達後，由旅客附加利息償還之（第4項）。旅遊營業人將旅客送回原出發地其所生之費用，由旅客負擔之。

(四)致旅客旅遊時間浪費之損害賠償請求權

　　因可歸責於旅遊營業人之事由，致旅遊未依約定之旅程進行者，旅客就其時間之浪費，得按日請求賠償相當之金額。但其每日賠償金額，不得逾旅遊營業人所收旅遊費用總額每日平均之數額（民法第514條之8）。旅客旅遊時間之浪費，論其性質，應屬旅客之非財產上之損害。

(五)對旅客在旅遊中發生事故時應為必要協助及處理義務

　　旅客在旅遊中發生身體或財產上之事故（accident）時，旅遊營業人應為必要之協助及處理（民法第514條之10第1項）。此為旅遊營業人之附屬義務，不論事故是否可歸責於旅遊營業人，旅遊營業人均應為必要之協助及處理。例如，旅遊期間發生地震或車禍，導致旅客受傷或死亡。該等事故，係因非可歸責於旅遊營業人之事由所致者，其所生之費用，由旅客負擔（第2項）。

(六)協助旅客就所購買之物品行使瑕疵擔保請求權

　　旅遊營業人安排旅客在特定場所購物，其所購物品有瑕疵者，旅客得於受

領所購物品後1個月內,請求旅遊營業人協助其處理(民法第514條之11)。此為旅遊營業人之附隨機義務,倘有違反者,應負債務不履行之責任。

二、旅客之權利義務

(一)支付旅遊費用之義務

旅遊為有償契約,旅客所負給付費用之債務與旅遊營業人提供旅遊服務之債務,具有對價關係,是旅客有給付旅遊費用,為其主要之義務。實務上旅客應先付費用,旅遊營業人始提供旅遊服務之債務。

(二)請求交付記載旅遊相關資料書面之權利

旅遊營業人因旅客之請求,應以書面記載下列事項,交付旅客為憑(民法第514條之2):1.旅遊營業人之名稱及地址;2.旅客名單;3.旅遊地區及旅程;4.旅遊營業人提供之交通、膳宿、導遊或其他有關服務及其品質;5.旅遊保險(travel insurance)之種類及其金額;6.其他有關事項;7.填發之年月日。再者,旅遊營業人因旅客之請求,固應交付記載旅遊相關書面資料之義務,惟旅遊契約為不要式契約,故該書面並非旅遊契約成立之要件。

(三)旅客對於旅遊服務提供之協力義務

旅遊需旅客之行為始能完成,而旅客不為其行為者,旅遊營業人得定相當期限,催告旅客為之(民法第514條之3第1項)。旅客不於旅遊營業人所定期限內為其行為者,旅遊營業人得終止契約,並得請求賠償因契約終止而生之損害(第2項)。旅遊開始後,旅遊營業人因旅客未盡協力之義務而終止契約時,旅客得請求旅遊營業人墊付費用將其送回原出發地。旅客到達後,由旅客附加利息償還之(第3項)。準此,旅遊營業人將旅客送回原出發地其所生之費用,由旅客負擔之。

(四)變更由第三人參加旅遊之權利

旅遊開始前,旅客得變更由第三人參加旅遊。旅遊營業人非有正當理由,不得拒絕(民法第514條之4第1項)。因第三人參加旅遊而為旅客時,如因而

增加費用，旅遊營業人得請求旅客給付。倘減少費用，旅客不得請求退還（第2項）。

三、短期消滅時效

因旅遊契約而生之增加、減少或退還費用請求權，損害賠償請求權及墊付費用償還請求權，均自旅遊終了或應終了時起，1年間不行使而消滅（民法第514條之12）。規定短期之請求消滅時效，以期早日確定法律關係。

肆、旅遊之消滅

一、旅客終止契約

旅遊未完成前，旅客得隨時終止契約。但應賠償旅遊營業人因契約終止而生之損害（民法第514條之9第1項）。旅客任意終止契約時，得請求旅遊營業人墊付費用將其送回原出發地。旅客到達後，由旅客附加利息償還之（第2項）。其他旅客得終止契約之事由有二：(一)旅遊營業人依法變更旅程時，旅客不同意者（民法第514條之5第2項）；(二)旅遊服務不具備通常價值或約定品質者，而有難於達預期目的之情形者（民法第514條之7第1項）。

二、旅遊營業人終止契約

旅遊需旅客之行為始能完成，而旅客不為其行為者，旅遊營業人得定相當期限，催告旅客為之。旅客不於旅遊營業人所定期限內為其行為者，而旅遊營業人得終止契約（民法第514條之3第1項、第2項）。

伍、例題研析──協助旅客行使瑕疵擔保請求權

旅遊營業人安排旅客在特定場所購物，其所購物品有瑕疵者，旅客得於受領所購物品後1個月內，請求旅遊營業人協助其處理（民法第514條之11）。甲參加乙旅行社所舉辦之大陸江南5日遊，甲於蘇州市之絲綢店購買天然絲綢，回臺灣後發現並非天然絲綢，係人工合成纖維，甲得於受領其所購物品後，得

於1個月內請求乙旅行社協助，其向該商店主張因買賣關係所生之權利，乙旅行社有協助處理之義務。

第九節　出　版

《例題21》

> 甲為民法案例式之著作權人，甲將著作物交付乙出版公司出版，因乙公司職員之疏失而引起火災，導致著作物滅失。試問乙公司是否有給付報酬之義務？依據為何？

壹、出版之意義

所謂出版（publication），係指當事人約定，一方以文學、科學、藝術或其他之著作，為出版而交付於他方，他方擔任印刷或以其他方法重製及發行之契約（民法第515條第1項）。投稿於新聞紙或雜誌經刊登者，推定成立出版契約（第2項）。契約之當事人為出版權授與人（author）及出版人（editor）。著作人持著作物向報社投稿，屬出版之要約，其經報社採用刊載者，可認為因承諾而成立民法之出版契約，報社僅享有利用著作物之出版權，除有特約外，不包括著作權之轉讓。

貳、出版之性質

出版為不要式及諾成契約，出版權授與人負有交付著作物之義務，出版人負有出版之義務，當事人間互有對價及互為給付之關係，是出版契約為雙務及有償契約。

參、效　力

一、對出版權授與人之效力

(一)著作之交付義務

出版權授與人應依出版契約將著作交付於出版人，使其取得出版權，得以承擔著作之印刷、重製及發行（民法第515條第1項）。職是，出版權授與人有先交付著作予出版人之義務。

(二)擔保責任

著作財產權人之權利，其於合法授權實行之必要範圍內，由出版人行使之（民法第516條第1項）。出版權授與人，應擔保其於契約成立時，有出版授與之權利，倘著作受法律上之保護者，並應擔保該著作有著作權（第2項）。

(三)告知義務

出版權授與人，已將著作之全部或一部，交付第三人出版，或經第三人公開發表，為其所明知者，應於契約成立前將其情事告知出版人（民法第516條第3項）。

(四)不競爭義務

出版權授與人於出版人得重製發行之出版物未賣完時，不得就其著作之全部或一部，為不利於出版人之處分。例外情形，契約另有訂定者，不在此限（民法第517條）。

(五)著作物訂正修改權

著作人於不妨害出版人出版之利益，或增加其責任之範圍內，得訂正或修改著作。但對於出版人因此所生不可預見之費用，應負賠償責任。出版人於重製新版前，應予著作人以訂正或修改著作之機會（民法第520條）。

(六)另交稿本及重作之義務

著作交付出版人後，因不可抗力（force majeure）導致滅失，倘該滅失之著作，出版權授與人另存有稿本者，有將稿本交付於出版人之義務。無稿本

時，倘出版權授與人係著作人，且不多費勞力，即可重作者，應重作之（民法第525條第2項）。出版權授與人就得另交稿本及重作，得請求相當之賠償（reasonable compensation）（第3項）。

二、對出版人之效力

(一)出版著作物之義務

出版人對於著作（writing），不得增減或變更（民法第519條第1項）。出版人應以適當之格式重製著作。並應為必要之廣告及用通常之方法推銷出版物（第2項）。出版物之賣價，由出版人定之。但不得過高，致礙出版物之銷行（第3項）。同一著作人之數著作，為各別出版而交付於出版人者，出版人不得將其數著作，併合出版（民法第521條第1項）。出版權授予人就同一著作人或數著作人之數著作為併合出版，而交付於出版人者，出版人不得將著作，各別出版（第2項）。

(二)再版之義務

當事人就版數未約定者，出版人僅得出1版（民法第518條第1項）。出版人依約得出數版或永遠出版者，倘於前版之出版物賣完後，怠於新版之重製時，出版權授予人得聲請法院令出版人於定期限內，再出新版。逾期不遵行者，喪失其出版權（第2項）。

(三)支付報酬之義務

出版契約訂有報酬者，出版人依據出版契約有給付報酬之義務，倘依情形非受報酬，即不為著作之交付者，視為允與報酬（民法第523條第1項）。出版人有出數版之權者，其次版之報酬及其他出版之條件，推定與前版相同（第2項）。著作全部出版者，全部重製完畢時應給付報酬；分部出版者，各部分重製完畢時，應給付報酬（民法第524條第1項）。報酬之全部或一部，依銷行之多寡而定者，出版人應依習慣計算，支付報酬，並應提出銷行之證明（第2項）。例如，按照書價之15%，作為出版權授與人之報酬。

(四)危險之負擔

著作交付出版人後，因不可抗力致滅失者，出版人仍負給付報酬之義務（民法第525條第1項）。即交付著作物後，其危險負擔移轉於出版人。重製完畢之出版物，於發行前，因不可抗力，致全部或一部滅失者，出版人得以自己費用，就滅失之出版物，補行出版，對於出版權授與人，無須補給報酬（民法第526條）。

肆、出版之消滅

一、出版權喪失

出版人依約得出數版或永遠出版者，倘於前版之出版物賣完後，怠於新版之重製時，出版權授與人得聲請法院令出版人於一定期限內，再出新版。逾期不遵行者，喪失其出版權（民法第518條第2項）。

二、出版契約屆期

出版權於出版權授與人依出版契約將著作交付於出版人時，授與出版人。依前項規定授與出版人之出版權，而於出版契約終了時消滅（民法第515條之1）。

三、著作不能完成

著作未完成前，倘著作人死亡，或喪失能力，或非因其過失致不能完成其著作者，其出版契約關係消滅（民法第527條第1項）。而出版契約關係之全部或一部之繼續，為可能且公平者，法院得許其繼續，並命為必要之處置（第2項）。

伍、例題研析──危險責任負擔

著作交付出版人後，因不可抗力致滅失者，出版人仍負給付報酬之義務（民法第525條第1項）。足見交付著作物後，其危險負擔移轉於出版人。是可

歸責於出版人之事由，導致著作滅失，出版人自負給付報酬。準此，甲將著作物交付乙出版公司出版，因乙公司職員丙之疏失而引起火災，而丙為乙之代理人或使用人，關於債之履行有故意或過失時，債務人乙應與自己之故意或過失負同一責任（民法第224條）。因丙之過失導致著作物滅失，乙應負過失責任，甲得依據出版契約請求乙給付報酬（民法第523條第1項）。

第十節　委　任

《例題22》

　　甲於乙銀行開立支票存款帳戶，由乙銀行擔任甲所簽發支票之付款人，乙銀行就經第三人變造之支票為付款。試問應由何人負損害責任？依據為何？

《例題23》

　　甲、乙、丙、丁、戊公同共有A地，共有人約定由甲全權處理公同共有物。試問：(一)甲與其他共有人間有無委任關係存在？(二)倘有委任關係存在時，共有人中之一人，可否單獨終止委任關係？

壹、委任之定義

　　所謂委任者（mandate），係指當事人約定，一方委託他方處理事務，他方允為處理之契約（民法第528條）[79]。委任為典型之勞務契約（performance of services），就勞務給付之契約而言，不屬於法律所定其他契約之種類者，適用關於委任之規定（民法第529條）。

---

[79] 最高法院103年度台上字第2189號民事判決。

貳、委任之性質

委任原則為無償，有償為例外。有承受委託處理一定事務之公然表示者，倘對於該事務之委託，不即為拒絕之通知時，視為允受委託（民法第530條）。例如，律師或會計師對社會大眾表示，其接受專業委託事務。無償之委任為單務契約，倘為有償委任，委任人報酬給付義務與受任人事務處理義務，互有對價及互為給付之關係。

參、委任之效力

一、受任人之權利義務

(一)事務處理權

1. 委任方式

所謂事務處理權，為受任人（mandatory）處理委任人（principal）事務之權限。委任事務之處理，須為法律行為，而該法律行為（juridical act），依法應以文字為之者，其處理權之授與，應以文字為之。其授與代理權者，代理權之授與（delegated power），應以文字為之（民法第531條）。例如，不動產之物權移轉或設定，須以書面為之。

2. 概括委任或特別委任

受任人之權限，應視特別委任或概括委任而定，故受任人之權限，依委任契約之訂定。未訂定者，依其委任事務之性質定之。委任人得指定一項或數項事務而為特別委任，或者就一切事務，而為概括委任（a general mandate）（民法第532條）。受任人受特別委任者（specific mandate），就委任事務之處理，得為委任人為一切必要之行為（民法第533條）。受任人受概括委任者，得為委任人為一切行為。但為下列行為，須有特別之授權（民法第534條）：(1)不動產之出賣或設定負擔；(2)不動產之租賃其期限逾2年者；(3)贈與；(4)和解（compromise）；(5)起訴；(6)提付仲裁（arbitration）。

(二)處理事務之義務

1.不違背委任人之指示義務（93年司法人員四等）

受任人處理委任事務，應依委任人之指示，並與處理自己事務為同一之注意，其受有報酬者，應以善良管理人之注意為之（民法第535條）。受任人非有急迫之情事，並可推定委任人若知有此情事亦允許變更其指示者，不得變更委任人之指示（民法第536條）。

2.親自處理義務

受任人原則上應自己處理委任事務。惟經委任人之同意或另有習慣或有不得已之事由者，得使第三人代為處理（民法第537條）。受任人為違法之複委任，使第三人代為處理委任事務者，應就該第三人之行為，應與就自己之行為，負同一責任（民法第538條第1項）。反之，受任人為合法之複委任，使第三人代為處理委任事務者，僅就第三人之選任及其對於第三人所為之指示，負其責任（第2項）。不論是否為適法之複委任，受任人使第三人代為處理委任事務者，委任人對於第三人關於委任事務之履行，有直接請求權，受任人與次受任人間，形成一種非真正之連帶債務關係（民法第539條）。例如，受任人甲因處理委任事務，所收取之金錢、物品及孳息，應交付於委任人乙。甲使第三人丙代為處理委任事務者，乙對於丙關於委任事務之履行，有直接請求權。準此，乙得直接向丙請求其因處理委任事務所收取之金錢、物品及孳息。

(三)事務計算之義務

受任人有報告義務，故受任人應將委任事務進行之狀況，報告委任人，委任關係終止時，應明確報告其顛末（民法第540條）[80]。受任人有交付金錢物品孳息及移轉權利之義務，是受任人因處理委任事務，所收取之金錢、物品及孳息，應交付於委任人。受任人以自己之名義，為委任人取得之權利，應移轉於委任人（民法第541條）[81]。再者，受任人為自己之利益，使用應交付於委任人之金錢或使用應為委任人利益而使用之金錢者，應自使用之日起，支付利

---

[80] 最高法院103年度台上字第2189號民事判決。
[81] 最高法院102年度台上字第1304號民事判決。

息。倘有損害，並應賠償（民法第542條）。

(四)債務不履行義務

受任人因處理委任事務有過失，或因逾越權限之行為所生之損害，對於委任人應負賠償之責（民法第544條）。故受任人處理委任事務，應依委任人之指示，並與處理自己事務（one's own affairs）為同一之注意，其受有報酬者，應以善良管理人之注意為之（民法第535條）。

二、委任人之權利義務

(一)事務處理請求權

委任具有當事人之信賴關係，具有專屬性，是處理委任事務請求權，原則禁止讓予，委任人非經受任人之同意，不得將處理委任事務之請求權，讓與第三人（民法第543條）。

(二)費用之預付及償還之義務

委任人因受任人之請求，應預付處理委任事務之必要費用（民法第545條）。例如，辦理不動產所有權移轉登記，所需要之土地增值稅或房屋契稅。因此，受任人因處理委任事務，支出之必要費用，委任人應償還之，並付自支出時起之利息（民法第546條第1項）。

(三)清償債務及損害賠償之義務

受任人因處理委任事務，負擔必要債務者，得請求委任人代其清償，未至清償期者，得請求委任人提出相當擔保（民法第546條第2項）。受任人處理委任事務，因非可歸責於自己之事由，致受損害者，得向委任人請求賠償，此為無過失之責任（第3項）。損害賠償之發生，倘有應負責任之人時，委任人對於應負責者，有求償權，因造成損害者，應負終局責任（第4項）。例如，甲委任乙處理租屋事宜，乙為處理委任事務前往租屋處之途中，被違規駕車之丙撞傷，乙所受之損害得請求甲賠償，甲得向肇事者丙求償。

(四)給付報酬之義務

有償委任之場合，委任人有依約負有給付報酬之義務。報酬縱未約定，倘依習慣或依委任事務之性質，應給與報酬者，受任人得請求報酬（民法第547條）。受任人應受報酬者，其請求報酬之時期，除契約另有訂定外，非於委任關係終止及為明確報告顛末後，不得請求給付，是有償委任採報酬後付主義（民法第548條第1項）[82]。委任關係因非可歸責於受任人之事由，而於事務處理未完畢前已終止者，受任人得就其已處理之部分，請求報酬（第2項）。例如，甲委任乙律師處理因車禍而發生之損害賠償之訴訟，約定酬金新臺幣10萬元，包括辦地方法院、高等法院、最高法院及強制執行等事務之酬勞。乙於受任後，曾代為撰狀向地方法院聲請調解，在調解程序中，其代理權因當事人在外成立和解而撤銷，依契約本旨及誠信法則，乙僅能請求給付第一審事務之酬金，而不得及於全部[83]。

肆、委任之消滅

一、任意終止

委任契約之當事人之任何一方，得不具任何理由，隨時終止委任契約（民法第549條第1項）。例如，未經分割之遺產，經各繼承人互推一人管理者，此項管理權係基於委任契約而發生，委任人得隨時予以終止。而受任人或委任人，於不利於他方之時期終止契約者，應負損害賠償責任。但因非可歸責於該當事人之事由，致不得不終止契約者，則無須負損害賠償責任（第2項）。所謂損害，係指不於此時終止，他方即可不受該項損害而言，並非指當事人間原先約定之報酬。

---

[82] 最高法院103年度台上字第2189號民事判決。
[83] 最高法院49年台上字第128號民事判決。

二、法定事由

(一)死亡、破產或喪失行為能力

委任關係，因當事人一方死亡、破產或喪失行為能力而消滅。但契約另有訂定，或因委任事務之性質不能消滅者，不在此限（民法第550條）。倘委任關係之消滅，有害於委任人利益之虞時，受任人或其繼承人或其法定代理人，於委任人或其繼承人或其法定代理人能接受委任事務前，應繼續處理其事務（民法第551條）。

(二)擬制委任存續

委任關係消滅之事由，係由當事人之一方發生者，而於他方知其事由或可得而知其事由前，委任關係視為存續（民法第552條）。此為擬制委任存續，以保護當事人之利益。例如，祭祀公業之管理人係受派下全體之推選，而為派下全體管理祭祀公業之財產，管理人派下全體間應成立私法上之委任契約。祭祀公業之管理人提起民事訴訟後死亡，祭祀公業之管理人與派下全體間之委任關係，雖因管理人死亡而消滅，然此委任關係之消滅，將導致訴訟程序當然停止，進而使派下全體因訴訟標的權利狀態不明確而受有不利益，應認管理人之繼承人於派下全體或派下全體另推選新管理人承受訴訟前，基於原委任關係擬制存續之同一資格，其有承受訴訟之適格，得向法院聲明或由法院依職權命其承受訴訟[84]。

三、借名登記契約

所謂借名登記，係指當事人約定一方將自己之財產以他方名義登記，而仍由自己管理、使用、處分，他方允就該財產為出名登記之契約，其成立著重於借名者與出名者間之信任關係，性質與委任關係類似，應類推適用民法第549條之終止規定，故當事人之任何一方，得隨時終止委任契約[85]。

---

[84] 臺灣高等法院暨所屬法院87年度法律座談會，臺灣高等法院歷年法律座談會彙編，97至99頁。

[85] 最高法院104年度台上字第2136號民事判決。

伍、委任契約與承攬契約之差異

委任契約與承攬契約固均以提供勞務給付為手段，惟委任契約係受任人基於一定之目的為委任人處理事務，重視彼此之信賴關係，且雙方得就受任人之權限為約定，受任人應依委任人之指示處理委任事務並報告委任事務進行之狀況，不以有報酬之約定及有一定之結果為必要（民法第528條、第532條、第535條、第540條）。承攬契約係承攬人為獲取報酬為定作人完成一定之工作，較不重視彼此之信賴關係，承攬人提供勞務具有獨立性，原則上得使第三人代為之，且以有一定之結果為必要[86]。

陸、例題研析

一、受任人之債務不履行責任

支票存款帳戶為甲種存戶，其存戶簽發支票，委託銀行於見票時無條件付款與受款人或執票人者，存戶與銀行之間即發生委任關係[87]。依票據法第125條第1項第5款規定之無條件支付之委託，其為無償委任。委任關係中之受任人依民法第535條前段規定，雖未受有報酬，其處理委任事務，仍應與處理自己事務為同一之注意，負具體輕過失之責任[88]。甲於乙銀行開立支票存款帳戶，由乙銀行擔任甲所簽發支票之付款人，乙銀行就第三人變造之支票為付款，倘未盡與處理自己事務為同一之注意者，自應對於委任人甲應負賠償之責。

二、委任契約之終止

甲、乙、丙、丁、戊公同共有A地，其等約定由甲全權處理公同共有物，其等成立委任契約（民法第528條）。因公同共有物之處分應得全體共有人之同意（民法第828第2項），既經全體同意由甲全權處理公同共有物，如許共有

---

[86] 最高法院104年度台上字第1606號民事判決。

[87] 最高法院65年台上字第1253號民事判決。

[88] 司法院第3期司法業務研究會，民事法律專題研究(2)，331至332頁。

人中之一人單獨終止委任關係,即與委任契約之本旨不合。是公同共有人約定由甲全權處理公同共有物,甲與其他共有人間有委任關係存在。委任關係之終止應得甲以外全體共有人之同意,不得由共有人中之一人單獨終止委任關係[89]。

第十一節　經理人及代辦商

第一項　經理人

《例題24》

A商號經理人甲簽發該商號之支票,蓋有A商號之印章,並加蓋其經理人之名章,作為商號向第三人買受商品之支付用途。試問應由何人負票據上之責任?依據為何?

壹、經理人之定義

所謂經理人者(manager),係指由商號(firm)之授權,為其管理事務及簽名之人(民法第553條第1項)。經理人受商號之委任,為商號處理一定事務之人,非僅為商號服勞務,商號與經理人間之關係為委任關係,而非僱傭關係[90]。經理人與代辦商均屬商業主體之輔助人,倘商事法有特別規定者,自應優先適用商事法之規定,商事法無規定者,始適用民法之規範。例如,公司法對公司經理人之規定、保險法對保險代理人之規定。

---

[89] 司法院第3期司法業務研究會,民事法律問題研究彙編,3輯,87頁。
[90] 最高法院85年度台上字第3056號、97年度台上字第2351號民事判決。

貳、經理人之權利

一、經理權

(一)商號管理事務及簽名

　　所謂經理權，係指有為商號管理事務及簽名之權利（民法第553條第1項）。經理權之授與，得以明示或默示為之（第2項）。經理權得限於管理商號事務之一部或商號之一分號或數分號，以限制其主管事務範圍（第3項）。例如，人事部門經理、業務部門經理或各區辦事處經理。經理權之範圍，包括對內之商號營業事務經營權及對外之事務代理權，原則上經理人對於第三人之關係，就商號或其分號，或其事務之一部，視為其有為管理上之一切必要行為之權（民法第554條第1項）。例外情形，係經理人須有書面之授權，始得買賣不動產或對不動產設定負擔（第2項）。關於不動產買賣之限制，其於以買賣不動產為營業之商號經理人，不適用之，因其屬經理人之經理權範圍（第3項）。

(二)權限範圍

　　經理人就所任之事務，視為有代理商號為原告（plaintiff）或被告（defendant）或其他一切訴訟上行為之權（民法第555條）。商號經理人，關係營業有代商號所有人為審判上與審判外一切行為之權限，其包括清理商號所負債務與處理因營業所發生之事項，均為其權限以內之事項。再者，商號得授權於數經理人，此為共同經理人制度，倘經理人中有二人之簽名者，對於商號，即生效力，毋庸共同為之（民法第556條）。商號得限制經理權之範圍，經理權之限制，除第553條第3項規定之主管事務部門限制、第554條第2項規定之書面授權及第556條所規定之共同經理外，為保護交易安全，不得以之對抗善意第三人（bona fide third party）（民法第557條）。

二、報酬請求權

　　經理人係商業主體之輔助人，從事商業之營利活動，故經理人與商號為有

償委任，是縱使未約定報酬，依據其性質，經理人自得向商號請求報酬（民法第547條）。

參、經理人之義務

一、注意義務

經理人與商號之關係屬有償委任，是有償委任之經理人應以善良管理人之注意義務，執行商號之職務，應其負抽象輕過失責任（民法第535條、第547條）。

二、競業禁止義務

(一)商號之歸入權

經理人非得其商號之允許（consent），不得為自己或第三人經營與其所辦理之同類事業，亦不得為同類事業公司無限責任之股東（民法第562條）。經理人有違反競業禁止之行為時，其所為之競業行為並非無效，其商號得請求因其行為所得之利益，作為損害賠償，此為商號之歸入權或介入權（民法第563條第1項）[91]。該項請求權，自商號知有違反行為時起，經過2個月或自行為時起，經過1年不行使而消滅（第2項）。

(二)競業禁止之約定

因經理人有忠於其職責之義務，其於委任期間未得商號人之允許，不得為自己或第三人辦理同類之營業事務，否則同業競爭之結果，勢必有利自己或第三人，而損害商號之權利。為免經理人因知悉前商號之營業資料而作不公平之競爭，雙方得事先約定，而於經理人離職後，在特定期間不得從事與商號相同或類似之行業，以免有不公平之競爭，倘此競業禁止之約定期間、內容為合理時，並未違背憲法之工作權保障。

---

[91] 最高法院81年台上字第1453號民事判決。

肆、經理關係之消滅

經理關係之消滅之原因有三：(一)經理人解任或辭任，而於委任關係中，商號得隨時解任經理人，經理人亦得隨時辭任（民法第549條）；(二)經理人死亡、破產或喪失行為能力時，經理關係雖應歸於消滅（民法第550條）。惟經理權，不因商號所有人之死亡、破產或喪失行為能力而消滅（民法第564條）；(三)商號營業廢止或轉讓，經理權應歸於消滅。

伍、例題解析——經理權之範圍

A商號經理人甲簽發商號支票，蓋用商號之印章外，並加蓋其經理人之名章，客觀上固未寫明為代理，但經理人甲有為A商號管理事務及為其簽名之權（民法第553條）。故在其業務權限範圍內所為之行為，其效力及於A商號，由A商號負責票據之責任（票據法第5條、第6條）。反之，甲以A商號名義簽發支票，非於其業務權限範圍內所必須者，並為相對人所明知者，自難認其發票行為對於A商號發生效力。

第二項 代辦商

《例題25》

民法規定之商號經理人與代辦商有何區別，試就與商號之關係、就處理事務之所在地、輔助之商號個數、報酬之計算等項目，依序逐一說明之。

壹、代辦商之意義

所謂代辦商（commercial agent），係指非經理人而受商號之委託，於一定處所或一定區域內，以該商號之名義，辦理其事務之全部或一部之人（民法第558條第1項）。代辦商與委託人間之關係，為委任性質，除民法代辦商一節別

有規定外，準用委任之規定[92]。代辦商屬獨立之商號輔助人，與經理人隸屬於商號不同。

貳、代辦商之權利

一、代辦權

所謂代辦權，係指受商號之委託，而於一定處所或一定區域內，以商號之名義，辦理其事務之全部或一部之人，其具有代理權之性質，其包括對內之事務處理權及對外之代理權限（民法第558條第1項）。代辦商對於第三人之關係，就其所代辦之事務，視爲其有爲一切必要行爲之權（第2項）。代辦商，除有書面之授權外，不得負擔票據上之義務，或爲消費借貸，或爲訴訟（第3項）。

二、報酬給付及費用償還請求權

代辦商得依契約所定，請求報酬或請求償還其費用。無約定者，依習慣；無約定亦無習慣者，依其代辦事務之重要程度及多寡，定其報酬（民法第560條）。所謂費用者，係指代辦商代商號墊付之費用而言，不包括代辦商本身營業之費用。

參、代辦商之義務

一、報告義務

代辦商就其代辦之事務，應隨時報告其處所或區域之商業狀況於其商號，並應將其所爲之交易（transaction），即時報告之，使商業知悉交易情事（民法第559條）。

---

[92] 最高法院66年台上字第2867號民事判決。

二、競業禁止義務

代辦商與經理人相同，非得其商號之允許，不得爲自己或第三人經營與其所辦理之同類事業，亦不得爲同類事業公司無限責任之股東（民法第562條）。代辦商有違反競業禁止之行爲時，其商號得請求因其行爲所得之利益，作爲損害賠償（民法第563條第1項）。商號行使介入權，自商號知有違反行爲時起，經過2個月或自行爲時起，經過1年不行使而消滅（第2項）。

肆、代辦商關係之消滅

代辦商關係消滅之消滅原因有三：(一)契約期間屆滿；(二)契約終止，即代辦權未定期限者，當事人之任何一方得隨時終止契約。但應於3個月前通知他方（民法第561條第1項）。當事人之一方，因非可歸責於自己之事由，致不得不終止契約者，得不先期通知而終止之（第2項）；(三)代辦商死亡、破產或喪失行爲能力時，經理關係雖應歸於消滅（民法第550條）。惟代辦權，不因商號所有人之死亡、破產或喪失行爲能力而消滅（民法第564條）。

伍、例題研析——經理人與代辦商之區別

經理人與代辦商雖均屬商業主體之輔助人，惟兩者不同，茲說明如後：(一)就與商號之關係而言，經理人隸屬商號，爲隸屬之商業補助人；代辦商是獨立之商業補助人，其亦爲商人；(二)就處理事務之所在地而言，經理人在商號內處理事務；代辦商在自己之營業所處理事務；(三)就輔助之商號個數而言，經理人通常僅輔助一特定商號之營業；代辦商可輔助一個以上之商號營業；(四)就報酬之計算而言，經理人通常可按期領取一定數額之報酬；代辦商依據其辦理之事務，收取佣金，以充作報酬。

第十二節　居　間

《例題26》

乙委託甲媒介訂定出賣A土地之買賣契約，甲媒介乙、丙成立A土地買賣契約，買賣契約規定，俟契約成立後3個月內，出賣人乙負有移轉A土地所有權與買受人丙之義務。試問甲何時得請求居間報酬？依據為何？

《例題27》

甲委託乙幫忙找尋欲購之不動產，並約定報酬數額，經乙之報告訂約之機會，購得丙之不動產。試問嗣後甲、丙間因故解除買賣契約，乙是否得依據居間契約之約定，向甲請求報酬？

壹、居間之定義

所謂居間者（brokerage），係指當事人約定，一方為他方報告訂約之機會或為訂約之媒介（intermediary），他方給付報酬之契約（民法第565條）。居間契約之當事人為居間人（broker）及委託人（principal）。

貳、居間之種類

居間依據委託任務內容之不同，得分報告居間及媒介居間兩種類型：(一)所謂報告居間，係指居間人為委託人報告訂約之機會，不以於訂約時周旋於他人之間為之說合為必要；(二)所謂媒介居間，係指為委託人之訂約媒介。再者，民法第529條規定，關於勞務給付之契約，不屬於法律所定其他契約之種類者，適用關於委任之規定。準此，居間契約為勞務給付契約之一種，居間契約之未規定者，得適用委任契約之規定。

參、居間人之義務

一、據實報告或妥為媒介義務

居間人關於訂約事項，應就其所知，據實報告於各當事人。對於顯無履行能力之人，或知其無訂立該約能力之人，不得為其媒介（民法第567條第1項）。以居間為營業者，關於訂約事項及當事人之履行能力或訂立該約之能力，有調查之義務（duty of investigation）（第2項）。例如，不動產仲介業之業務，涉及房地買賣之專業知識，由相關消費者委任仲介業者處理買賣事宜。仲介業者針對其所為之仲介行為，向相關消費者收取高額之報酬或佣金，應就其所從事之業務負善盡預見危險及調查之義務。以仲介房屋買賣為業，其於仲介中自應審酌所有權狀及相關文件之真偽，倘未盡此注意義務致委託受有損失，自應負過失侵權行為之責[93]。

二、隱名居間之不告知義務

當事人之一方，指定居間人不得以其姓名或商號告知相對人者，居間人有不告知之義務，此為隱名居間之不告知義務，不僅於訂約時應遵守，嗣於訂約後，亦應遵守秘密（民法第575條第1項）。

三、介入義務

居間人就其媒介所成立之契約，雖無為當事人給付或受領給付之權（民法第574條）。惟居間人不以當事人一方之姓名或商號告知相對人時，應就該方當事人由契約所生之義務，自己負履行之責，並得為其受領給付，此為居間人之介入義務，由居間人負擔履行義務（民法第575條第2項）。

---

[93] 最高法院84年度台上字第1064號民事判決。

肆、居間人之權利

一、報酬請求權

(一)報酬數額

當事人約定給付報酬係居間契約之成立要件，未約定者，如依情形，非受報酬即不為報告訂約機會或媒介者，視為允與報酬（民法第566條第1項）。未定報酬額者，按照價目表所定給付之。無價目表者，按照習慣給付（第2項）。所謂習慣，係指在社會上普通一般人多年慣行之事實，確信具有法之效力，並不違背公共秩序及善良風俗者而言。委託人按照習慣給付居間之報酬，自不發生有失公平情事[94]。

(二)給付義務人

居間人因媒介應得之報酬，除契約另有訂定或另有習慣外，媒介居間契約由當事人雙方平均負擔（民法第570條）。報告居間之關係存於居間人及委託人間，故委託人應負給付報酬與居間人之義務。因婚姻居間（matrimonial brokerage）而約定報酬者，居間人就報酬無請求權（民法第573條）。

(三)報酬給付時期

居間人以契約因其報告或媒介而成立者為限，得請求報酬（民法第568條第1項）。契約附有停止條件者，該條件成就前，居間人不得請求報酬（第2項）。居間人於契約因其媒介而成立時，即得請求報酬，嗣後縱使契約因故解除，於其所得報酬不受影響[95]。倘委託人為避免報酬之支付，故意拒絕訂立媒介或報告之契約，而再自行與相對人訂立同一內容之契約者，依誠實信用原則，仍應支付報酬[96]。

---

[94] 最高法院79年度台上字第847號民事判決。

[95] 最高法院49年台上字第1646號民事判決。

[96] 最高法院58年台上字第2929號民事判決。

(四)報酬請求權之喪失

居間人違反其對於委託人之義務,而為利於委託人之相對人之行為,或違反誠實及信用方法,由相對人收受利益者,居間人違反忠實辦理義務,自不得向委託人請求報酬(民法第571條)。例如,甲為房屋仲介公司,係為乙媒介房屋之買賣,其等成立民法之居間法律關係,依民法第567條規定,居間人甲負有向委託人乙為據實報告之義務。一般住宅與工業住宅之房屋,兩者雖於居住功能方面相同,然因地目屬工業用地,可能影響日後關於水電及其他稅賦等方面之負擔,甲於乙買受其居間之房地時,未將此重要訊息報告與乙,自屬違背居間人應據實報告之義務,雖甲、乙有約定給付報酬,然依民法第571條規定,甲之報酬請求權喪失。

(五)報酬請求權之酌減

約定之報酬,較居間人所任勞務之價值,為數過鉅失其公平者,法院得因報酬給付義務人之請求酌減之。但報酬已給付者,不得請求返還(民法第572條)。當事人間未約定報酬額,係按照價目表所定或習慣給付報酬者,自無有失公平情事,委託人自不得請求酌減報酬[97]。

二、費用償還請求權

居間人支出之費用,非經約定,不得請求償還,因居間所需之費用通常包括在報酬在內(民法第569條第1項)。縱使居間人已為報告或媒介而契約不成立者,亦不得請求償還(第2項)。再者,當事人有特別約定委託人應償還費用與居間人,倘居間人違反忠實辦理義務,亦不得向委託人請求償還費用(民法第571條)。

伍、居間之消滅

居間人為委任人報告訂約之機會或為訂約之媒介,委任人給付報酬之契約。準此,居間目的完成、契約終止、當事人死亡、破產或喪失行為能力等,

---

[97] 最高法院86年度台上字第2522號民事判決。

均構成居間契約消滅之原因。

陸、例題研析

一、報酬給付時期

居間人以契約因其媒介而成立者為限，得請求報酬（民法第568條第1項）。乙委託甲媒介訂定出賣A土地之買賣契約，甲媒介乙、丙成立A土地買賣契約，甲自得於成立時請求報酬。至於買賣契約規定，出賣應於契約成立後3個月內，移轉A土地所有權。係出賣人履行移轉買賣標的物所有權義務之期限，與甲是否得請求報酬無關。再者，居間人因媒介應得之報酬，除契約另有訂定或另有習慣外，媒介居間契約由當事人雙方平均負擔（民法第570條）。準此，乙、丙各有給付1/2報酬與甲之義務。

二、報酬請求權

契約因居間人之報告而成立生效者，居間人即得請求報酬（民法第568條第1項）。居間人所媒介之契約有效成立，自可請求報酬。倘因契約成立後發生之情事，導致有解除原因而消滅時，不負返還居間報酬之義務。甲經由乙之報告訂約之機會，購得丙之房屋，即甲、丙間之房屋買賣契約，因乙之報告而成立生效，乙即得向甲請求報酬，不因買賣契約成立生效後，嗣後因買賣契約經解除而受影響。

第十三節　行　紀

《例題28》

客戶甲委託乙證券商買入A公司之股票，指定買入6千股，1股新臺幣（下同）15元，因乙證券商之營業員丙，誤聽為1股以20元買進。試問效力如何？股票買入差額應由何人負擔？

壹、行紀之定義

所謂行紀者（commission agent），係指以自己之名義，為他人之計算，為動產之買賣或其他商業上之交易，而受報酬之營業（民法第576條）。行紀契約之當事人為行紀人及委託人。行紀屬有償委任，故行紀未規定者外，自適用關於委任之規定（民法第577條）。所謂以自己名義，係指以自己為交易行為之主體。所謂為他人計算之意，係指交易行為上所生之一切損益，均歸於委託人承受負擔。

貳、行紀人之義務

一、直接履行之義務

行紀人以自己名義為交易行為，是行紀人為委託人之計算所為之交易，對於交易之相對人，自得權利，並自負義務（民法第578條）。準此，行紀人為委託人之計算所訂立之契約，其契約之他方當事人不履行債務時，對於委託人，應由行紀人負直接履行契約之義務。但契約另有訂定或另有習慣者，不在此限（民法第579條）。

二、價格遵守義務

行紀人為委託人為交易時，應遵照委託人之指示為之（民法第577條、第535條）。行紀人應遵守委託人所指定之價額進行買賣，行紀人以低於委託人所指定之價額賣出，或以高於委託人所指定之價額買入者，應補償其差額（民法第580條）。反之，行紀人以高於委託人所指定之價額賣出，或以低於委託人所指定之價額買入者，其利益均歸屬於委託人，因行紀人有忠實執行其事務之義務，自應為委託人謀最有利之價額（民法第581條）。

三、保管義務

行紀人為委託人之計算所買入或賣出之物，為其占有時，適用寄託（deposit）規定（民法第583條第1項）。是行紀人對於其占有之物，應依善良

管理人之注意義務保管（民法第590條第1項）。行紀人對其占有之物，除委託人另有指示外，行紀人不負付保險之義務（民法第583條第2項）。例如，客戶委託證券商買賣股票，彼此間為行紀關係，證券商為客戶買進之股票，為其占有時，適用寄託之規定。

四、處置義務

委託出賣之物，而於達到行紀人時有瑕疵，或依其物之性質易於敗壞者（perishable nature），行紀人為保護委託人之利益，應與保護自己之利益為同一之處置（民法第584條）。倘怠為處置或處置不當者，應負損害賠償責任。

參、行紀人之權利

一、報酬及費用請求權

行紀人得依約定或習慣請求報酬、寄存費及運送費，並得請求償還其為委託人之利益而支出之費用及其利息（民法第582條）。報酬之約定為行紀之要件，其計算通常依據交易價額之一定比率計算之。

二、拍賣及提存權

委託人拒絕受領行紀人依其指示所買之物時，行紀人得定相當期限，催告委託人受領，逾期不受領者，行紀人得拍賣其物，並得就其對於委託人因委託關係所生債權之數額，而於拍賣價金中取償之，倘有賸餘，並得提存。如為易於敗壞之物，行紀人得不為催告（民法第585條）。委託行紀人出賣之物，不能賣出或委託人撤回其出賣之委託者，倘委託人不於相當期間取回或處分其物時，行紀人有拍賣及提存之權利（民法第586條）。

三、介入權

行紀人受委託出賣或買入貨幣、股票或其他市場定有市價之物者，除有反對之約定外，行紀人得自為買受人或出賣人，其價值以依委託人指示而為出

賣或買入時市場之市價定之（民法第587條第1項）。此為行紀人之介入權，其性質為形成權，一經行使即發生契約成立之效果。行紀人行使介入權，得行使第582條所定之報酬及費用償還之請求權（第2項）。行紀人得自為買受人或出賣人時，倘僅將訂立契約之情事通知委託人時，而不以他方當事人之姓名告知者，視為自己負擔該方當事人之義務，此為介入權之擬制（民法第588條）。

肆、行紀契約之消滅

委任人與行紀人之關係為委任關係，行紀人具有受託人之性質，除有特別規定或約定外，有關委任契約消滅之原因，均有其適用（民法第577條、第549條至第551條）。

伍、例題研析——價格遵守義務

行紀人為委託人為交易時，應遵照委託人之指示為之（民法第577條、第535條）。是行紀人以低於委託人所指定之價額賣出，或以高於委託人所指定之價額買入者，應補償其差額，蓋行紀人應遵守委託人所指定之價額進行買賣（民法第580條）。客戶甲委託乙證券商買入A公司之股票，指定買入6千股，一股新臺幣（下同）15元，乙證券商應遵照甲之指示為之。因乙證券商之營業員丙，誤聽為1股以20元買進，因營業員丙為乙證券商之履行輔助人，關於債之履行有故意或過失時，乙證券商應與自己之故意或過失負同一責任（民法第224條）。準此，是營業員丙以高於客戶甲所指定之價額買入者，應補償其差額，每股差額為5元，總計差額30,000元（5元×6,000股）。

第十四節　寄　託

第一項　一般寄託

《例題29》

> 甲欲返鄉省親，乃騎乘機車至火車站搭車，並將所騎機車交付乙保管，每日保管費用新臺幣30元，因乙之過失，而發生火災，導致甲之所有機車遭燒毀。試問甲有何救濟途徑？依據為何？

壹、寄託之定義

所謂寄託者（deposit），係指當事人一方以物交付他方，他方允為保管（custody）之契約，契約之當事人為寄託人（depositor）及受寄人（depositary）（民法第589條第1項）。

貳、寄託之性質

寄託契約之成立，除須依寄託人及受寄人之合意外，亦須寄託人將寄託物交付受寄人為要件，其為要物契約。受寄人除契約另有訂定或依情形非受報酬即不為保管者外，不得請求報酬（民法第589條第2項）。準此，寄託得為無償或有償，無償寄託為單務契約，有償寄託屬雙務契約。

參、受寄人之義務

一、保管寄託物之義務

(一)注意義務

受寄人保管寄託物，應與處理自己事務為同一之注意，其受有報酬者，應以善良管理人之注意為之（民法第590條）。受有報酬之受寄人，對於寄託物之滅失，非證明自己於善良管理人之注意無所欠缺，不能免其賠償責任。債

務不履行之債務人應負損害賠償責任，係以可歸責之事由爲要件。寄託人已證明寄託契約之存在，寄託人因受寄人不履行債務給付遲延或不完全給付而受損害，得請求受寄人負債務不履行責任，受寄人抗辯損害之發生爲不可歸責於己之事由所致，應由其負舉證責任，倘未能舉證證明，自不能免責。

(二)使用寄託物之禁止

受寄人非經寄託人之同意，不得自己使用或使第三人使用寄託物（民法第591條第1項）。受寄人違反使用寄託物之禁止之規定，對於寄託人應給付相當報償，倘有損害者，並應賠償。例如，給付相當於租金之金額。倘能證明縱不使用寄託物，仍不免發生損害者，無庸負賠償責任（第2項）。

(三)親自保管義務

因寄託契約具有當事人之信賴關係，受寄人應自己保管寄託物。但經寄託人之同意或另有習慣或有不得已之事由者，得使第三人代爲保管（民法第592條）。倘受寄人違法，使第三人代爲保管寄託物者，對於寄託物因此所受之損害，應負賠償負任。但能證明縱不使第三人代爲保管，仍不免發生損害者，不在此限（民法第593條第1項）。受寄人適法使第三人代爲保管者，僅就第三人之選任及其對於第三人所爲之指示，負其責任（第2項）。

(四)保管之方法

寄託物保管之方法，應依據當事人約定之方式保管，倘無約定者，按物之種類、性質、價格及交易習慣等，以適當之方法保管寄託物。例如，保管新鮮蔬果，應有適當之冷藏設施。而受寄人非有急迫之情事，並可推定寄託人若知有此情事，亦允許變更其約定方法時，否則受寄人不得變更之（民法第594條）。

二、返還寄託物之義務

受寄人返還寄託物時，應將該物之孳息（profit），一併返還，因受寄人並無收益權（民法第599條）。定有返還期限之寄託物契約，寄託人得隨時請

求返還（民法第597條）[98]。受寄人非有不得已之事由，不得於期限屆滿前返還寄託物，是寄託契約之期限利益由寄託人掌控（民法第598條第2項）。未定返還期限之寄託物契約，受寄人或寄託人得隨時返還或請求返還寄託物（民法第597條、第598條第2項）。縱使第三人就寄託物主張權利者，除對於受寄人提起訴訟或爲扣押外，受寄人仍有返還寄託物於寄託人之義務（民法第601條之1第1項）。再者，寄託物返還處所，而於該物應爲保管之地行之。受寄人依第592條規定之第三人代爲保管或依第594條規定之保管方法之變更，將寄託物轉置他處者，得於物之現在地返還之（民法第600條）。

三、危險通知之義務

第三人就寄託物主張權利者，提起訴訟或爲扣押（attachment）時，受寄人應即通知寄託人，此爲受寄人之危險通知義務（民法第601條之1第2項）。俾使寄託人得即時參加訴訟、對扣押之執行聲明異議或提起第三人異議之訴，倘受寄人未盡危險通知義務，導致寄託人受有損害，應負損害賠償責任。

肆、受寄人之權利

一、費用償還請求權

受寄人因保管寄託物而支出之必要費用，寄託人應償還之，並付自支出時起之利息。但契約另有訂定者，依其訂定（民法第595條）。例如，有償寄託之報酬給付，通常包括必要費用在內，應屬契約有訂定之情形。所謂必要之費用，係指因保管寄託物所生者爲限。寄託契約之費用償還請求權，自寄託關係終止時起，1年間不行使而消滅（民法第601條之2）。

二、損害賠償請求權

受寄人因寄託物之性質或瑕疵所受之損害，寄託人應負賠償責任。但寄託

---

[98] 最高法院103年度台上字第1253號民事判決。

人於寄託時,非因過失而不知寄託物有發生危險之性質或瑕疵或爲受寄人所已知者,不在此限(民法第596條)。倘寄託人主張免責,自應舉證證明之。受寄人之損害賠償請求權,自寄託關係終止時起,1年間不行使而消滅(民法第601條之2)。

三、報酬請求權

寄託約定報酬者,應於寄託關係終止時給付之;分期定報酬者,應於每期屆滿時給付之(民法第601條第1項)。寄託物之保管,因非可歸責於受寄人之事由而終止者,除契約另有訂定外,受寄人得就其已爲保管之部分,請求報酬(第2項)。寄託契約爲繼續性之契約,契約終止前之法律關係,依然有效。寄託契約之報酬請求權,自寄託關係終止時起,1年間不行使而消滅(民法第601條之2)。

伍、例題研析——有償寄託之受寄人注意義務

受寄人保管寄託物,而受有報酬者,應以善良管理人之注意爲之(民法第590條)。受有報酬之受寄人,對於寄託物之滅失或毀損,倘有故意或故意,應負賠償責任。從而,甲將其所有之機車有償交付乙保管,因乙之過失,而發生火災,導致甲之所有機車遭燒毀,甲得請求乙賠償該機車之價值損失(民法第196條)。

第二項　特種寄託

《例題30》

　　甲於A銀行開立活期儲蓄存款帳戶,乙持僞刻之印章至A銀行冒領甲之存款,經A銀行之職員丙,以肉眼判別印章之真僞,認定無誤,乃將存款交付予乙。甲要求A銀行返還存款,A銀行主張對其對甲已生清償之效力,甲不得請求返還存款。試問甲依據消費寄託請求返還存款有無理由?

壹、消費寄託

一、定 義

所謂消費寄託（consumption deposit）或不規則寄託，係指寄託物為代替物時，倘約定寄託物之所有權移轉於受寄人，並由受寄人以種類、品質、數量相同之物返還。自受寄人受領該物時起，準用關於消費借貸之規定（民法第602條第1項）。倘消費寄託之寄託物返還，定有期限者，寄託人原則上非有不得已之事由，不得於期限屆滿前請求返還（第2項）。例外之情形，如商業上另有習慣者，不適用之（第3項）。寄託物為金錢時，推定其為消費寄託，此為法定消費寄託（民法第603條）[99]。消費寄託契約為要物契約，以消費寄託物之交付為成立要件。而寄託物之交付，不以由寄託人本人將現物交付為必要，亦得由第三人提出，經受託人承認受領者，即可成立。

二、存款帳戶

支票帳戶設立人與銀行訂立支票存款往來約定書，開立支票存款或甲種活期存款帳戶，將款項存入，約定由帳戶設立人簽發支票，委託銀行於見票時無條件付款與受款人或執票人，核其性質為委託付款，應屬委任契約（票據法第4條、第125條第1項第5款、第135條）。金融機關與客戶間之乙種活期或活儲存款契約，具有消費寄託之性質，客戶得隨時請求返還寄託物之情形。

貳、混藏寄託

所謂混藏寄託，係指寄託物為代替物，倘未約定其所有權移轉於受寄人者，受寄人得經寄託人同意，就其所受寄託之物與其自己或他寄託人同一種類、品質之寄託物混合保管，各寄託人依其所寄託之數量與混合保管數量之比例，共有混合保管物（民法第603條之1第1項）。受寄人為混合保管者，得以同一種類、品質、數量之混合保管物返還於寄託人（第2項）。

---

[99] 最高法院103年度台上字第122號民事判決。

參、法定寄託

一、定　義

　　所謂法定寄託，係指法律規定所成立之寄託關係，而非由當事人之意思合致而成立。民法規定之法定寄託，係因住宿、飲食、浴堂或其他相類場所而發生之寄託關係（民法第606條、第607條）。受寄人於法定寄託關係，應負擔通常事變之責任（force majeure），其屬無過失責任。

二、場所主人之責任

(一)無過失責任

　　旅店或其他供客人住宿為目的之場所主人（proprietor），對於客人所攜帶物品之毀損、喪失，原則應負無過失責任（民法第606條本文）。飲食店、浴堂或其他相類場所之主人，對於客人所攜帶通常物品之毀損、喪失，亦負無過失責任（民法第607條本文）。有下列三種情形時，場所主人之責任得予以免除或限制：1.因不可抗力或因物之性質或因客人自己或其伴侶、隨從或來賓之故意或過失所致者，無須負損害賠償責任（民法第606條但書、第607條但書）；2.客人之金錢、有價證券、珠寶或其他貴重物品，非經報明其物之性質及數量交付保管者，主人不負責任（民法第608條第1項）。主人無正當理由拒絕為客人保管前揭物品者，對於其毀損、喪失，應負責任。其物品因主人或其使用人之故意或過失而致毀損、喪失者，自應負責（第2項）；3.客人知其物品毀損、喪失後，應即通知主人，是客人有通知義務，其怠於通知者，喪失其損害賠償請求權（民法第610條）。

(二)揭示限制或免除責任之效力

　　為保護客人之利益，以揭示限制或免除民法第606條至第608條所規定主人之責任者，其揭示無效（民法第609條）。依據第606條至第608條之規定所生之損害賠償請求權，客人自發見喪失或毀損之時起，6個月間不行使而消滅。或者自客人離去場所後，經過6個月者亦消滅之，其為短期消滅時效（民法第

611條）。

三、場所主人之留置權

　　飲食店、浴堂或其他相類場所之主人，就住宿、飲食、沐浴或其他服務及墊款所生之債權，而於未受清償前，對於客人所攜帶之行李及其他物品，有留置權（民法第612條第1項）。此為特殊之留置權，不以其標的物為主人所占有為其發生之要件，對於客人未交付保管之物品，亦得行使留置權。場所主人之留置權準用民法第445條至第448條關於不動產出租人留置權之規定。

肆、例題研析——消費寄託

　　所謂消費寄託，係指寄託物為代替物時，倘約定寄託物之所有權移轉於受寄人，並由受寄人以種類、品質、數量相同之物返還（民法第602條第1項）。存款人與銀行間就活期儲蓄存款帳戶關係，為民法第602條所定之消費寄託關係，因其寄託物為金錢，受寄託人無返還原物之義務（民法第603條）。銀行就客戶具領存款，究以何種方法判別印章之真偽，為其內部處理業務之問題，銀行之職員雖以肉眼判別印章之真偽，並無過失，然存款為第三人偽刻印章所冒領，銀行僅得對冒領人為損害賠償之請求，不得以第三人冒領之事由，主張已對存款發生清償之效力。因受害人為該銀行，並非銀行之存款人，存款人得基於消費寄託關係請求支付存款，不得本於侵權行為請求銀行負損害賠償責任[100]。職是，乙持偽刻之印章至A銀行冒領甲之存款，A銀行之職員丙，雖無過失，甲仍得依據消費寄託契約請求A銀行返還存款。

---

[100] 最高法院57年台上字第2965號民事判決。

第十五節 倉 庫

《例題31》

甲將一批進口汽車交由倉庫營業人乙保管，乙並發行倉單交付甲收執，甲雖向乙聲稱倉單遺失，然未依公示催告程序及聲請除權判決，乙同意甲不憑倉單提取貨物。試問真正持有倉單之人，是否喪失倉單所載受寄物之所有權？

壹、倉庫及倉庫營業人之定義

所謂倉庫者（warehousing），係指用以堆藏及保管物品之設備。所謂倉庫營業人，係指以受報酬而爲他人堆藏及保管物品爲營業之人（民法第613條）。倉庫契約之當事人爲倉庫營業人（warehouseman）及物品寄託人（depositor），其屬特殊寄託契約，是倉單未規定者，準用關於寄託之規定（民法第614條）。倉庫營業人所填發之倉單，其爲有價證券，得依背書之方式轉讓及出質。

貳、倉庫營業人之義務

一、填發倉單

(一)倉單之定義

倉庫營業人於收受寄託物後，因寄託人之請求，應填發倉單（民法第615條）。所謂倉單者（receipt of warehousing），係指倉庫營業人因寄託人之請求，就寄託物所填發用以處分受領寄託物之有價證券。寄託之物品以動產爲限，是倉單所載之受寄物自不包括不動產。

(二)倉單之發行

倉單爲要式及文義證券，應記載法定事項，並由倉庫營業人簽名，應記

載事項如下（民法第616條第1項）：1.寄託人之姓名及住址；2.保管之場所；3.受寄物之種類、品質、數量及其包皮之種類、個數及記號；4.倉單填發地及填發之年、月、日；5.定有保管期間者，其期間；6.保管費；7.受寄物已付保險者，其保險金額、保險期間及保險人之名號。倉庫營業人應將上揭各款事項，記載於倉單簿之存根（第2項）。

(三)倉單之效力

倉單為物權證券，交付倉單與交付貨物具有同一效力，發生移轉所有權之效力。故倉單所載之貨物，非由寄託人或倉單持有人於倉單背書（endorse），並經倉庫營業人簽名，不生所有權移轉之效力（民法第618條）。

(四)倉單之分割

倉單持有人，得請求倉庫營業人將寄託物分割為數部分，並填發各該部分之倉單，以應實際商業上交易之需求。但持有人應將原倉單交還（民法第617條第1項）。該項分割及填發新倉單之費用，由持有人負擔（第2項）。

(五)倉單之補發

倉單為有價證券，故遺失、被盜或滅失者，倉單持有人得民事訴訟法之規定，依公示催告程序聲請除權判決。或於公示催告（public summons）程序開始後，向倉庫營業人提供相當之擔保，請求補發新倉單（民法第618條之1）。

二、寄託物之推藏及保管

倉庫營業人之主要義務為寄託物之推藏及保管，故倉庫營業人於約定保管期間屆滿前，不得請求移去寄託物（民法第619條第1項）。未約定保管期間者，自為保管時起經過6個月，倉庫營業人得隨時請求移去寄託物，但應於1個月前通知，使寄託人有所準備（第2項）。

三、檢點摘取容許義務

倉庫營業人，因寄託人或倉單持有人之請求，應許其檢點寄託物、摘取樣本，或為必要之保存行為（民法第620條）。檢查寄託物之權利人係寄託人或

倉單持有人，並非倉庫營業人，是倉庫營業人並無有拆箱檢驗寄託物之義務。

參、倉庫營業人之權利

一、報酬請求權

　　倉庫契約為有償契約，報酬約定為倉庫契約之要件，亦為倉單之法定應記載事項之一。準此，倉庫營業人依倉庫契約關係，有請求寄託人給付報酬或保管費之權利。

二、寄託物之拍賣權

　　倉庫契約終止後，寄託人或倉單持有人，拒絕或不能移去寄託物者，倉庫營業人得定相當期限，請求於期限內移去寄託物，逾期不移去者，倉庫營業人得拍賣寄託物，由拍賣代價中扣去拍賣費用及保管費用，並應以其餘額交付於應得之人（民法第621條）。足見倉庫契約終止後，倉庫營業人並不即時免去保管寄託物之義務。

肆、倉庫契約之消滅

　　倉庫契約定有保管期間者，保管期間屆滿，倉庫關係自歸消滅。未定保管期限之倉庫契約，未約定保管期間者，自為保管時起經過6個月，倉庫營業人於1個月前通知寄託人，終止倉庫契約後，得隨時請求移去寄託物（民法第619條第2項）。不論倉庫契約是否定有保管期間，寄託人或倉單持有人均得隨時請求返還寄託物，經請求返還，倉庫關係歸於消滅（民法第614條準用第597條）。

伍、例題分析──倉單之有價證券性

　　倉單依民法第618條規定，係得依背書轉讓之有價證券，其權利之行使與證券之占有有不可分離之關係，倘證券有遺失，應依民事訴訟法規定之公示催告程序，經法院為除權判決後，始使持有倉單之人生失權之效果。甲將一批進

口汽車交由倉庫營業人乙保管，乙並發行倉單交付甲收執，甲固向乙聲稱倉單遺失，然未依公示催告程序及聲請除權判決，乙不應將該批汽車交與甲，甲不憑倉單提取貨物，持有倉單之人自不因此而喪失倉單所載受寄物之所有權。

第十六節　運　送

第一項　通　則

《例題32》

託運人甲與運送人乙訂立物品運送契約，將水泥3,000包交運送人乙運交香港之受貨人丙，因運送人乙堆存保管不當，導致水泥部分浸濕不堪使用，託運人應受貨人丙之請求，依甲與丙之買賣關係予以賠償後，甲請求乙賠償其因此所受之損害。試問乙以甲之損害賠償請求權，距其承運貨物應受領日已逾1年1個月，已罹時效而消滅，乙之抗辯有無理由？

壹、運送人之定義

所謂運送人（carrier），係指以運送物品或旅客爲營業而受運費之人（民法第622條）。故運送（carriage）之營業，分爲有物品運送及旅客運送兩種營業。運送契約當事人之一方係運送人，另一方於物品運送時爲託運人，旅客運送時爲旅客。有關運送之規定，有特別法規定者，應優先適用特別法。例如，郵政法、民用航空法、海商法、鐵路法、公路法、大眾捷運法等。

貳、短期消滅時效

關於物品之運送，因喪失、毀損或遲到而生之賠償請求權，自運送終了，或應終了時起，1年間不行使而消滅（民法第623條第1項）。關於旅客之運送，因傷害或遲到而生之賠償請求權，自運送終了，或應終了時起，2年間不行使而消滅（第2項）。所謂運送終了，係指交付貨物與收貨人或旅客到達目

的地而言。所謂應終了時，係指貨物全部喪失時或旅客無法到達目的地，依通常情形，在相當期間內，得交付或到達時之意。所謂運送物之喪失，係指無法將運送物交付受貨人之一切情形，不限於物質之滅失，亦包含法律上之不能回復占有。

參、例題研析──消滅時效之期間

海商法第56條第2項規定，受領權利人之損害賠償請求權，自貨受領之日起1年內不行使而消滅。此項損害賠償請求權之消滅時效，係指受貨人之損害賠償請求權之消滅時效期間。託運人之損害賠償請求權之消滅時效期間，海商法並無特別規定，仍應適用民法之規定，民法第623條規定之消滅時效期間為2年。託運人甲與運送人乙訂立物品運送契約，因乙堆存保管不當，導致水泥部分浸濕不堪使用，丙得以受貨人之身分請求運送人乙負損害賠償責任或以買受人之地位對出賣人甲主張物之瑕疵擔保責任。準此，甲為水泥之出賣人，對丙負有物之瑕疵擔保責任。丙不向運送人請求賠償損害，得向為出賣人即託運人甲請求賠償。於甲賠償丙後，甲本於運送契約關係，請求運送人乙賠償因債務不履行之損害，其消滅時效期間為2年，並非海商法所規定之1年消滅時效期間。職是，乙抗辯甲之損害賠償請求權，距其承運貨物應受領日已1年1個月，已罹時效而消滅，為無理由[101]。

第二項　物品運送

《例題33》

託運人甲將提單交付受貨人乙，嗣因歸責運送人丙之事由，導致託運之貨物受損。試問託運人甲是否得依據運送契約關係，對運送人丙主張損害賠償請求權？

---

[101] 司法院第3期司法業務研究會，民事法律專題研究(2)，470至472頁。

壹、物品運送之定義

所謂物品運送（carriage of goods），係指運送物品為目的，而收取運費之契約。運送契約之關係人有三：託運人（sender）、運送人（carrier）及受貨人（consignee）。倘受貨人非託運人，並非運送契約之當事人，物品運送契約具有第三人利益契約之性質。託運單及提單應記載受貨人之姓名及名號，受貨人請求交付運送物時，應將提單交還（民法第630條）。

貳、對於託運人之效力

一、填給託運單之義務

所謂託運單（bill of transportation）或稱貨單，係指託運人所開立交與運送人關於物品用運送事項之清單。託運人因運送人之請求，應填給託運單（民法第624條第1項）。託運單應記載下列事項，並由託運人簽名（第2項）：(一)託運人之姓名及住址；(二)運送物之種類、品質、數量及其包皮之種類、個數及記號；(三)目的地；(四)受貨人之名號及住址；(五)託運單之填給地及填給之年、月、日。

二、物品之交運之義務

(一)文件之交付及說明

託運人應於約定期間或通常之裝貨期間內，將託運物品交由運送人交運。託運人對於運送人應交付運送上及關於稅捐警察所必要之文件，並應為必要之說明，俾於運送人得順利完成運送（民法第626條）。

(二)危險運送物之告知

運送物依其性質，對於人或財產有致損害之虞者（likely to cause injury），託運人於訂立契約前，應將其性質告知運送人，怠於告知者，對於因此所致之損害，應負賠償之責（民法第631條）。託運人於契約訂立前，應先告知運送人，俾運送人決定是否運送之。

參、對於運送人之效力

一、填發提單之義務

(一)提單應記載事項

運送人於收受運送物後，因託運人之請求，應填發提單（民法第625條第1項）。提單（bill of lading）應記載下列事項，並由運送人簽名（第2項）：1.託運人之姓名及住址；2.運送物之種類、品質、數量及其包皮之種類、個數及記號；3.目的地；4.受貨人之名號及住址；5.運費之數額及其支付人為託運人或為受貨人；6.提單之填發地及填發之年月日。提單具有3種功能，即為運送契約之證明、收受貨物之收據及表彰運送物所有權之有價證券。

(二)提單之性質

提單僅為物品運送契約之證明，並非物品運送契約，其係運送人填發之有價證券，茲說明其性質如後：1.文義性：即提單填發後，運送人與提單持有人（holder）間，關於運送事項，依其提單之記載（民法第627條）；2.背書性：提單縱為記名式，仍得以背書（endorse）移轉於他人。但提單上有禁止背書之記載者，不在此限（民法第628條）；3.物權性：交付提單於有受領物品權利之人時，其交付就物品所有權（ownership）移轉之關係，而與物品之交付有同一之效力（民法第629條）；4.繳回性：受貨人請求交付運送物時，應將提單交還（surrender）（民法第630條）。

(三)提單之補發

提單為有價證券，故遺失、被盜或滅失者，提單持有人得民事訴訟法之規定，依公示催告程序聲請除權判決。或於公示催告程序開始後，向運送人提供相當之擔保，請求補發新提單（民法第629條之1準用第618條之1）。

二、物品運送義務

(一)按時運送義務

運送人有按時運送義務，即託運物品，應於約定期間內運送之。無約定

者，依習慣。無約定亦無習慣者，應於相當期間內運送之（民法第632條第1項）。而相當期間之決定，應顧及各該運送之特殊情形（第2項）。例如，託運人將香蕉交由運送人運送至日本，當事人未定有期限，倘臺日間航程通常運送期間為4至6日，是運送人逾6日始將交運香蕉運至日本，顯已逾相當運送期間，自應負遲延責任。

(二)變更指示之限制

運送人非有急迫之情事，並可推定託運人若知有此情事亦允許變更其指示者，不得變更託運人之指示（民法第633條）。因此運送人應照託運人之指示，將運送物運交所指定之受貨人。除託運人有變更指示外，不得自將應行送達之貨物交與指示以外之第三人。倘受貨人所在不明或並無其人，應通知託運人請求指示，不得自行處置[102]。

(三)必要之注意及處置義務

倘有第633條之變更指示、第650條之請求指示及運送物、第651條之受領權歸屬有訴訟情形，或其他情形足以妨礙或遲延運送，或危害運送物之安全者，運送人應為必要之注意及處置（民法第641條第1項）。運送人未盡前揭之注意及處置者，對於因此所致之損害應負責任（第2項）。

(四)運送人之運到通知義務

運送人於運送物達到目的地時，應即通知受貨人（民法第643條）。例如，航空運送遍布全球，動輒牽連數國以上，故運送人多於他地或他國設立分公司或代理人，代為辦理有關承運貨物在該地之一切事務，民法第643條之運送物達到之通知義務，自應適用之[103]。不論是海上或陸上運送之場合，通知受貨人提貨為運送人之義務，倉庫營業人並無通知義務。

---

[102] 最高法院49年台上字第577號民事判決。

[103] 最高法院63年台上字第994號民事判決。

三、運送人之損害賠償義務

(一)運送人之責任成立

運送人對於運送物之喪失、毀損或遲到，應負責任，不問其原因是否為可歸責於運送人之事由，運送人均應負法律上或契約之責任，是運送人應負通常事變責任（force majeure）。例外情形，運送人能證明其喪失、毀損或遲到，係因不可抗力或因運送物之性質或因託運人或受貨人之過失而致者，不在此限（民法第634條）。運送物之包皮有易見之瑕疵而喪失或毀損時，運送人於接收該物時，不為保留者，其應負責任（民法第635條）[104]。

(二)損害賠償額之限制

因運送人負無過失責任，是法律就運送人之損害賠償額加以限制，以求平衡，並鼓勵運送業之發展，其賠償之金額應視是否因運送人之故意或重大過失所致。

1. 非運送人之故意或重大過失所致

運送物有喪失、毀損或遲到者，其損害賠償額，應依其應交付時目的地之價值計算之（民法第638條第1項）。運送人僅需賠償運送物之損害，毋庸賠償所失利益。運費及其他費用，因運送物之喪失、毀損，無須支付者，應由該項賠償額中扣除之（第2項）。遲到之損害賠償額，不得超過因其運送物全部喪失可得請求之賠償額，避免運送人負擔過重責任（民法第640條）。

2. 運送人之故意或重大過失所致

運送物之喪失、毀損或遲到，係因運送人之故意或重大過失所致者，倘有其他損害，託運人並得請求賠償。依據一般損害賠償請求原則，運送人應賠償所受之損害及所失之利益（民法第638條第3項）。遲到之損害賠償額，不論有無故意或重大過失，均不得超過因其運送物全部喪失可得請求之賠償額（民法第640條）[105]。

---

[104] 最高法院106年度台上字第71號民事判決。
[105] 最高法院105年度台上字第781號民事判決。

(三)貴重物品之賠償責任

金錢、有價證券、珠寶或其他貴重物品，除託運人於託運時報明其性質及價值者外，運送人對於其喪失或毀損，不負責任（民法第639條第1項）價值經報明者，運送人以所報價額（declare value）為限，負其責任（第2項）。

(四)損害賠償責任之消滅

1. 受領貨物不為保留

受貨人受領運送物並支付運費及其他費用不為保留者，運送人之責任消滅（民法第648條第1項）。運送物內部有喪失或毀損不易發見者，以受貨人於受領運送物後，其於10日內將其喪失或毀損通知於運送人，運送人亦應負責（第2項）。而運送物之喪失或毀損，倘運送人以詐術隱蔽，或因其故意或重大過失所致者，運送乃應負責，不得主張免責（第3項）。

2. 短期消滅時效經過

關於物品之運送，因喪失、毀損或遲到而生之賠償請求權，自運送終了，或應終了時起，1年間不行使而消滅，其為短期消滅時效（民法第623條第1項）。

3. 減免責任約款

運送人交與託運人之提單或其他文件上，有免除或限制運送人責任之記載者，除能證明託運人對於其責任之免除或限制明示同意外，不生效力（民法第649條）。因運送人單方所訂定之減免責任約款，不得據以減免責任。

四、運費或其他費用、墊款請求權

運送人係以運送為營業而收取運費之人，運送人所填發之提單應記載運費之數額及其支付人為託運人或為受貨人（民法第625條第2項第2款）。原則上運費應於運送完成後，始得請求。是運費運送物於運送中，因不可抗力而喪失者，運送人不得請求運費，其因運送而已受領之數額，應返還之（民法第645條）[106]。運送人未將運送物之達到通知受貨人前，或受貨人於運送物達到後，

---

[106] 最高法院98年度台上字第1107號民事判決。

尚未請求交付運送物前，倘運送人已填發提單，持有提單之人對於運送人，得請求中止運送，返還運送物，或為其他之處置（民法第642條第1項）。運送人得按照比例，就其已為運送之部分，請求運費，及償還因中止、返還或為其他處置所支出之費用，並得請求相當之損害賠償（第2項）。再者，倘係因運送物之性質，或因託運人或受貨人之過失而致者，導致物品滅失，運送人雖得請求運費之支付（民法第634條）。然基於損益相抵原則，應扣除減省之費用或多得之利益。

五、運送物之留置權

運送人為保全其運費及其他費用得受清償之必要，按其比例，對於運送物，有留置權（民法第647條第1項）。運費及其他費用之數額有爭執時，受貨人得將有爭執之數額提存，請求運送物之交付（第2項）。運送人於受貨人拒絕支付時，固得依民法第647條規定行使留置權，並依同法第650條、第652條規定拍賣取償，然此係運送人之權利，並非義務，運送人得不行使留置權，而向託運人請求損害賠償，此時運送人無通知託運人之義務[107]。

六、運送物之寄存及拍賣權

(一)運送物之寄存

受貨人所在不明或對運送物受領遲延或有其他交付上之障礙時，運送人應即通知託運人，並請求其指示（民法第650條第1項）。倘託運人未即為指示，或其指示事實上不能實行，或運送人不能繼續保管運送物時，運送人得以託運人之費用，寄存運送物於倉庫（第2項）。

(二)運送物拍賣

倘運送物有不能寄存於倉庫之情形，或有易於腐壞之性質或顯見其價值不足抵償運費及其他費用時，運送人得拍賣之（民法第650條第3項）。運送人得

---

[107] 最高法院75年度台上字第871號民事判決。

就拍賣代價中，扣除拍賣費用、運費及其他費用，並應將其餘額交付於應得之人，如應得之人所在不明者，應為其利益提存之（民法第652條）。

(三)寄存或拍賣時之通知

運送人於可能之範圍內，應將寄存倉庫或拍賣之事情，通知託運人及受貨人（民法第650條第4項）。運送人不即通知託運人者，係屬義務之違反，倘託運人因此受有損害，雖得向運送人請求賠償，然不影響運送人請求運費之權利[108]。再者，因受領權之歸屬發生訴訟，致交付遲延者，適用有關通知義務及寄存拍賣權之規定（民法第651條）。

肆、對於受貨人之效力

受貨人為物品運送契約之第三利益人，運送人應依託運人之指示，將物品送交指定之受貨人。是運送物達到目的地，並經受貨人請求交付後，受貨人取得託運人因運送契約所生之權利（民法第644條）。倘已填發提單者，僅提單持有人有權請求運送人交付貨物。提單雖記載受貨人應給付運費及其他費用，受貨人不因之而負擔給付之義務，因受貨人並非運送契約之當事人。故受貨人不給付運費及其他費用，運送人僅得對運送物主張留置權，不得強制受貨人給付之。

伍、相繼運送

一、定　義

相繼運送有廣義及狹義之分：(一)廣義之相繼運送，係指述運送人就同一運送物，依次繼續完成之運送。包括部分運送、轉託運送及共同運送；(二)狹義之相繼用送，專指共同運送而言。

---

[108] 最高法院63年台上字第2067號民事判決。

二、相繼運送人之責任

運送物由數運送人相繼運送者（several successive carriers），除其中有能證明運送物因包皮有易見之瑕疵而喪失或毀損時，倘運送人於接收該物時，已為保留者外，否則相繼運送人對於運送物之喪失、毀損或遲到，應連帶負責（民法第637條）。

三、最後運送人之權利義務

(一)代理權利

運送物由數運送人相繼運送者，其最後之運送人，就運送人全體應得之運費及其他費用，得行使第647條之留置權、第650條之運送物寄存拍賣權及第652條之扣除費用權，以保障全體相繼送人之權利（民法第653條）。

(二)代理義務

運送人於受領運費及其他費用前交付運送物者，對於其所有前運送人應得之運費及其他費用，負其責任，積極保全運費債權之實現，最後運送人未盡該義務者，應對其他相繼運送人負賠償責任（民法第646條）。

陸、物品運送契約之消滅

物品運送契約關係，因運送物交付於受貨人，或依法寄存、拍賣或提存時，即歸消滅。受貨人受領運送物並支付運費及其他費用不為保留者，運送人之責任消滅（民法648條第1項）。運送物內部有喪失或毀損不易發見者，受貨人於受領運送物後，而於10日內將其喪失或毀損通知於運送人，運送人之責任並未消滅（第2項）。運送物之喪失或毀損，倘運送人以詐術隱蔽，或因其故意或重大過失所致者，運送人之責任不消滅（第3項）。

柒、例題研析──託運人權利與受貨人權利之併存

運送物達到目的地，並經受貨人請求交付後，受貨人取得託運人因運送契約所生之權利（民法第644條）。受貨人取得託運人因運送契約所生之權利，

係由於法律所賦予，並非由託運人所移轉。是託運人之權利與受貨人之權利，可同時併存。故受貨人取得運送契約上之權利後，託運人亦得本於運送契約，對運送人請求損害賠償之權利。倘因可歸責於運送人之事由，致貨載全部或一部毀損，受貨人可依提單向運送人請求損害賠償，並基於買賣關係對託運人行使瑕疵擔保請求權。託運人於賠償受貨人後，可依據運送契約關係，向運送人請求賠償其因賠償受貨人所支出之損失[109]。準此，託運人甲將載貨證券交付受貨人乙，嗣因歸責運送人丙之事由，致託運貨物受損。託運人甲自得基於運送契約，對運送人丙有損害賠償請求權。

第三項　旅客運送

《例題34》

　　甲客運公司於車票上印製，本公司對於旅客及其所付託之行李，而於運送途中所致之一切毀損、喪失，本公司均不負賠償責任。試問乙搭乘甲客運公司之客車，因司機丙之過失發生車禍，導致乙身體受傷，乙得否向甲客運公司及司機丙請求損害賠償？

壹、旅客運送之定義

　　所謂旅客運送（carriage of passenger），係指以運送自然人為標的之運送。旅客運送契約之當事人為運送人及旅客，是旅客兼具契約之主體及契約之客體。旅客運送通常須購買車票或船票、機票，此僅為旅客運送契約之證明，其為不要式契約。

---

[109] 司法院第3期司法業務研究會，民事法律專題研究(2)，458至460頁。

貳、旅客運送人之義務

一、對於旅客身體之責任

旅客運送人對於旅客因運送所受之傷害及運送之遲到應負責任,此為通常事變責任之無過失責任。旅客運送人對於旅客因運送所受之傷害,除因天災事變等不可抗力,或因旅客自己之過失所致者外,無論旅客之傷害是否為可歸責於旅客運送人之事由,旅客運送人均應負損害賠償責任。所謂不可抗力(force majeure),係指非常事變之不可抗力而言,不包括通常事變在內[110]。因旅客之過失,或其傷害係因不可抗力所致者,運送人得免責(民法第654條第1項)。運送之遲到係因不可抗力所致者,旅客運送人之責任,除另有交易習慣者外,以旅客因遲到而增加支出之必要費用為限(第2項)。

二、對於旅客行李之責任

(一)交託之行李

旅客將行李及時交付運送人者,其應於旅客達到時返還之(民法第655條)。運送人對於旅客所交託之行李,縱不另收運費,其權利義務,除旅客運送另有規定外,適用關於物品運送之規定,故運送人對於行李毀損、喪失或遲到負賠償責任。因旅客運送契約通常包含行李之運送,其不另行收費(民法第657條)。

(二)未交託之行李

運送人對於旅客所未交託之行李,因自己或其受僱人之過失或故意,致有喪失或毀損者,仍負責任(民法第658條)。旅客未交託運送人之行李,因運送人自己或其受僱人之故意或過失,致有喪失或毀損者,運送人縱於選任受僱人及監督其職務之執行已盡相當之注意,仍不能免其責任。例如,計程車以載客為業,其為民法上旅客運送,運送人對於旅客之行李負保管、返還責任者,

---

[110] 最高法院57年度台上字第3117號民事判決。

以行李交託運送人爲要件。其未交託者，運送人僅就自己或其僱用人之過失致該行李喪失或毀損，負其責任。

(三)減免責任約款

運送人交與旅客之票、收據或其他文件上，有免除或限制運送人責任之記載者，除能證明旅客對於其責任之免除或限制明示同意外，不生效力（民法第659條）。因運送人單方所訂定之減免責任約款，不得據以減免責任。

參、旅客運送人之權利

一、運費請求權

旅客運送人係以運送旅客爲主要營業項目，而向旅客收取運費之人。準此，自可依據旅客運送契約向旅客請求給付運費，旅客應依旅客運送契約給付運費自明。

二、行李拍賣權

旅客於行李到達後1個月內不取回行李時，運送人得定相當期間催告旅客取回，逾期不取回者，運送人得拍賣之。旅客所在不明者，得不經催告逕予拍賣（民法第656條第1項）。行李有易於腐壞之性質者，運送人得於到達後，經過24小時，拍賣之（第2項）。運送人得就拍賣代價中，扣除拍賣費用、運費及其他費用，並應將其餘額交付於應得之人，倘應得之人所在不明者，應爲其利益提存之（第3項）。

肆、例題研析──旅客運送人對旅客身體之責任

旅客運送人對於旅客因運送所受之傷害及運送之遲到應負責任，此爲通常事變責任之無過失責任（民法第654條第1項）。運送人交與旅客之車票有免除或限制運送人責任之記載者，除能證明旅客對於其責任之免除或限制明示同意外，不生效力（民法第659條）。因運送人單方所訂定之減免責任約款，不得據以減免責任。甲客運公司雖於車票上印製，其對於旅客於運送途中所致之一

切毀損、喪失，不負賠償責任，惟未經旅客乙明示同意，自不生效力，是乙搭乘甲客運公司之客車，因司機丙之過失發生車禍，丙爲甲履行債務之輔助人，乙得向甲客運公司請求損害賠償（民法第224條）。除此，司機丙係因執行職務，不法侵害乙之身體，導致乙受傷，乙亦得依據民法第188條第1項規定，請求僱用人甲客運公司及受僱人丙連帶負損害賠償責任。

第十七節　承攬運送

《例題35》

承攬運送人甲與託運人乙簽訂承攬運送契約，由甲使第三人運送豬隻300頭，而甲未使他人運送該批豬隻，乃自行運送之，因其不慎導致發生車禍，導致豬隻四處逃逸。試問何人應負責？依據爲何？

壹、承攬運送人之定義

所謂承攬運送人（forwarding agent），係指以自己之名義，爲他人之計算，使運送人運送物品而受報酬爲營業之人（民法第660條第1項）。承攬運送契約當事人爲委託人及承攬運送人。承攬運送契約爲非要式契約，除當事人間約定須用一定方式外，不論明示或默示均可成立。承攬運送係以自己之名義爲他人計算，其損益歸託運人，其性質與行紀相仿，故除承攬運送有規定外，準用關於行紀（commission agent）規定（第2項）[111]。

貳、承攬運送人之義務

一、注意義務

承攬運送契約爲有償，承攬運送人應以善良管理人之注意使他人爲運送。

---

[111] 最高法院93年度台上字第2049號民事判決。

不僅就物品之接收、保管、運送人之選定、在目的地之交付、其他與運送有關之事項，均應以善良管理人之注意為之[112]。例如，適當選擇運送之時期及對於運送人為適當之指示。

二、債務不履行義務

承攬運送人，對於託運物品之喪失、毀損或遲到，應負責任。但能證明其於物品之接收保管、運送人之選定、在目的地之交付、其他與承攬運送有關之事項，未怠於注意者，不在此限（民法第661條）。承攬運送人應負過失責任，其與物品運送人應負普通事變之無過失責任不同。此責任之範圍、賠償之計算及免責要件，均準用物品運送之規定。職是，民法第665條準用第631條之託運人告知義務、第635條之運送物有瑕疵之責任、第638條之損害賠償範圍、第639條之貴重物品之損害賠償責任及第640條之遲到之限定賠償額。對於承攬運送人因運送物品之喪失、毀損或遲到所生之損害賠償請求權，自運送物交付或應交付之時起，1年間不行使而消滅（民法第666條）。所謂託運物品喪失，係指承攬運送人不能將運送物品交付於受貨人或委託人之一切情形而言。

參、承攬運送人之權利

一、報酬請求權

承攬運送人以收受報酬為營業，自有報酬請求權，其報酬數額依據當事人之約定，未約定者，則依據習慣給付（民法第660條第2項準用第582條）。例如，機車行承攬運送委託人之機車，向委託人收取報酬。

二、費用償還請求權

承攬運送人對於其承攬運送事件所墊付之費用，得向委託人請求（民法第660條第2項準用第582條）。例如，運費、稅捐、寄存費及為委託利益而支出

---

[112] 最高法院77年度台上字第101號民事判決。

之費用、利息。

三、留置權

承攬運送人爲保全其報酬及墊款得受清償之必要，按其比例，對於運送物有留置權（民法第662條）。故該項費用未逾全部運送物之價值時，自不得對於全部運送物行使留置權。

四、損害賠償請求權

運送物依其性質，對於人或財產有致損害之虞者，託運人於訂立契約前，應將其性質告知承攬運送人，怠於告知者，對於因此所致之損害，應負賠償之責（民法第665條準用第631條）。

五、介入權

承攬運送人除契約另有訂定外，得自行運送物品。如自行運送，其權利義務，與運送人同，此爲承攬運送人之介入權（民法第663條）。至於承攬運送人與委託人就運送全部約定價額，或承攬運送人塡發提單於委託人者，視爲承攬人自己運送，不得另行請求報酬，視爲介入權之擬制（民法第664條）[113]。因物品運送契約與承攬運送契約，爲不同性質之契約。倘承攬運送人有自行運送或視爲承攬人自己運送之情形時，其與委託人相互間之權利義務，應與運送人對於託運人之權利義務完全相同。

肆、例題研析——承攬運送人之介入權

承攬運送人除契約另有訂定外，得自行運送物品。倘自行運送，其權利義務，而與運送人同，此爲承攬運送人之介入權（民法第663條）。承攬運送人甲與託運人乙簽訂承攬運送契約，由甲使第三人運送豬隻300頭，甲自行運送之，自應負運送人之責任，因其不愼導致發生車禍，導致豬隻四處逃逸。職

---

[113] 最高法院104年度台上字第426號民事判決。

是，甲對於運送物之喪失、毀損或遲到，自應負責任（民法第634條）。

第十八節　合　夥

《例題36》

甲、乙及丙共同合夥經營商號，已無可供執行之財產，對丁積欠合夥債務未清償。試問：(一)丁得否逕以甲、乙及丙等人為共同被告，訴請連帶清償合夥債務？(二)該合夥商號有積欠稅款情事，稅捐機關就合夥所積欠之稅款，得否對合夥人所有財產移送強制執行？

壹、合夥之定義

所謂合夥者（partnership），係指二人以上互約出資（collect enterprise）以經營共同事業之契約（民法第667條第1項）。就共同事業之範圍而言，因合夥具有強烈之團體性，合夥人必須就事業有共同直接利害關係，並分受其營業所生之利益及分擔其所生損失。

貳、合夥之性質

合夥契約不要式契約及諾成契約，除當事人間有以作成書面為成立要件之約定外，倘二人以上已互約出資以經營共同事業，雖未訂立書面，合夥關係即已成立。合夥人負互出資及經營共同事業之義務，互負對價及互為給付之關係。職是，合夥為雙務與有償契約。

參、合夥之內部關係

一、合夥人出資義務

合夥為各合夥人約定出資以經營共同事業之契約，合夥人自有出資之義

務（民法第667條第1項）[114]。合夥人出資之種類可得爲金錢、其他財產權，勞務、信用及其他利益（第2項）。金錢以外之出資，應估定價額爲其出資額。未經估定者，以他合夥人之平均出資額視爲其出資額（第3項）。合夥人除有特別訂定外，無於約定出資之外增加出資之義務。因損失而致資本減少者，合夥人無補充之義務（民法第669條）。因合夥人對於合夥債務具有補充連帶責任（jointly liable for deficit）（民法第681條）。準此，合夥事業之經營發生虧損，至清算之時，倘合夥財產不足清償合夥之債務時，合夥人應按分配損益之成數，負塡補損失之義務。

二、合夥之財產

(一)合夥定義及成立

所謂合夥財產，係指合夥關係存續中，作爲經營合夥目的事業之一切財產。各合夥人之出資及其他合夥財產，爲合夥人全體之公同共有（民法第668條）。合夥財產爲合夥人全體公同共有（connon ownership），不論爲金錢出資、勞務出資或其他財產出資，均屬相同。故合夥關係存續中，執行合夥事業之合夥人爲他合夥之代表，其爲合夥取得之物及權利，亦屬合夥人全體公同共有[115]。

(二)合夥財產保全

1.財產分析及抵銷之禁止

因各公同共有人之權利及於公同共有物之全部，並無所謂其應有部分，故合夥人於合夥清算（liquidation）前，不得請求合夥財產之分析（民法第682條第1項）。故對於合夥負有債務者，不得以其對於任何合夥人之債權與其所負之債務抵銷（offset）（第2項）。準此，合夥事業雖已停止，未清算終結前，然各合夥人對於合夥財產之公同共有關係並非當然消滅，自不能僅因合夥事業停止，即以合夥財產之一部爲合夥人中一人債務之執行標的物。

---

[114] 最高法院103年度台上字第1476號民事判決。
[115] 最高法院64年台上字第1923號民事判決。

2. 合夥股份轉讓之限制

因各合夥人之出資及其他合夥財產，爲合夥人全體之公同共有，原則上，合夥人非經他合夥人全體之同意，不得處分其對於合夥財產應有之部分。職是，合夥人非經他合夥人全體之同意，不得將自己之股分轉讓於第三人。例外情形，係轉讓於他合夥人者，不在此限，因未涉及新入夥，僅爲股份比例變動之問題（民法第683條）。

3. 合夥人之債權人代位權行使之限制

合夥人之債權人雖於合夥存續期間內，就該合夥人對於合夥之權利，不得代位行使（subrogate）。然利益分配請求權（claim for dividend），不在此限（民法第684條）。因合夥之利益，業經確定分配，則爲各合夥人各自享有之權利，並非全體公司共有財產之範圍，合夥人之債權人，自得代位請求之。

4. 扣押合夥人股份之效力

合夥人之債權人就該合夥人之股份，得向法院聲請扣押（attachment）（民法第685條第1項）。扣押實施後2個月內，倘該合夥人未對於債權人清償或提供相當之擔保者，自扣押時起，對該合夥人發生退夥之效力（第2項）。足見合夥人之債權人得對合夥人與他人合夥之共有財產強制執行，而該合夥人之他債權人亦得就該執行之共有權利，聲請參與分配。執行之範圍包括合夥人個人對合夥之出資返還請求權及利益分配請求權爲執行。

三、合夥事務之執行

(一)事務執行人及執行事務之方法

1. 事務執行人

合夥之事務，除契約另有訂定或另有決議（resolution）外，由合夥人全體共同執行之（民法第671條第1項）。合夥之事務，倘約定或決議由合夥人中數人執行者，由該數人共同執行之（第2項）。合夥之通常事務，得由有執行權之各合夥人單獨執行之。但其他有執行權之合夥人中任何一人，對於該合夥人

之行為有異議時，應停止該事務之執行（第3項）[116]。

2. 當事人適格要件

因當事人適格為訴權存在之要件，其屬法院應依職權調查之事項。而合夥財產係合夥人全體公同共有，合夥並無獨立之人格，其因合夥事務涉訟者，除由執行業務之合夥人代表合夥為原告或被告外，應由全體合夥人為原告或被告，其當事人始稱適格[117]。再者，合夥人中之一人或數人，依約定或決議執行合夥事務者，非有正當事由不得辭任（民法第674條第1項）[118]。而執行合夥事務之合夥人，非經其他合夥人全體之同意，不得將其解任（第2項）。此解任權之行使，有解任權之一方，不問在訴訟上或訴訟外，均得對之為意思表示，而使生解任之效力，無庸請求法院為宣告解任之形成判決[119]。

3. 合夥之決議

合夥之決議，應以合夥人全體之同意為之（unanimous consent）（民法第670條第1項）。該項決議，合夥契約約定得由合夥人全體或一部之過半數決定者，從其約定。但關於合夥契約或其事業種類之變更，非經合夥人全體2/3以上之同意，不得為之（第2項）。合夥之決議，其有表決權之合夥人，無論其出資之多寡，推定每人僅有一表決權（民法第673條）。例如，合夥人之出資或將合夥財產之全部出賣他人，係屬合夥契約之重要內容，倘合夥契約既未就此另有訂立，自應經合夥人全體之同意，始得變更之。

(二)執行事務合夥人之權利義務

1. 注意義務

執行事務之合夥人與其他合夥人間之關係，屬委任關係。合夥人執行合夥事務，除契約另有訂定外，不得請求報酬（民法第678條第2項）。合夥人執行

---

[116] 最高法院106年度台上字第1180號民事判決。

[117] 最高法院101年度台上字第328號民事判決：對於合夥之執行名義，實質上即為對全體合夥人之執行名義，原確定判決雖僅令合夥團體履行債務，然合夥財產不足清償時，自得對合夥人執行。

[118] 最高法院103年度台上字第911號民事判決。

[119] 最高法院43年台上字第881號民事判決。

合夥之事務，原則上為無償委任，應與處理自己事務為同一注意，負具體輕過失責任。其受有報酬者，應以善良管理人之注意為之（民法第672條）。民法第537條至第546條關於委任之規定，其於合夥人之執行合夥事務準用之（民法第680條）。

2. 費用償還請求權及報酬請求權

合夥人因合夥事務所支出之費用，得請求償還（reimbursement）（民法第678條第1項）。合夥人執行合夥事務，倘契約有訂定者，自得請求報酬（第2項）。因合夥非有獨立之人格，其財產為各合夥人全體公同共有，故合夥人因合夥事務所支出之費用或基於合夥契約而生之報酬，其相對人為他合夥人全體，而非合夥，自不必以合夥業經解散或合夥財產不足清償合夥債務為限[120]。

(三)非執行事務合夥人之事務檢查權

無執行合夥事務權利之合夥人，縱契約有反對之訂定，仍得隨時檢查合夥之事務及其財產狀況，並得查閱賬簿，具有事務檢查權（民法第675條）。因合夥之目的在經營共同之事業，合夥人屬合夥中之成員，雖無執行合夥業務之權利，然對於合夥業務及其財產之狀況，應有監察事務之權利，即得對執行合夥事務之合夥人請求檢查合夥財產狀況或查閱賬簿，是合夥契約有反對之約定，應屬為無效。再者，合夥人中之一人，訴求許其檢查財產狀況或查閱賬簿，僅須以執行合夥事務之合夥人為被告，無庸列其他合夥人為被告。

四、損益分配

所謂損益分配，係指經營合夥事業所生之利益或損失分配於各合夥人。合夥之決算及分配利益之時期，除契約另有訂定外，應於每屆事務年度（busuness year）終為之（民法第676條）。分配損益之成數，未經約定者，按照各合夥人出資額（value of contribution）比例定之（民法第677條第1項）。僅就利益或僅就損失所定之分配成數，視為損益共通之分配成數（第2

---

[120] 司法院(74)廳民1字第118號函，發文日期1985年2月25日，民事法律問題研究彙編，4輯，110頁。

項）[121]。以勞務為出資之合夥人，除契約另有訂定外，不受損失之分配（第3項）。合夥分配損益之成數，得以合夥契約或其他特約，約定合夥人之一人或數人僅享受利益不負擔損失，雖該約定不得以之對抗合夥之債權人，然在各合夥人間自屬有效。倘合夥有此項約定，該合夥人退夥時，合夥財產縱有虧損，自得請求他合夥人返還其出資之全部。

肆、合夥之外部關係

一、合夥人之代表

合夥人依約定或決議執行合夥事務者，而於執行合夥事務之範圍，對於第三人，為他合夥人之代表（民法第679條）。例如，被委任執行合夥事務之合夥人，向第三人借款，係依委任本旨，在執行合夥事務之範圍內，代表全體合夥人與第三人所為之行為，全體合夥人自應連帶負清償之責任。反之，就非關於合夥營業上之事務，以合夥名義為第三人保證債務，除其他合夥人同意或追認外，不能對於合夥發生效力。

二、合夥人之責任

合夥財產不足清償合夥之債務時，各合夥人對於不足之額，連帶負其責任，合夥人負有補充性之連帶責任或第二次責任（民法第681條）。換言之，合夥之債務與合夥人個人之債務有別，而合夥財產不足清償合夥之債務，為各合夥人連帶責任發生之要件，是合夥債權人在未證明合夥財產不足清償合夥債務前，自不得逕行訴請合夥人為連帶給付[122]。

---

[121] 最高法院97年度台上字第17號民事判決。

[122] 最高法院100年度台上字第715號民事判決：合夥與獨資不同，前者為二人以上互約出資以經營共同事業之契約，具有團體性，通常稱之為合夥團體或合夥事業。合夥團體所負之債務，與各合夥人個人之債務有別，本於各合夥人對合夥債務僅負補充責任之原則，合夥債務應先由合夥財產清償，必須於合夥財產不足清償合夥債務時，各合夥人對於不足之額始負連帶清償之責任；後者則為一

伍、退　夥

一、定　義

　　所謂退夥，係指合夥關係存續中，其合夥人因一定原因，脫離合夥關係而喪失合夥人之資格。退夥之原因有聲明退夥與法定退夥：(一)法定退夥乃非基於合夥人自己之意思，而有法定事由，即依法發生退夥之效力。縱使有合夥人退夥，倘合夥人之人數為二人以上，並不影響合夥關係之存續；(二)聲明退夥有主動聲明與擬制聲明。

二、原　因

(一)聲明退夥

1. 聲明退夥

　　合夥未定有存續期間，或經訂明以合夥人中一人之終身，為其存續期間者，聲明退夥（withdrawal of partnership），但應於2個月前通知他合夥人（民法第686條第1項）。未定存續期間之合夥，合夥人不得於退夥有不利於合夥事務之時期為之（第2項）。所謂不利於合夥事務之時期，係指合夥所經營之事業，將因退夥發生難以繼續經營之情形而言。於合夥定有存續期間之場合，如合夥人有非可歸責於自己之重大事由，仍得聲明退夥，不受前揭退夥限制之拘束（第3項）。退夥之意思表示為單獨行為，僅須合夥人一方為退夥之意思表示即生效力，無須其他合夥人承諾。合夥人之聲明退夥，為合夥契約之一部終止，僅使退夥之合夥人與其他合夥人間終止合夥關係，其他合夥人間之合夥關係仍繼續存在。

2. 扣押合夥人股份

　　合夥人之債權人，向法院聲請扣押該合夥人之股份（民法第685條第1項）。倘扣押實施後2個月內，該合夥人未對於債權人清償或提供相當之擔保

人單獨出資經營之事業，通常稱之為獨資事業，該事業為出資之自然人單獨所有，獨資事業之債務應由該自然人負全部責任。

者,自扣押時起,對該合夥人亦發生退夥之效力,此亦為聲明退夥之一種(第2項)。

(二)法定退夥

1.事 由

合夥人有法定事由依法發生退夥之效力,其事由有三(民法第687條):(1)合夥人死亡者。但契約訂明其繼承人得繼承者,不在此限;(2)合夥人受破產或為監護之宣告者;(3)合夥人經開除者(exclude)。例如,甲、乙及丙共同出資經營餐飲業,並已辦理合夥事業登記,嗣後甲、乙相繼去世,合夥契約未約定繼承人得為繼承,因合夥為二人以上互約出資以經營共同事業之契約,自以二人以上之合夥人為合夥存在之要件。該合夥於甲、乙死亡時,僅剩丙一人,其存續要件即有欠缺,當然應解散而進行清算,使其消滅[123]。

2.開除合夥人

開除合夥人,以有正當理由為限(民法第688條第1項)。開除之程序,應以他合夥人全體之同意為之,並應通知被開除之合夥人(第2項)。例如,因合夥為二人以上互約出資,以經營共同事業之契約,合夥人不履行其出資之義務者,構成開除之正當理由。至於通知被開除之合夥人,並無一定之方式,在訴訟上或訴訟外,以言詞或書狀為之者,均生通知效力[124]。

(三)退夥效力

退夥應進行結算,而退夥人與他合夥人間之結算,應以退夥時合夥財產之狀況為準(民法第689條第1項)。退夥人之股份,不問其出資之種類,得由合夥以金錢抵還之(第2項)[125]。合夥事務於退夥時尚未了結者,得於了結後計算,並分配其損益(第3項)。合夥人退夥後,對於其退夥前合夥所負之債務,仍應負責,藉以保護債權人之權益(民法第690條)。

---

[123] 臺灣高等法院暨所屬法院88年度法律座談會,臺灣高等法院歷年法律座談會彙編,18至19頁。

[124] 最高法院69年台上字第742號民事判決。

[125] 最高法院106年度台上字第1385號民事判決。

陸、入　夥

　　所謂入夥，係指原非合夥人加入已成立之合夥關係，而取得合夥人資格之契約行為。因合夥關係涉及合夥人間之信任關係，是合夥成立後，非經合夥人全體之同意，不得允許他人加入為合夥人（民法第691條第1項）。加入為合夥人者，對於其加入前合夥所負之債務，其與他合夥人負同一之責任（第2項）。例如，甲加入乙、丙合夥之營業事業為合夥人，繼續經營其業務，倘該營業並未解散清算完結，甲加入後亦未為新營業之設立登記，其對於該營業之原有債務，自應與乙、丙之其他合夥人負同一責任。

柒、合夥之解散

一、定義及原因

　　所謂合夥之解散（dissolve），係指消滅合夥關係之一種程序，經清算完結後，合夥關係歸於消滅。合夥解散之原因有三（民法第692條）：(一)合夥存續期限屆滿者；(二)合夥人全體同意解散者；(三)合夥之目的事業已完成或不能完成者[126]。例如，甲、乙合夥經營餐廳，甲提供其房屋作為合夥共有經營餐廳使用，甲擅自將該房屋出租予第三人，並交付之，自應認其合夥之目的事業已經不能完成，應視為當然解散。

二、效　果

　　合夥解散後，即應進行清算程序，而於清算範圍內，其合夥關係應視為繼續存在。再者，合夥所定期限屆滿後，合夥人仍繼續其事務者，視為以不定期限繼續合夥契約（民法第693條）。

---

[126] 最高法院103年度台上字第474號民事判決。

捌、合夥之清算

一、定 義

所謂合夥清算（liquidation），係指於合夥解散時，為完結合夥法律關係之目的，所進行消滅合夥之程序。職是，合夥關係必須至清算完結時，始告消滅。

二、清算人之選任及解任

合夥解散後，其清算由合夥人全體或由其所選任之清算人（liquidator）為之（民法第694條第1項）。清算人之選任，以合夥人全體之過半數決之（第2項）[127]。以合夥契約，選任合夥人中一人或數人為清算人者，非有正當事由不得辭任，非經其他合夥人全體之同意，亦不得將其解任（民法第696條、第674條）。

三、清算之方法及清算人之事務

數人為清算人時，關於清算之決議，應以過半數行之（民法第695條）。是處分合夥財產須由全體清算人過半數之決議為之。清算人之職務如後：(一)了結現務；(二)收取債權；(三)清償債務；(四)返還出資；(五)分配賸餘財產。

(一)清償債務

合夥財產，應先清償合夥之債務。其債務未至清償期，或在訴訟中者，應將其清償所必須之數額，由合夥財產中劃出保留之（民法第697條第1項）。

(二)返還出資

合夥必須先清償債務，或劃出必須之數額後，始得將其賸餘財產應返還各合夥人金錢或其他財產權之出資（民法第697條第2項）。金錢以外財產權之出資，應以出資時之價額返還之（第3項）。為清償債務及返還合夥人之出資，

---

[127] 最高法院107年度台上字第2139號民事判決。

應於必要限度內，將合夥財產變為金錢（第4項）。倘合夥財產不足返還各合夥人之出資者，則按照各合夥人出資額之比例返還之（民法第698條）。

(三)分配賸餘財產

合夥財產於清償合夥債務及返還各合夥人出資後，尚有賸餘者，按各合夥人應受分配利益之成數分配之（民法第699條）。準此，合夥解散後，應先經清算程序，合夥財產於清算完畢，清償合夥債務或劃出必須數額後，始能就賸餘財產返還各合夥人之出資及應受分配利益之成數，在未經清算終結確定盈虧以前，自不得就原來出資為全部返還之請求[128]。

玖、例題研析——合夥人之補充連帶責任

合夥財產不足清償合夥之債務時，各合夥人對於不足之額連帶負其責任（民法第681條）。是合夥財產不足清償合夥之債務，為各合夥人連帶責任之發生要件。因甲、乙及丙合夥經營事業，其已無合夥財產，合夥人連帶責任已發生，倘債權人丁能舉證證明甲、乙及丙為合夥人，丁自得列全體合夥人為被告，請求連帶清償合夥債務。至於合夥商號積欠稅款，經稅捐稽徵機關移送法院強制執行，合夥財產不足清償，倘甲、乙及丙不否認其為合夥人時，自得對甲或乙之個人財產，加以強制執行[129]。

第十九節　隱名合夥

《例題37》

甲加入為乙、丙及丁所共同經營之合夥商號事業，對於該商號所經營之事業出資，而分受其營業所生之利益及分擔其所生損失。試問該商號發生虧損，合夥財產不足清償，合夥債權人戊得否向法院聲請對甲之個人財產強制執行？

---

[128] 最高法院53年台上字第203號民事判決。

[129] 最高法院101年度台上字第328號民事判決。

壹、隱名合夥之定義

所謂隱名合夥（sleeping partnership），係指當事人約定，一方對於他方所經營之事業出資，而分受其營業所生之利益及分擔其所生損失之契約（民法第700條）。契約之當事人為隱名合夥人及出名營業人（active partner），各為出資之人及經營事業之人。

貳、隱名合夥之性質

合夥所經營之事業，係合夥人全體共同之事業，隱名合夥所經營之事業，係出名營業人之事業，非與隱名合夥人共同之事業。契約互約出資以經營共同之事業，固約定由合夥人中一人執行合夥之事務，其他不執行合夥事務之合夥人，僅於出資之限度內負分擔損失之責任，仍屬合夥而非隱名合夥[130]。再者，隱名合夥與合夥雖為不同之契約類型，惟兩者極為相似，故隱名合夥，除有特別規定者外，準用關於合夥之規定（民法第701條）。是隱名合夥人於退夥後，須經結算程序，始能分配其損益。

參、內部關係

一、出資義務

因隱名合夥人不協同經營事業，無從利用其勞務或信用，是隱名合夥人之出資以財產為限，其財產權移屬於出名營業人（民法第702條）。隱名合夥之出資，其財產移屬於出名營業人。即合夥財產，屬於出名營業人所有，並非與隱名合夥人所共有。關於營業上收取之款項，亦由出名營業人取得所有權。隱名合夥人除依法律或契約之規定，就其應受返還之出資及應得之利益，對於出名營業人得行使請求權外，對直接營業上收取之款項並未取得所有權。

---

[130] 最高法院42年台上字第434號民事判決。

二、事務之執行

隱名合夥之事務，專由出名營業人執行之（民法第704條第1項）[131]。因隱名合夥人與出名營業人或其他隱名合夥人間，並無所謂股東會議，除該隱名合夥人曾經表示願受決議內容之約束外，不得依多數決議之結果，拘束隱名合夥人。

三、事務之監督

隱名合夥人縱有反對之約定，仍得於每屆事務年度終，查閱合夥之賬簿，並檢查其事務及財產之狀況（民法第706條第1項）。倘有重大事由，法院因隱名合夥人之聲請，得許其隨時為合夥賬簿、事務及財產之查閱及檢查（第2項）。

四、損益分配

隱名合夥人僅於其出資之限度內（extent of contribution），負分擔損失之責任（民法第703條）。因營業上所負之債務，為出名營業人個人之債務，應由出名營業人負無限清償責任。隱名合夥人僅在內部關係，以出資額為限度，負出資與分擔損失之責任，對外毋庸責任，故對於隱名合夥人出資限度外所負債務，對其財產不能強制執行[132]。出名營業人除契約另有訂定外，應於每屆事務年度終，計算營業之損益，其應歸隱名合夥人之利益，應即支付之（民法第707條第1項）。應歸隱名合夥人之利益而未支取者，除另有約定外，不得認為出資之增加（第2項）。

---

[131] 最高法院103年度台上字第1522號民事判決：隱名合夥人就出名營業人所為之行為，對於第三人不生權利義務之關係。隱名合夥之債權人不得執其與出名營業人所訂立之契約，請求隱名合夥人履行。

[132] 最高法院78年度台上字第170號、96年度台上字第957號民事判決。

肆、外部關係

隱名合夥之事務，專由出名營業人執行之，故由出名營業人對外負責。而隱名合夥人就出名營業人所爲之行爲，對於第三人不生權利義務之關係（民法第704條）[133]。除非隱名合夥人參與合夥事務之執行，或爲參與執行之表示，或知他人表示其參與執行而不否認者，縱有反對之約定，對於第三人，則應負出名營業人之責任，此爲表見出名營業人之責任，用以保護交易安全（民法第705條）。出名營業人與該表見出名營業人，對第三人應負不眞正連帶之責任。

伍、隱名合夥之終止

一、終止之原因

隱名合夥人除得依第686條規定得聲明退夥外，隱名合夥契約，因下列事項而終止（民法第708條）：(一)存續期限屆滿者；(二)當事人同意者；(三)目的事業已完成或不能完成者；(四)出名營業人死亡或受監護之宣告者；(五)出名營業人或隱名合夥人受破產之宣告者；(六)營業之廢止或轉讓者。

二、終止效果

隱名合夥契約終止時，出名營業人應返還隱名合夥人之出資及給與其應得之利益。但出資因損失而減少者，僅返還其餘存額（balance）（民法第709條）。例如，隱名合夥契約，因營業轉讓或目的事業無法完成而終止，出名營業人應返還隱名合夥人之出資及給與其應得之利益。

陸、例題研析——隱名合夥人之責任

隱名合夥人僅於其出資之限度內，負分擔損失之責任（民法第703條）。甲加入爲乙、丙及丁所共同經營之合夥商號事業，對於該商號所經營之事業出

---

[133] 最高法院103年度台上字第1522號民事判決。

資，而分受其營業所生之利益及分擔其所生損失，故甲爲隱名合夥人。因該商號發生虧損，合夥財產不足清償，因甲爲商號之隱名合夥人，僅於其出資之限度內，負分擔損失之責任。故合夥債權人戊於甲所出資之限度外，不得對其財產強制執行，僅對請求出名營業人負連帶清償責任。

第二十節　合　會

《例題38》

　　甲邀集乙、丙、丁及戊加入合會，每期之會款爲新臺幣（下同）1萬元，採內標，每月15日標會，乙出標金額爲1千元，標得第2期合會金，乙於取得該期合會金後，甲因負債累累，不知去向。試問其他活會會員應如何主張權利？依據爲何？

壹、合會之定義

　　所謂合會（bid society），係指由會首（leader）邀集二人以上爲會員（member），互約交付會款及標取合會金之契約，此爲團體性合會。其僅由會首與會員爲約定者，亦成立合會，此爲個別性合會（民法第709條之1第1項）。所謂合會金，係指會首及會員應交付之全部會款（第2項）。會款得爲金錢或其他代替物（第3項）。會首及會員之身分有一定之限制，即會首及會員以自然人（natural person）爲限，故法人不得成爲合會契約之當事人（民法第709條之2第1項）。爲維持合會之安定及防止倒會之危險，會首不得兼爲同一合會之會員（第2項）。而無行爲能力人及限制行爲能力人除不得爲會首外，亦不得參加其法定代理人（guardian）爲會首之合會（第3項）。

貳、合會之成立

一、要式契約

　　合會應訂立會單，記載下列事項，其爲要式契約（formal contract）（民

法第709條之3第1項）：(一)會首之姓名、住址及電話號碼；(二)全體會員之姓名、住址及電話號碼；(三)每一會份會款之種類及基本數額；(四)起會日期；(五)標會期日；(六)標會方法；(七)出標金額有約定其最高額或最低額之限制者，其約定。再者，合會契約成立後，當事人之交付會款及標取合會金，互有對價及有為給付之關係，合會為雙務契約及有償契約。

二、緩和要式性

合會之會單，應由會首及全體會員簽名，記明年月日，由會首保存並製作繕本，簽名後交每一會員各執一份（民法第709條之3第2項）。為緩和合會之要式性，倘會員已交付首期會款者，雖未依上揭項規定訂立會單，其合會契約仍視為已成立（第3項）。

參、會首之權利義務

一、取得首期合會之權利

首期合會金不經投標，由會首取得，其餘各期由得標會員取得（民法第709條之5）。因會首不得兼為同一合會之會員，是第2期以後之合會金，自不得由會首取得。

二、主持標會之義務

標會由會首主持，依約定之期日及方法為之。其場所由會首決定，並應先期通知會員（民法第709條之4第1項）。會首因故不能主持標會時，由會首指定或到場會員推選之會員主持之（第2項）。

三、收取交付會款之義務

因會員應於每期標會後3日內交付會款（民法第709條之7第1項）。是會首應於3日期限內，代得標會員收取會款，連同自己之會款，而於期滿之翌日，係標會後第4日前交付得標會員。逾期未收取之會款，會首應代為給付（第2

項）。會首代為給付後，得請求未給付之會員附加利息償還之（第4項）。

四、損害賠償責任

　　會首收取會款，在未交付得標會員前，有保管義務，對其喪失、毀損，應負責任，其屬通常事變之責任。但因可歸責於得標會員之事由致喪失、毀損者，則無庸負責（民法第709條之7第3項）。

五、權利義務轉讓之限制

　　會首非經會員全體之同意，不得將其權利及義務移轉於他人（民法第709條之8第1項）。因合會係由會首出面邀集，會首及會員間具有信任關係，是會首經會員全體之同意，始得將其權利及義務移轉於第三人，由第三人擔任會首。

肆、會員之權利義務

一、投標之權利

　　每期標會，每一會員僅得出標一次，以出標金額最高者（maximum bid）為得標。最高金額相同者，以抽籤定之（draw lot）。但另有約定者，依其約定（民法第709條之6第1項）。無人出標時，除另有約定外，以抽籤定其得標人（第2項）。每一會份限得標一次（第3項）。會首固不得兼為同一合會之會員，惟同一會員就同一合會得加入一個以上之會份。

二、得標之權利

　　會首應於得標後3日內，代得標會員收取會款，連同自己之會款，於期滿之翌日前交付得標會員。逾期未收取之會款，會首應代為給付（民法第709條之7第2項）。是得標會員除得請求會首交付合會金，其亦得向其他會員請求交付會款。

三、交付會款之義務

會員應於每期標會後3日內交付會款（民法第709條之7第1項）。會款包括已得標會員或死會會員依得標時所約定之會款及未得標會員依該次得標所約定之會款或活會會員。倘未於該期限內交付會款，自應負給付遲延之責任。

四、權利義務轉讓之限制

為維持合會之穩定性及當事人間之信賴關係，會員非經會首及會員全體之同意，不得退會，亦不得將自己之會份轉讓於他人（民法第709條之8第2項）。

伍、倒會之處理

所謂倒會，係指因會首破產、逃匿或有其他事由致合會不能繼續進行。既然發生倒會情事，則無再為標會之必要，其處理之方式如後：(一)會首及已得標會員應給付之各期會款，應於每屆標會期日平均交付於未得標之會員。但另有約定者，依其約定（民法第709條之9第1項）。會首就已得標會員應給付之各期會款，負連帶責任（第2項）；(二)會首或已得標會員未依前揭規定應平均交付於未得標會員之會款遲延給付，其遲付之數額已達兩期之總額時，該未得標會員得請求其給付全部會款，即會首及已得標會員喪失期限利益（第3項）[134]；(三)因會首有破產、逃匿或有其他事由致合會不能繼續進行時，得由未得標之會員共同推選一人或數人處理相關事宜（第4項）。

陸、例題研析——倒會之處理

甲邀集乙、丙、丁及戊加入合會，甲為會首，其他人則為會員，甲因負債累累，而逃匿無蹤，導致合會至第3期起無法進行，會首甲及已得標會員乙應給付之各期會款，應於每屆標會期日即每月15日，平均交付於未得標之會員丙、丁及戊三人（民法第709條之9第1項）。甲及乙自第3期起至第5期止，每

---

[134] 臺灣高等法院97年度上易字第521號民事判決。

期應各給付之會款為新臺幣（下同）1萬元，即每月所交付之會款為2萬元，應由丙、丁及戊三人，各分得1/3，會首甲就死會會員乙應給付之各期會款，負連帶責任（第2項）。倘甲或乙未平均交付於未得標會員之會款遲延給付，其遲付之數額已達兩期之總額時，該未得標會員得請求甲或乙其給付全部會款（第3項）。例如，遲延第3期至第4期之會款，甲或乙應一次給付3萬元。

第二十一節　指示證券

《例題39》

> 甲因借款關係，積欠債權人乙新臺幣（下同）10萬元，乙向丙購買一批貨物，買賣價金為10萬元，乙乃作成指示證券，指示甲應給付10萬元予丙，並將該指示證券交付予丙。試問效力如何？甲是否受拘束？

壹、指示證券之定義

所謂稱指示證券（security payable by an assigned person），係指示他人將金錢、有價證券或其他代替物給付第三人之有價證券（民法第710條第1項）。例如，公庫支票非票據法上之支票，而為民法所規定之指示證券。所謂有價證券，係指表彰權利之書據，其權利之行使、移轉或消滅，均與證券有不可分離之關係。故行使證券權利時，須占有該證券始得行使。指示證券當事人有三（第2項）：(一)發行證券之人，稱為指示人（assignor）；(二)被指示之他人，稱為被指示人（assignee）；(三)受給付之第三人，稱為領取人（payee）[135]。

貳、指示證券之性質

指示證券必須記載特定領取人或指定人，其為記名證券或指定證券。例

---

[135] 最高法院86年度台上字第3381號民事判決。

如，指示證券記載憑票給付甲或其指定人。因指定證券係指示他人為給付，故屬委託證券，而非自付證券。

參、指示證券之發行

一、單獨行為

指示證券之發行，係指示人作成證券，並交付領取人之行為，其性質為單獨行為，並非契約行為。指示人為清償其對於領取人之債務而交付指示證券者，其債務於被指示人為給付時消滅（民法第712條第1項）。債權人受領指示證券者，不得請求指示人就原有債務為給付。但於指示證券所定期限內，其未定期限者於相當期限內，不能由被指示人領取給付者，不在此限（第2項）。債權人不願由其債務人受領指示證券者，應即時通知債務人（第3項）。

二、轉讓指示證券

指示證券之領取人固得將證券讓與第三人，惟被指示人拒絕給付時，領取人僅得向指示人請求清償其原有債務。倘受讓人因受讓該指示證券，已交付對價於領取人，其可本於不當得利向領取人請求返還對價，領取人及受讓人均不得仍持該指示證券，請求指示人給付證券上所載之金錢。

肆、指示證券之承擔

被指示人向領取人承擔所指示之給付者，有依證券內容而為給付之義務，其性質為單獨行為（民法第711條第1項）。被指示人之所以為承擔，其與指示人間有基礎關係或資金關係存在。被指示人已為指示證券之承擔，僅得以本於指示證券之內容，或其與領取人間之法律關係所得對抗領取人之事由，對抗領取人（第2項）。被指示人雖對於指示人負有債務，然無承擔其所指示給付或為給付之義務（民法第713條第1項）。已向領取人為給付者，就其給付之數額，對於指示人，免其債務（第2項）。被指示人對於指示證券拒絕承擔或拒絕給付者，領取人應即通知指示人（民法第714條）。

伍、指示證券之讓與

領取人原則得將指示證券讓與第三人，因指示證券具有讓與性。例外情形，係指示人於指示證券有禁止讓與之記載者，不在此限（民法第716條第1項）。讓與指示證券，應以背書爲之（endorse）（第2項）。被指示人對於指示證券之受讓人已爲承擔者，不得以自己與領取人間之法律關係所生之事由，與受讓人對抗，以保護受讓人，俾於指示證券之流通（第3項）。

陸、指示證券之消滅

指示證券效力之消滅，除被指示人爲給付，持有人將證券交還於爲給付之人時，指示證券歸於消滅外，其效力消滅之原因有三：(一)指示證券之撤回：指示人於被指示人未向領取人承擔所指示之給付或爲給付前，得撤回（revoke）其指示證券。其撤回應向被指示人以意思表示爲之（民法第715條第1項）。倘指示人於被指示人未承擔或給付前受破產宣告者，其指示證券，視爲撤回（第2項）；(二)短期消滅時效：指示證券領取人或受讓人，對於被指示人因承擔所生之請求權，自承擔（accept）之時起，3年間不行使而消滅（民法第717條）；(三)指示證券之宣告無效：指示證券遺失、被盜或滅失者，法院得因持有人之聲請，依公示催告之程序，宣告無效（民法第718條）。經法院除權判決宣告該證券無效後，指示證券效力歸於消滅，惟持有人得依據法院之除權判決向被指示人行使證券上之權利。

柒、例題研析──指示證券之發行及承擔

甲積欠乙借款新臺幣（下同）10萬元，乙向丙購買貨物，乙基於其與甲之借款關係，作成指示證券，指示甲應給付10萬元予丙，並將指示證券交付予丙。被指示人甲雖對於指示人乙負有借款債務，然其並無承擔其所指示給付或爲給付之義務（民法第713條第1項）。甲於指示證券記載承擔之意旨，並於其上簽名或蓋章，而向領取人丙承擔所指示之給付者，甲有依證券內容而爲給付之義務（民法第711條第1項）。丙得依據指示證券之內容，請求甲給付10萬元。

第二十二節　無記名證券

《例題40》

　　A百貨公司對外發行商品禮券，甲所購買面額新臺幣1萬元之禮券，不慎遺失，遭乙拾得，甲通知A百貨公司遺失之事實，乙持之向A百貨公司購買商品。試問A百貨公司是否得拒絕乙使用之？甲可否請求A百貨公司補發禮券？

壹、無記名證券之定義與性質

　　所謂無記名證券（securities payable to bearer），係指持有人對於發行人，得請求其依所記載之內容為給付之有價證券（民法第719條）。再者，民法規定之無記名證券，必須是發行人兼具給付義務人，故性質為自付證券，與委託證券有異。

貳、發行之定義

　　無記名證券之發行，係發行人（maker）作成證券，並交付持有人（bearer）之行為，其性質為單獨行為，並非契約行為，無記名證券之轉讓方式，僅依交付即生讓予效力。無記名證券發行人，其於持有人提示證券時，有為給付之義務。但知持有人就證券無處分之權利，或受有遺失，被盜或滅失之通知者，不得為給付（民法第720條第1項）。發行人為合法給付者，雖持有人就證券無處分之權利，亦免其債務（第2項）。

參、發行之效力

一、善意取得之保護

　　為保護交易安全，助長證券之流通，故無記名證券發行人，其證券雖因遺失、被盜或其他非因自己之意思而流通者，然對於善意持有人，仍應負責，此

爲善意取得之保護（民法第721條第1項）。發行無記名證券屬單獨行爲，發行行爲毋庸得相對人承諾，是發行不因發行在發行人死亡或喪失能力後，失其效力（第2項）。

二、換給新無記名證券

因無記名證券具有流通性，倘因毀損或變形不適於流通，而其重要內容及識別、記號仍可辨認者，持有人得請求發行人，換給新無記名證券（民法第724條第1項）。換給證券之費用，原則上應由持有人負擔。例外情形，證券爲銀行兌換券或其他金錢兌換券者，其費用應由發行人負擔（第2項）。

肆、無記名證券之給付

一、證券之提示

無記名證券爲流通證券，持有人主張權利應爲證券提示，證券發行人負有依據證券文義給付之義務。無記名證券定有提示期間者，倘法院因公示催告聲請人之聲請，對於發行人爲禁止給付之命令時，停止其提示期間之進行（民法第726條第1項）。該停止期間，自聲請發前項命令時起，至公示催告程序終止時止（第2項）。

二、證券之交還

無記名證券持有人請求給付時，應將證券交還發行人（民法第723條第1項）。發行人依照證券文義內容給付後而收回證券時，持有人就該證券無處分之權利，仍取得其證券之所有權（第2項）。

三、發行人抗辯之限制

無記名證券發行人，僅得以本於證券之無效、證券之內容或其與持有人間之法律關係所得對抗持有人之事由，對抗持有人，此爲發行人抗辯之限制。但持有人取得證券出於惡意者，發行人並得以對持有人前手間所存抗辯之事由對

抗之。因惡意持有人，不受限制抗辯事由之保護（民法第722條）。

伍、無記名證券之喪失

一、一般無記名證券之喪失

無記名證券遺失、被盜或滅失者，法院得因持有人之聲請，依公示催告之程序，經法院除權判決宣告無效（民法第725條第1項）。發行人對於持有人，應告知關於實施公示催告之必要事項，並供給其證明所必要之材料（第2項）。公示催告及除權判決之聲請權，為公法上之權利，故民法第725條規定，應為強行規定。無記名證券持有人向發行人為遺失、被盜或滅失之通知後，未於5日內提出已為聲請公示催告之證明者，其通知失其效力（民法第720條之1第1項）。持有人於公示催告程序中，經法院通知有第三人申報權利，而未於10日內向發行人提出已為起訴之證明者，其通知亦失其效力（第2項）。

二、有利息、年金及分配利息之無記名證券之喪失

(一)未提示者

利息、年金及分配利益之無記名證券，有遺失、被盜或滅失而通知於發行人者，倘於法定關於定期給付之時效期間屆滿前，未有提示，為通知之持有人得向發行人請求給付證券所記載之利息、年金或應分配之利益。但自時效期間屆滿後，經過1年者，其請求權消滅（民法第727條第1項）。

(二)經提示者

倘於時效期間屆滿前，由第三人提示該項證券者，發行人應將不為給付之情事，告知該第三人，並於該第三人與為通知之人合意前，或於法院為確定判決前，應不為給付（民法第727條第2項）。

三、無利息見票即付之無記名證券喪失

無利息見票即付之無記名證券，為金錢之代用。例如，銀行兌換券、商店禮券。為強化其流通性，縱使發行人知悉持有人就證券無處分之權利，或者受

有遺失，被盜或滅失之通知者，仍應給付之。再者，持有人喪失該證券，不得適用公示催告程序，請求法院宣告證券爲無效（民法第728條）。

陸、例題研析——無利息見票即付無記名證券之喪失

A百貨公司對外發行商品禮券，其性質爲無利息見票即付之無記名證券，此種證券通常爲金錢之代用，爲強化其流通性，其經濟效用與其他記名證券不同：(一)不適用明知無處分權利之規定，是縱使發行人知悉持有人就證券無處分之權利，亦應給付；(二)不適用受通知不給付之規定，故發行人受有遺失，被盜或滅失之通知者，仍應給付之。仍應給付；(三)不適用公示催告程序，是持有人喪失證券，不得請求法院宣告證券爲無效（民法第728條）。準此，甲所購買面額新臺幣1萬元之禮券，不愼遺失，遭乙拾得，縱使甲通知A百貨公司遺失之事實，乙持之向A百貨公司購買商品，A百貨公司仍不得拒絕給付等價之商品。

第二十三節　終身定期金

《例題41》

> 甲、乙訂有終身定期金契約，甲爲定期金債務人，乙爲定期金債權人，並以乙之生存期間，甲每年定期給付新臺幣10萬元予乙，乙未經甲同意，將定期金之債權轉讓予丙。試問丙得否向甲請求給付定期金？甲是否得拒絕給付？

壹、終身定期金之定義與性質

所謂終身定期金契約（contract of annuity for lifetime），係指當事人約定，一方於自己或他方或第三人生存期內，定期以金錢給付他方或第三人之契約（民法第729條）。再者，終身定期金契約屬約定之債，其與民法親屬編關於法定扶養義務之性質不同。終身定期金契約之訂立，應以書面爲之，其屬要式契約（民法第730條）。

貳、終身定期金之效力

終身定期金契約一經成立，即發生終身定期金債權，此債權爲基本債權，而以此爲基礎於每期所發生定期金金額之給付請求權爲支分債權，基本權與支分債權分別獨立。

一、定期金之存續期間及應給付金額

終身定期金契約，關於期間有疑義或約定者，推定其爲於債權人生存期內，按期給付（民法第731條第1項）。契約所定之金額有疑義時，推定其爲每年應給付之金額，此爲年金給付（第2項）。

二、給付時期

終身定期金之給付時期應按契約規定，契約未定者，應按季預行支付，採預付主義（民法第732條第1項）。依其生存期間而定終身定期金之人，倘在定期金預付後，該期屆滿前死亡者，定期金債權人取得該期金額之全部，無庸返還（第2項）。

三、定期金債權之移轉

終身定期金之權利爲定期金債權之基本權，除契約另有訂定外，雖不得移轉（民法第734條）。惟基本權所衍生之各期給付請求權即支分之債權，係與基本權分別獨立，得單獨轉讓予第三人。

參、終身定期金之消滅

依人之生存期間爲標準之人死亡時，終身定期金契約固當然終止。然因死亡而終止定期金契約者，倘其死亡之事由，應歸責於定期金債務人時，法院因債權人或其繼承人之聲請，得宣告其債權在相當期限內仍爲存續（民法第733條）。所謂相當期限，應斟酌該死亡之人可得再生存之期間。終身定期金，得以遺囑設定之，以遺囑設定終身定期金者，性質屬於遺贈，其爲單獨行爲。終身定期金之遺贈，得準用終身定期金契約之規定（民法第735條）。

肆、例題研析——終身定期金之效力

甲、乙訂有終身定期金契約，約定以乙之生存期間，甲每年定期給付新臺幣（下同）10萬元予乙，因終身定期金之權利為定期金債權之基本權，除契約另有訂定外，不得移轉（民法第734條）。乙未經甲同意，固不得將定期金之債權之基本權轉讓與丙。惟基本權所衍生之各期給付請求權，其為支分債權，係與基本權分別獨立，自得單獨轉讓與第三人。職是，每年定期給付10萬元之支分債權已屆清償期時，丙自得行使該支分債權向甲請求給付定期金。

第二十四節　和　解

《例題42》

甲向乙借款新臺幣（下同）20萬元，已屆清償期未還，嗣經雙方成立和解，約定由甲給付乙15萬元，並約定於和解成立後3個月給付，乙對甲之其餘債權請求權拋棄。試問甲未依原訂和解契約履行時，乙得否依據消費借貸之法律關係，請求甲給付原20萬元之借款？

壹、和解之定義

所謂和解者（compromise and settlement），係指當事人約定，互相讓步，以終止爭執或防止爭執發生之契約（民法第736條）。和解契約非必經當事人雙方當面協議而後成立，倘由第三人居中協調，使雙方意思合意一致，各向第三人表示，經其互相傳達於他方者，其和解契約即為成立。再者，已經確定判決確定之法律關係，當事人雖不得於裁判上再行爭執，惟在事實上仍有爭執者，當事人約定互相讓步以終止之，亦屬和解契約。

貳、和解之性質

和解契約並非要式行為，當事人之意思表示合意一致，雙方即應受其拘束，自不因其所作書面未經當事人簽名或蓋章而受影響。訴訟上之和解，同

時為私法上之法律行為及公法上之訴訟行為：(一)就私法上之法律關係止息爭執為目的，而生私法上效果之法律行為；(二)以終結訴訟或訴訟之某爭點為目的，而生訴訟法上效果之訴訟行為。兩者有合一不可分離之關係，當事人在訴訟上，固可以無效或得撤銷之原因請求繼續審判。在實體上有給付不能或給付遲延等私法上解除之原因發生，而合於解除契約要件時，得行使其解除權[136]。

參、和解之效力

和解有使當事人所拋棄之權利消滅及使當事人取得和解契約所訂明權利之效力，是和解之效力有二（民法第737條）：(一)確定之效力：和解契約一經合法成立，當事人均應受其拘束。縱使一方因而受不利益之結果，仍不得事後翻異，更就和解前之法律關係再行主張；(二)創設之效力：和解除有使當事人所拋棄之權利消滅外，有使當事人取得和解契約所訂明權利之效力，當事人應受和解之拘束，依其內容履行，自不容任何一方片面解除。準此，和解契約成立後，應依該和解契約創設之法律關係以定當事人間之債權及債務關係。至於和解成立以前之法律關係如何，均可不論[137]。

肆、和解之消滅

和解為法律行為，倘有無效之原因，自不生效力。或者雖已生效，但如經解除或效銷者，如被詐欺或脅迫而成立和解，則和解亦溯及地消滅和解之效力。因和解有創設效力，可不問和解前之法律關係，原則上和解不得以錯誤為理由撤銷之（民法第738條本文）。惟有下列事項之一者，仍許和解當事人以錯誤為理由，撤銷其和解：(一)和解所依據之文件，事後發見為偽造或變造，而和解當事人若知其為偽造或變造，即不為和解者；(二)和解事件經法院確定判決，而為當事人雙方或一方於和解當時所不知者；(三)當事人之一方，對於他方當事人之資格或對於重要之爭點有錯誤，而為和解者（但書）。所謂對於

---

[136] 最高法院92年度台上字第934號民事判決。
[137] 最高法院100年度台上字第975號民事判決。

他方當事人之資格有錯誤，係指對於和解相對人之年齡、性別、學經歷、職業、專長、才能、資力等有所誤認而言。再者，此種撤銷權之行使係以錯誤為原因，故民法第90條關於以錯誤為原因，行使撤銷權除斥期間之規定，自應適用之。即撤銷權之行使，自和解之意思表示後，經過1年而消滅。

伍、例題解析──和解之效力

甲、乙就新臺幣（下同）20萬元之借款債權成立和解，同意由甲償還15萬元，其餘部分拋棄，係以原來明確之法律關係為基礎而成立之和解。和解有使當事人所拋棄之權利消滅及使當事人取得和解契約所訂明權利之效力（民法第737條）。甲未履行和解契約時，乙僅得依據和解契約內容訴請甲為給付15萬元，不得請求原借款債權20萬元。

第二十五節　保　證

《例題43》

甲以丙為連帶保證人，而與乙銀行訂立信用卡使用契約，雙方依據乙銀行定型化信用卡約定條款約定，倘信用卡如因遺失或卡片上所載有效期間屆滿時，得依據原申請書更換新期限之信用卡繼續使用，甲及其連帶保證人丙均同意本約仍繼續有效無須另行換約。嗣乙銀行依據該約定核發信用卡，並於更換期限之信用卡時，提高甲之消費額度，且更改原約定條款關於利率、違約金之計算方式等內容，甲或乙銀行均未通知丙。試問丙就甲換卡後之信用卡消費款，是否負連帶保證責任？

《例題44》

甲銀行與連帶保證人乙於就主債務人丙與甲銀行間定有清償期限之金錢借貸，訂立定型化之保證契約，保險契約條款訂明，甲銀行無須再行徵求保證人同意，得允許主債務人丙展期、延期清償。試問甲銀行允許丙展期或延期清償，乙得否免除連帶保證責任？

壹、保證之定義

所謂保證者（guaranty），係指當事人約定，一方於他方之債務人不履行債務時，由其代負履行責任之契約（民法第739條）[138]。保證契約之當事人為保證人（guarantor）及債權人（creditor）。保證人之責任為代主債務人（principal debtor）負履行責任，須主債務人不履行債務時，始代為履行，具有補充性，故保證契約以主債務人之存在為前提，其為從契約，主債務全部消滅者，保證債務當然隨之消滅。

貳、保證之性質

保證契約為諾成契約，一經保證人與債權人意思合致，契約即為成立，辦理對保雖為金融界之慣例，惟保證契約並不以對保為生效要件。為保護保證人之權利，有關保證人權利之規定，除法律另有規定外，不得預先拋棄（民法第739條之1）。

參、保證之效力

一、保證人與債務人間之效力

(一)保證人之求償權及代位權

保證人因履行保證債務而為清償或其他消滅主債務人之行為後，得向主債務人求償。保證人向債權人為清償後，其於清償之限度內，承受債權人對於主債務人之債權。但不得有害於債權人之利益（民法第749條）[139]。準此，保證人向債權人為清償後，即對主債務人有求償權，不論保證人就債務為全部清償或一部清償，而於清償之限度內，債權人對於主債務人之債權及其擔保物權，移轉保證人，此之移轉屬於法定移轉，無須當事人之合意[140]。

---

[138] 最高法院104年度台上字第2476號民事判決。
[139] 最高法院105年度台上字第333號民事判決。
[140] 最高法院74年度台上字第1774號、95年度台上字第352號民事判決。

(二)保證債務除去請求權

保證人受主債務人之委任而為保證者，有下列各款情形之一時，得向主債務人請求除去其保證責任（民法第750條第1項）：1.主債務人之財產顯形減少者；2.保證契約成立後，主債務人之住所、營業所或居所有變更，致向其請求清償發生困難者；3.主債務人履行債務遲延者（default）；4.債權人依確定判決（non-appealable judgment）得令保證人清償者。主債務未屆清償期者，主債務人得提出相當擔保於保證人，以代保證責任之除去（第2項）。保證人向主債務人請求除去其保證責任，僅為其與主債務人之關係，其對於債權人所負代償責任，並不因此而受影響。

二、保證人與主債務人間之效力

(一)保證債務之特性

1.從屬性

所謂從屬性，係指保證債務發生之從屬性、移轉上之從屬及消滅上之從屬，而與其所擔保之主債務同其命運。惟有例外，保證人對於因行為能力之欠缺而無效之債務，倘知其情事而為保證者，其保證仍為有效（民法第743條）。保證債務雖從屬於主債務，然非主債務之一部分，係個別獨立之債務，保證債務縱有從屬性，仍不失其獨立性。

2.補充性

保證人係於主債務人不履行債務時，由其代負履行責任（民法第739條），其具有補充性或稱第二次責任性，因此保證人有先訴抗辯權之存在（民法第745條）。而當事人得依特約排除補充性，使保證人拋棄先訴抗辯權。

(二)保證債務之內容

1.主債務之範圍

保證債務之範圍，除契約另有訂定外，包含主債務之利息（interest）、違約金（penalty）、損害賠償（compensation for injury）及其他從屬於主債務之負擔（accessory charges），其內容原則上與主債務（principal debt）之內容相

同（民法第740條）。其所規定損害賠償之請求，係專指因債務不履行所生之舊賠償請求權。因契約消滅所生之損害，並不包括在內。因保證債務負擔具有從屬性，其範圍不得較主債務為大，保證人之負擔較主債務人為重者，應縮減至主債務之限度（民法第741條）。

2. 請求履行與中斷時效

保證人係代負履行責任，並非賠償責任，是債權人向主債務人請求履行，及為其他中斷時效之行為，對於保證人亦生效力（民法第747條）。例如，債權人向主債務人所為請求、起訴或與起訴有同一效力之事項為限。倘屬民法第129條第1項第2款規定之承認，性質上係主債務人向債權人所為之行為，並非債權人向主債務人所為中斷時效之行為，對於保證人自不生效力[141]。

(三)保證人之抗辯權

1. 主張主債務人之抗辯及其債權抵銷

主債務人所有之抗辯（valid defense），保證人得主張之（民法第742條第1項）。主債務人拋棄其抗辯者，保證人仍得主張之（第2項）。所謂主債務人所有之抗辯，包括主債務人本身所有與主債務之發生、消滅或履行有關之抗辯而言。再者，為避免保證人於向債權人清償後，對主債務人求償困難，保證人得以主債務人對於債權人之債權，主張抵銷（民法第742條之1）。因保證債務具有從屬性，是主債務人就其債之發生原因之法律行為有撤銷權，保證人對於債權人，得拒絕清償（民法第744條）。

2. 先訴抗辯權

保證人於債權人未就主債務人之財產強制執行（com-pulsory execution）而無效果前，原則上對於債權人得拒絕清償，此為先訴抗辯權或檢索抗辯權，其性質為一種延期之抗辯（民法第745條）。有下列各款情形之一者，保證人不得主張先訴抗辯權：(1)保證人拋棄先訴抗辯權者；(2)主債務人受破產（bankrupt）宣告者；(3)主債務人之財產不足清償其債務者（民法第746條）；(4)連帶保證之情形。

---

[141] 最高法院105年度台上字第1144號民事判決。

3.連帶保證與普通保證之區別

所謂連帶保證，係指保證人與主債務人負同一債務，對於債權人各負全部給付之責任者而言（民法第272條第1項）。故連帶保證與普通保證不同，保證人不得主張檢索抗辯之權利[142]。連帶債務與連帶保證債務，並非同一概念：(1)連帶債務人之責任，並無主從關係，內部有債務分擔額（民法第280條）；(2)連帶保證債務有主從關係，保證人與主債務人並無內部分擔問題。

肆、保證之消滅

一、債權人拋棄擔保物權者

(一)保證人免責範圍

債權人拋棄為其債權擔保之物權者，保證人就債權人所拋棄權利之限度內，免其責任（民法第751條）。所謂為其債權擔保之物權，係指已具備物權之生效要件者而言，倘欠缺物權之生效要件者，縱使債權人有不為主張或怠於行使之情形，並無拋棄之可言，保證人仍不得因此而於其限度內免除保證責任[143]。

(二)拋棄意思表示與踐行法定登記方式

所謂債權人拋棄為其債權擔保之物權，應指債權人在債權尚未獲償之前，既有行使擔保物權取償之權利，竟拋棄不行使。倘更易擔保物未得保證人之同意，縱使其新擔保物與原擔保物價值相等，或逾其價值，視為債權人拋棄為債權擔保之物權[144]。因不動產物權依法律行為而取得、設定、喪失及變更者，非經登記不生效力（民法第758條）。故不動產物權之拋棄，除有拋棄之意思表示外，尚須踐行法定登記方式，始生效力。縱使債權人表示拋棄抵押權，而未辦理塗銷抵押權登記手續，自難認已生拋棄抵押權之效力。準此，債權人未拋

---

[142] 最高法院45年度台上字第1426號民事判決。

[143] 最高法院42年度台上字第416號民事判決。

[144] 最高法院44年度民、刑庭總會會議決議(2)，會議日期1955年6月7日。

棄為債權擔保之物權時，其對於主債務人就實行擔保物權受清償，或起訴請求保證人清償，自得擇一行使，保證人不得主張債權人應先就擔保物求償。

二、定期保證逾期不為請求者

約定保證人僅於一定期間內為保證者，倘債權人於其期間內，對於保證人不為審判上之請求，保證人免其責任（民法第752條）。就定有期限之債務為保證，其與約定保證人於一定期間內為保證之情形不同，因後者債務未定期間，是定有清償期限之債務，在主債務清償期屆滿後，除保證人已定期催告債權人向主債務人為審判上（judicial proceedings）之請求者外，保證人不得以債權人遲不為審判上之請求，主張免其保證責任[145]。

三、未定期保證逾期不為請求者

保證未定期間者，保證人於主債務清償期屆滿後，得定1個月以上之相當期限，催告債權人於其期限內，向主債務人為審判上之請求（民法第753條第1項）。債權人不於保證人所定之催告期限內向主債務人為審判上之請求者，保證人免其責任（第2項）。僅須保證未定期間，保證人即得行使民法第753條之權利。至於保證人是否享有先訴抗辯權，即非所問。

四、連續債務保證之終止

(一)保證人中止保證契約

就連續發生之債務為保證而未定有期間者，保證人得隨時通知債權人終止保證契約（民法第754條第1項）。保證人對於終止保證契約之通知到達債權人後，所發生主債務人之債務，即不負保證責任（第2項）。職是，在於保證人就債權人對於通知後，所發生之債權可停止給付，免除保證人之永負無限責任。

---

[145] 最高法院49年度台上字第1756號民事判決。

(二)最高限額保證

保證人與債權人約定就債權人與主債務人間所生一定債之關係範圍內之不特定債務，預定最高限額，由保證人保證之契約，此稱最高限額保證[146]。倘此保證契約定有期間，在期間內所生約定範圍內之債務，不逾最高限額者，均為保證契約效力所及。倘未定期間，保證契約在未經保證人依法終止或有其他消滅原因以前，所生約定範圍內之債務，亦為保證效力所及。故在該保證契約有效期間內，已發生約定範圍內之債務，縱因該保證契約嗣後經保證人依法終止，債權人仍得請求保證人履行保證責任[147]。

五、主債務延期清償之允許

就定有期限之債務為保證者，債權人允許主債務人延期清償時，保證人除對於其延期已為同意外，不負保證責任（民法第755條）。因延期清償，可能導致主債務人資力之變動，而增加保證人之風險。其約定保證人於一定期間內為保證者，則在此一定期間內所發生之債務，倘債權人允許主債務人延期清償，而所延展之清償期仍在期間，保證人應負保證責任[148]。定期債務保證責任之免除，係專為人之保證而設，不包含物之保證[149]。

伍、特種保證

一、共同保證

數人保證同一債務者，除契約另有訂定外，應連帶負保證責任（民法748條）。係在數連帶保證人（joint-guarantor）之間，成立連帶債務[150]。保證人中

---

[146] 最高法院104年度台上字第2476號民事判決。

[147] 最高法院77年度台上字第943號民事判決。

[148] 最高法院50年度台上字第1470號民事判決。

[149] 最高法院75年度第24次民事庭會議決議(1)，會議日期1986年12月27日。

[150] 最高法院103年度台上字第392號民事判決：所謂連帶保證債務，係指保證人與主債務人負同一債務，對於債權人各負全部給付之責任者而言；至數人保證同一債務者，則屬共同保證。

之一人，因清償致他保證人同免責任時，依民法第281條第1項規定，該清償之保證人得向他保證人求償之分擔部分，係指保證人間內部分擔之部分而言，至於保證人與主債務人間並無分擔部分，關於保證債務之特性，即從屬性及補充性，應適用共同保證關係，共同保證人得主張先訴抗辯權。

二、信用委任

委任他人以該他人之名義及其計算，供給信用（provide credit）於第三人者，就該第三人因受領信用所負之債務，對於受任人，負保證責任（民法第756條）。例如，甲委託乙，以受任人乙之名義及其計算，貸款於第三人丙，為甲委託乙供給信用於丙，此種契約兼具保證及委任契約之性質。

三、連帶保證

所謂連帶保證，係指保證人與主債務人負同一債務，對於債權人各負全部給付之責任者而言（民法第272條第1項）。是連帶保證與普通保證不同，是連帶保證人不得對債權人主張先訴抗辯之權利[151]。連帶保證債務僅保證人喪失先訴抗辯權，亦為保證債務之一種。準此，就定有期限之債務為連帶保證者，債權人允許主債務人延期清償時，連帶保證人除於其延期已為同意外，不負保證責任（民法第755條）。

陸、例題解析

一、連續債務保證之終止

就連續發生之債務為保證而未定有期間者，保證人得隨時通知債權人終止保證契約（民法第754條第1項）。保證人對於終止保證契約之通知到達債權人後，所發生主債務人之債務，不負保證責任（第2項）。丙與乙銀行簽訂擔任連帶保證人之約定時，未約定保證之信用卡之額度及使用期限為何，故甲使用

---

[151] 最高法院45年度台上字第1426號民事判決。

之信用卡之額度及其使用期限，係由乙銀行決定。是丙就甲消費款之保證債務屬未定期限之保證，丙之保證責任為未定期限之保證，丙得依據民法第754條第2項之規定隨時終止連帶保證契約，丙對於終止連帶保證契約之通知到達乙銀行所發生甲之債務，不負連帶保證責任[152]。

二、定期債務保證責任免除之例外

就定有期限之債務為保證者，債權人允許主債務人延期清償時，保證人除對於其延期已為同意外，不負保證責任（民法第755條）。甲銀行與連帶保證人乙間簽訂保證契約，由乙擔保借款人丙對甲銀行之債務負連帶清償責任，甲銀行對保證人乙不負任何義務，乙無從因保證契約自銀行獲取報償，其性質上屬單務、無償契約，保證人乙事先同意甲銀行允許主債務人丙延期清償時該條款，不必再徵得乙之同意，而訂定保證契約。因民法第755條規定，屬當事人得依特約排除之任意規定，保證人乙對於允許延期清償，已為概括同意之表示，自不得主張免責[153]。

第二十六節　人事保證

《例題44》

甲因其子乙任職A公司，甲為此將其所有土地，設定不定期限之最高限額抵押權予A公司，作為乙因執行職務所生損害賠償之擔保。試問乙嗣後離職，其未積欠A公司任何債務，甲是否得請求A公司塗銷抵押權登記？

---

[152] 臺灣高等法院暨所屬法院90年度法律座談會，臺灣高等法院歷年法律座談會彙編，10至13頁。

[153] 臺灣高等法院暨所屬法院84年度法律座談會，臺灣高等法院歷年法律座談會彙編，15至18頁。

壹、人事保證之定義

　　所謂人事保證者或職務保證（employment guaranty），係當事人約定，一方於他方之受僱人將來因職務上之行為而應對他方為損害賠償時，由其代負賠償責任之契約（民法第756條之1第1項）。人事保證人之責任範圍，限於與受僱人職務有關之行為。人事保證契約應以書面為之，其為要式契約（第2項）[154]。

貳、人事保證之性質

　　人事保證以被保證人與僱用人間勞務關係契約存在為前提，是為從契約。人事保證與一般保證雖不相同，惟其為從債務，具有從屬性及補充性，性質上與一般保證相類似，是人事保證除另有規定者外，準用關於保證之規定（民法第756條之9）。例如，人事保證人得主張先訴抗辯權，或保證人向僱用人賠償損害後，得向受僱人行使求償權或代位權。

參、人事保證之期間

　　人事保證約定之期間，不得逾3年。逾3年者，縮短為3年（民法第756條之3第1項）。該3年期間，當事人得更新之，更新後之期間不得逾3年（第2項）。倘人事保證未定期間者，自成立之日起有效期間為3年（第3項）。1999年4月21日修正公布，並於2000年5月5日施行之民法債編前成立之人事保證，亦適用之（民法債編施行法第35條），此為法律不溯既往原則之例外[155]。例如，甲於2018年10月11日出具保證書，保證乙在丙公司服務期間，倘有不法行為致使公司蒙受損失時，負連帶責任。而該其保證並未約定保證期間，其有效期間自保證契約成立之日起算為3年，逾3年後，其保證契約即失其效力。即該人事保證契約自2018年10月11日起至2021年10月10日止為有效期間，其後甲不負保證責任。

---

[154] 最高法院103年度台上字第2427號民事判決。
[155] 最高法院104年度台上字第1309號民事裁定。

肆、人事保證之效力

一、保證人之代負賠償責任

人事保證之保證人，以僱用人不能依他項方法受賠償者為限，負其責任（民法第756條之2第1項）。例如，僱用人投保受僱人職務保證保險或第三人為受僱人向僱用人設有職務損害之最高限額抵押權。保證人應負賠償責任時，除法律另有規定或契約另有訂定外，其賠償金額以賠償事故發生時，受僱人當年可得報酬之總額為限，以減輕保證人之負擔（第2項）。僱用人對保證人之請求權，因2年間不行使而消滅，為短期消滅時效期間（民法第756條之8）。

二、僱用人之通知義務

有下列情事發生時，僱用人應有通知（notify）保證人義務（民法第756條之5第1項）：(一)僱用人依法得終止僱傭契約，而其終止事由有發生保證人責任之虞者；(二)受僱人因職務上之行為而應對僱用人負損害賠償責任，並經僱用人向受僱人行使權利者；(三)僱用人變更受僱人之職務或任職時間、地點，致加重保證人責任或使其難於注意者。保證人經僱用人通知後或知悉前揭情事，均得終止契約，避免將來繼續發生或加重保證人之責任（第2項）。

三、法院依職權減免賠償金額

發生民法第756條之5第1項所列之情事時，僱用人負有通知保證人之義務，倘僱用人不即通知保證人者，法院得減輕保證人之賠償金額或免除之（民法第756條之6第1款）。或者僱用人對受僱人之選任或監督有疏懈者（第2款），僱用人對損害之發生或擴大既與有過失，法院亦得減免保證人之賠償金額。

伍、人事保證之消滅

一、當然終止

　　人事保證契約當然終止之原因有四，茲分述如後（民法第756條之7）：(一)保證之期間屆滿或未定保證期間，經3年而消滅；(二)保證人死亡、破產或喪失行為能力；(三)受僱人死亡、破產或喪失行為能力；(四)受僱人之僱傭關係消滅。再者，人事保證具有專屬性，除有特約或特殊情形外，保證人之責任因其死亡而消滅。人事保證於保證契約成立時，被保證人尚無具體的賠償之債務，必待被保證人有損害賠償之發生，其賠償之責任始能具體確定。而遺產繼承，應以繼承開始時，被繼承人之權利義務狀態為準，繼承開始時，被保證人尚未發生具體而確定之賠償義務，此人事保證契約自不在其繼承人繼承範圍之內[156]。

二、任意終止

　　任意終止之原因有二：(一)人事保證未定期間者，保證人得隨時終止契約（民法第756條之4第1項）。保證人終止契約，應於3個月前通知僱用人。但當事人約定較短之期間者，從其約定（第2項）；(二)有下列情事發生時，僱用人應有通知保證人義務：1.僱用人依法得終止僱傭契約，而其終止事由有發生保證人責任之虞者；2.受僱人因職務上之行為而應對僱用人負損害賠償責任，並經僱用人向受僱人行使權利者；3.僱用人變更受僱人之職務或任職時間、地點，致加重保證人責任或使其難於注意者（民法第756條之5第1項）。保證人經僱用人通知後或知悉前揭情事，均得終止契約，無須為預告通知（第2項）。

陸、例題研析——人事保證契約之法定終止事由

　　人事保證關係因受僱人之僱傭關係消滅（民法第756條之7第4款）。最高

---

[156] 最高法院51年度台上字第2789號民事判決。

限額抵押契約定有存續期間者，期間雖未屆滿，然其擔保之債權所由生之契約
已合法終止或因其他事由而消滅，並無既存之債權，而將來亦確定不再發生債
權，其原擔保之存續期間內所可發生之債權，已確定不存在，依抵押權之從屬
性，應許抵押人請求抵押權人塗銷抵押權設定登記[157]。A公司就甲所有土地之
最高限額抵押權之存續期間，雖為不定期限，然A公司就該土地最高限額抵押
權係為擔保乙任職於A公司期間，因職務關係所生對於乙之損害賠償債權，乙
與A公司之僱傭關係，因乙之離職而終止，足見甲與A公司之人事保證契約已
消滅。A公司對乙並無損害賠償請求權，將來亦確定不再發生，甲所有土地之
最高限額抵押權所擔保損害賠償債權，已確定不存在，依抵押權之從屬性，抵
押權人A公司自應負塗銷抵押權設定登記之義務[158]。

---

[157]最高法院83年度台上字第1055號民事判決。
[158]臺灣臺中地方法院93年度訴字第1168號民事判決。

第四編

物　權

第一章 通 則

《例題1》

> 甲雖將所有其汽車出賣與乙，並交付乙占有完畢，惟未至監理機關辦理過戶手續，嗣後甲之債權人聲請法院查封該汽車。試問乙得否主張其為汽車所有人排除法院之查封？有無理由？

壹、物權之定義

物權者（rights in rem），係直接支配特定物而享有其利益之一種財產權。物權為支配權，物權人無須藉助他人之意思或行為，即得實現其權利之內容。此與債權不同，因債權人僅能請求債務人為一定行為，須待債務人之意思或行為之介入，始得實現其權利之內容。物之構成部分，除法律有特別規定外，不得單獨為物權之標的物，物權之標的物須為特定物與獨立物。因直接支配具有獨占性與排他性，同一物不容許有性質不相容之兩個以上物權同時並存，係採一物一物權主義。

貳、物權之種類

一、物權法定主義（81年普考）

物權除依法律或習慣外，不得創設（民法第757條）。所謂法律者，依據物權限定主義之本旨，係指成文法（code or act）而言。本條所稱之習慣，係指具備慣行之事實及法的確信，即具有法律上效力之習慣法。物權法定主義之目的，在於確保物權之內容明確，以維護交易安全，此為強行規定，當事人不得任意創設與法定物權內容相異之物權，否則為無效（民法第71條）。例如，私有土地實際上供公眾通行而成為既成巷道，公法上雖認為已有公用地役關係之存在，惟其非民法上之物權，其與私法上之不動產地役權不同，自不得依民事訴訟程序訴求保護。

二、所有權與限定物權

物權以對於標的物之支配範圍為區分標準可分：(一)所謂所有權或完全物權，係指對其標的物為全面性之物權；(二)所謂限定物權或定限物權，係指僅能於特定限度內，對於標的物為支配之物權。例如，所有權以外之物權，均屬限定物權。限定物權或限制物權有限制所有權之作用，其效力得對抗所有權。例如，地上權人對於土地之用益權限，優先於所有人。

三、動產物權、不動產物權及權利物權

物權以標的物之種類為區分標準可分：(一)物權存在於動產之上者，為動產物權，如留置權；(二)存在於不動產之上者，為不動產物權，如地上權；(三)存於權利之上者，為權利物權，如權利質權。

四、用益物權與擔保物權

以對物權之目的為區分標準：(一)所謂用益物權（usufructuary right），係指以標的物之使用、收益為目的之物權，著重於支配物之使用價值。例如，地上權、農育權、不動產役權及典權；(二)所謂擔保物權（real rights for security），係指以擔保債務之履行為目的之物權，著重於支配物之交換價值。例如，抵押權、質權及留置權。

參、物權之效力

一、排他效力

所謂排他效力，係指物權有排他性，在同一標的物上，不能同時成立或設定兩個以上互不相容之物權，其在先之成立或設定為有效。例如，甲對某特定房地有單獨之所有權，乙不能再擁有該房地之單獨所有權，除非甲、乙就該房地維持共有關係。

二、優先效力

所謂優先效力，係指物權優先於債權，或者先成立之物權優先於後成立之物權。舉例說明如後：(一)甲一屋二賣，先後出賣與乙、丙，丙先取得所有權登記，乙不得以其先與甲簽訂買賣契約之債之關係，對抗丙之所有權；(二)甲先後以其所有之土地為乙、丙設定第一順位及第二順位之抵押權，甲之所有土地嗣後經法院拍賣，乙就賣得之價金有優先於丙之清償權利。

三、追及效力

所謂追及效力，係指標的物不論輾轉入於何人之手，物權之權利人均得追及其所在而行使權利。例如，甲所有汽車遭丙竊取，丙將該車交與乙使用，甲得依據民法第767條第1項之行使物上請求權，請求間接占有人丙或直接占有人乙返還該車。

肆、物權之變動

一、物權變動之定義

所謂物權之變動，係指物權之發生、變更及消滅：(一)物權之發生（create）：物權之取得，指物權與特定之權利主體間之結合，可分原始取得及繼受取得；(二)物權之消滅（lose）：物權之喪失，指物權與特定主體分離而言，可分絕對消滅及相對喪失；(三)物權之變更（alter）：係物權仍存在，僅其原來之態樣發生變更，自廣義而言，包括主體變更、客體變更及內容變更。

二、物權變動之原因

(一)法律行為與法律行為以外之事實

物權變動之原因可分法律行為與法律行為以外之事實兩種，茲分說明如後：1.法律行為可分為單獨行為及物權契約，係當事人以物權之發生、變更或消滅為目的之物權行為；2.法律行為以外之事實，即依法律規定而發生之物權

變動。例如，公用徵收、繼承、混同、取得時效、先占，及標的物滅失。

(二)公示原則與公信原則

物權之變動有兩大原則，係公示原則與公信原則：1.公示原則：係指物權變動之情形，須有足以讓社會大眾辨識之外在表徵。故不動產物權經登記者，推定登記權利人適法有此權利（民法第759條之1第1項）。因信賴不動產登記之善意第三人，已依法律行為為物權變動之登記者，其變動之效力，不因原登記物權之不實而受影響（第2項）[1]。例如，不動產之登記、動產之交付；2.公信原則：係指信賴該外在表徵而有所作為之善意第三人，縱使其主觀所信賴者與客觀存在之權利歸屬，並不一致，法律亦保護其主觀之信賴。例如，動產之善意受讓。

三、不動產物權變動

(一)須訂立書面

不動產物權之變動，應以書面（writing）為之（民法第758條第2項）。不動產物權之移轉或設定，為要式行為，是當事人間約定一方以其不動產之物權移轉或設定於他方，債務人為履行其債務，負有訂立移轉或設定物權之書面，使債權人取得該不動產物權之義務[2]。例如，買賣不動產之債權契約係非要式行為，當事人就其移轉之不動產及價金業已互相同意，其買賣契約即為成立。出賣不動產之一方，自應負交付該不動產並使他方取得不動產所有權之義務，倘出買人拒絕訂定書面移轉所有權之物權契約，買受人於取得出賣人協同辦理所有權移轉登記之確定判決，得單獨聲請登記取得所有權，移轉不動產物權書面之欠缺因而補正。

---

[1] 最高法院106年度台上字第1840號民事判決。

[2] 最高法院104年度台上字第473號民事判決：當事人透過債權行為及物權行為而完成其交易行為者，該債權行為雖成為物權行為之原因，惟基於物權行為之無因性，該債權行為於物權行為完成後，即自物權行為中抽離，物權行為之效力，尚不因債權行為不存在、撤銷或無效而受影響。

(二)須經登記

　　爲保護交易安全，避免第三人受不測之損害，不動產物權之變動，須經登記，即不動產物權之變動，以登記爲公示方法，藉登記將不動產物權變動之情形，公示於眾，俾於任何人得知悉物權之歸屬，其登記分爲設權登記及宣示登記。

1. 設權登記

　　不動產物權，依法律行爲而取得、設定、喪失及變更者，非經登記，不生效力（民法第758條第1項）。前項行爲，應以書面爲之（第2項）。所謂書面，係指具備足以表示有取得、設定、喪失或變更某特定不動產物權之物權行爲之書面。所謂不動產登記，係指登記機關依據土地登記規則，將應行登記之事項於登記於登記簿，並校對完竣，加蓋登記簿及校對人員名章後，爲登記完畢後，始生登記效力（土地登記規則第7條）。僅申請登記，而未經登入登記簿者，尚不發生登記之效力。

2. 宣示登記

　　因繼承、強制執行、徵收、法院之判決或其他非因法律行爲，而於登記前已取得不動產物權者，應經登記，始得處分其物權（民法第759條）[3]。此爲法律行爲以外之原因取得不動產物權，雖不登記亦發生取得之效力，惟欲加以處分時，應先行登記始可處分。所謂法院之判決，係指依其宣告足生物權法上取得某不動產物權效果之力，具有拘束第三人之必要，而對於當事人以外之一切第三人亦有效力之形成判決。例如，分割共有物之判決[4]。

四、動產物權變動

　　動產物權之變動要件，除有當事人間物權變動之合意外，尚應以交付爲動產物權變動之公示方法。其交付有二：現實交付及觀念交付。觀念交付不必現實交付，而與現實交付有同等效力，其有簡易交付、占有改定及指示交付三種

---

[3] 最高法院103年度台上字第2108號民事判決。

[4] 最高法院101年度台抗字第407號民事裁定：所謂法院之判決，係指依其宣告足生物權法上取得某不動產物權效果之形成判決而言，並非所有形成判決均屬之。

類型。

(一)現實交付

動產物權之讓予，非將動產交付（deliver），不生效力（民法第761條第1項本文）。故動產物權之變動以交付為生效要件。例如，汽車為動產，其物權之讓與以交付為生效要件，出買人已將汽車交付與買受人，縱使未在監理機關所辦理過戶，仍生物權移轉之效力。

(二)簡易交付

受讓人已占有動產者，而於讓與合意時（agree to transfer），即生效力（民法第761條第1項但書）。例如，甲將其所有之汽車借與乙占有使用，嗣後甲將該汽車出賣與乙，其於買賣成立生效時，該汽車所有權歸於借用人乙所有，毋庸現實交付。

(三)占有改定

讓與動產物權，而讓與人仍繼續占有動產者，讓與人與受讓人間，得訂立契約，使受讓人因此取得間接占有（indirect possession），以代交付（民法第761條第2項）。例如，甲將其機器出賣與乙，再向乙承租該機器，繼續占有該機器，已生交付於買受人乙之效力。

(四)指示交付

所謂讓與動產物權，係指動產由第三人占有時，讓與人（transferor）得以對於第三人之返還請求權（claim），讓與於受讓人，以代交付（民法第761條第3項）。例如，甲將其機車借與乙使用占有，嗣後甲將機車出賣與丙，甲將借用物之返還請求權，讓予買受人丙，以代交付。

伍、物權之消滅

一、混　同

(一)所有權及其他物權同屬一人

同一物之所有權（ownership）及其他物權，歸屬於一人者，其他物權因

混同（merge）而消滅（民法第762條本文）。例如，甲以其所有土地為乙設定抵押權，乙取得該土地之所有權後，抵押權歸於消滅。但其他物權之存續，於所有人或第三人有法律上之利益者，不在此限（但書）。例如，甲以其土地為乙設定典權後，乙以典權為丙設定抵押權，而乙取得土地所有權，該典權並未消滅，否則會導致丙之抵押權無法存在，為丙之利益，該典權依然有效存在。

(二)所有權以外之物權與其權利同屬一人

所有權以外之物權，並以該物權為標的物之權利，歸屬於一人者，其權利因混同而消滅（民法第763條第1項）。但其他物權之存續，於所有人或第三人有法律上之利益者，不在此限（第2項）。例如，甲將其所有之土地為乙設定地上權，乙分別以地上權為丙、丁設定第一順位及第二順位抵押權，丙嗣後取得地上權，為丙之利益，丙之抵押權不因丙取得地上權而混同消滅，否則丁之抵押權即升為第一順位抵押權，有害丙於法律上之利益。

二、拋　棄（107年司法人員四等）

物權，除法律另有規定外，因拋棄（waive）而消滅（民法第764條第1項）。前項拋棄，第三人有以該物權為標的物之其他物權或於該物權有其他法律上之利益者，非經第三人同意，不得為之（第2項）[5]。拋棄係權利人表示放棄其權利之單獨行為。拋棄之方法，在不動產應塗銷其登記（民法第758條）[6]，拋棄動產物權者，並應拋棄動產之占有（民法第764條第3項）。

陸、例題解析──動產物權變動之要件

動產物權之讓與，將動產交付，而發生讓予之效力（民法第761條第1項）。有關車輛之管制檢驗及變更登記等，固須經公路監理機關之登記，並以發給行車執照記載之車主為準，然車輛為動產，其所有權之讓與，因交付而生

---

[5] 最高法院106年度台上字第978號民事判決。
[6] 最高法院74年度台上字第2322號民事判決。

效，不因有無辦理過戶而有所不同[7]。出賣人甲依據買賣關係將其所有其汽車交付買受人乙占有，乙已取得所有權，縱使未至監理機關辦理過戶手續，仍不影響物權變動之效力，因甲已非所有人，是甲之債權人聲請法院查封該汽車，乙得以所有權人之身分，依強制執行法第15條規定，提起第三人異議之訴，排除對該汽車之強制執行。

---

[7] 最高法院72年度台上字第1933號民事判決。

第二章 所有權

第一節 通 則

《例題2》

　　甲將所有汽車一輛借與乙使用，乙於滿5年後，主張其以所有之意思，5年間和平公然占有甲之汽車，取得其所有權。試問甲是否喪失該輛汽車之所有權？理由為何？

《例題3》

　　甲之四周鄰居於甲所有土地上通行，雖已歷數十年，惟未為不動產地役權之登記，甲之土地經政府機關編為巷道，並舖設柏油路面。試問甲以該土地為其所有，依無權占有之法律關係，請求政府機關除去柏油交還土地，其請求是否正當？

壹、所有權之定義

　　所謂所有權（ownership），係指所有權人於法令限制之範圍內，全面性支配標的物而具有永久性之物權。所有人對於標的物之占有、管理、使用、收益及處分，並無預定之存續期間，亦不侷限於一定內容，其為完全物權。

貳、所有權之權能

一、積極權能

　　所有人（owner）於法令限制之範圍內，得自由使用、收益、處分其所有物（民法第765條前段）。申言之：(一)所謂使用（use），係指不毀損物體或變更其性質，依據其用法，以供生活之需求。例如，駕駛車輛；(二)收益

（profit），係指收取所有物之天然孳息及法定孳息。例如，果樹之果實、出租之租金。物之成分及其天然孳息，於分離後，除法律另有規定外，仍屬於其物之所有人（民法第766條）。準此，物之構成部分，不得獨立為權利之客體，房屋內之電梯與該房屋有不可分離之關係，而為該房屋之構成部分，故房屋之受讓人即為該電梯之所有人；(三)處分（dispose），包括事實處分及法律處分。事實處分係就標的物為物質上之變形、改造、毀損或消滅等事實行為。例如，拆除房屋。法律處分係指法律行為，使標的物之權利發生移轉、變更或消滅。例如，設定抵押權或地上權。

二、消極權能——所有人物上請求權（97、108年司法人員四等；98年高考）

所有人於法令限制之範圍內，得排除他人之干涉（民法第765條後段）。而所有人之物上請求權（民法第767條第1項），則為排除他人干涉之方法[1]。詳言之：(一)所有物返還請求權：即所有人對於無權占有或侵奪其所有物者，得請求返還之（民法第767條第1項前段）。例如，甲之所有汽車遭乙無權占有，甲得本於所有權之效用，對於無權占有之乙請求返還所有物[2]；(二)除去妨害請求權：所有人對於妨害其所有權者，得請求除去之（第1項中段）。例如，甲未經土地所有人乙之同意，任意在甲之所有土地堆置雜物，乙得請求甲除去；(三)防止妨害請求權：所有人對於妨害其所有權之虞者，得請求防止之（第1項後段）。例如，甲、乙之房屋相鄰，甲之房屋年久失修，有隨時傾倒危及乙屋，乙得請求甲修補房屋，以防止所有權受損。

---

[1] 最高法院100年度台上字第1722號民事判決。

[2] 最高法院104年度台上字第1939號民事判決：土地及坐落其上之房屋為各別獨立之不動產（民法第66條第1項），而占有土地者乃坐落於該土地上之房屋，占有房屋者則為該房屋之所有人或使用人，倘房屋無權占有土地者，土地所有權人得依民法第767條第1項規定，請求對該房屋有事實上處分權之人拆屋還地及請求該房屋現占有人遷出。

參、取得時效

　　所謂取得時效，係指無權利人繼續行使某種權利，經過一定期間，符合一定要件，而依法律規定取得其權利之制度。取得時效以占有爲基礎，是占有人必須以所有之意思（intent of being an owner）、和平、公然、繼續占有標的物。法律對於占有人，推定其爲以所有之意思，善意、和平及公然占有者。經證明前後兩時爲占有者，推定前後兩時之間，繼續占有（民法第944條）。所謂以所有之意思而占有，係指占有人以與所有人對於所有物支配相同之意思而支配動產或不動產之占有，爲自主占有而言[3]。再者，物上請求權亦得爲消滅時效之客體，惟已登記之不動產之所有人，其所有權返還請求權、防止妨害及除去妨害請求權，並無民法第125條消滅時效規定之適用[4]。

一、動產所有權

　　以所有之意思，10年間和平、公然、繼續占有他人之動產者（personal property），取得其所有權（民法第768條）。倘以所有之意思，5年間和平、公然、繼續占有他人之動產，而其占有之始爲善意並無過失者，取得其所有權（民法第768條之1）。所有權取得時效之要件，須爲以所有之意思而占有。例如，甲竊取乙機車，10年間和平、公然及繼續使用之，該機車之所有權於10年期滿時，即歸甲所有。因時效而取得權利，民法有明文規定，其與無法律上之原因而受利益之情形有別，並無不當得利之問題。

二、不動產所有權

(一)占有之始非善意

　　占有人以所有之意思，20年間和平、公然、繼續占有他人未登記之不動產者（real property），得請求登記爲所有人（民法第769條）。例如，甲以所有之意思，占有乙未辦理登記之房屋，經過20年後，即得經土地四鄰證明，聲請

---

[3] 最高法院81年度台上字第285號民事判決。

[4] 大法官釋字第164號解釋。

爲房屋所有權登記（土地法第54條）[5]。

(二)占有之始為善意及無過失

占有人以所有之意思，10年間和平、公然、繼續占有他人未登記之不動產者，而其占有之始爲善意（good faith）並無過失者，得請求登記爲所有人（民法第770條）。占有之標的物，不論有無過失，均須爲他人之物，倘爲自己之物或無主物，均不生取得時效問題。因不動產登記有絕對之效力，故他人已登記之不動產，縱占有人善意而無過失，仍不因時效而取得其所有權。

三、取得時效之中斷

所謂取得時效之中斷，係指於取得時效進行中，有與取得時效要件相反之事實發生，使已經過之期間失其效力，而必須重新起算其期間。取得時效中斷之事由有五（民法第771條）：(一)占有人變爲不以所有之意思而占有，即以其他意思之他主占有；(二)變爲非和平或非公然占有；(三)占有人自行中止占有，如拋棄占有；(四)占有爲他人侵奪者，而無法依據民法第949條之盜贓遺失物之回復請求權或第962條之占有人之物上請求權，回復其占有者；(五)依第767條規定起訴請求占有人返還占有物者，占有人之所有權取得時效亦因而中斷。

四、取得時效之效力

因取得時效完成而取得物之所有權，其爲原始取得，原權利人之權利即歸於消滅，在訴訟上，占有人雖未援用，然法院得依據職權認定而據以裁判。就動產而言，動產占有人即取得所有權（民法第768條）。至於以所有之意思，占有他人未登記之不動產，其於取得時效完成時，僅取得請求登記爲所有人之權利，並非當然取得所有權。取得時效係依占有之事實而取得權利，並非使原所有人負擔義務。所謂得請求登記爲所有人，並非得請求原所有人同意登記爲

---

[5] 最高法院68年度台上字第1584號民事判決。

所有權人之意，係指得請求地政機關登記爲所有人而言[6]。

五、其他財產權之取得時效

民法第768條至第771條規定之取得時效及時效中斷，其於所有權以外財產權之取得，準用之（民法第772條）。不動產所有權取得時效之客體，固以未登記之不動產爲限。然限定物權，並不以未登記之土地爲限。例如，占有人以行使地上權之意思，20年間和平繼續公然在他人地上有建築物或其他工作物，無論該他人土地已否登記，均得請求登記爲地上權人[7]。因占有人包括共有人，故共有人得對共有土地主張時效取得地上權[8]。

肆、例題解析

一、動產所有權之取得時效

所有權取得時效之要件，須爲以所有之意思而占有，倘乙係依據使用借貸關係而使用甲之汽車，係屬他主占有，並非自主占有，即不能主張以所有意思占有而取得甲車之所有權。反之，乙依民法第945條規定變爲以所有之意思占有而取得所有權時，乙於滿10年後，取得該車之所有權，因取得時效完成而取得物之所有權，爲原始取得，原權利人甲之所有權，即歸於消滅[9]。

二、公用地役關係

甲之四周鄰居於甲所有土地上通行，已歷數十年，是甲之所有土地爲既成巷道，既成爲公眾通行之道路，自不容私人在該道路上起造任何建築物，妨害交通，即土地所有人不得違反供公眾通行之目的而爲使用。甲之土地已因時效完成而有公用地役關係之存在，公用地役關係並非私法上之權利，並不以登

---

[6] 最高法院84年度台上字第1634號民事判決。

[7] 最高法院60年度台上字第1317號、第4195號民事判決。

[8] 最高法院32年度上字第110號民事判決。

[9] 司法院第3期司法業務研究會，民事法律問題研究彙編，3輯，113頁。

記爲成立要件。因公用地役關係人係不特定之公眾,實際上無從爲地役權之登記,且公用地役關係不以有供役地與需役地之存在爲必要,故公用地役關係與私法上之不動產役權性質上不同[10]。準此,甲所有之土地爲實際供公眾通行數十年之道路,雖未爲地役權之登記,然不礙其有公用地役關係存在,政府機關將該有公用地役關係之土地編爲巷道並舖設柏油路面,甲有容忍之義務,不得依民法上無權占有之法律關係,訴求政府機關除去柏油交還土地[11]。

第二節　不動產所有權

《例題4》

甲之所有土地爲袋地,其與A社區坐落之土地及乙所有土地相鄰,甲通行A社區土地或乙所有土地雖得至對外聯絡道路,惟通行A社區土地之防火巷,其路徑較近。試問甲得否主張通行該防火巷?有無理由?

《例題5》

甲爲袋地所有人,其於乙之所有土地上闢設道路通行逾10年。試問:(一)甲對於其所通行之土地,因此所受之損害,應支付之償金應自何時起算?(二)償金應如何計算?

《例題6》

甲、乙及丙等人各爲同一大樓之區分所有建物之第一層至第三層樓所有權人,甲將霓虹燈廣告招牌懸掛於第二層、第三層樓牆壁外牆。試問乙或丙得否依民法第767條第1項規定,請求甲拆除該霓虹燈廣告招牌?

---

[10] 最高法院102年度台上字第701號民事判決。
[11] 行政法院61年度判字第435號行政判決。

壹、土地所有權之範圍

　　土地所有權（ownership of land）之行使範圍，為一立體之概念，是土地所有權，除法令有限制外，於其行使有利益之範圍內，及於土地之上下。如他人之干涉，無礙其所有權之行使者，不得排除之（民法第773條）。例如，甲在自有之土地上建築房屋，係屬合法行使權利，倘乙因甲屋之興建，造成日照受影響，其僅能於自有土地上設法移動自己之房屋，其無權利甲拆除房屋，以供自己便利。

貳、相鄰關係之概念

　　所謂相鄰關係，係指相鄰接之不動產權利人相互間之權利義務關係，為調和不動產之利益，故民法課以義務人協力義務，賦予權利人一定之權利。民法就相鄰關係之規定，其內容可分：(一)在於鄰地之支配權者，如民法第786條至第788條；(二)在於使鄰地所有人負作為之義務者，如民法第774條與第795條；(三)在於使鄰地所有人負不作為之義務者，如民法第775條與第777條。

參、危害之預防

一、經營工業之防免損害

　　土地所有人（landowner）經營事業及行使其所有權，應注意防免鄰地之損害（民法第774條）。例如，空氣污染防制法係行政法，其立法目的在於維護國民健康、生活環境，以提高生活品質。故工廠排放空氣污染物雖未超過主管機關依空氣污染防制法公告之排放標準，然造成鄰地農作物發生損害，應負損害賠償責任。

二、氣響侵入之禁止

　　土地所有人於他人之土地、建築物或其他工作物有瓦斯、蒸氣、臭氣、煙氣、熱氣、灰屑、喧囂、振動及其他與此相類者侵入時，得禁止之。但其侵入輕微，或按土地形狀、地方習慣，認為相當者，不在此限（民法第793

條）[12]。例如，甲、乙所有土地毗連，甲在接界之房屋牆壁上，開設窗戶及設置煙囪，倘該煙囪係供家常爐灶之用，甲有設置之權利，乙不得以其煙氣侵入為由，請求予以禁止。

三、地基或工作物危險之預防義務

土地所有人開掘土地或為建築時，不得因此使鄰地之地基動搖或發生危險，或使鄰地之建築物或其他工作物受其損害（民法第794條）。例如，民法第184條第2項規定，違反保護他人之法律者，推定其有過失。民法第794條規定，屬保護他人之法律。倘有違反之者，即應推定其有過失[13]。

四、工作物傾倒危險之預防

建築物或其他工作物之全部，或一部有傾倒之危險，致鄰地有受損害之虞者，鄰地所有人，得請求為必要之預防（民法第795條）。例如，甲之房屋遭地震毀損，經勘查結果認為足以危害公共安全之建築物，其鄰地之所有人得依民法第795條行使權利，請求甲為一定必要之預防設施。鄰地之範圍，並不以相鄰接之土地為限，凡為該建築物或工作物之傾倒會損及之土地，均包括在內。

肆、關於水之相鄰關係

一、用水權利

水源地、井、溝渠及其他水流地之所有人得自由使用其水。但法令另有規定或另有習慣者，不在此限（民法第781條）。是水流地所有人得自由使用公共之流水，因用水之必要，固得設置相當之工作物，惟須於不妨害他人使用之限度內為之。水源地或井之所有人對於他人因工事杜絕、減少或污染其水者，

---

[12] 最高法院99年度台上字第223號民事判決。
[13] 最高法院100年度台上字第1012號民事判決。

得請求損害賠償。倘其水爲飲用或利用土地所必要者，並得請求回復原狀；其不能爲全部回復者，仍應於可能範圍內回復之（民法第782條第1項）。前開情形，損害非因故意或過失所致，或被害人有過失者，法院得減輕賠償金額或免除之（第2項）。

二、用水權之限制

自然流至之水爲鄰地所必需者，土地所有人縱因其土地利用之必要，不得妨阻其全部（民法第775條第2項）。再者，土地所有人有使用鄰地餘水之用水權，即土地所有人因其家用或利用土地所必要，非以過鉅之費用及勞力不能得水者，得支付償金，對鄰地所有人請求給與有餘之水（民法第783條）。土地所有人既然有用水權，倘土地因蓄水、排水、或引水所設之工作物、破潰、阻塞，致損害及於他人之土地，或有致損害之虞者，土地所有人應以自己之費用，爲必要之修繕、疏通或預防。但其費用之負擔，另有習慣者，從其習慣（民法第776條）。

三、排水關係

(一)自然排水

土地所有人不得妨阻由鄰地自然流至之水（民法第775條第1項）。倘水流因事變在鄰地阻塞，土地所有人得以自己之費用，爲必要疏通之工事。但鄰地所有人受有利益者，應按其受益之程度，負擔相當之費用（民法第778條第1項）。前項費用之負擔，另有習慣者，從其習慣（第2項）。

(二)人工排水

土地所有人不得設置屋簷、工作物或其他設備，使雨水或其他液體直注於相鄰之不動產（民法第777條）。例如，甲所有房屋之飛簷及露臺伸出於乙所有土地上方，導致下雨時，雨水直入乙之土地，乙得請求甲除去伸出之飛簷與露臺。土地所有人因使浸水之地乾涸，或排泄家用或其他用水，以至河渠或溝道，得使其水通過鄰地（民法第779條第1項本文）。但應擇於鄰地損害最少之

處所及方法為之（第1項但書）。有通過權之人對於鄰地所受之損害，應支付償金（第2項）。法令另有規定或另有習慣者，從其規定或習慣（第3項）。第1項但書之情形，鄰地所有人有異議時，有通過權之人或異議人得請求法院以判決定之（第4項）。土地所有人因使其土地之水通過，固得使用鄰地所有人所設置之工作物。然應按其受益之程度，負擔該工作物設置及保存之費用（民法第780條）。

四、水流之變更與設堰

(一)水流變更水權

水流地對岸之土地屬於他人時，水流地所有人不得變更其水流或寬度（民法第784條第1項）。兩岸之土地均屬於水流地所有人者，其所有人雖得變更其水流或寬度。然應留下游自然之水路（第2項）。前開情形，法令另有規定或另有習慣者，從其規定或習慣（第3項）。

(二)堰之設置與利用

水流地所有人有設堰之必要者，固得使其堰附著於對岸。惟對於因此所生之損害，應支付償金（compensation）（民法第785條第1項）。對岸地所有人於水流地之一部屬於其所有者，得使用前開之堰。但應按其受益之程度，負擔該堰設置及保存之費用（第2項）。前開情形，法令另有規定或另有習慣者，從其規定或習慣（第3項）。

伍、鄰地使用關係

一、管線安設權

土地所有人非通過他人之土地，不能設置電線、水管、瓦斯管或其他管線，或雖能設置而需費過鉅者，雖得通過他人土地之上下而設置之。然應擇其損害最少之處所及方法為之，並應支付償金（民法第786條第1項）。依前開之規定，設置電線、水管、瓦斯管或其他管線後，倘情事有變更時，他土地所有人得請求變更其設置（第2項）。因管線為土地所有人所安設，是變更安設之

費用，原則上由土地所有人負擔。例外情形，係法令另有規定或另有習慣者，從其規定或習慣（第3項）。

二、袋地通行權

(一)土地因與公路無適宜聯絡而無法為通常使用

　　土地因與公路無適宜之聯絡（suitable access），致不能為通常使用時，該土地為袋地（piece of land），除因土地所有人之任意行為所生者外，土地所有人得通行周圍地以至公路（民法第787條第1項）[14]。前開情形，有通行權人應於通行必要之範圍內，擇其周圍地損害最少之處所及方法為之；對於通行地因此所受之損害，並應支付償金（第2項）。其立法意旨在於調和土地相鄰之關係，以全其土地之利用，雖明定周圍地所有人負有容忍通行之義務。然土地嗣後與公路已有適宜之聯絡，而能為通常之使用者，周圍地所有人自無須繼續容忍其通行，土地所有人不得再主張通行周圍地[15]。民法物權編關於土地相鄰關係之規定，重在圖謀相鄰不動產之適法調和利用。鄰地通行權之性質，為土地所有權人所有權之擴張，其與鄰地所有權人所有權之限制，是以土地所有權人或使用權人，倘確有通行鄰地之必要，鄰地所有權人或使用權人，即有容忍其通行之義務，此為法律上之物的負擔。土地所有權人或使用權人，基於其物權之作用行使上開請求權時，其對象並不以鄰地所有權人為限[16]。有通行權人於必要時，得開設道路。但對於通行地因此所受之損害，應支付償金（民法第788條第1項）。前開情形，倘致通行地損害過鉅者，通行地所有人得請求有通行權人以相當之價額購買通行地及因此形成之畸零地，其價額由當事人協議定之；不能協議者，得請求法院以判決定之（第2項）。

(二)土地一部讓與或分割

　　因土地一部之讓與或分割，而與公路無適宜之聯絡，致不能為通常使用

---

[14] 最高法院105年度台上字第1439號民事判決。

[15] 最高法院85年台上字第1781號民事判決。

[16] 最高法院70年度台上字第3334號民事判決。

者，土地所有人因至公路，僅得通行受讓人或讓與人或他分割人之所有地。數宗土地同屬於一人所有，讓與其一部或同時分別讓與數人，而與公路無適宜之聯絡，致不能為通常使用者，亦同（民法第789條第1項）。有通行權人，無須支付償金（第2項）。此為相鄰土地通行權之特別規定，應優先於民法第787條所定一般鄰地通行權而適用。

三、鄰地使用權

土地所有人因鄰地所有人在其地界或近旁，營造或修繕建築物或其他工作物有使用其土地之必要，應許鄰地所有人使用其土地。但因而受損害者，得請求償金（民法第792條）。明定為使用鄰地所有人之土地，不包括鄰地之建築物在內，其使用他人之建築物時，仍應得該他人之同意。

四、土地之禁止侵入及容許

土地所有人原則上得禁止他人侵入（trespass）其土地內。但有例外之情形，則應容許他人進入：(一)他人有通行權者（民法第790條第1款）；(二)依地方習慣，任他人入其未設圍障之田地、牧場、山林刈取雜草，採取枯枝枯幹，或採集野生物，或放牧牲畜者（第2款）；(三)土地所有人，遇他人之物品或動物偶至其地內者，應許該物品或動物之占有人或所有人入其地內，尋查取回（民法第791條第1項）。因尋查取回物品或動物之允許侵入他人所有土地者，倘導致土地所有人受有損害者，得請求賠償。土地所有人於未受賠償前，得留置該物品或動物（第2項）。

陸、越界之相鄰關係

一、越界建築（104年司法人員四等）

土地所有人建築房屋非因故意或重大過失逾越地界者（beyond boundary），倘鄰地所有人知其越界而不即提出異議，不得請求移去或變更其房屋。但土地所有人對於鄰地因此所受之損害，應支付償金（民法第796條第1

項）。前開情形，鄰地所有人得請求土地所有人，以相當之價額購買越界部分之土地及因此形成之畸零地，其價額由當事人協議定之，不能協議者，得請求法院以判決定之（第2項）。土地所有人建築房屋逾越地界，鄰地所有人請求移去或變更時，法院得斟酌公共利益及當事人利益，免為全部或一部之移去或變更。但土地所有人故意逾越地界者，不適用之（民法第796條之1第1項）[17]。所謂土地所有人建築房屋逾越疆界，係指土地所有人在其自己土地建築房屋，僅其一部分逾越疆界者而言。倘其房屋之全部建築於他人之土地，則不適用之。再者，鄰地所有人之忍受義務，係為土地所有人所建房屋之整體，有一部分逾越疆界，倘予拆除，勢將損及全部建築物之經濟價值而設。倘土地所有人所建房屋整體之外，越界加建房屋，鄰地所有人得請求拆除[18]。申言之，越界建築之訴，法院得斟酌公共利益及當事人利益，免為全部或一部之移去或變更之標的，限於越界者為房屋，或與房屋價值相當之其他建築物，如倉庫、立體停車場等，倘牆垣、豬欄、狗舍或屋外之簡陋廚廁，則無此權限[19]。

二、植物枝根越界

土地所有人遇鄰地植物之枝根有逾越地界者，得向植物所有人，請求於相當期間內刈除之（民法第797條第1項）。植物所有人不於前項期間內刈除者，土地所有人得刈取越界之枝根，並得請求償還因此所生之費用（第2項）。越界植物之枝根，倘就土地之利用無妨害者，不適用前開規定（第3項）。

三、果實自落鄰地

果實自落於鄰地者（adjacent land），視為屬於鄰地所有人（民法第798條本文）。雖無須鄰地所有人具有先占之意思，惟可取得所有權者，以自然墜落之果實為限，倘以外力介入而墜落者，則無法取得果實所有權。而鄰地為公用地者，其自落之果實仍歸於果樹所有人（但書）。

---

[17] 最高法院105年度台上字第2211號、107年度台上字第644號民事判決。
[18] 最高法院67年台上字第800號民事判決。
[19] 最高法院104年度台上字第2387號民事判決。

柒、建築物區分所有人之關係

有關建築物區分所有人間，就專有部分及共有部分，其關係相當複雜。公寓大廈管理條例爲特別法，公寓大廈管理條例未規範者，適用民法之一般規定。

一、建築物之區分所有

所謂稱區分所有建築物，係指數人區分一建築物而各專有其一部，就專有部分有單獨所有權，並就該建築物及其附屬物之共同部分共有之建築物（民法第799條第1項）。所謂專有部分，係指區分所有建築物在構造上及使用上可獨立，且得單獨爲所有權之標的者（第2項前段）。所謂共有部分，係指區分所有建築物專有部分以外之其他部分及不屬於專有部分之附屬物（第2項後段）[20]。準此，大樓之基礎結構，其與大樓建築本體不可分離，爲其構成部分，不具獨立性，自不得單獨爲所有權之客體[21]。例如，大樓分層、分間或分套所有。

二、共有使用部分及基地之應有部分

區分所有人就區分所有建築物共有部分及基地之應有部分，依其專有部分面積與專有部分總面積之比例定之。但另有約定者，從其約定（民法第799條第4項）。所謂共同部分，係指大門、屋頂、地基、走廊、階梯、牆壁等，性質上不許分割而獨立爲區分所有客體之部分而言。區分所有建築物共有部分之修繕費及其他負擔，由各所有人按其應有部分分擔之。但規約另有約定者，不在此限（民法第799條之1第1項）。區分所有中之共同部分之共有，與一般之共有不同，區分所有之共有物，依其使用之目的，不許分割（民法第823條第1項但書）。

---

[20] 最高法院101年度台抗字第788號民事裁定。
[21] 最高法院88年度台上字第1708號民事判決。

三、他人正中宅門之使用

　　專有部分之所有人，有使用他專有部分所有人正中宅門之必要者，得使用之。但另有特約或另有習慣者，從其特約或習慣（民法第800條第1項）[22]。因前開使用，致他專有部分之所有人受損害者，應支付償金（第2項）。所謂有使用他人正中宅門之必要者，係指依客觀事實有使用之必要者而言。例如，非使用他人之正中宅門，即無從通行出外者[23]。

捌、例題解題

一、袋地所有人之通行權

　　土地因與公路無適宜之聯絡，致不能為通常使用者，該土地為袋地，土地所有人得通行周圍地以至公路（民法第787條第1項）。甲之所有土地為袋地，其與A社區坐落之土地及乙所有土地相鄰，甲通行上開土地均得至對外聯絡道路，雖通行A社區土地之防火巷，路徑較近。然建築物所應留設之法定空地，為建築基地之一部分，不得重複使用（建築法第11條第4項）。因法定空地作為防火間隔使用，目的在阻隔火劫蔓延，藉以逃生避難，並非供公眾平常通行之用，不得以防火間隔作為主要進出進路[24]。故A社區之法定空地，作為防火間隔使用，自不得作為主要進出通路之用[25]。準此，甲不得對A社區之防火巷主張通行權，其僅得乙所有土地主張通行權。

二、袋地通行權人之支付償金

(一)支付償金之要件

　　袋地通行權人行使通行權，將使通行地所有人不能使用通行地或通行該通

---

[22] 最高法院105年度台上字第782號民事判決。

[23] 最高法院52年台上字第1056號民事判決。

[24] 內政部1977年3月12日台內營字第731475號及1987年7月3日台內營字第513682號函。

[25] 最高法院82年度台上字第1009號、104年度台上字第2303號民事判決。

行地受到限制，其應支付償金（民法第787條第2項後段），此爲通行地因此不能使用或使用受到限制所受損害之補償，此項支付償金之義務，應自取得通行權時起算。甲於乙所有土地上闢設道路通行，已逾10年，顯見其取得通行權已在10年以上，應自10年前實際取得通行權時起算。

(二)損害賠償範圍

所謂所受之損害，參酌民法第216條第1項規定之損害賠償，包括所受損害及所失利益，是所受之損害應作同一解釋。準此，民法第787條之所受損害，應以實際所生之損害爲償金計收標準[26]。

三、區分所有權人之物上請求權（97年司法人員四等）

數人區分所有之建築物，除該建築物及附屬物之共同部分外，應得就該建築物區分爲若干部分，而各有其專有部分以取得所有權（民法第799條），區分所有之建築物結構體之外牆，與一般區分所有權間之共同壁或樓板，具有雙重性質者未盡相同，而區分所有權間有其相互制約性之特質，其有防止共有人間發生使用權爭執之目的，故區分所有建築物之外牆應解爲民法第799條所規定之專有部分。甲、乙及丙等人各爲同一大樓之區分所有建物之第一層至第三層樓所有權人，甲將霓虹燈廣告招牌懸掛於第二層、第三層樓牆壁外牆，乙或丙自得依據民法第767條第1項規定，請求甲拆除該霓虹燈廣告招牌[27]。

---

[26] 司法院(83)廳民1字第22562號函，發文日期1984年12月14日，民事法律問題研究彙編，9輯，216至219頁。

[27] 司法院(81)廳民1字第02696號函，發文日期1992年2月27日，民事法律問題研究彙編，8輯，190至193頁。

第三節　動產所有權

《例題7》

　　甲遺失其所簽發之面額新臺幣30萬元支票一紙，經向付款銀行聲請止付，並依法辦理公示催告。試問在未請求法院為除權判決前，該支票為乙拾獲，乙得否向甲請求報酬？

壹、善意受讓（99年高考：105年司法人員四等）

　　所謂善意受讓或即時取得，係指動產讓與人與受讓人間，以移轉動產所有權爲目的，由讓與人將動產交付與受讓人，受讓人於受讓動產之占有時，善意不知讓與人對該動產無處分權，法律爲保護財產秩序中之交易安全，動產之受讓人占有動產，而受關於占有規定之保護者，縱讓與人無移轉所有權之權利，受讓人仍取得其所有權（民法第801條、第948條）[28]。再者，所謂受讓人非善意，係指明知或可得而知該與人無讓與權利。因善意受讓而取得動產所有權，其屬原始取得，原先存在該動產之其他權利，均歸於消滅。例如，甲向乙承租機器，甲竟稱其爲該機器之所有人，而將機器出賣與不知情之丙，甲雖無所有權或處分權，惟丙爲善意第三人，仍取得機器之所有權，乙對機器之所有權歸於消滅。

貳、先　占

　　以所有之意思，占有無主（no owner）之動產者，除法令另有規定外，取得其所有權（民法第802條）。例如，廢棄車輛，依客觀事實可認定爲無主物者，如廢舊不堪使用之車輛，長久停放於公共巷道，經通知車主處理而逾期未處理，依客觀事實可認車主有拋棄之意思者，該物即爲無主物。其經環保機關

---

[28] 民法第948條規定：以動產所有權或其他物權之移轉或設定爲目的，而善意受讓該動產之占有者，縱其讓與人無讓與之權利，其占有仍受法律之保護。

代表國家或市、縣、鄉、鎮等公法人先占者，由國家或其他公法人取得所有權。先占取得無主物動產之所有權，並非基於占有人之效果意思而來，係依法律規定取得，其性質為事實行為，此取得為原始取得。

參、遺失物之拾得

遺失物（lost property）之拾得，係指發現他人之遺失物而占有。所謂遺失物，係指非基於原權利人之意思，而喪失其占有，因拾得遺失物屬於事實行為，並非法律行為，故無行為能力之人，得為遺失物拾得人。再者，拾得漂流物、沉沒物或其他因自然力而脫離他人占有之物者，準用關於拾得遺失物之規定（民法第810條）。所謂漂流物（float article），係指水上之遺失物及因水流至水邊之遺失物，權利人喪失其占有之動產。所謂沉沒品（sunken article），係指由水面沉入水底之物，權利人喪失其占有之動產。例如，颱風過後，倒木浮於溪面，該林木為漂流物。

一、拾得人之義務

(一)遺失物拾得人之揭示報告義務

拾得遺失物者應從速通知遺失人、所有人、其他有受領權之人或報告警察、自治機關。報告時，應將其物一併交存。但於機關、學校、團體或其他公共場所拾得者，亦得報告於各該場所之管理機關、團體或其負責人、管理人，並將其物交存（民法第803條第1項）。前項受報告者，應從速於遺失物拾得地或其他適當處所，以公告、廣播或其他適當方法招領之（第2項）。

(二)交存遺失物

依第803條第1項為通知或依第2項由公共場所之管理機關、團體或其負責人、管理人為招領後，有受領權之人未於相當期間認領時，拾得人或招領人應將拾得物交存於警察或自治機關（民法第804條第1項）。警察或自治機關認原招領之處所或方法不適當時，得再為招領之（第2項）。所謂相當期間，係指依客觀情形，足認所有人得以知悉該招領之內容並為認領意思表示所必要之時間。此時間就具體個案而言，得依招領內容及客觀環境等條件之不同而有差

異。再者，拾得物易於腐壞或其保管需費過鉅者，招領人、警察或自治機關得為拍賣或逕以市價變賣之，保管其價金（民法第806條）。

二、拾得人之權利

(一)費用及報酬請求權

1.原　則

遺失物自通知或最後招領之日起6個月內，有受領權之人認領時，拾得人、招領人、警察或自治機關，於通知、招領及保管之費用受償後，應將其物返還之（民法第805條第1項）。通知、招領及保管費應以保存遺失物之必要支出者為限。例如，登報費、遺失動物之飼養費用、貴重物品寄存於銀行保管箱費等。有受領權之人認領遺失物時，雖拾得人得請求報酬。然不得超過其物財產上價值1/10。其不具有財產上價值者，拾得人仍得請求相當之報酬（第2項）。有受領權人依前項規定給付報酬顯失公平者，得請求法院減少或免除其報酬（第3項）。報酬請求權，因6個月間不行使而消滅（第4項）。拾得人、招領人、警察或自治機關，對於認領遺失物之所有人，有請求其償還通知、招領、保管費及報酬之權利，權利人於所有人未清償上述費用前，對遺失物有留置權（第5項）。

2.例　外

有下列情形之一者，不得請求第805條第2項之報酬：(1)在公眾得出入之場所或供公眾往來之交通設備內，由其管理人或受僱人拾得遺失物；(2)拾得人未於7日內通知、報告或交存拾得物，或經查詢仍隱匿其拾得遺失物之事實；(3)有受領權之人為特殊境遇家庭、低收入戶、中低收入戶、依法接受急難救助、災害救助，或有其他急迫情事者（民法第805條之1）。

(二)取得所有權或拍賣價金

遺失物自通知或最後招領之日起逾6個月，未經有受領權之人認領者，由拾得人取得其所有權。警察或自治機關並應通知其領取遺失物或賣得之價金。其不能通知者，應公告之（民法第807條第1項）。拾得人於受前項通知或公告後3個月內未領取者，其物或賣得之價金歸屬於保管地之地方自治團體（第

2項）。公務員因公拾得之遺失物，應認其所屬機關爲拾得人，如無人認領，應將其物歸入國庫，仍不能交與拾得之公務員歸其所有。同理，民營客運公司之司機爲公司之使用人，其於執行業務時，在車上所撿獲之現款，視爲公司拾得，倘無人認領，應歸該公司所有。

肆、埋藏物之發現

所謂埋藏物（treasure-trove），係指埋藏於其他動產或不動產之中，而其所有人不明之動產。發現埋藏物爲事實行爲，而非法律行爲，發現埋藏物而占有，即時取得所有權。詳言之，發見埋藏物而占有者，取得其所有權。但埋藏物係在他人所有之動產或不動產中發見者，該動產或不動產之所有人與發見人，各取得埋藏物之半（民法第808條）。例如，承攬人於定作人之土地興建房屋，而於興建過程中所挖出之新臺幣（下同）10萬元，承攬人及定作人各取得5萬元。發現埋藏物原則上取得所有權。例外情形，係發見之埋藏物足供學術、藝術、考古或歷史之資料者，其所有權之歸屬，依特別法之規定（民法第809條）。例如，依據文化資產保存法之規定，埋藏地下之無主古物，均歸國家所有。

伍、添　附

所謂添附，係指因物與他物相結合，或因勞力與他人之物相結合之謂。添附之類型有附合、混合及加工三種法律事實，該動產所有權變動之原因，係基於添附而取得動產所有權，此爲法律規定，並非法律行爲所致，故此取得爲原始取得。

一、附　合

(一)不動產上之附合

附合係指二個以上之物互相結合，而成爲一個物。動產因附合（attach）而爲不動產之重要成分者，不動產所有人，取得動產所有權（民法第811

條）[29]。例如，甲對乙之房屋加以裝修，其所購買之磚、瓦及塑膠板等建材，附合於乙之不動產而成為該不動產之成分，並無單獨所有權存在[30]。所謂重要成分（important component part），係指兩物結合後，非經毀損或變更其物之性質，不能分離者。

(二)動產上之附合

動產與他人之動產附合，非毀損不能分離，或分離需費過鉅者，各動產所有人，按其動產附合時之價值，共有合成物（民法第812條第1項）。附合之動產，有可視為主物者（principal thing），該主物所有人，取得合成物之所有權（第2項）。例如，甲將自己之油漆塗於乙車上，乙車可視為主物，上漆後之汽車仍由乙取得所有權[31]。

二、混　合

動產與他人之動產混合（mix），不能識別，或識別需費過鉅者。各動產所有人，按其動產混合時之價值，共有合成物。混合之動產，有可視為主物者，該主物所有人，取得合成物之所有權（民法第813條）。例如，甲之綠豆與乙之紅豆已混成一袋豆類，甲及乙共有該袋豆類。

三、加　工

所謂加工（contribute work），係指加工作於他人之動產成為新物，此為勞力與材料之結合，屬事實行為。加工於他人之動產者，其加工物之所有權，

---

[29] 最高法院100年度台上字第4號民事判決：所謂附屬建物，係指依附於原建築以助其效用而未具獨立性之次要建築而言，諸如依附於原建築而增建之建物，缺乏構造上及使用上之獨立性，或僅具構造上之獨立性，而無使用上之獨立性，並常助原建築之效用。

[30] 最高法院106年度台上字第941號民事判決。

[31] 最高法院102年度台上字第70號民事判決：是否達非毀損不能分離，或分離需費過鉅之程度，不能僅根據物理上之觀察決定之，倘分離之結果，影響其經濟上之價值甚鉅者，亦足當之，自應依客觀情形及一般交易習慣認定之。

原則上屬於材料所有人（民法第814條本文）。例外情形，係因加工所增之價值顯逾材料之價值者，其加工物之所有權屬於加工人（contributing person）（但書）。

四、添附之效果

因添附而動產之所有權消滅者，該動產上之其他權利，亦同消滅（民法第815條）[32]。例如，因添附而喪失權利而受損害者，得依關於不當得利（unjust enrichment）之規定，請求償還價額（民法第816條）[33]。例如，甲誤取乙之肥料施於丙之土地，丙因乙肥料附合其土地而取得所有權，乙因附合喪失對肥料權利而受之損害，自得向因此而受益之丙，依據不當得利之規定請求償還價額。

陸、例題解析——遺失物拾得人之權利

得依背書轉讓之證券，遺失人得依公示催告程序之規定，聲請法院以公示方法，催告權利人於一定期間內申報權利，倘不申報，即生失權之效果。準此，甲遺失支票，經依法辦理公示催告，在未除權判決前，該支票為乙拾獲，甲聲請公示催告應可認係認領且無拋棄其物之意思。支票為有價證券，乙所拾獲之支票未經法院除權判決之前，自屬有效支票，倘乙依法為招領報告義務，亦無民法第805條之1所示情事者，乙可向甲請求未逾該支票面額1/10之報酬即新臺幣3萬元（民法第805條第2項）。倘有受領權人認其依前開給付報酬顯失公平者，亦得請求法院減少或免除其報酬（第3項）。

---

[32] 最高法院97年度台上字第418號民事判決。
[33] 最高法院101年度台上字第1618號民事判決。

第四節　共　有

《例題8》

> 甲、乙及丙共同完成文學著作，其各人之創作，無法分離利用，渠等亦未約定其權利之比例，詎該著作被丁非法重製，導致損失新臺幣30萬元，試問著作人如何向丁請求賠償？

壹、共有之定義與種類

所謂共有（co-ownership），係指一物之所有權由數人共同享有。共有發生之原因有基於當事人意思，如數人依據契約共同買受一物。有由於法律規定，如合夥財產為合夥人全體之公同共有（民法第668條）。民法之共有類型有三：分別共有、公同共有及準共有。

貳、分別共有之定義與應有部分

所謂分別共有，係指數人按其應有部分（proportion）而共同享有一物之所有權之謂（民法第817條第1項）。各共有人之應有部分不明者，推定其為均等（第2項）。所謂應有部分或持分，即一個所有權幾分之幾之意，係抽象計算之權利比例，而非該物具體之某一部分，其抽象存在於共有物之任何部分，並非侷限於共有物之特定部分。

參、分別共有之效力

一、分別共有人之內部關係

(一)共有物之使用收益（100年高考；105年司法人員四等）

各共有人，除契約另有約定外，按其應有部分，固對於共有物之全部，有使用收益之權（民法第818條）[34]。然共有人對共有物之特定部分使用收益，

---

[34] 最高法院101年度台抗字第722號民事裁定。

仍須徵得他共人有全體之同意，倘共有人不顧他共有人之利益，而就共有物之全部或一部任意使用收益，即屬侵害他共有人之權利[35]。他共有人就超過部分，得本於所有權請求除去妨害，或請求向全體共有人返還該部分。故共有人全體就共有物之全部劃定範圍，得約定各自使用特定之共有物者，此爲共有物之分管契約，共有人於分管範圍，對於共有物有使用收益之權，其爲有權占有，共有人亦得將自己分管範圍，同意他人使用收益者[36]。

(二)共有物之處分（102年司法人員四等）

各共有人，得自由處分（dispose）其應有部分（民法第819條第1項）。共有物之處分、變更、及設定負擔，應得共有人全體之同意（第2項）。處分範圍包括法律上處分及事實上處分；所謂變更者，係指變更共有物之用途。所謂設定負擔者，係指設定其他物權。土地法第34條之1第1項有特別規定，共有土地或建築改良物，其處分、變更及設定地上權、農育權、不動產役權或典權，得以共有人過半數及其應有部分合計過半數同意行之，應有部分合計逾2/3者，其人數不予計算，非必須共有人全體同意，應優先民法第819條第2項之適用[37]。

(三)共有物之管理（105年司法人員四等）

1. 利用、保存及改良

所謂共有物之管理，係指共有物之利用、保存及改良行爲。共有物之管理，除契約另有約定外，應以共有人過半數及其應有部分合計過半數之同意行之。但其應有部分合計逾2/3者，其人數不予計算（民法第820條第1項）[38]。例如，共有物之出借或出租，係典型之利用行爲而爲管理權能之一部，是共有土地出租或出借爲管理行爲。例外之情形，係共有物之簡易修繕及其他保存行爲，得由各共有人單獨爲之（第5項）。所謂保存行爲，係指對共有物物質上

---

[35] 最高法院62年台上字第1803號民事判決。

[36] 最高法院100年度台上字第1776號民事判決。

[37] 最高法院103年度台上字第2333號民事判決。

[38] 最高法院100年度台上字第1776號民事判決。

之保全及權利上之保全之行爲而言。

2.管理費與其他負擔

共有物之管理費及其他負擔，除契約另有訂定外，應由各共有人，按其應有部分分擔之（民法第822條第1項）。共有人中之一人，就共有物之擔負爲支付，而逾其所應分擔之部分者，對於其他共有人，得按其各應分擔之部分，請求償還（第2項）。

二、分別共有人之外部關係（105年司法人員四等）

各共有人對於第三人，得就共有物之全部爲本於所有權之請求。但回復共有物之請求，僅得爲共有人全體之利益爲之（民法第821條）。所謂利益，係指客觀之法律上利益而言。此項請求權，毋庸由共有人全體共同行使，而得由共有人中之一人單獨提起返還共有物之訴，聲明請求命被告向共有人全體返還共有物之判決即可，不得請求僅向自己請求返還，否則，法院應將其訴駁回。

肆、共有物分割（93年普考；93年高考）

一、分割自由原則

所謂共有物分割（partition）自由原則，係指共有人得隨時請求分割共有物。例外情形如後：(一)法令另有規定（民法第823條第1項本文）；(二)因物之使用目的不能分割者，如共有道路、區分所有建物之共同部分（第1項但書）；(三)契約訂有不分割之期限者，所定不分割期限不得逾5年，逾5年者，縮短爲5年（第2項本文）。共有之不動產，其契約訂有管理之約定時，約定不分割之期限，不得逾30年；逾30年者，縮短爲30年（第2項但書）。再者，共有物分割請求權爲分割共有物之權利，非請求他共有人同爲分割行爲之權利，其性質爲形成權，並非請求權，而於共有關係存續中，不因期間之經過而消滅。準此，民法第125條之請求權，自不包含共有物分割請求權。

二、分割之方法

(一)協議分割

　　共有物之分割，依共有人協議（agree）方法行之（民法第824條第1項）。共有物之協議分割係以消滅各共有人就共有物之共有關係為目的，而協議分割契約應由全體共有人參與協議訂立，始有效成立，不適用多數決之原則。

(二)判決分割

　　分割之方法不能協議決定，或於協議決定後因消滅時效完成經共有人拒絕履行者，法院得因任何共有人之請求，命為下列之分配：1.以原物分配（distribute）於各共有人。但各共有人均受原物之分配顯有困難者，得將原物分配於部分共有人（民法第824條第2項第1款）。所謂各共有人均受原物之分配顯有困難，當依社會一般之觀念定之，其分為法律上之困難與事實上之困難：(1)法律上之困難，如法律上禁止細分；(2)事實上之困難，如共有人按其應有部分分配所獲分配之共有物極少，致難以利用[39]；2.原物分配顯有困難時，得變賣共有物，以價金（net）分配於各共有人（第2款前段）；3.以原物之一部分分配於各共有人，他部分變賣，以價金分配於各共有人（第2款後段）；4.以原物為分配時，如共有人中有未受分配，或不能按其應有部分受分配者，得以金錢補償之（第3項）。所謂金錢補償，究應依原物市場交易之價格予以補償或依公告現值為準，自應由法院斟酌一切情形比較衡量後，認符合公允者，予以酌定[40]；5.以原物為分配時，因共有人之利益或其他必要情形，得就共有物之一部分仍維持共有（第4項）；6.共有人相同之數不動產，除法令另有規定外，共有人得請求合併分割（第5項）[41]。

---

[39] 最高法院104年度台上字第1792號民事判決。

[40] 最高法院104年度台上字第1750號民事判決。

[41] 最高法院103年度台上字第337號民事判決。

三、共有物分割之效力

(一)單獨所有權之取得

共有物經分割後，共同關係消滅，各共有人就其分得部分取得單獨所有權。協議分割之場合，自分割登記完成時，取得單獨所有權（民法第758條）。裁判分割者雖自判決確定時，發生效力，惟未經登記，不得處分之（民法第759條）。

(二)瑕疵擔保責任

各共有人對於他共有人因分割而得之物，按其應有部分，負與出賣人同一之擔保責任（warranty of seller），其為權利及物之瑕疵擔保責任（民法第825條）。共有物之原物分割，依民法第825條規定觀之，係各共有人就存在於共有物全部之應有部分互相移轉，使各共有人取得各自分得部分之單獨所有權。故原物分割而應以金錢為補償者，倘分得價值較高及分得價值較低之共有人均為多數時，該每一分得價值較高之共有人，其應就其補償金額對於分得價值較低之共有人全體為補償，並依各該短少部分之比例，定其給付金額，始符合共有物原物分割為共有物應有部分互相移轉之本旨[42]。

(三)共有物證書之保管及使用

共有物分割後，各分割人應保存其所得物之證書（民法第826條第1項）。共有物分割後，關於共有物之證書，歸取得最大部分之人保存之，無取得最大部分者，由分割人協議定之，不能協議決定者，得聲請法院指定之（第2項）。各分割人得請求使用他分割人所保存之證書，其包括所得物證書及共有物證書（第3項）。

---

[42] 最高法院85年台上字第2676號民事判決。

伍、公同共有

一、公同共有之定義

　　所謂公同共有，係指數人基於公同關係，而共有一物之所有人，各公同關係者為公同共有人（owners-in-common）（民法第827條第1項）。公同共有之成立有依法律規定、習慣或法律行為。例如，遺產為繼承人公同共有（民法第1151條）、當事人之合夥契約（民法第668條）。

二、公同共有人之權利義務

(一)全體同意行使

　　各公同共有人之權利，及於公同共有物之全部（民法第827條第3項）。例如，公同共有人受領公同共有債權之清償，應共同為之，除得全體公同共有人同意外，無由其中一人或數人，單獨受領之權。因各共有人自應有部分，是公同共有人中一人不得請求就公同共有物之一部，按其應有部分移轉登記為其所有。公同共有人之權利義務，依其公同關係所由成立之法律、法律行為或習慣定之（民法第828條第1項）。公同共有物之處分及其他之權利行使，除法律另有規定外，應得公同共有人全體之同意（第3項）[43]。公同共有物之處分，如移轉物權。而其他之權利行使，如使用收益、設定負擔。

(二)分割公同共有物

　　公同關係存續中，各公同共有人，雖不得請求分割其公同共有物（民法第829條）。然公同關係之存續，並非不可終止，公同共有人中之一人或數人於訴訟外或起訴時，以訴狀向他公同共有人表示終止公同關係之意思，而請求分割公同共有物，倘可認終止為合法，則其公同關係已不復存續。

---

[43] 最高法院100年度台上字第1723號民事判決。

三、公同共有之消滅

公同共有之關係，自公同關係終止，或因公同共有物之讓予而消滅（民法第830條第1項）。公同共有物之分割，除法律另有規定外，準用關於共有物分割之規定（第2項）。例如，繼承人將公同共有之遺產，變更爲分別共有，係使原公同關係消滅，另創設繼承人各按應有部分對遺產有所有權之分別共有關係，其性質應仍屬分割共有物之處分行爲。準此，分別共有人自得隨時請求分割共有物（民法第823條第1項本文）。

陸、準共有

共有規定於所有權以外之財產權，由數人共有或公同共有者準用之（民法第831條）[44]。例如，數人共有一限定物權、準物權、無體財產權及債權等。其共有狀態與共有所有權，並無二致，故準用分別共有或公同共有之規定，此稱爲準共有。

柒、例題分析──準共有

二人以上共同完成之著作，其各人之創作，不能分離利用者，爲共同著作（著作權法第8條）。公同共有之成立有依法律規定、習慣或法律行爲（民法第827條第1項）。著作權法未規定數人合作之著作其著作權爲公同共有，是數人合作之著作，其著作權歸各著作人分別共有。甲、乙及丙共同創作文學著作，既未約定其權利之比例，依據民法第831條、第817條第2項規定，各人之應有部分推定爲均等，即各1/3。丁非法重製甲、乙及丙之共有著作，其應負侵權行爲之損害賠償責任，性質上非本於所有權之請求，甲、乙、丙各得於其應有權利之比例請求丁給付新臺幣10萬元[45]。

---

[44] 最高法院100年度台上字第1723號民事判決。

[45] 司法院第9期司法業務研究會，民事法律專題研究(4)，467至472頁。

第三章　地上權

　　甲向乙銀行貸款，甲除提供所有A土地為乙銀行設定抵押權外，為擔保借款債權之目的，並設定地上權於乙銀行，乙銀行在土地並無任何建築物或工作物。甲之A土地經法院拍賣，丙為拍定人。試問乙銀行主張地上權人之優先購買權，欲優先購買A土地，乙銀行是否有權利？

壹、地上權之定義（101年司法人員四等）

　　地上權分為普通地上權與區分地上權二種類型：(一)所謂普通地上權，係指在他人土地上下有建築物或其他工作物為目的而使用其土地之權（民法第832條）；(二)所謂區分地上權，係指在他人土地上下之一定空間範圍內設定之地上權。地上權係不動產物權，依據民法第758條第1項規定，須經登記始生效力。所謂建築物，係指房屋。所謂其他工作物（other works），係指房屋以外之定著物。例如，橋樑、鐵路、堤防等。地上權不因建築物或工作物之滅失而消滅（民法第841條）。

貳、地上權與土地租賃之異同（97年三等特考）

　　地上權與土地租賃權雖均為使用他人土地之權利，土地所有人出賣土地時，地上權人及承租人均有優先承買權。然兩者之權利義務之內容，並非相同，茲分述不同處如後：

一、物權與債權不同

　　地上權為物權（right in rem）；而租賃權本質為債權（obligation），故地上權人得直接使用土地所有人之土地，而土地承租人僅得請求出租人交付土地，使其使用之。

二、有無存續期間

地上權並無存續期間之限制；而租賃權之存續期間不得逾20年（民法第449條）。地上權設定時，不須已有建築物或工作物，縱使於地上權存續期間滅失，地上權不因而消滅（民法第841條）。而租賃物全部滅失，或一部滅失就存餘部分不能達租賃之目的者，承租人得終止租約（民法第435條）。

三、有償與否

地上權之成立，不以支付地租之必要；反之，租賃權必須支付地租，屬有償契約（民法第421條）。倘為無償使用土地者，其性質屬使用借貸契約（民法第464條）。

四、得否讓予

地上權人得將地上權讓予他人（民法第838條）；而租賃權具有信賴關係，不得讓與他人（民法第294條第1項第1款）。承租人未經出租人之承諾，不得將其租賃物轉租（民法第443條第1項）。承租人違反轉租，出租人得終止租賃契約（第2項）。

五、有無請求補償權

地上權人之工作物為建築物者，地上權因存續期間屆滿而消滅時，地上權人有取地上物之權利；地上物為建築物時，土地所有人除另有約定外，應按該建築物之時價為補償（民法第840條第1項）。而承租人於契約期間屆滿時，僅有取得其工作物之權利。

六、得否為擔保之標的

地上權為物權得為抵押權之標的物（民法第882條）。而租賃權不得轉讓，故不得作為權利質權之標的物（民法第900條）。租賃權為債權不得為抵押權之標的物。

參、地上權人之權利

一、土地占有與使用

地上權人取得地上權後，可請求土地所有人移轉其占有，地上權占有土地後，受關於占有之保護。地上權人依據當事人約定或法律事實，得作興建建築物或工作物之使用。

二、相鄰權之行使

地上權人（superficiary）於目的範圍內占有及使用土地，故民法第774條至第798條關於相鄰權之規定，就地上權人間，或地上權人與土地所有人間，準用之（民法第800條之1）。例如，地上權人得主張袋地通行權通行鄰地。

三、地上權之處分

地上權並非專屬之財產權，是地上權人得自由處分，除將其權利讓予他人外，並得將其地上權供為擔保設定抵押權。但契約另有訂定或另有習慣者，不在此限（民法第882條、第838條）。依民法第838條規定，地上權人得將其地上權讓與受讓人者，僅於該地上權存續期間內，始有其適用。

四、補償之請求及工作物之取回

地上權人之工作物為建築物者，地上權因存續期間屆滿而消滅時，土地所有人，應按該建築物之時價（current market price）為補償。但契約另有訂定者，從其訂定（民法第840條第1項）。例如，地上權因拋棄而消滅者，地上權人自無請求土地所有人收買建築物之權。地上權人就其建築物固享有補償請求權，然土地所有人得於地上權存續期間屆滿前，請求地上權人於建築物可得使用之期限內，延長地上權之期間。地上權人拒絕延長者，不得請求補償（第2項）。地上權人之工作物為建築物者，地上權因存續期間屆滿而消滅時，土地所有人固應按該建築物之時價為補償。然與土地所有人請求塗銷地上權登記係屬二事，互無對價關係，地上權不得以土地所有權人未補償前，拒絕塗銷地上

權登記[1]。

五、優先購買權

地上權人於他人土地上有建築物，倘基地出賣時，地上權人有依同樣條件優先購買之權（土地法第104條第1項）。具有優先購買權之地上權人，而於接到出賣通知後10日內不表示者，其優先權視為放棄。出賣人未通知優先購買權人而與第三人訂立買賣契約者，買賣契約不得對抗優先購買權人，因優先購買權具有物權之效力（第2項）。

肆、地上權人之義務

一、地租之支付

地上權之成立，不以支付地租為要件，地上權得為有償或為無償，倘為有償，其使用土地之對價稱地租或租金。是當事人約定地租及法定地上權，地上權人均須給付租金（民法第876條）。是地上權人積欠地租（rental）達2年之總額者，除另有習慣外，土地所有人得撤銷其地上權（民法第836第1項）。土地所有人撤銷地上權，應向地上權人以意思表示為之（第2項）。

二、返還土地

地上權消滅時，地上權人得取回其工作物，並應回復土地原狀，將土地返還於土地所有人（民法第839條第1項）。土地所有人以時價購買其工作物非有正當理由，地上權人不得拒絕（第3項）。

---

[1] 最高法院79年台上字第2623號民事判決。

伍、地上權之消滅

地上權雖不因建築物或工作物之滅失而消滅（民法第841條）。惟民法第876條第1項規定之法定地上權，係為維護特定建築物之存在而發生，故該建築物滅失時，其法定地上權應隨之消滅。此與民法第832條所定之地上權，得以約定其存續期限，而約定之地上權存續期限未屆至前，地上之建築物或工作物滅失，地上權不因而消滅[2]。再者，地上權定有存續期間者，而於期間屆滿後，地上權歸於消滅。地上權消滅之其他原因如後：

一、地上權之拋棄

地上權未定有期限者，地上權人得隨時拋棄其權利（民法第834條）。有支付地租之訂定者，其地上權人拋棄權利時，應於1年前通知土地所有人，或者支付未到支付期之1年分地租（民法第835條）。

二、地上權之撤銷

地上權人積欠地租達2年之總額者，除另有習慣外，土地所有人，得撤銷其地上權（民法第836第1項）。土地所有人撤銷地上權，應向地上權人以意思表示為之（第3項）。撤銷其地上權應類推適用民法第440條第1項規定，踐行定期催告程序[3]。倘地上權設定契約當事人之一方有數人者，撤銷地上權之意思表示，應由其全體或向其全體為之。而地上權人，縱因不可抗力，妨礙其土地之使用，不得請求免除或減少租金（民法第837條）。

陸、例題解析——通謀虛偽設定地上權

一、地上權為用益物權

所謂地上權，係指以在他人土地上有建築物或工作物為目的而使用其土地

---

[2] 最高法院85年台上字第447號民事判決。

[3] 最高法院68年台上字第777號民事判決。

之權（民法第832條）。故設定地上權，自以具有本法條所示之目的而使用土地之意思而設定，始為真正之地上權。倘地上權人與土地所有人間，並無由地上權在土地上有建築物或工作物為目的而使用土地之意思，其目的在加強擔保借款債權，當事人設定地上權之行為，自屬通謀虛偽之地上權之設定，該設定地上權之法律行為，應屬無效（民法第87條）。土地經法院拍賣時，土地之拍定人得以此原因事實，訴請確認地上權不存在之訴[4]。

二、優先承買權

基地出賣時，地上權人、典權人或承租人有依同樣條件優先購買之權（土地法第104條第1項）。房屋出賣時，基地所有人有依同樣條件優先購買之權。其立法目的在使房屋與基地之所有權合歸於一人所有，使法律關係單純化，以盡經濟上之效用，並杜爭紛。故必須對於基地有地上權、典權或租賃關係存，且地上權人、典權人或承租人於基地上有房屋之建築者，始有優先購買權規定之適用。乙銀行自設定地上權未曾在土地上有建築物或工作物，縱使地上權設定非通謀虛偽意思表示，因乙銀行在土地上設定有地上權登記，未在土地上有房屋之建築物或工作物，法院拍賣土地時，對土地自無土地法第104條優先購買權之適用[5]。

---

[4]　林洲富，實用強制執行法精義，五南圖書出版股份有限公司，2020年2月，14版2刷，206頁。

[5]　臺灣高等法院臺中分院84年度重上字第58號民事判決。

第四章　農育權

《例題10》

> 甲以其所有坐落台中市南屯區之A土地為乙設定農育權，詎農育權人乙將土地一部分出租於丙。試問A土地所有人甲得否收回全部土地？依據為何？

壹、農育權之定義

所謂農育權，係指在他人土地為農作、森林、養殖、畜牧、種植竹木或保育之權（民法第850條之1第1項）。農育權之期限，原則上不得逾20年；逾20年者，縮短為20年。例外情形，係以造林、保育為目的或法令另有規定者，不受20年之限制（第2項）。農育權之成立不以支付地租為要件，此與地上權之成立相同。

貳、農育權之權利

一、土地之使用收益

農育權人固得占有他人土地，並於土地上為農作、森林、養殖、畜牧、種植竹木或保育之使用，以獲得天然孳息。然農育權人不得將土地或農育工作物出租於他人（民法第850條之5第1項本文）。所謂將土地出租於他人，係指將土地基於租賃契約交與他人為使用收益而言，其僅訂有租賃契約，而未將土地交與他人使用收益者，並無違反該項規定。

二、相鄰權之行使

農育權之目的在於使用土地，故農育權人與土地所有人居於相同之地位，民法第774條至第798條關於相鄰權之規定，而於農育權人間或農育權人與土地所有人間準用之（民法第800條之1）。例如，農育權人亦得向鄰地所有人，主

張袋地通行權。

三、農育權之處分

　　農育權非專屬之財產權，其自得自由處分之。故農育權人得將其權利讓與（assign）他人或設定抵押權他人（民法第850條之3第1項本文）。農育權與其農育工作物不得分離而爲讓與或設定其他權利（第3項）。地租之約定經登記者，農育權讓與時，前農育權人積欠之租金應併同計算。受讓人就農育權人積欠之租金，應與讓與人連帶負清償責任（民法第836條第2項、第850條之9）。

參、農育權人之義務

一、地租之支付

　　農育權之成立，不以支付地租爲必要。倘農育權有支付地租之約定者，原則上應依約給付。例外規定，係農育權人因不可抗力致收益減少或全無時，得請求減免其地租或變更原約定土地使用之目的（民法第850條之4第1項）。

二、出租之禁止

　　農育權人雖得將其權利轉讓於他人，惟農育權人不得將土地或農育工作物出租於他人。例外情形，係農育工作物之出租另有習慣者，從其習慣（民法第850條之3第1項）。農育權人違反前項開定者，土地所有人得終止農育權（第2項）。

肆、農育權人之消滅

　　農育權消滅時，農育權人得取回其土地上之出產物及農育工作物，並應回復土地原狀。土地所有人以時價購買其出產物或農育工作物農者，農育權人不得拒絕（民法第850條之7第1項、第2項）。

一、終止契約

所謂終止農育權，係指有法定事由，當事人一方得以意思表示向他方終止農育權契約。終止之法定事由如後：(一)農育權人將土地或農育工作物出租於他人，土地所有人得終止農育權（民法第850條之5第1項本文、第2項）；(二)農育權未定有期限時，除以造林、保育為目的者外，當事人得隨時終止之（民法第850條之2第1項）；(三)農育權以造林、保育為目的而未定有期限者，土地所有人或農育權人得請求法院斟酌造林或保育之各種狀況而定農育權之存續期間；或者於造林、保育之目的不存在時，法院得終止其農育權（民法第850條之2第3項）；(四)農育權有支付租金之約定，農育權人因不可抗力致收益減少或全無時，農育權人不能依原約定目的使用者，當事人得終止之（民法第850條之4第1項、第2項）；(五)農育權無支付租金之約定，農育權人因不可抗力致收益減少或全無時，農育權人不能依原約定目的使用者，土地所有人得終止之（民法第850條之4第2項、第3項）；(六)農育權人應依設定之目的及約定之方法，為土地之使用收益；未約定使用方法者，應依土地之性質為之，並均應保持其生產力或得永續利用（民法第850條之6第1項）。農育權人違反前項規定，經土地所有人阻止而仍繼續為之者，土地所有人得終止農育權（第2項）；(七)農育權人積欠地租達2年之總額，除另有習慣外，土地所有人得定相當期限催告農育權人支付地租，如農育權人於期限內不為支付，土地所有人得終止農育權（民法第836條、第850條之9）。

二、拋　棄

農育權無支付租金之約定者，農育權得隨時拋棄其權利（民法第834條、第850條之9）。農育權定有期限，而有支付租金之約定者，農育權人得支付未到期之3年分租金後，拋棄其權利。農育權未定有期限，而有支付租金之約定者，農育權人拋棄權利時，應於1年前通知土地所有人，或支付未到期之1年分地租。因不可歸責於地上權人之事由，致土地不能達原來使用之目的時，地上權人於支付前二項地租1/2後，得拋棄其權利；其因可歸責於土地所有人之事由，致土地不能達原來使用之目的時，地上權人亦得拋棄其權利，並免支付地

租（民法第835條、第850條之9）。

伍、例題解析——終止農用權

農育權人不得將土地或農育工作物出租於他人，農育權人將土地一部或全部出租於他人時，使農地利用關係複雜化，並與土地所有人同意設定農育權之原意不符，土地所有人得終止農育權（民法第850條之5第1項本文）。

第五章　不動產役權

《例題11》

　　甲於其所有土地上興建房屋，逾20年之期間均通行乙之所有土地，而未另行開設道路。試問甲是否因時效事由，在乙之所有土地取得通行不動產役權？

壹、不動產役權之定義

　　所謂不動產役權，係指以他人不動產供自己不動產通行、汲水、採光、眺望、電信或其他以特定便宜用途為目的之物權（民法第851條）[1]。自己受便宜之不動產須為需役不動產，該不動產所有人為不動產役權人，他人供便宜之不動產，稱為供役不動產，該不動產所有人稱為供役不動產所有人。例如，通行不動產役權、眺望不動產役權及引水不動產役權等。

貳、不動產役權之特性

一、從屬性

　　不動產役權具有從屬性，故不動產役權不得由需役不動產分離而為讓與，或為其他權利之標的物（民法第853條）。倘需役不動產移轉或設定擔保物權，除當事人另有約定外，不動產役權亦隨同移轉或為該擔保權之標的物。

---

[1] 最高法院104年度台上字第1776號民事判決：契約同意設定不動產役權之一方，固負有使他方取得該役權之義務，惟他方在登記為役權人之前，仍不得據以對抗不動產所有人，主張有通行等便宜之用之權利存在（民法第758條第1項、第851條）。

二、不可分性

　　不動產役權得提升需役不動產之價值，供役不動產之負擔係爲需役不動產全部而存在，且不動產役權爲達其設定之目的，自須利用供役不動產之全部。準此，不動產役權之發生與消滅就需役不動產而言，均及於其全部，不得分割爲數部分或僅爲一部分而存在，此爲不動產役權之不可分性。申言之：(一)需役不動產經分割者，原則上其不動產役權，爲各部分之利益，仍爲存續。例外情形，係不動產役權之行使，依其性質，僅關於需役不動產之一部分者，僅就該部分仍爲存續（民法第856條）；(二)供役不動產經分割者，原則上不動產役權就其各部分，仍爲存續。例外情形，係不動產役權之行使，依其性質，僅關於供役不動產之一部分者，僅對於該部分仍爲存續（民法第857條）。

參、不動產役權之時效取得

一、繼續性與表見性

　　不動產役權以繼續及表見者（continous and apparent）爲限，因時效而取得（acquirement of prescription）（民法第852條）。因不動產役權係以他人不動產之利用爲其目的，而得直接支配該不動產之一種不動產物權，性質上僅爲限制他人不動產所有權之作用，而存在於他人所有不動產之上，爲調節不動產間之利用關係，應以有繼續並表見利用他人不動產之情形爲限[2]。申言之：(一)所謂繼續性，係指不動產役權之行使繼續不斷，其內容之實現，無須每次有權利人之行爲者，如開設道路之通行不動產役權；(二)所謂表見，係指不動產役權之行使表見於外部者。如地面安設水管之引水不動產役權。

二、不繼續或不表見

　　不繼續或不表見者，則無法因時效取得不動產役權。例如，未開設道路之通行不動產役權，其每次行使權利，須有權利人之行爲，且其權利之行使，不

---

[2] 最高法院54年台上字第698號民事判決。

能使人就外形之設施而認知,自非繼續及表見之不動產役權,即無從因時效而取得。因時效而取得不動產役權,倘未依法請求登記為不動產役權人,自不能本於不動產役權之法律關係,而向供役不動產所有人主張不動產役權(民法第769條、第770條)。

肆、不動產役權人之權利義務

一、供役不動產之使用

不動產役權係以他人不動產供自己便宜之用之權利,係不動產役權人依據不動產役權之內容,自得使用他人之供役不動產。例如,通行不動產役權,得於供役不動產上開設道路,俾於不動產役權人通行之用。

二、得為必要之行為

不動產役權人,因行使或維持其權利固得為必要之行為,然應擇於供役不動產損害最少之處所及方法為之(民法第854條)。例如,通行不動產役權,雖於供役不動產上開設道路,供通行之用,然不得濫用權利,應使供役不動產損失降低至最少。

三、物上請求權之行使

需役不動產之不動產役權人自有使用供役不動產之權利,而供役不動產所有權人於不動產役權之目的範圍,其有容忍及不作為之義務;不動產役權之存在,不在調合不動產之所有,而在調節不動產之利用為主要機能,以提高需役不動產現在或將來不動產之利用價值,而於不動產役權之設定目的範圍,自可利用供役不動產之全部,倘與供役不動產所有人之利用相衝突時,除契約另有約定外,應認不動產役權人有優先使用之權利。因不動產役權為使用不動產之物權,其於其目的範圍內,有直接支配供役不動產之權。不僅供役不動產所有人負有消極之義務,第三人亦不得妨害其權利,不動產役權人對於無權占有或侵奪其他不動產役權者,得請求返還之。對於妨害其不動產役權者,得請求除去之。有妨害其不動產役權之虞者,得請求防止之(民法第767條第2項)。

伍、供役不動產所有人之權利義務

一、使用不動產役權人之設置

不動產役權人因行使權利而為設置者，有維持其設置之義務（民法第855條第1項）。供役不動產所有人雖得使用不動產役權人之設置，然有礙不動產役權之行使者，則不得使用。供役不動產所有人使用設置，應按其受益之程度，分擔維持其設置之費用，以符合公平（第2項）。

二、對價之請求

不動產役權之成立，不以有償為必要，此與地上權之成立相同。倘不動產役權為有償時，如租金、使用費。供役不動產所有人，自有向需役不動產所有人請求對價之權利。

陸、不動產役權之消滅

不動產役權除依一般物權消滅之原因而消滅外，如拋棄、混同、存續期間屆滿等事由。倘不動產役權無存續之必要時，法院因供役不動產所有人之聲請，得宣告不動產役權消滅（民法第859條）。例如，需役不動產因政府發布為都市細部計畫區，四週道路均已闢建完成，通行不動產役權無繼續存在之必要，供役不動產所有人得聲請法院為不動產役權消滅之宣告[3]。

柒、例題研析——不動產役權之時效取得

不動產役權以繼續及表見者為限，因時效而取得（民法第852條）。所謂繼續性，係指不動產役權之行使繼續不斷，其內容之實現，無須每次有權利人之行為者。所謂表見者，係指不動產役權之行使表現於外部者。反之，不繼續或不表見者，無法因時效取得地上權。甲於其所有土地興建房屋，雖逾20年之期間均通行乙之所有土地，然未另行開設道路，其每次行使權利，須有甲之行

---

[3] 最高法院99年度台上字第2076號民事判決。

為，且其權利之行使，不能使人就外形之設施而認知，自非繼續及表見之不動產役權，無從因時效而取得不動產役權。

第六章　抵押權

《例題12》

　　甲之所有房屋坐落乙之所有土地上，甲向丙借款新臺幣800萬元，並以所有房屋為丙設定抵押權，因已屆清償期而未清償，丙聲請法院拍賣甲之房屋，丁拍賣取得房屋所有權。試問丁主張其就乙之土地有法定地上權，是否有理由？

《例題13》

　　甲向乙借款新臺幣100萬元，並提供其所有房地為乙設定抵押權，作為擔保借款債權用途。試問已設定抵押權之房地被政府徵收時，其建物部分之自動拆遷獎勵金，是否為抵押權效力所及而優先受償？

壹、普通抵押權之定義

　　所謂普通抵押權（mortgage），係指對於債務人或第三人不移轉占有而供其債權擔保（security）之不動產，得就其賣得價金受優先清償之權（民法第860條）。例如，甲向乙借款新臺幣100萬元，丙提供其所有房地為乙設定抵押權，以擔保該項借款債務清償。就債之關係而言，乙為債權人，甲是債務人。就物權之關係而言，乙為抵押權人（mortgagee），丙為抵押人（mortgagor）或物上保證人。抵押權之性質從屬於債權而存在，債權人於債務人不能清償時，得就抵押物拍賣而受清償。是提供抵押物作債權之擔保者，可為債務人本人或第三人。

貳、抵押權之特性

一、抵押權之從屬性

抵押權之設定，其目的在於擔保債權之履行，故債權為主權利，而抵押權為從權利，其發生、移轉及消滅與債權同一命運。故抵押權不得由債權分離而為讓與，即抵押權不能與其抵押物所擔保之債權分離，而單獨存在（民法第870條前段）。因抵押權從屬於債權，隨同債權之讓與而移轉於受讓人。抵押權亦不得由債權分離而為其他債權之擔保（後段）。準此，抵押權人僅能以債權連同抵押權設定質權。

二、抵押權之不可分性

(一)定　義

所謂抵押權之不可分性，係指抵押物之各部，擔保其債權之全部；而抵押物之全部，擔保其債權之各部。準此，抵押之不動產經分割，或讓予其一部，或擔保一債權之數不動產而以其一讓與他人者，其抵押權不因此而受影響，亦存在原擔保之不動產上（民法第868條）。例如，抵押之不動產為數人所共有，抵押權人對於受讓抵押物之應有部分者，仍得就全部債權行使權利，受讓抵押物應有部分之人，不得僅支付與受讓部分相當之金額，而免其責任。

(二)債權經分割與讓與

以抵押權擔保之債權，經分割或讓與其一部者，其抵押權不因此而受影響（民法第869條第1項）。例如，甲向乙借款新臺幣（下同）100萬元，並設定抵押權，乙將其中50萬元債權讓與丙，是抵押權在所設定權利價值在100萬元之範圍內，仍應存在。再者，另於抵押債務分割或承擔其一部者時，其抵押權不因此而受影響（第2項）。

三、抵押權之物上代位性（103年司法人員四等）

(一)定義與清償次序

抵押權除法律另有規定外，因抵押物滅失或毀損而消滅。但抵押人因滅失或毀損得受賠償或其他利益者，不在此限（民法第881條第1項、第4項）。抵押權人對於前項抵押人所得行使之賠償或其他請求權有權利質權，其次序與原抵押權同（第2項）。故抵押權人對於抵押人所得行使之賠償因滅失得受之賠償金，應按各抵押權人之次序分配之（rank of priority），此就抵押物之代償，稱為抵押權之物上代位性。例如，抵押房屋被燒毀而得受之保險金，其為賠償金之一種，而賠償金並未設有任何限制，無論其係依法律規定取得，或依契約取得，均不失其為賠償金之性質，故保險金解釋上應包括在內。抵押權人自得向保險人請求給付保險金，保險人對抵押權人有給付義務。

(二)受領權利人

抵押物滅失而消滅，負賠償或其他給付義務之給付義務人應向抵押權人為給付。給付義務人因故意或重大過失向抵押人為給付者，對於抵押權人自不生效力（民法第881條第3項）。換言之，倘抵押權人請求給付，給付義務人仍負給付之義務。

參、抵押權之取得

一、依法律行為而取得

依據法律行為取得之方式，有抵押權之設定及抵押權之讓與：(一)抵押權之設定，或稱意定抵押權，須訂立書面，並經辦理登記後，始生效力（民法第758條）；(二)因抵押權具有從屬性，抵押權之讓與，必須抵押權隨同主債權一併讓與始可，並經訂立書面及辦理登記，始生效力。

二、基於法律行為以外之原因

基於法律行為以外之原因，有繼承及法律規定而取得：(一)前者因被繼承

人死亡，而由被繼承人取得抵押權；(二)依據法律規定而取得者，係指民法第513條規定之承攬人之抵押權。

肆、抵押權之範圍

一、擔保債權之範圍（100年三等特考）

抵押權所擔保者為原債權、利息、遲延利息、違約金及實行抵押權之費用。但契約另有約定者，不在此限（民法第861條第1項）。得優先受償之利息、遲延利息、1年或不及1年定期給付之違約金債權，以於抵押權人實行抵押權聲請強制執行前5年內發生及於強制執行程序中發生者為限（第2項）[1]。

二、抵押權標的物之範圍

(一)從物與從權利

抵押權之效力及於抵押物之從物與從權利（accessories and accessory rights）（民法第862條第1項）。第三人於抵押權設定前，就從物取得之權利，基於保護即得權利，自不受影響（第2項）。以建築物為抵押者，其附加於該建築物而不具獨立性之部分，亦為抵押權效力所及。但其附加部分為獨立之物，倘係於抵押權設定後附加者，準用第877條規定（第3項）。所謂附加於該建築物而不具獨立性之部分，係指附屬物而言，其為原建築物之外，屬同一人所有且常助原建築物之效用，其未具獨立性之建築物。附屬物既因附屬於原建築物，喪失其獨立性，原建築物之所有權即因而擴張，該建築物所在之抵押權支配範圍，亦隨建築物所有權之擴張而擴張。抵押權之效力，自應及於該附屬物，附屬物究在抵押前或後所建，有無辦理登記，在所不問。準此，建築物設定抵押後，抵押權人於原建築物再行擴建或增建之建物，倘不具獨立性，而與原建築物構成一體，已為原建築之一部分，或為原建築物之附屬物時，應為

---

[1] 最高法院100年度台上字第2198號民事判決。

原抵押權效力所及[2]。

(二)滅失之殘餘物

　　為保障抵押權人，民法862條之1第1項前段規定，抵押物滅失之殘餘物，仍為抵押權效力所及。例如，抵押之建築物因倒塌而成為動產，自經濟上而言，其應屬抵押物之變形物。同條項後段規定，抵押物之成分，抵押物之成分非依物之通常用法而分離成為獨立之動產者，亦為抵押權效力所及。例如，自抵押建築物拆取之動產，自屬抵押物之變形物。同法條第2項規定，抵押權人亦得請求占有該殘餘物或動產，並依質權之規定，行使其權利。反之，抵押權人不請求占有該殘餘物或動產者，其抵押權不受影響。

(三)扣押後之天然孳息

　　抵押權之效力及於抵押物扣押（attach）後，由抵押物分離而得由抵押人收取之天然孳息（natural profit）（民法第863條）。例如，甲以其所有土地為乙設定抵押權，該土地上種植果樹，該抵押物所生之天然孳息，雖應歸甲取得。惟抵押物經扣押後，自抵押物分離之，自不再歸甲取得，而為抵押權效力所及。

(四)扣押後之法定孳息

　　抵押權之效力及於抵押物扣押後，抵押人就抵押物雖得收取之法定孳息（civil profit）。然抵押權人非以扣押抵押物之事情，通知應清償法定孳息之義務人（obligor），不得與之對抗（民法第864條）。例如，甲將其房地設定抵押權於乙後，將抵押物出租，其得收取法定孳息每月租金新臺幣3萬元，抵押權人乙行使抵押權，聲請拍賣抵押物，得就乙得收取之租金一併扣押。

---

[2]　最高法院94年度台抗字第656號民事裁定。

伍、抵押權人之權利

一、抵押權之處分

抵押權為非專屬財產權，抵押權得一併連同所擔保之債權讓與第三人或為其他債權之擔保（民法第867條）。不動產所有人，因擔保數債權，就同一不動產，設定數抵押權者，其次序依登記之先後定之（priority of registration），此為抵押權人之次序權（民法第865條）。此先次序之抵押權人較後次序抵押權人有優先受償之權利，而次序權並無專屬性，自得為拋棄或讓與。

二、抵押權之保全

(一)抵押物價值減少之防止

抵押人之行為，足使抵押物之價值減少者，抵押權人得請求停止其行為，倘有急迫之情事，抵押權人得自為必要之保全處分（民法第871條第1項）。因抵押權人請求或處分所生之費用，係可歸責於抵押人之事由，應由抵押人負擔，其受償次序優先於各抵押權所擔保之債權（第2項）。

(二)抵押物價值減少之補救

抵押物價值減少時，係可歸責於抵押人之事由，抵押權人得定相當期限，請求抵押人回復抵押物之原狀，或提出與減少價額相當之擔保（民法第872條第1項）。抵押人不於前項所定期限內，履行抵押權人之請求時，抵押權人得定相當期限請求債務人提出與減少價額相當之擔保。屆期不提出者，抵押權人得請求清償其債權（第2項）。抵押人為債務人時，抵押權人得不再為前項請求，逕行請求清償其債權，使債務人喪失債務清償期限利益（第3項）。反之，抵押物之價值，因非可歸責於抵押人之事由而致減少者，抵押權人僅於抵押人因此所受利益之限度內，請求提出擔保（第4項）。

陸、抵押人之權利

一、設定數抵押權

抵押權可併存於同一不動產，是不動產所有人因擔保數債權，得就同一不動產，設定數抵押權者，其次序依登記之先後定之（民法第865條）。抵押權之優先次序，不依設定行為之先後，應依登記之先後。因抵押權以登記為要件，因登記而成立。

二、設定地上權及其他權利（106年司法人員四等）

不動產所有人，設定抵押權後，於同一不動產上，得設定地上權或其他以使用收益為目的之物權，或成立租賃關係。但其抵押權不因此而受影響（民法第866條第1項）。因抵押權為擔保物權，不動產所有人設定抵押權後，其於同一不動產上，雖得為使用收益，然影響於抵押權者，對於抵押權人不生效力。前開情形，抵押權人實行抵押權受有影響者，法院得除去該權利或終止該租賃關係後拍賣之（第2項）。例如，土地所有人於設定抵押權後，在抵押之土地上營造建築物，並將建築物出租於第三人，致影響於抵押權者，抵押權人自得聲請法院除去建築物之租賃權，依無租賃狀態將建築物與土地併付拍賣（強制執行法第98條第2項）[3]。不動產所有人設定抵押權後，而於同一不動產上，成立第1項以外之權利者。例如，使用借貸關係。亦準用第2項規定（第3項）。

三、抵押物之讓與

不動產所有人設定抵押權後，得將不動產讓與他人。但其抵押權不因此而受影響（民法第867條）。換言之，抵押權人得本於追及其物之效力，以實行抵押權。是不動產經抵押人讓與他人而非屬於原抵押人所有者，抵押權人因實行抵押權而聲請法院裁定准許拍賣該不動產時，自應列受讓之他人為相對

---

[3] 最高法院86年台抗字第588號民事裁定。

人[4]。

四、物上保證人之求償權

(一)法定移轉債權

　　為債務人設定抵押權之第三人，代為清償債務，或因抵押權人實行抵押權致失抵押物之所有權時，第三人於其清償之限度內，承受債權人對於債務人之債權。但不得有害於債權人之利益（民法第879條第1項）[5]。因物上保證人為利害關係之第三人，其有代位清償債務之權利（民法第312條第2項）。為保障其權利，物上保證人向債權人清償後，債權人對於主債務人之債權，於其清償之限度，移轉與物上保證人。此為物上保證人之求償權（reimbursement）（民法第749條）[6]。

(二)保證人之分擔額（100年司法人員四等）

　　倘債務人有保證人時，保證人應分擔之部分，依保證人應負之履行責任與抵押物之價值或限定之金額比例定之。抵押物之擔保債權額少於抵押物之價值者，應以該債權額為準（民法第879條第2項）。前項情形，抵押人就超過其分擔額之範圍，得請求保證人償還其應分擔部分（第3項）。例如，甲對乙負有新臺幣（下同）60萬元之債務，由丙為全額清償之保證人，丁則提供其所有價值30萬元之土地1筆設定抵押權予乙。嗣甲逾期未能清償，乙遂聲請拍賣丁之土地而受償30萬元。乙對甲之原有債權中之30萬元部分，由丁承受；保證人丙就全部債務之應分擔部分為60×60÷(30＋60)＝40萬元，丁就全部債務之應分擔部分則為60×30÷(30＋60)＝20萬元，丁已清償30萬元，其僅得就逾自己分擔部分對丙求償10萬元。反之，倘丁係以其所有價值70萬元之土地設定抵押權予乙，嗣乙聲請拍賣土地，而其60萬元債權全額受清償時，保證人丙之分擔額為60×60÷(60＋60)＝30萬元，丁得向丙求償30萬元。

---

[4] 最高法院74年台抗字第431號民事裁定。

[5] 最高法院104年度台上字第2312號民事判決。

[6] 最高法院105年度台上字第333號民事判決。

(三)部分抵押權消滅

第三人為債務人設定抵押權時，倘債權人免除保證人之保證責任者，而於本法第879條第2項保證人應分擔部分之限度內，該部分抵押權消滅（民法第879條之1）。

柒、抵押權之實行

一、拍　賣

(一)拍賣之聲請

所謂抵押權之實行，係指債權已屆清償期，而未受清償時，抵押權人得就抵押物以受清償。故抵押權人於債權已屆清償期，而未受清償者，得聲請法院拍賣（auction）抵押物，就其賣得價金而受清償（民法第873條）[7]。聲請拍賣抵押物屬非訟事件，僅須其抵押權已經依法登記，並依登記之清償期業已屆滿而未受清償時，法院即應為許可拍賣之裁定。至實際上之清償期有無變更，或者有無清償，法院不予審查。倘當事人就此有爭執時，自應提起訴訟以求解決。

(二)土地與建築物併付拍賣（94、106年司法人員四等）

土地所有人於設定抵押權後，在抵押之土地上營造建築物者，抵押權人於必要時，雖得於強制執行程序中聲請法院將其建築物與土地併付拍賣，然對於建築物之價金，無優先受清償之權（民法第877條第1項）。前項規定，其於第866條第2項及第3項之情形，倘抵押之不動產上，有該權利人或經其同意使用之人之建築物者，準用之（第2項）。民法第877條係為保護抵押權人之利益及社會之經濟，故於土地抵押後，在其上營造之建築物，雖非土地所有人所建，然於抵押權實行時，該建築物與抵押之土地已歸一人所有，為貫徹立法目的，得解釋為有該條之適用，得於必要時，將土地抵押後，在其上營造之建築物，

---

[7] 最高法院102年度台上字第543號民事判決。

其與該土地併付拍賣[8]。此項併付拍賣之建築物，毋庸另行聲請法院為准許拍賣之裁定。

(三)建築物與其存在之必要權利併付拍賣

以建築物設定抵押權者，而於法院拍賣抵押物時，其抵押物存在所必要之權利得讓與者，應併付拍賣（民法第877條之1本文）。例如，地上權、租賃權或借用權。但抵押權人對於該權利賣得之價金，無優先受清償之權（但書）。

(四)拍賣之價金分配

就同一不動產，設定數抵押權者，其次序依登記之先後定之（民法第865條）。抵押物賣得之價金，除法律另為規定外，按各抵押權成立之次序分配之，其次序相同者，依債權額比例分配之（民法第874條）。債權人因強制執行而支出之費用及土地增值稅、地價稅、房屋稅之徵收，優於抵押權（強制執行法第29條第2項；稅捐稽徵法第6條第2項）。是抵押物賣得之價金，按各抵押權人之次序分配之，次序同者，平均分配。而於共同抵押之場合，即為同一債權之擔保，其於數不動產上設定抵押權，而未限定各個不動產所負擔之金額者，抵押權人得就各個不動產賣得之價金，得自由選擇受債權全部或一部之清償。

二、拍賣以外之處分方法

(一)承受抵押物所有權

1. 債權之清償期前

約定於債權已屆清償期，而未為清償時，抵押物之所有權，移屬於抵押權人者，為保護抵押人，免因一時窮困，被迫接受此不利之約定，故明定約款非經登記，不得對抗第三人（民法第873條之1第1項）。抵押權人負有清算義務者，請求抵押人為抵押物所有權之移轉時，抵押物價值超過擔保債權部分，應返還抵押人；不足清償擔保債權者，仍得請求債務人清償（第2項）。抵押人

---

[8] 最高法院89年度台抗字第352號民事裁定。

在抵押物所有權移轉於抵押權人前，得清償抵押權擔保之債權，以消滅該抵押權（第3項）。

2.債權清償期屆滿後

抵押權人於債權清償期屆滿後，爲受清償，得訂立契約，取得抵押物之所有權，雖不適用流抵約款之禁止，然有害於其他抵押權人之利益者，不在此限（民法第878條）。

(二)其他處分方法

抵押權人於債權清償期屆滿後，爲受清償，得用拍賣以外之方法，處分抵押物，但有害於其他抵押權人之利益者，不在此限（民法第878條）例如，得設定典權，而就典權受償借款契約。倘借款契約，訂有屆期不償，抵押權人可將抵押物自行覓主變賣抵償之特約，其與將抵押物之所有權移屬於抵押權人相同，其約定自屬無效[9]。

捌、法定地上權

土地與建築物爲各別之不動產，固各得單獨爲交易之標的，然建築物性質不能與土地使用權分離而存在，故土地及其土地上之建築物，同屬於一人所有，而僅以土地或僅以建築物爲抵押者，於抵押物拍賣時，視爲已有地上權之設定，其地租、期間及範圍由當事人協議定之，協議不成時，得聲請法院以判決之（民法第876條第1項）。土地及其土地上之建築物，同屬於一人所有，而以土地及建築物爲抵押者，倘經拍賣，其土地與建築物之拍定人各異時，適用前項之規定（第2項）。法定地上權，須以該建築物於土地設定抵押時業已存在，並具相當之經濟價值爲要件。土地上之房屋，係建築於設定抵押權後，而於抵押權設定當時尚未存在；或者該建物於設定抵押權之前，惟其價值無幾。例如，豬舍、圍牆等，縱使予以拆除，對於社會經濟亦無甚影響，仍不能成立法定地上權之建築物[10]。

---

[9] 最高法院40年台上字第223號民事判決。
[10] 最高法院57年台上字第1303號民事判決。

玖、特殊抵押權

一、共同抵押

(一)定　義

共同抵押或稱總括抵押權，係指爲擔保同一債權之擔保，而於數不動產上設定抵押權，未限定各個不動產所負擔之金額者，抵押權人得就各個不動產賣得之價金，受債權全部或一部之清償（民法第875條）。職是，因設定抵押權所提供之數筆不動產，均須擔保債權之全部，在債權未全部受償前，尚不生抵押權部分消滅之效力[11]。

(二)共同抵押之實行

抵押權人就實行抵押權之標的物，除受強制執行法第96條規定外，而於共同抵押權之場合，抵押權人請求就數抵押物或全部抵押物同時拍賣時，抵押權人有自由選擇之權利[12]。倘拍賣之抵押物中有爲債務人所有者，爲期減少物上保證人之求償問題，亦不影響抵押權人之受償利益，抵押權人應先就債務人所有而供擔保之該抵押物賣得之價金受償（民法第875條之1）。

(三)共同抵押物之分擔額

1. 未限定各不動產負擔

爲同一債權之擔保，於數不動產上設定抵押權者，未限定各個不動產所負擔之金額時，依各抵押物價值之比例（民法第875條之2第1項第1款）。抵押物價值之認定，應以拍定或債權人承受之價格爲準。

2. 限定各不動產負擔

已限定各個不動產所負擔之金額時，依各抵押物所限定負擔金額之比例

---

[11] 最高法院52年台上字第1693號民事判決。

[12] 強制執行法第96條第1項規定：供拍賣之數宗不動產，其中一宗或數宗之賣得價金，已足清償強制執行之債權額及債務人應負擔之費用時，其他部分應停止拍賣。第2項規定：前項情形，債務人得指定其應拍賣不動產之部分。但建築物及其基地，不得指定單獨拍賣。

（民法第875條之2第1項第2款）。倘各抵押物所限定負擔金額較抵押物價值爲高者，爲期平允，以抵押物之價值爲準（第2項）。

3. 部分不動產限定各不動產負擔

僅限定部分不動產所負擔之金額時，依各抵押物所限定負擔金額與未限定負擔金額之各抵押物價值之比例（民法第875條之2第1項第3款）。倘各抵押物所限定負擔金額較抵押物價值爲高者，爲期平允，以抵押物之價值爲準（第2項）。

(四)求償權人或承受權人行使權利範圍

爲同一債權之擔保，而於數不動產上設定抵押權者，在各抵押物分別拍賣時，求償權人或承受權人行使權利範圍，適用下列規定（民法第875條之4）：

1. 經拍賣之抵押物爲物上保證人所有

經拍賣之抵押物爲債務人以外之第三人所有，而抵押權人就該抵押物賣得價金受償之債權額超過其分擔額時，該抵押物所有人就超過分擔額之範圍內，得請求其餘未拍賣之其他第三人償還其供擔保抵押物應分擔之部分，並對該第三人之抵押物，以其分擔額爲限，承受抵押權人之權利。但不得有害於該抵押權人之利益。

2. 經拍賣之抵押物爲同一人所有

經拍賣之抵押物爲同一人所有，而抵押權人就該抵押物賣得價金受償之債權額超過其分擔額時，該抵押物之後次序抵押權人就超過分擔額之範圍內，對其餘未拍賣之同一人供擔保之抵押物，承受實行抵押權人之權利。但不得有害於該抵押權人之利益。本款所稱同一人所有，除債務人所有之抵押物經拍賣之情形外，亦包括物上保證人所有之抵押物經拍賣之情形。

二、權利抵押權

所謂權利抵押權，係指以所有權以外之不動產物權或準物權爲標的之抵押權。例如，地上權、農育權及典權，均得爲抵押權之標的物（民法第882條）。普通抵押權及最高限額抵押權之規定，而於權利抵押與其他抵押權之場合，準用之（民法第883條）。

三、動產抵押權

(一)動產抵押權之定義及標的物

　　所謂動產抵押，係指抵押權人對債務人或第三人不移轉占有而就供擔保債權人之動產設定動產抵押權，而於債務人不履行契約時，抵押權人得占有抵押物，並得出賣，就其賣得價金優先於其他債權而受清償之交易（動產擔保交易法第15條）。債務人不清償債務時，抵押權人得占有抵押物，其與不動產抵押不同。

　　機器、設備、工具、原料、半製品、成品、車輛、農林漁牧產品、牲畜及總噸位未滿20噸之動力船舶或未滿50噸之非動力船舶，均得為動產擔保交易之標的物。前開各類標的物之品名，由行政院視事實需要及交易性質以命令定之（動產擔保交易法第4條）。動產擔保交易之標的物，有加工、附合或混合之情形者，其擔保債權之效力，及於加工物、附合物或混合物，但以原有價值為限（動產擔保交易法第4條之1）。

(二)動產抵押權成立

　　動產擔保交易，應以書面訂立契約，其為要式契約。非經登記，不得對抗善意第三人（動產擔保交易法第5條）。是動產擔保交易一經訂立要式之書面契約，就當事人間即已生效力。登記與否應僅屬對抗善意第三人之要件，而非生效要件，其與不動產抵押以登記為生效要件者，有所不同。

四、最高限額抵押權

(一)最高限額抵押權之定義

1. 擔保現有及未來之債權

　　所謂最高限額抵押權，係指債務人或第三人提供其不動產為擔保，就債權人對債務人一定範圍內之不特定債權，在最高限額內設定之抵押權（民法第881條之1第1項）。最高限額抵押權所擔保者，包括現有及將來可能發生之債權[13]。

---

[13] 最高法院85年台上字第2065號民事判決。

2.擔保由一定法律關係所生之債權或基於票據所生之權利

最高限額抵押權所擔保之債權，以由一定法律關係所生之債權或基於票據所生之權利為限（民法第881條之1第2項）。為避免最高限額抵押權於債務人資力惡化或不能清償債務，而其債權額尚未達最高限額時，任意由第三人處受讓債務人之票據，將之列入擔保債權，以經由抵押權之實行，優先受償，而獲取不當利益，致妨害後次序抵押權人或一般債權人之權益。準此，基於票據所生之權利，除本於與債務人間依前項一定法律關係取得者外，如抵押權人係於債務人已停止支付、開始清算程序，或依破產法有和解、破產之聲請或有公司重整之聲請，而仍受讓票據者，不屬最高限額抵押權所擔保之債權。除非，抵押權人不知其情事而受讓者，則仍為擔保範圍所及（第3項）。

(二)最高限額抵押權之性質

1. 從屬性之例外

最高限額抵押權，係抵押權發生上從屬性之例外。最高額抵押與普通一般抵押不同，最高額抵押係就將來應發生之債權所設定之抵押權，其債權額在結算前並不確定，實際發生之債權額不及最高額時，應以其實際發生之債權額為準[14]。最高限額抵押權所擔保之債權，除訂約時已發生之債權外，即將來發生之債權，在約定限額之範圍，亦為抵押權效力所及。雖抵押權存續期間內已發生之債權，因清償或其他事由而減少或消滅，原訂立之抵押契約依然有效，嗣後在存續期間內陸續發生之債權，債權人仍得對抵押物行使權利。此種抵押契約如未定存續期間，其性質與民法第754條第1項所定就連續發生之債務為保證而未定有期間之保證契約相似，抵押人得隨時通知債權人終止抵押契約，對於終止契約後發生之債務，不負擔保責任。反之，此種抵押契約定有存續期間者，訂立契約之目的，顯在擔保存續期間內所發生之債權，凡在存續期間所發生之債權，均為抵押權效力所及，在存續期間屆滿前所發生之債權，債權人在約定限額範圍，對於抵押物均享有抵押權，除債權人拋棄為其擔保之權利外，抵押人不得於抵押權存續期間屆滿前，任意終止此種契約。縱嗣後所擔保之債

---

[14] 最高法院62年台上字第776號民事判決。

權並未發生，僅債權人不得就未發生之債權實行抵押權而已，並非抵押人得於存續期間屆滿前終止契約而享有請求塗銷抵押權設定登記之權利[15]。

2. 準用普通抵押權之規定

最高限額抵押權亦為不動產抵押制度之一環，除本法第861條第2項、第869條第1項、第870條、第870條之1、第870條之2及第880條規定與最高限額抵押權之性質不容者外，其餘準用關於普通抵押權之規定（民法第881條之17）[16]。

(三)最高限額抵押權之擔保範圍（104年司法人員四等）

1. 債權最高限額說

關於最高限額之約定額度，有債權最高限額及本金最高限額之區別，我國採債權最高限額說。故最高限額抵押權人就已確定之原債權，僅得於其約定之最高限額範圍內，行使其權利（民法第881條之2第1項）。前項債權之利息、遲延利息、違約金，與前項債權合計不逾最高限額範圍者，亦同（第2項）。故最高限額抵押權所擔保之債權，應包括原債權、利息、遲延利息。最高限額自應以該等項目作為擔保債權總額為範圍。是當事人約定擔保其他債權者，亦應受最高限額之限制。原本債權連同利息、違約金未逾最高限額者，利息、違約金亦為抵押權效力所及。倘登記為「本金最高限額若干元」，而本金連同利息等項超過最高限額者，逾此部分即非抵押權所擔保之範圍[17]。

2. 變更債權之範圍或債務人

為促進最高限額抵押權擔保之功能，原債權確定前，抵押權人與抵押人得約定變更第881條之1第2項所定債權之範圍或其債務人（民法第881條之3第1項）。因該變更就後次序抵押權人或第三人之利益並無影響，故無須得後次序抵押權人或其他利害關係人同意。

---

[15] 最高法院66年度台上字第1097號民事判決。
[16] 最高法院104年度台上字第2312號民事判決。
[17] 最高法院103年度台上字第686號民事裁定。

3. 實行抵押權費用

實行抵押權之費用，包含執行費、參與分配費用及執行必要費用，均屬強制執行費用之範圍，其較抵押債權優先受償，不計入抵押權所擔保債權之最高限額（強制執行法第29條）。

4. 擔保原債權之確定期日

最高限額抵押權設定時，未必有債權存在。抵押權人於實行抵押權時，其優先受償之範圍，應依實際確定的擔保債權為之。準此，有定確定期日之必要性。故最高限額抵押權得約定其所擔保原債權應確定之期日，並得於確定之期日前，約定變更之（民法第881條之4第1項）。該項確定之期日，自抵押權設定時起，不得逾30年。逾30年者，縮短為30年（第2項）。基於符合契約自由原則及社會實際需要，當事人對於此法定之期限，自得更新之（第3項）。當事人於設定最高限額抵押權時，未約定確定原債權之期日者，抵押人或抵押權人得隨時請求確定其所擔保之原債權（民法第881條之5第1項）。對於抵押人或抵押權人請求確定之期日，如另有約定者，自應從其約定。倘無約定，為免法律關係久懸不決，自請求之日起，經15日為其確定期日（第2項）。

(四)確定擔保原債權之事由

最高限額抵押權不因抵押權人、抵押人或債務人死亡而受影響，除非約定為原債權確定之事由，本於契約自由原則，自應從其約定（民法第881條之11）。最高限額抵押權所擔保之原債權，除本法另有規定外，因下列事由之一而確定：

1. 約定之原債權確定期日屆至

最高限額抵押權之當事人約定原債權之確定期日，該期日屆至時，最高限額抵押權所擔保之原債權，即基於當事人之意思而歸於確定（民法第881條之12第1項第1款）。

2. 擔保債權之範圍變更或因其他事由致原債權不繼續發生

擔保債權之範圍變更或因其他事由，致原債權不繼續發生，最高限額抵押權擔保債權之流動性即歸於停止，自當歸於確定（民法第881條之12第1項第2款）。

3. 擔保債權所由發生之法律關係或因其他事由而消滅

最高限額抵押權所擔保者，係由一定法律關係所不斷發生之債權，倘該法律關係因終止或因其他事由而消滅，則該債權不再繼續發生，原債權因而確定（民法第881條之12第1項第3款）。

4. 債權人拒絕繼續發生債權而債務人請求確定

債權人拒絕繼續發生債權時，爲保障債務人之利益，允許債務人請求確定原債權（民法第881條之12第1項第4款）。例如，債權人已表示不再繼續貸放借款或不繼續供應承銷貨物。債務人依據第881條之5第2項請求確定原債權之期日，亦爲原債權確定之事由（第2項）。

5. 抵押權之實行

最高限額抵押權人聲請裁定拍賣抵押物，或依第873條之1之規定爲清算，或第878條規定訂立契約者，足見抵押權人有終止與債務人間往來交易之意思，故爲原債權確定之事由（民法第881條之12第1項第5款）。

6. 抵押物經法院查封

抵押物因他債權人聲請強制執行經法院查封，而爲最高限額抵押權人所知悉，或經執行法院通知最高限額抵押權人者，最高限額抵押權所擔保之債權即告確定（民法第881條之12第1項第6款）。嗣後發生之款項，有礙執行效果者，自非擔保範圍。抵押物之查封經撤銷時，其情形即與未實行抵押權無異，不具原債權確定之事由。而於原債權確定後，已有第三人受讓擔保債權，或以該債權爲標的物設定權利者，爲保護受讓債權或就該債權取得權利之第三人權益，原債權應歸確定（第3項）。

7. 債務人或抵押人破產

債務人或抵押人經裁定宣告破產者，應即清理其債務，原債權自有確定之必要。但破產裁定經廢棄確定時，即與未宣告破產同，不具原債權確定之事由（民法第881條之12第1項第7款）。而於原債權確定後，已有第三人受讓擔保債權，或以該債權爲標的物設定權利者，爲保護受讓債權或就該債權取得權利之第三人權益，原債權應歸確定（第3項）。

8. 共同最高限額抵押權之其中一不動產發生確定事由

爲擔保同一債權，於數不動產上設定共同最高限額抵押權，全部不動產所

擔保之原債權，其有同時確定之必要，故其中一不動產發生確定事由者時，各最高限額抵押權所擔保之原債權均歸於確定（民法第881條之10）。

9. 抵押權人或債務人進行合併或分割

原債權確定前，最高限額抵押權之抵押權人或債務人為法人時，如有合併之情形，其權利義務，應由合併後存續或另立之法人概括承受。為減少抵押人之責任，故賦予抵押人請求確定原債權之權，抵押人得自知悉合併之日起15日內，請求確定原債權，原債權於合併時確定（民法第881條之7第1項本文、第2項）。為兼顧抵押權人之權益，自合併登記之日起已逾30日，或抵押人為合併之當事人者，自無保護之必要，抵押人不得請求確定原債權（第1項但書）。法人之合併，事實上不易得知，為保障抵押人之利益，合併之法人應於合併之日起15日內通知抵押人，違反該通知義務時，其未通知而致抵押人受損害者，應負賠償責任（第3項）。前3項規定，而於本法第306條或法人分割之情形，準用之（第4項）[18]。

(五)擔保債權及最高限額抵押權之讓與

1.擔保債權之讓與

最高限額抵押權於原債權確定前，其不同與普通抵押之從屬性，故最高限額抵押權所擔保之債權，於原債權確定前讓與他人者，其最高限額抵押權不隨同移轉，該債權脫離擔保之範圍。第三人為債務人清償債務者，其最高限額抵押權亦不隨同移轉（民法第881條之6第1項）。例如，保證人依民法第749條為清償或第三人依民法第312條為清償後，而承受債權人之債權，該債權非屬擔保之範圍。最高限額抵押權所擔保之債權，其於原債權確定前經第三人承擔其債務，而債務人免其責任者，基於免責之債務承擔之法理，該承擔部分即脫離擔保之範圍，抵押權人就該承擔之部分，不得行使最高限額抵押權（第2項）。

---

[18] 民法第306條規定：業與他營業合併，而互相承受其資產及負債者，其與前條之概括承受同，其合併之新營業，對於各營業之債務，負其責任。

2. 最高限額抵押權之讓與

最高限額抵押權具有一定獨立之經濟價值,且爲因應金融資產證券化及債權管理之實務需求,原債權確定前,抵押權人經抵押人之同意,得單獨讓與高限額抵押權,其方式有三:全部讓與、分割其一部讓與他人使他人成爲最高限額抵押權之共有人(民法第881條之8)。最高限額抵押權之單獨讓與行爲屬物權行爲,應依民法第758條規定,經登記始生效力。

3. 共有最高限額抵押權

最高限額抵押權爲數人共有者,各共有人按其債權額比例分配其得優先受償之價金。但共有人於原債權確定前,另有約定者,從其約定(民法第881條之9第1項)。共有人依前項按債權額比例分配之權利,非經共有人全體之同意,不得處分。例外情形,係已有應有部分之約定者,其應有部分已屬固定,其處分即得回復其自由原則(第2項)。

(六)最高限額抵押權所擔保原債權確定之效力

1. 從屬性之發生

最高限額抵押權所擔保之原債權確定事由發生後,抵押權與擔保債權之結合狀態隨之確定,此時該最高限額抵押權之從屬性與普通抵押權完全相同,債務人或抵押人得請求抵押權人結算實際發生之債權額,並得就該金額請求變更爲普通抵押權之登記。但不得逾原約定最高限額之範圍,俾免影響後次序抵押權人等之權益(民法第881條之13)。

2. 擔保債權之確定

最高限額抵押權所擔保之原債權確定後,除本節另有規定外。例如,第881條之2第2項規定,利息、遲延利息、違約金,倘於原債權確定後始發生,其在最高限額範圍內者,仍爲抵押權效力所及。至於其擔保效力不及於繼續發生之債權或取得之票據上之權利(民法第881條之14)。

3. 第三人清償債務以塗銷抵押權

最高限額抵押權所擔保之原債權確定後,於實際債權額超過最高限額時,爲債務人設定抵押權之第三人,或其他對該抵押權之存在有法律上利害關係之人,如願代債務人清償債務,其於清償最高限額爲度之金額後,得請求塗銷其

抵押權（民法第881條之16）。

(七)最高限額抵押權之消滅

最高限額抵押權所擔保之不特定債權，倘其中一個或數個債權罹於時效消滅者，因有民法第145條第1項規定之適用，仍爲最高限額抵押權擔保之範圍。準此，最高限額抵押權所擔保之債權，其請求權已因時效而消滅，倘抵押權人於消滅時效完成後，5年間不實行其抵押權者，該債權不再屬於最高限額抵押權擔保之範圍（民法第881條之15）。

五、承攬人之法定抵押權

承攬之工作爲建築物或其他土地上之工作物，或爲此等工作物之重大修繕者，承攬人得就承攬關係報酬額，對於其工作所附之定作人之不動產，請求定作人爲抵押權之登記；或對於將來完成之定作人之不動產，請求預爲抵押權之登記（民法第513條第1項）。此項抵押權爲承攬人之法定抵押權，法定抵押權準用普通與最高限額抵押權之規定（民法第883條）。

拾、抵押權之消滅

一、主債權消滅

抵押權爲從屬於主債權之權利，故主債權因清償、抵銷、混同、拋棄等原因全部消滅時，抵押權亦歸於消滅。抵押權擔保之債權請求權，雖經時效消滅，債權人於5年內仍得就其抵押物取償（民法第145條第1項、第880條）。

二、除斥期間之經過

以抵押權擔保之債權，其請求權已因時效而消滅，爲使其權利狀態早日確定，倘抵押權人於消滅時效完成後，5年間不實行其抵押權者，其抵押權消滅（民法第880條）。此爲抵押權得因除斥期間經過而消滅之例外規定，並非其時效期間較15年爲長（民法第125條）。

三、抵押權之實行

存於不動產上之抵押權，因抵押權之實行，抵押權經拍賣而消滅（民法第873條之2第1項；強制執行法第98條第3項本文）。無論其所擔保之債權是否已受全部之清償，其抵押權均因而歸於消滅，原則上採塗銷主義。至於其未受清償之債權，即成為無擔保之普通債權。抵押權所擔保之債權有未屆清償期者，於抵押物拍賣得受清償之範圍，視為到期（民法第873條之2第2項）。例外情形，係抵押權所擔保之債權未定清償期或其清償期尚未屆至，而拍定人或承受抵押物之債權人聲明願在拍定或承受之抵押物價額範圍內清償債務，經抵押權人同意者，不在此限，適用採承受主義（第3項）[19]。

四、抵押物之滅失

抵押權係對物之交換價值為支配內容之物權，故抵押物滅失，抵押權亦隨之消滅。職是，抵押人因滅失得受之賠償金或其他利益者，抵押權移存至賠償金或利益（民法第881條第1項）。

拾壹、例題研析

一、法定地上權之成立要件

土地及其土地上之建築物，同屬於一人所有，而僅以土地或僅以建築物為抵押者，其於抵押物拍賣時，視為已有地上權之設定（民法第876條第1項）。或者，以土地及建築物為抵押者，倘經拍賣，其土地與建築物之拍定人各異時，亦發生法定地上權（第2項）。其取得地上權，無須登記。甲之房屋坐落乙之土地，甲之房屋為丙設定抵押權，而於設定抵押權當時，並非同屬一人所有，丙聲請法院拍賣甲之房屋，丁因拍賣取得房屋所有權，無法發生法定地上權[20]。

---

[19] 林洲富，實用強制執行法精義，五南圖書出版股份有限公司，2020年2月，14版2刷，273頁。

[20] 最高法院98年度台上字第478號民事判決。

二、抵押權之物上代位

　　抵押權除法律另有規定外，雖因抵押物滅失而消滅。然抵押人因滅失得受之賠償或其他利益者爲抵押權效力所及（民法第881條第1項）。即抵押權係以支配抵押物之交換價值，以作爲債權優先受償爲目的之物權，故抵押物滅失後，倘有交換價值存在時，無論其型態如何，其仍係抵押權所支配之交換價值，不過因抵押物之滅失，致此項交換價值提前現實化，況該交換價值既爲抵押權所支配之交換價值，抵押權移存於其上，就其經濟上之實質客體言，抵押權仍具有同一性。已設定抵押權之房地經徵收，性質上係屬法律上之滅失，其因徵收所得之補償地價及其他補償費，均係原抵押權所支配之交換價值，即爲抵押物之代償物，自爲抵押權效力所及而得優先受償。然自動拆除獎勵金，係爲獎勵抵押物所有人將建物自動拆除，節省勞費並求迅捷起見，由徵收機關所發收之金額，性質上自與補償費不同。換言之，須抵押物所有人之自動配合措施，並檢具該自動拆遷證明，始得領取是項獎勵金；反之，倘抵押物所有人不自行拆遷，即無此項獎勵金，是抵押物所有人自行拆遷所應獲之獎勵金，自應歸屬其所有，倘解爲抵押權效力所及，則抵押權人坐收其利，顯非公平[21]。職是，乙不得主張甲就建物部分之自動拆遷獎勵金，爲抵押權效力所及。

---

[21] 司法院第27期司法業務研究會，民事法律專題研究(13)，173至175頁。

第七章 質　權

第一節　動產質權

《例題14》

甲向乙借款，交付其所有之汽車與乙，為乙設定質權以擔保借款債權，乙於清償期屆至前，未經甲之同意，為擔保其對丙之債權，而將該汽車轉質於丙。試問因丙之行為導致汽車滅失，乙是否應負責？

壹、動產質權之定義

所謂動產質權（lien of personal property），係指債權人即質權人（lien creditor）對於債務人或第三人移轉占有而供其債權擔保之動產，得就該動產賣得價金優先受償之權（民法第884條）。動產質權為擔保物權之一種，而於債務人或第三人之特定物或權利上所設之限定物權。質權之標的物須以可供確保債權受償之特定物或權利為限。質權係以移轉標的物之占有為生效要件，是質權人不得依占有改定之方式使出質人債務人代自己占有質物（民法第885條）[1]。例如，甲向乙借款新臺幣50萬元，甲交付所有之汽車一輛與乙為擔保此項借款之清償，設定動產質權。

貳、動產質權之取得

一、基於法律行為

基於法律行為取得者有二：(一)質權之設定：債務人或第三人為擔保債權，而將其動產以設定質權之意思，交付予債權人之行為；(二)質權與其所擔保之債權一併受讓：因質權具有從屬性，不得與其所擔保之債權分開，而單獨

---

[1] 最高法院97年度台上字第1133號民事判決。

讓與，僅能與其所擔保之債權一併讓與。

二、非基於法律行為取得

　　非基於法律行為而取得者有三：(一)繼承：因質權不具專屬性，故債權人死亡，其債權連同擔保該債權之質權，由其繼承人繼承（民法第1148條）；(二)因時效取得：債權人以行使質權之意思，10年間和平、公然、繼續占有債務人或第三人之動產者（personal property）；或者以所有之意思，5年間和平、公然、繼續占有債務人或第三人之動產，而其占有之始為善意並無過失者，得因時效完成而取得質權（民法第772條）；(三)善意受讓：動產質權人占有動產而受關於占有規定之保護者，縱使出質人（lienee）無處分其質物之權利，質權人仍取得質權（民法第886條、第948條）。

參、動產質權之效力

一、質權之範圍

(一)質權所擔保債權之範圍

　　質權所擔保者為原債權、利息、遲延利息、實行質權之費用、保存質物之費用及因質物隱有瑕疵（concealed defect）而生之損害賠償。但契約另有訂定者，不在此限（民法第887條第1項）。所謂因質物隱有瑕疵而生之損害賠償，係指出質人所交付之質物有瑕疵，導致占有質權人之權利受有損害，兩者間具有相當因果關係。保存質物之費用，以避免質物價值減損所必要者為限（第2項）。

(二)質權標的物之範圍

　　質權之效力及於出質人所交付之質物及其從物，因以質權之設定，以移轉質物之占有為要件，由質物所生之孳息，自應由質權人收取之，以資便利。準此，質權人得收取質物所生之孳息。但契約另有約定者，不在此限（民法第889條）。

二、質權人之權利

(一)孳息之收取

質權人有收取質物所生孳息之權利者,應以對於自己財產同一之注意收取孳息,並為計算(民法第890條第1項)。質權人所收取之孳息,先抵充收取費用,次抵原債權之利息,最後抵原債權(第2項)。所謂以出質人之計算者,係指收取孳息之損益,均歸之於出質人。

(二)質物之轉質

質權人於質權存續中,得以自己之責任,將質物轉質(sub-lien)於第三人(民法第891條前段)。其因轉質所受不可抗力之損失,亦應負責(後段)。因轉質未經出質人同意,故加重質權人之責任。

(三)質物之預行拍賣

因質物有腐壞之虞,或其價值顯有減少,足以害及質權人之權利者,縱使其債權尚未屆清償期,質權人得拍賣質物,以其賣得價金,代充質物(民法第892條第1項)。前項情形,倘經出質人之請求,質權人應將價金提存於法院。質權人屆債權清償期而未受清償者,得就提存物實行其質權(第2項)。質權人應於拍賣前,通知出質人,使出質人得及時為適當之處置。但不能通知者,不在此限(民法第894條)。

三、質權人之義務

(一)質物之保管

因質權人占有質物,自應以善良管理人之注意,保管質物(民法第888條第1項)。所謂善良管理人之注意,係指依交易上一般觀念,認為有相當知識經驗及誠意之人所用之注意。倘質權人違背此義務,導致出質人受有損害時,應負損害賠償責任。質權人非經出質人之同意,不得使用或出租其質物。但為保存其物之必要而使用者,不在此限(第2項)。

(二)質物之返還

動產質權所擔保之債權消滅時，質權人自不得繼續占有質物，其應將質物返還於有受領權之人（民法第896條）。所謂有受領權者，係指出質人或其所指定之人而言。

四、質權之實行

(一)拍　賣

質權人於債權已屆清償期，而未受清償者，得拍賣質物，就其賣得價金而受清償（民法第893條第1項）。民法所定質權人聲請拍賣擔保物事件，由拍賣物所在地之法院管轄（非訟事件法第72條）。質權人應先向法院聲請准予拍賣之裁定後，再聲請法院拍賣（強制執行法第4條第1項第5款）。質權人應於拍賣前，通知出質人。但不能通知者，不在此限（民法第894條）。

(二)拍賣以外之處分方法

質權人於債權清償期屆滿後，為受清償，得訂立契約，取得質物之所有權，或用拍賣以外之方法，處分質物（民法第895條、第878條）。約定於債權已屆清償期而未為清償時，質物之所有權屬於質權人，本法第873條之1規定，採流質約款之相對禁止主義（民法第893條第2項）。

肆、質權之消滅

一、債權消滅

質權從屬於債權，故債權消滅，質權歸於消滅。債權之請求權雖罹於時效，僅債權人取得抗辯權，債權本身不消滅，故質權亦不消滅，債權人仍得就質物取償（民法第145條第1項）。

二、質物之滅失

動產質權，因質物滅失而消滅。倘因滅失得受賠償或其他利益，質權人得

就賠償或其他利益取償，擔保物權移存於得受之賠償或其他利益，而不失其存在，此為擔保物權之物上代物性，該賠償或其他利益為動產質權標的物之代位物（民法第899條第1項）。準此，擔保物權之標的物滅失，其價值化為別種型態時，不論所轉化者係經濟上之代位物或物理上之變形物，均為擔保物權之效力所及，保險金為經濟上之代位物，自為質權效力之所及。質權人對於前項出質人所得行使之賠償或其他請求權仍有質權，其次序與原質權同（第2項）。給付義務人因故意或重大過失向出質人為給付者，對於質權人不生效力（第3項）。前項情形，質權人得請求出質人交付其給付物或提存其給付之金錢（第4項）。質物因毀損而得受之賠償或其他利益，準用前4項規定（第5項）。

三、占有喪失

質權人喪失其質物之占有，而於2年內未請求返還者，即無法行使占有物返還請求權而回復占有時，其動產質權消滅（民法第898條）。質權之設定，因移轉占有而生效力，故質權人不得使出質人代自己占有質物。是質權人喪失其質物之占有，不能請求返還，其動產質權即歸於消滅。例如，質權人因債務人屆期未清償借款，將質物流典，轉賣與第三人，質權人對質物所設定之質權，已因其處分行為，實現質權而消滅。

四、質物返還

動產質權，因質權人返還質物於出質人或交付於債務人而消滅。返還質物時，為質權繼續存在之保留者，其保留無效（民法第897條）。至於返還之原因如何，則非所問。

伍、最高限額質權

債務人或第三人得提供其動產為擔保，就債權人對債務人一定範圍內之不特定債權，在最高限額內，設定最高限額質權（民法第899條之1第1項）。前項質權之設定，除移轉動產之占有外，並應以書面為之（第2項）。關於最高限額抵押權及第884條至第899條規定，依其性質與最高限額質權不相牴觸者，

於最高限額質權準用之（第3項）。

陸、營業質

　　所謂營業質者，係指當舖或其他以受質為營業者所設定之質權。有鑒於營業質之特性，質權人係經許可以受質為營業者，僅得就質物行使其權利。出質人未於取贖期間屆滿後5日內取贖其質物時，質權人取得質物之所有權，其所擔保之債權同時消滅（民法第899條之2第1項）。前項質權，不適用第889條至第895條、第899條、第899條之1之規定（第2項）。換言之，最高限額質權、質權人之孳息收取權、轉質、質權之實行方法、質物之滅失及物上代位性等，均不在適用之列。

柒、例題解析──轉質效力

　　質權人於質權存續中，得以自己之責任，將質物轉質於第三人（民法第891條）。其因轉質所受不可抗力之損失，亦應負責。因轉質未經出質人同意，故加重質權人之責任，質權人應負非常事變責任。職是，質權人乙於清償期屆至前，未經出質人甲之同意，為擔保其對丙之債權，而將該汽車轉質於丙，因丙之行為導致汽車滅失，乙亦應負責。

第二節　權利質權

《例題15》

　　甲以其所有乙公司發行之記名股票，向丙設定權利質權，並依民法第902條及公司法第165條第1項規定記載於股票及公司股東名簿。試問乙公司分派各股東盈餘，除現金股利外，由盈餘中提出一部分，改配增資配股，丙係質權人，此項盈餘及增資之配股，是否為權利質權之效力所及？

壹、權利質權之定義

所謂權利質權（lien of right）或準質權，係指以權利作為質權之標的。故可讓與之債權及其他權利，均得為質權之標的物（民法第900條）。所謂可轉讓與之債權，係指債權之性質或當事人特約不得讓與及禁止扣押之債權以外之一切債權。所謂其他權利，係指所有權及不動產限制物權以外，與質權性質不牴觸之其他財產權。例如，有價證券、著作權、專利權等。例如，不動產之所有權狀，僅為權利之證明文件，並非權利之本身，自無法作為權利質權之標的物。權利質權，除有特別規定外，準用關於動產質權之規定（民法第901條）[2]。

貳、權利質權之設定

一、依權利讓與之規定

權利質權之設定，除本節有規定外，應依關於其權利讓與之規定為之（民法第902條）。例如，債權設質須通知債務人始對其發生效力（民法第297條第1項）。再者，記名股票設定權利質權，非將質權人之本名或名稱記載於股票，並將質權人之本名或名稱及住所記載於公司股東名簿，不得以其設質對抗公司（公司法第165條第1項）。

二、普通債權之設定

以債權為標的物之質權，其設定應以書面（writing）為之（民法第904條第1項）。其為要式行為，倘未立具書面，設定權利質權之行為，自不生效力。而書面之形式，法未明定其一定之格式，由出質人與質權人同意將設定權利質權之意旨，載明於書面者已足。倘債權有證書者，並應交付其證書於債權

---

[2] 最高法院104年度台上字第1755號民事判決：權利質權之標的物必須為可讓與，且與質權性質無違之財產權，俾使質權人得於所擔保之債權屆期未受清償時，變價及優先受償（民法第900條、第902條）。

人（第2項）。

三、有價證券之設定

　　質權以未記載權利人之有價證券為標的物者，因交付其證券於質權人，而生設定質權之效力。以其他之有價證券為標的物者，並應依背書方法為之（民法第908條第1項）。前項背書，得記載設定質權之意旨（第2項）。例如，股票為有價證券，得為質權之標的，其以無記名式股票設定質權者，因股票之交付而生質權之效力，其以記名式股票設定質權者，除交付股票外，並本於設質之合意將背書之股票交付於質權人，而無須於背書處記載表示設質或其他同義之文字[3]。

參、權利質權之特別效力

一、關於一般權利質權之效力

　　為質權標的物之權利，非經質權人之同意，出質人不得以法律行為，使其消滅或變更，如免除債務、緩期清償等，以避免質權人遭受意外之損害（民法第903條）。

二、關於有價證券質權之效力

　　質權以有價證券為標的物者，其附屬（coupon）於該證券之利息證券、定期金證券或其他附屬證券，以已交付於質權人者為限，其質權之效力及於該等附屬之證券（民法第910條第1項）。倘出質人未將以發行之附屬證券交付質權人，並非質權效力所及。附屬之證券，係於質權設定後發行者，除另有約定外，質權人得請求發行人或出質人交付之（第2項）。

---

[3] 最高法院91年度台抗字第475號民事裁定。

肆、權利質權之實行（101年三等特考）

一、金錢債權質權之實行

　　為質權標的物之債權，以金錢給付為內容，而其清償期先於其所擔保債權之清償期者，質權人得請求債務人提存之，並對提存物行使質權（民法第905條第1項）。嗣後質權人之質權，即存於提存物上。反之，為質權標的物之債權，其清償期後於其所擔保債權之清償期者，質權人於其清償期屆至時，得就擔保之債權額，為給付之請求（第2項）。準此，以金錢債權為標的物之質權，債權已屆清償期者，質權人得請求債務人交付質權標的物。

二、不動產物權設定或移轉之實行

　　為質權標的物之債權，以不動產物權之設定或移轉為給付內容者，而於其清償期屆至時，質權人得請求債務人將該不動產物權設定或移轉於出質人，並對該不動產物權有抵押權（民法第906條之1第1項）。使質權合法轉換為抵押權，以確保質權人之權益。前項抵押權應於不動產物權設定或移轉於出質人時，一併登記（第2項）。

三、拍賣或拍賣以外之方法實行

　　質權人於所擔保債權清償期屆至而未受清償時，除依前3條之規定外，亦得依第893條第1項或第895條之規定實行其質權（民法第906條之2）。換言之，質權人除得依第905條至第906條之1規定行使權利外，亦得拍賣質權標的物之債權或訂立契約、用拍賣以外之方法實行質權，均由質權人自行斟酌選擇之。

四、質權人使質權標的物之債權屆清償期

　　為質權標的物之債權，倘得因一定權利之行使而始其清償期屆至者，質權人於所擔保債權清償期屆至而未受清償時，亦得行使該權利（民法第906條之3）。詳言之，質權以債權為標的物者，固須待供擔保之債權屆清償期後，質

權人始得爲給付之請求。然若干債權之清償期屆至，並非自始確定，須待一定權利之行使後，始能屆至。例如，未定返還期限之消費借貸債權，貸與人依民法第478條規定，須定1個月以上之相當期限催告，始得請求返還是。準此，質權人之債權已屆清償期，但供擔保之債權，因出質人爲該債權之債權人，其未爲或不爲該一定權利之行使時，爲維護質權人之實行權，故賦予質權人得行使該權利。

五、質權人通知出質人之義務

債務人依第905條第1項、第906條、第906條之1爲提存或給付時，質權人應通知出質人，但無庸得其同意（民法第906條之4）。因債權質權依法轉換爲動產質權或抵押權，對出質人之權益雖無影響，惟出質人仍爲質權標的物之主體，宜讓其有知悉實際狀況之機會，故質權人應通知出質人。該項通知，並非債務人爲提存或給付之成立或生效要件，倘質權人未通知出質人，致出質人受有損害，僅生損害賠償之問題。

六、有價證券質權之實行

質權以未記載權利人之有價證券、票據或其他依背書而讓與之有價證券爲標的物者，其所擔保之債權，縱未屆清償期，質權人仍得收取證券上應受之給付。因證券上之權利如不及時行使，恐將受不利益之虞，故有使證券清償期屆至之必要者，質權人有爲通知或依其他方法使其屆至之權利。例如，見票後定期付款之匯票，出質人須先爲匯票見票之提示（票據法第67條）；或約定債權人可提前請求償還之公司債券，出質人須先爲提前償還之請求。此時，債務人僅得向質權人爲給付（民法第909條第1項）。前項收取之給付，適用民法第905條第1項或第906條規定（第2項）。民法第906條之2及第906條之3規定，而於以證券爲標的物之質權，準用之（第3項）。

伍、第三債務人之清償

爲質權標的物之債權，其債務人受質權設定之通知者，向出質人或質權人

一方爲清償時，應得他方之同意，以保障質權人之權益。他方不同意時，債務人應提存其爲清償之給付物（民法第907條）。是爲質權標的物之債權，其債務人受質權設定通知時，倘對出質人有債權而適於抵銷者，依民法第299條第2項債權讓與之規定，固得主張抵銷。然第三債務人其受通知時，倘對出質人之債權清償期尚未屆至，自不合抵銷之要件，且一經通知，已對其發生設質之效力，縱該債權日後清償期屆至，倘非經質權人之同意，債務人應不得溯及受質權設定通知時，主張抵銷，否則質權人之權益，勢必無法保障。準此，爲質權標的物之債權，其債務人於受質權設定之通知後，對出質人取得債權者，不得以該債權與爲質權標的物之債權主張抵銷（民法第907條之1）。

陸、例題解析——證券債權質權之設定

權利質權除本節有規定外，準用關於動產質權之規定，動產質權人依民法第889條規定除契約另有訂定外，得收取質物所生之孳息（民法第901條）。甲以其所有之乙公司發行之記名股票，向丙設定權利質權，並依民法第902條及公司法第165條第1項規定記載於股票及公司股東名簿。乙公司分派各股東盈餘，除現金股利外，由盈餘中提出一部分，改配增資配股，丙係質權人，此項盈餘及增資之配股，應爲權利質權之效力所及。因本件股票質權爲民法第908條之有價證券質權，屬權利質權，乙公司分派之盈餘，包括由盈餘轉成之增資配股，係由各股份所生之法定孳息，質權人丙得就此行使權利質權。至於民法第910條所規定者，係附屬於該證券之利息證券，定期金證券或其他附屬證券，以已交於質權人者爲限，始爲質權效力之所及，係指已發行附屬證券之情形而言，而與本題情形不同[4]。

---

[4] 最高法院63年度第3次民庭庭推總會議決議(2)，會議日期1974年5月28日。

第八章 典 權

　　甲於1991年間提供所有土地與乙設定典權，約定期限20年，嗣於2006年間，甲之債權人丙聲請法院假扣押該典地，延至2014年間，甲之債權人丁持執行名義聲請調卷拍賣假扣押之典地，乙以甲並未於典期屆滿後2年內以原典價回贖，其已取得該土地之所有權為由，提起異議之訴，試問有無理由？

壹、典權之定義

　　所謂典權者，係指支付典價在他人之不動產爲使用及收益，而於他人不回贖時，取得典物所有權（民法第911條）。典權爲用益物權，其標的物兼指土地及其定著物，以土地爲標的物者，稱爲典地；以房屋爲標的物者，稱爲典房。設定典權之人爲出典人（dian-maker），取得典權之人爲典權人（dian-holder）。典權人支付之典價爲取得典權之對價，典權之成立必須有償，故以支付典價爲要件。

貳、典權之取得

　　典權之取得有兩種情形：(一)基於法律行爲：典權之設定、轉典及典權之讓與，均須以書面爲之，並經登記，始生效力（民法第758條）；(二)基於繼承之事實：典權非專屬性之財產權，自得爲繼承之標的，惟非經繼承登記，不得處分（民法第759條）。

參、典權之期限

典權約定期限不得逾30年，逾30年者縮短為30年（民法第912條）。倘典權未定期限者，出典人得隨時以原典價回贖典物。但自出典後經過30年不回贖者，典權人即取得典物所有權，即未定其限之典權亦不得逾30年（民法第924條）。典權之約定期限不滿15年者，不得附有到期不回贖（redemption）即作絕賣之條款，其目的在於杜典權人乘出典人之急迫，約定短促之典期，藉以保護出典人之利益（民法第913條）。

肆、典權人之權利

一、不動產之使用收益

典權為占有典物而為使用及收益之權利，故典權人於典權存續中，典權人得將典物出租於他人。但契約另有訂定或另有習慣者，依其訂定或習慣（民法第915條第1項）。典權定有期限者，其租賃之期限，不得逾原典權之期限，未定期限者，其轉典或租賃，不得定有期限（第2項）。是典物經出典人回贖後，第三人與典權人所訂之租約，對於出典人，自無適用民法第425條規定，主張繼續存在之餘地[1]。典權人對於典物因出租所受之損害，負賠償責任（民法第916條）。

二、相鄰權之行使

典權人既然占有及使用、收益他人之不動產，其與土地所有人居於相同之地位，自得準用相鄰關係規定，即民法第774條至第800條之規定，而於典權人間或典權人與土地所有人間準用之（民法第800條之1）。例如，典權人得對鄰地所有權人主張袋地通行權（民法第787條）。

---

[1] 最高法院45年台上字第841號民事判決。

三、典權人之重建修繕權

典權存續期間，典物因不可抗力致全部或一部滅失者，典權人，除經出典人同意外，僅得於滅失時滅失部分之價值限度內為重建或修繕（民法第921條）。倘典權人違背該項規定而為重建或修繕，其於典物回贖時，不得請求償還限度以外之費用。

四、典權之處分

(一)轉 典

典權存續中，典權人得將典物轉典（sub-dian）於他人。但契約另有訂定或另有習慣者，依其訂定或習慣（民法第915條第1項）。典權定有期限者，其轉典之期限，不得逾原典權之期限，未定期限者，其轉典不得定有期限（第2項）。轉典之典價，不得超過原典價（第3項）。典權人對於典物因轉典所受之損害，負賠償責任（民法第916條）。轉典為典權之再設定，轉典權亦為物權之一種，原典權人於取得典物所有權後，轉典權人之權利，仍有效存在。就原典權人對於轉典權人言，其地位與出典人無異，而轉典權人對於原典權人取得之權利，亦與典權人相同。準此，出典人及原典權人均逾期不回贖時，轉典權人即取得典物之所有權[2]。

(二)讓 與

典權非專屬性之財產權，典權人得將典權讓與他人（民法第917條第1項）。原典權人脫離其典權關係，受讓人承受其地位。典權受讓應以書面為之及經登記，始生效力（民法第758條）。民法第915條所定之轉典，係指典權人於典權存續期間內，以自己之責任，逕將典物另為他人設定新典權，兩者之性質並不相同。典權一經讓與，受讓人對於出典人，取得與典權人同一之權利，其承受典權人對於出典人之同一義務，而原典權人脫離典權之關係。轉典係典權人另設定一典權，典權人未脫離其原有之典權關係。

---

[2] 最高法院81年台上字第299號民事判決。

五、典物之留買權

出典人於典權設定後，得將典物讓與他人，而典權不受影響（民法第918條）。出典人將典物之所有權讓與他人時，典權人有以相同條件留買之權，出典人應以書面通知典權人（第919條第1項、第2項）。此為典權人之留買權，具有物權效力，出典人違通知義務而將典物之所有權讓與他人時，不得對抗典權人（第3項）。

六、優先購買權

典權人承典基地建築房屋者，基地出賣時，典權人有依同樣條件優先購買之權（土地法第104條第1項）。具有優先購買權之典權人，其於接到出賣通知後10日內不表示者，優先權視為放棄（第2項）。出賣人未通知優先購買權人而與第三人訂立買賣契約者，其契約不得對抗優先購買權人，因此項優先購買人有物權效力（第3項）。

伍、典權人之義務

一、保管典物

典權存續中，典權人負有保管義務，因典權人之過失，致典物全部或一部滅失者，典權人於典價額限度內，負其責任。但因故意或重大過失，致滅失者，除將典價抵償損害外，倘有不足，仍應賠償（民法第922條）。典權存續中，典物因不可抗力致全部或一部滅失者，就其滅失之部分，典權與回贖權，均歸消滅，此為典權人之危險分擔義務（民法第920條第1項）。

二、典物之返還

典權人於典權消滅時，除典權滅失或典權人因找貼等原因而取得典物所有權外，應將典物返還於出典人，倘為典地時，典權人於該土地設有工作物者，典權人於返還典物時，應取回其工作物，負回復原狀之義務。

陸、出典人之權利及義務

一、所有權讓與

　　出典人於典權設定後，典權人固有使用收益權，然出典權得將典物之所有權，讓與他人（民法第918條）。典權人對於該典物出賣，其有留買權（民法第919條）。

二、設定抵押權

　　典權為用益物權，是不動產所有人於同一不動產設定典權後，在不妨害典權之範圍內，仍得為他人設定抵押權，蓋抵押權人不須占有典物（民法第882條）。

三、典物回贖

　　出典人於得回贖之期間內，向典權人提出原典價，向典權人表示回贖典物之意思表示，此為典物回贖之權，其性質為形成權，而回贖權之行使，係典權之消滅原因之一。

四、費用之償還

　　典權人因支付有益費用，使典物價值增加，或依第921條規定，即典權存續中，典物因不可抗力致全部或一部滅失者，典權人除經出典人同意外，僅得於滅失時滅失部分之價值限度內為重建或修繕。典權人為重建或修繕，而於典物回贖時，得於現存利益之限度內，請求償還（民法第927條）。

柒、典物之回贖

一、出典人之權利

　　典權定有期限者，而於期限屆滿後，出典人得向典權人表示回贖之意思，並提出原典價回贖典物（民法第923條第1項）。此為出典人之權利，而非義

務，典權人對於出典人並無原典價回贖之請求權。倘出典人於典期屆滿後，經過2年，不以原典價回贖者，典權人即取得典物所有權（第2項）。該2年期間為回贖權之除斥期間，此項期間經過時，回贖權絕對消滅，不得因當事人之行為使之回復。典權未定期限者，出典人得隨時以原典價回贖典物。但自出典後經過30年不回贖者，典權人即取得典物所有權（民法第924條）。

二、典物之滅失

典權存續期間，典物因不可抗力致全部或一部滅失者，就其滅失之部分，典權與回贖權，均歸消滅（民法第920條第1項）。出典人就典物之餘存部分，為回贖時，得由原典價中扣減失部分之典價。其滅失部分之典價，依滅失時滅失部分之價值與滅失時典物時典物之價值比例計算之（第2項）。出典人雖有回贖權，惟有一定期間之限制，是出典人之回贖應於6個月前，先行通知典權人（民法第925條）。

捌、典物之找貼

所謂找貼者，係指出典人於典權存續中，表示讓與其典物之所有權於典權人者，典權人得按時價找貼，取得典物所有權，藉以消滅典權（民法第926條第1項）。因找貼具有買賣之性質，是同一當事人無法重複買賣，故以1次為限（第2項）。

玖、例題解析──定期典權之回贖期限

出典人於典期屆滿後，經過2年，不以原典價回贖者，典權人即取得典物所有權（民法第923條第2項）。此典權人取得典物之所有權係屬原始取得，並非基於出典人之移轉行為而取得，自不因土地被查封而受影響。典權人乙自得以出典人甲逾期不回贖為由，主張其已取得土地之所有權[3]。乙已依法已取得典物之所有權，出典人之債權人對之執行，乙得以土地所有人之身分，依據強制執行法第15條規定，提起第三人異議之訴以排除強制執行土地。

---

[3] 司法院第3期司法業務研究會，民事法律問題研究彙編，3輯，500頁。

第九章 留置權

甲向乙買受汽車1輛，乙雖將汽車交付甲占有，惟甲未付清全部買賣價金。因該車進廠維修，乙維修完畢後，甲並依約給付全部維修費與乙，而乙主張甲尚有部分之汽車買賣價金未付，逕自留置該汽車。試問乙是否對該汽車有留置權？有無理由？

壹、留置權之定義

所謂留置權（right of retention），係指債權人占有屬於他人之動產，關於其物所生之債權在未受清償前，並於一定之要件，得就留置物之拍賣之，以受優先清償之物權（民法第928條第1項）[1]。例如，甲將其所有汽車送至乙開設之汽車保養廠保養，乙於甲未清償保養費前，得留置甲車。

貳、留置權之取得（92年司法人員四等）

一、債權已至清償期者

留置權之主要作用在於間接強制債務人履行債務，原則上須債務人之債務已至清償期者（mature），始得取得留置權（民法第928條第1項）。惟有例外情形，係債務人無支付能力時，債權人縱於其債權未屆清償期前，亦有留置權（民法第931條第1項）。

---

[1] 最高法院89年度台抗字第541號民事裁定：留置權之取得無庸登記，債權人對債務人有無擔保債權，並無依國家機關作成之登記文件可明確證明。倘債務人就留置物所擔保之債權之發生或其範圍有爭執時，應由債權人循訴訟方式，取得債權確已存在及其範圍之證明，始得聲請法院裁定拍賣留置物，以兼顧債務人之權益。

二、債權之發生與動產有牽連關係

債權人取得留置權，必須債權之發生與占有之動產有牽連之關係（民法第928條第1項）。所謂債權之發生與占有有牽連關係，係指債權之發生係全部或一部基於該占有之動產。例如，因修理或保養電器用品所生之保養費或修理費。因商業交易頻繁，其留置權之範圍較一般債權爲廣，故商人間因營業關係而占有之動產，暨其因營業關係所生之債權，視爲有牽連關係（民法第929條）。縱其債權與占有，係基於不同關係而發生，亦無任何因果關係，亦生擬制之牽連關係[2]。

三、占有動產非基於侵權行為而來

債權人占有該動產，倘因侵權行爲（tort）而占有者，自無保護之必要，不得發生留置權，此爲取得留置權之消極要件。例如，竊取他人之汽車支出保養費或修繕費，該竊盜人不得主張其就該動產有留置權（民法第928條第2項前段）。債權人占有之始，明知或重大過失而不知該動產非爲債務人所有者，亦同（第2項後段）。

四、留置動產不違反公序良俗

動產之留置，倘違反公共秩序或善良風俗者（public policy or mo-rals），不得爲之（民法第930條前段）。例如，債務人將救火器械送至債權人處修理，適發生火災，債權人不得以債權未清償前而留置該救火器械，蓋留置該物，違反公共秩序。

五、不得與債權人所承擔之義務或與債務人之指示相牴觸

爲維持交易上誠實及信用，動產之留置，倘與債權人所承擔之義務或與債務人於交付動產前或交付時所爲之指示相牴觸者（conflict），亦不得留置該動產（民法第930條後段）。例如，運送人未將貨物送至目的地，即以運費未付

---

[2] 最高法院60年度台上字第3669號民事判決。

而留置其貨物；或者當事人曾約定貨物應限期運至目的地，運送人不得以運費未付而留置貨物。為保護債權人之權利，倘債務人於動產交付後，成為無支付能力，或其無支付能力於交付後始為債權人所知者，其動產之留置，縱有前述情形，債權人仍得行使留置權（民法第931條第2項）。

參、留置權人之權利

一、留置物之占有

債權人於其債權未受全部清償前，得就留置物之全部，行使其留置權（retain）（民法第932條本文）。因留置物之占有，不僅為留置權發生之要件，亦為留置權存續之要件，故留置權人得以占有人之資格受關於占有之保護。留置權係擔保物權，自具有不可分性，留置權之作用雖在實現公平原則，然過度之擔保，反失公允，為兼顧保障債務人或留置物所有人之權益。留置物為可分者，僅得依其債權與留置物價值之比例行使之（但書）。留置物存有所有權以外之物權者，該物權人不得以之對抗善意之留置權人。例如，留置物上存有質權。該留置權宜優先於其上之其他物權（民法第932條之1）。

二、孳息之收取

債權人得收取留置物所生之孳息，以抵償其債權（民法第933條、第889條）。該項孳息包括法定孳息及天然孳息，其抵償之方法，即先抵償費用、次抵原債權之利息，最後抵原債權（民法第933條、第890條）。

三、費用償還之請求

債權人因保管留置物所支出之必要費用，得向其物之所有人，請求償還（民法第934條）。此等費用之支出，物之所有人因而取得利益，留置權人自得請求其償還。例如，修繕費、租稅等項目。

四、留置權之實行

(一)要　件

債權人於其債權已屆清償期而未受清償者，得定1個月以上之相當期限，通知債務人，倘聲明不於其期限內為清償時，即就其留置物取償；留置物為第三人所有或存有其他物權而為債權人所知者，應併通知之（民法第936條第1項）[3]。債務人不於債權人所定之期限內為清償者，債權人得依關於實行質權之規定，拍賣留置物，或取得其所有權（第2項）。倘債權人不能通知債務人時，而於債權清償期屆滿後，經過6個月仍未受清償時，債權人拍賣留置物，或取得其所有權（第3項）。

(二)裁定拍賣留置物

因留置權（right of retention）之取得無庸登記，債權人對債務人有無擔保債權，並無依國家機關作成之登記文件可明確證明，如債務人就留置物所擔保之債權之發生或其範圍有爭執時，應由債權人循訴訟方式，取得債權確已存在及其範圍之證明，始得聲請法院裁定拍賣留置物，以兼顧債務人之權益[4]。

五、留置物之預行拍賣

因留置物有腐壞之虞，或其價值顯有減少，足以害及留置權人之權利者，縱使其債權尚未屆清償期，留置權人得拍賣留置物，以其賣得價金，代充留置物（民法第892條第1項、第933條）。前項情形，倘經債務人或留置物所有人之請求，留置權人應將價金提存於法院。留置權人屆債權清償期而未受清償者，得就提存物實行其留置權（民法第892條第2項、第933條）。

---

[3] 最高法院95年度台再字第10號民事判決：留置物應具有財產上價值且可轉讓者為必要，不動產所有權狀僅屬證明文件，其本身無從實行換價程序，在社會觀念上並無經濟上之價值，亦不可轉讓，性質上不適宜為留置標的。

[4] 最高法院89年度台抗字第541號民事裁定。

肆、留置權人之義務

一、留置物之保管

留置權人即債權人占有留置物，自應以善良管理人之注意，保管留置物（民法第933條、第888條）。所謂善良管理人之注意，係指依一般交易上之觀念，認為有相當知識經驗及誠意之人所具有之注意。其已盡此注意與否，應依抽象之標準定之，即以客觀之注意能力而非以主觀之注意能力為斷[5]。

二、留置物之返還

留置物所擔保之債權消滅時，留置權人應將留置物返還於有受領權之人。因留置權從屬於債權，故留置權所擔保之債權消滅時，留置權人自不能繼續占有其留置物。換言之，留置權所擔保之債權消滅時，債務人對留置權人有返還留置物請求權。

伍、留置權之消滅

一、擔保之提出

債務人或留置物所有人為債務之清償，已提出相當之擔保者（proper security），債權人之留置權消滅（民法第937條第1項）。因債權人之債權既無不能受清償之虞，無再使其留置權繼續存在之必要。倘債務人提出之擔保不相當，債權人自無接受之必要。

二、占有之喪失

留置權之成立及存續，以占有（possess）留置物為必要（民法第937條第2項、第897條）。至於喪失之原因為何，取得占有者為何人，均非所問。例如，債權人甲聲請查封債務人乙置於丙處之動產，丙對該動產有留置權，法院

---

[5] 最高法院91年度台上字第2139號民事判決。

不得命丙將動產交由甲保管。因丙之留置權將因占有之喪失而消滅，影響丙之權益。例外情形，係占有之喪失出於他人之不法侵奪，留置權人於2年內行使占有物返還請求權之結果而回復其占有，其占有既視為未喪失，自應解為其留置權依然存在（民法第937條第2項、第898條）。

三、留置物滅失

民法第937條第2項規定，第899條規定於留置權準用之。詳言之，動產留置權，因留置物滅失而消滅。如因滅失得受賠償或其他利益，留置權人得就賠償或其他利益取償，該擔保物權即移存於得受之賠償或其他利益之上，而不失其存在，此為擔保物權之物上代物性，該賠償或其他利益為動產留置權標的物之代位物（民法第899條第1項）。準此，擔保物權之標的物滅失，其價值化為別種型態時，不論所轉化者係經濟上之代位物或物理上之變形物，均為擔保物權之效力所及，保險金為經濟上之代位物，自為留置權效力之所及。留置物權人對於前項留置物有人所得行使之賠償或其他請求權仍有留置權，其次序與原留置權同（第2項）。給付義務人因故意或重大過失向留置物所有人為給付者，對於留置權人不生效力（第3項）。前項情形，留置權人得請求留置物所有人交付其給付物或提存其給付之金錢（第4項）。留置物因毀損而得受之賠償或其他利益，準用前4項規定（第5項）。

陸、準留置權

準留置權或稱其他留置權，除另有規定外，準用本章之規定（民法第939條）。法定留置權（statutory retention）屬準留置權之一環，其所擔保之債權不必與留置物有牽連關係。例如，不動產之出租人，就租賃契約所生之債權，對於承租人之物置於該不動產者，有留置權法定留置權（民法第445條第1項本文）。再者，主人就住宿、飲食、沐浴或其他服務及墊款所生之債權，而於未受清償前，對於客人所攜帶之行李及其他物品，有留置權（民法第612條第1項）。

柒、例題研析——取得留置權之牽連關係

債權人取得留置權，必須債權之發生與占有之動產有牽連之關係（民法第928條第1項）。所謂債權之發生與占有有牽連關係，係指債權之發生係全部或一部基於該占有之動產。出賣人乙既將出賣之汽車交付買受人甲，依民法第761條第1項規定，其所有權已移轉於甲。嗣後汽車因須維修而進廠，由乙占有該汽車，其與有牽連關係之債權，僅為修護費用，並非買賣價金。準此，乙主張者為原買賣契約之價金債權，其與占有之汽車，並無牽連關係存在，乙對甲之汽車並無留置權可言[6]。

---

[6] 最高法院62年台上字第1186號民事判決。

第十章 占 有

《例題18》

　　Ａ機關將其宿舍配住給其員工甲居住，甲及其配偶均亡故，由甲之子乙、乙妻丙及丁子繼續居住。嗣Ａ機關因業務需要欲收回該宿舍，乙、丙及丁均拒不搬遷。試問Ａ機關提起民事訴訟時，應列何人為被告？

壹、占有之定義

　　所謂占有（possession），係指對物有管領之事實，故對於物有事實上（de facto）管領之力者，即為占有人（possessor）（民法第940條）。占有僅占有人對於物有事實上管領力為已足，不以其物放置於一定處所，或標示為何人占有為生效條件。反之，對於物無事實上管領力者，縱使放置於一定處所，並標示為何人占有，亦不能認其有占有之事實[1]。例如，甲開車至餐廳用餐，雖將汽車交由餐廳服務人員乙代覓停車位，停車完畢後仍將鑰匙交還甲，故甲對於該車具有事實上之管領力。

貳、占有之種類

一、直接占有與間接占有

(一)對物之管領力

　　以標的物被占有之狀態為區別，可分直接占有及間接占有：1.所謂直接占有，係指對物有事實上之管領力；2.所謂間接占有，係指不直接占有其物，而基於一定之法律關係，由他人代為管領，而對於直接占有人，享有返還請求權之情形。質權人、農育權人、典權人、承租人、受寄人或基於其他類似之法

---

[1] 最高法院53年度台上字第861號民事判決。

律關係，對於他人之物爲占有者，該他人爲間接占有人（民法第941條）。例如，承租人基於租賃關係對於租賃物爲占有者，出租人爲間接占有人。出租人係經由承租人維持其對物之事實上管領之力，亦爲現在占有人。故所有人對於無權占有其所有物者得請求返還之（民法第767條）。民法關於占有規定之適用，包含直接占有與間接占有[2]。

(二)占有輔助人

民法第942條所規定之占有輔助人，係於受他人指示而爲他人管領物品者，該他人爲占有人，占有輔助人對於物品並非直接占有人。占有輔助人與基於租賃、借貸關係而對於他人之物爲直接占有者，該他人爲間接占有人之情形不同，占有輔助人亦非間接占有人。

二、有權占有與無權占有

以是否有占有之權源爲區別，可分有權占有與無權占有：(一)所謂有權占有，係指基於本權所爲占有。例如，所有人占有所有物、承租人占有租賃物；(二)所謂無權占有，係指非基於本權所有占有。例如，侵奪他人之物而占有侵奪物、租約消滅後仍占有租賃物。

三、善意占有與惡意占有

以占有人是否知悉有無占有之權利爲區別，可分善意占有與惡意占有：(一)所謂善意占有，係指占有人不知其無占有權利而占有；(二)所謂惡意占有，係指占有人知其無占有權利所爲之占有。例如，甲向乙承租機器，甲將機器出賣與丙，並交付之。倘丙不知甲非所有人，爲善意占有人。反之，丙知悉甲爲非所有人時，丙爲惡意占有人。

---

[2] 最高法院105年度台上字第773號民事判決：占有人必其占有物被侵奪，始得行使占有物返還請求權。間接占有是否被侵奪，應以直接占有人之占有是否被侵奪決定之。

四、自主占有與他主占有

以占有人是否有所有之意思區別，可分自主占有與他主占有：(一)所謂自主占有，係指以所有之意思所為之意思為占有。例如，買受人占有買賣標的物；(二)所謂他主占有，係指不以所有之意思所為之占有。例如，承租人占有租賃物。因此，占有輔助人即受僱人、學徒、家屬或基於其他類似之關係，受他人之指示，而對於物有管領之力者，僅該他人為占有人，亦屬他主占有（民法第942條）。例如，認定輔助占有人，重在其對物之管領，係受他人之指示。是否受他人之指示，應自其內部關係觀之。例如，甲係乙之妻，基於共同生活關係，隨同乙居住於乙所承租之房屋內，甲應屬占有輔助人。

五、單獨占有及共同占有

以占有人之人數為區別，可分單獨占有與共同占有：(一)所謂單獨占有，係指一人單獨占有一物；(二)所謂共同占有，係指數人共占有一物，各占有人就其占有物使用之範圍，內部不得互相請求占有之保護，僅得對加害人行使占有物上請求權（民法第962條）。

參、占有之取得

一、原始取得

占有之取得，有原始取得及繼受取得之分。原始取得係非基於他人之占有而獨立取得占有之謂。例如，占有無主物、拾得遺失物。占有之原始取得，僅須占有人已對物具有事實之管領力即可，不以占有人有占有之意思為必要。

二、繼受取得

(一)占有之移轉

所謂占有之移轉，係指占有之受讓人因法律行為而取得占有，而占有之移轉，因占有物之交付而生效力（民法第946條第1項）。占有移轉包括現實交付、簡易交付、占有改定及指示交付等四種態樣（民法第946條第2項、第761

條）。例如，使用借貸，因借用物之交付而生效力，而交付之方法，不以現實交付爲限。貸與人將其出租於他人之物出借時，得將對該他人之返還請求權，讓與於借用人，由借用人直接向該他人請求返還，以代現實之交付。

(二)占有之繼承

占有爲財產之法益，亦得爲繼承之標的。是占有之繼承人或受讓人，得就自己之占有或將自己之占有與其前占有人之占有合併，而爲主張（民法第947條第1項）。占有乃對於物有事實上管領力之一種狀態，占有人主張時效上之利益，必其占有並未間斷，始得就占有開始之日起連續計算，故後占有人以前占有人之占有時間合併計算者，後占有人應爲前占有人之合法繼承人，始得主張繼續占有[3]。合併前占有人之占有而爲主張者，並應承繼其瑕疵（第2項）。

肆、占有之效力

一、占有權利之推定

占有人於占有物上，行使之權利，推定其適法有此權利（民法第943條第1項）。前開推定於下列情形不適用：(一)占有已登記之不動產而行使物權；(二)行使所有權以外之權利者，對使其占有之人（第2項）。例如，乙乘甲不在之際，遷入甲所興建而未經登記之房屋，並以所有人地位，分租與第三人使用，甲請求乙返還該屋，乙據以請求登記該房屋爲自己所有，提起確認房屋所有權存在之訴時，因乙於占有物行使所有權，即推定其適法有所有權，占有人乙不負舉證責任，由主張乙無權利者，甲負舉證責任，證明乙無所有權。

二、占有事實之推定（105年司法人員四等）

占有人推定其爲以所有之意思，善意、和平、公然及無過失占有。經證明前後兩時爲占有者，推定前後兩時之間（intermediate time），繼續占有（民法第944條）。故占有人主張其占有係以所有之意思，就善意、和平、公然、無

---

[3] 最高法院53年台上字第2149號民事判決。

過失及繼續占有,不負舉證責任。反之,主張占有人之占有係非以所有意思、惡意、強暴、隱秘、有過失或不繼續而占有者,應負舉證以實其說。

三、善意受讓（97年司法人員四等）

(一)占有受法律保護

以動產所有權,或其他物權之移轉或設定爲目的,而善意受讓（good faith）該動產之占有者,縱其讓與人無讓與之權利,其占有仍受法律之保護（民法第948條第1項本文）。例外情形,係受讓人明知或因重大過失而不知讓與人無讓與之權利者,則不受保護（但書）。所謂受讓,係指依法律行爲而受讓之意,受讓人與讓與人間以有物權變動之合意與標的物之交付之物權行爲存在。至於受讓動產占有之原因,舉凡有交易行爲存在,不問其爲買賣、互易、贈與、出資、特定物之遺贈、因清償而爲給付或其他以物權之移轉或設定爲目的之法律行爲,均無不可。占有人於受讓占有時,屬於善意,單純基於占有之效力,仍取得其動產上之所有權或其他物權,不受原權利人之追奪,以維持財產之交易安全。

(二)保護善意受讓人之現占有人

1. 盜贓或遺失物

(1)原善意占有人得向善意受讓之現占有人請求回復其物

占有物係盜贓、遺失物或其他非基於原占有人之意思而喪失其占有者,原善意占有人自喪失占有之時起2年以內,得向善意受讓之現占有人請求回復其物,以保護原善意占有人（民法第949條第1項、第951條之1）。因權利人喪失占有,並非基於其意思,應予以保護。所謂盜贓者,係指以竊盜、搶奪、或強盜等行爲奪取之物不包含由詐欺取得之物。

(2)原善意占有人償還支出之價金

盜贓、遺失物或其他非基於原占有人之意思而喪失其占有之物,倘現占有人由公開交易場所,或由販賣與其物同種之物之商人,以善意買得者,原善意占有人非償還其支出之價金,不得回復其物（民法第950條、第951條之1）。民法第949條規定之2年除斥期間,其於民法第950條亦適用之。

2. 金錢或有價證券

盜贓、遺失物或其他非基於原占有人之意思而喪失其占有之物，如係金錢或未記載權利人之有價證券，不得向其善意受讓之現占有人請求回復（民法第951條）。因金錢或無記名證券易於流通，甚難辨識其爲盜贓或遺失物，爲確保交易安全，倘占有人係善意占有，自應許其即時取得所有權。

四、占有物之使用收益

善意占有人於推定其爲適法所有權利範圍內，得爲占有物之使用及收益（民法第952條）。善意占有人依其推定適法所有之權利，得以使用其占有物，並收取其天然孳息或法定孳息。縱使占有物返還於正當權利人，其所收取之孳息，亦無須返還。例如，租賃契約爲債權契約，出租人不以租賃物所有人爲限，出租人未經所有人同意，擅以自己名義出租租賃物，其租約亦屬有效，僅不得以之對抗所有人。至於所有人得否依不當得利之法律關係，向承租人請求返還占有使用租賃物之利益，應視承租人是否善意而定，倘承租人爲善意，得爲租賃物之使用及收益，其因此項占有使用所獲利益，對於所有人不負返還之義務，自無不當得利可言。反之，承租人爲惡意時，對於所有人言，其就租賃物並無使用收益權，應依不當得利之規定，返還其所受利益[4]。

五、占有人之物上請求權

所謂占有人之物上請求權，係占有人於占有被侵害時，得請求侵害人回復其圓滿狀態之權利：(一)占有人於其占有物被侵奪時，得請求返還其占有物，此爲占有物返還請求權（民法第962條前段）[5]。例如，因他人竊盜行爲而喪失占有；(二)占有人於其占有被妨害者，得請求除去其妨害，此爲除去妨害請求權（中段）。例如，擅自於占有人之土地堆放物品；(三)占有人於其占有被妨害之虞者，得請求防止其妨害，此爲預防妨害請求權（後段）。例如，因鄰人

---

[4] 最高法院91年度台上字第1537號民事判決。

[5] 最高法院104年度台上字第656號民事判決：所謂占有之侵奪，係指違反占有人之意思，以積極之不法行爲，將占有物之全部或一部移入自己之管領。

之建築物瀕於倒塌，而有危及占有人之建物可能。占有人物上請求權，自侵奪或妨害占有或危險發生後，1年間不行使而消滅（民法第963條）。本法條之1年間不行使而消滅，係指以單純的占有之事實為標的，提起占有之訴而言。倘占有人同時有實體上權利者，自得提起本權之訴，縱使回復占有請求權之1年短期時效業已經過，其權利人亦得依侵權行為之法律關係，請求回復原狀[6]。例如，物之所有人得基於所有權受侵害為由，請求侵奪其所有物之人，交還其所有物。

六、占有人之自力救濟

(一)自力防禦權與自力取回權

占有如被侵害時，占有人固得提起占有之訴，惟提起訴訟，往往緩不濟急，故法律賦予占有人有自力救濟之權利，其種類有自力防禦權及自力取回權：1.所謂自力防禦權，係指占有人，對於侵奪或妨害其占有之行為（tortfeasor），得以己力防禦之（民法第960條第1項）；2.所謂自力取回權，係指占有物被侵奪者，如係不動產，占有人得於侵奪後，即時排除加害人而取回之。倘係動產，占有人得就地或追蹤向加害人取回之（第2項）。

(二)直接占有人與占有輔助人

因自力救濟係為保持占有現狀之迫切需要，應僅直接占有人得行使該權利，間接占有人無此權利。占有輔助人因其對於物有管領力之人，為保護占有人，占有輔助人亦得行使占有人之自力防禦及取回權。

七、占有人被請求回復之效力

(一)占有物滅失或毀損之義務

善意占有人自信其對占有物有占有權源，倘因可歸責於占有人之事由，致占有物滅失或毀損者，對於回復請求人，法律僅以因滅失或毀損所受之利益為

---

[6] 最高法院53年台上字第2636號民事判決。

限，負賠償之責（民法第953條）。因惡意占有人（mala fide possessor），其明知無占有之權利，故法律加重其責任。是惡意占有人，或無所有意思之占有人，因可歸責於自己之事由，導致占有物滅失或毀損者，不問占有人是否受有利益，對於回復請求人，負損害賠償之責（民法第956條）。

(二)占有人之費用償還請求權

1. 必要費用

所謂必要費用（necessary outlay），係指保存占有物所不可缺之費用。例如，修繕費、租稅等。善意占有人，因保存占有物所支出之必要費用，得向回復請求人請求償還。但已就占有物取得孳息者，不得請求償還通常必要費用（民法第954條）。再者，惡意占有人因保存占有物所支出之必要費用，對於回復請求人，得依關於無因管理之規定，請求償還（民法第957條）。惡意占有人僅於回復請求人所得利益限度內，得請求回復請求人償還。

2. 有益費用

所謂有益費用（beneficial outlay），係指改良占有物所支出之費用。例如，房屋之裝潢費用。善意占有人，因改良占有物所支出之有益費用，而於其占有物現存之增加價值限度內，得向回復請求人，請求償還（民法第955條）。因惡意占有人不受保護，無法向回復請求人請求有益費用之權利。所謂奢侈費用，係指超過物之保存、利用或改良所必要而支出之費用。不論占有人善意與否，均不得向回復請求人請求。

(三)孳息收取權

善意占有人依推定其為適法所有之權利，得為占有物之使用及收益，是善意占有人有孳息收取權（民法第952條）。反之，惡意占有人應負返還孳息之義務。倘孳息已消費，或因其過失而毀損，或怠於收取者，負償還其孳息價金之義務（民法第958條）。

伍、占有之變更

一、他主占有變為自主占有

占有依據其所由發生之事實之性質，無所有之意思者，其占有人對於使其占有之人表示所有之意思時起，為以所有之意思而占有。其因新事實變為以所有之意思占有者，自該時起變為自主占有人（民法第945條）。例如，甲將汽車借與乙使用，逾10年後，乙主張其以所有之意思，10年間和平公然占有甲車，其已取得其所有權，是乙變為以所有之意思占有，經10年而取得該車所有權，甲不能依借用物返還請求權或不當得利返還請求權訴請乙返還汽車。

二、善意占有變為惡意占有

善意占有人自確知其無占有本權起，視為惡意占有人（民法第959條第1項）。倘善意占有人於本權訴訟敗訴時，自訴狀送達之日起，即視為惡意占有人（第2項）。例如，善意占有人依推定其為適法所有之權利，固得為占有物之使用及收益。惟善意占有人於本權訴訟敗訴時，自其訴狀送達之日起，即視為惡意占有人，仍應負返還占有物孳息之義務。

陸、占有之消滅

占有消滅之原因主要有二：標的物之滅失及管領力之喪失。標的物全部滅失，占有雖歸於消滅。然占有物一部滅失，僅占有縮小其範圍。占有以事實上之管領力為要件，故占有人喪失其對於物之事實上管領力，占有歸於消滅。例外情形，係其管領力僅一時不能實行者，不在此限（民法第964條）。例如，占有人行使占有物上請求權，請求侵奪占有物之他人返還占有物，占有人回復占有時，其管領力視為自始未喪失。

柒、準占有

　　財產權不因物之占有而成立者，行使其財產權之人，其為準占有人（民法第966條第1項）。本章關於占有之規定，而於準占有準用之（第2項）。例如，債權不因物之占有而成立之財產權之一種，故行使債權人之權利者，即為債權之準占有人，倘準占有人非真正之債權人而為債務人所不知者，債務人對於其人所為之清償，仍有清償之效力（民法第310條第2款）。

捌、例題研析 —— 占有人之認定

　　認定輔助占有人之基準，重在其對物之管領，係受他人之指示。是否受他人之指示，應自其內部關係觀之。所謂內部關係，係指民法第942條所指受僱人、學徒或其他類似關係。乙之妻丙是否為乙之輔助占有人，應自其內部關係定之。丁雖為乙、丙所生之子女，並與之住於同一屋內，倘丁如確已結婚成家獨立生活，而無從自內部關係，證明其使用之房屋係受乙之指示時，尚難謂丁為乙之輔助占有人。準此，丙及丁對房屋之管領係受乙之指示，丙及丁均為乙之輔助占有人，並非直接占有人，指示其等占有之人乙，始為直接占有人，A機關應列乙為被告，請求其返還借用之宿舍。反之，丙及丁對房屋之管領係非受乙之指示，其等自為直接占有人，A機關應列乙、丙及丁為共同被告[7]。

---

[7]　最高法院65年台抗字第163號民事裁定。

第五編

親　屬

第一章 通　則

《例題1》

> 甲男與乙女結婚成為夫妻，嗣後甲男死亡。試問乙女與甲男之父丙男間：(一)是否仍有親屬關係？依據為何？(二)丙男與乙女間得否結婚？理由為何？

壹、親屬法之定義

所謂親屬法（law of domestic relation），係指規定身分關係及因身分關係而發生之權利義務之法律。人類身分關係之四種基本類型，各為婚姻、親子、家屬及親屬，親屬法係規定該四種身分關係之發生、消滅及因身分關係而發生、消滅之權利義務之法律。

貳、親屬之種類

一、配　偶

男女藉由婚姻契約而結合，成為夫妻關係，夫妻為人倫之始及家庭之基礎，夫妻間彼此間互為配偶，因配偶（spouse）關係而發生一定之權利義務關係，並由配偶關係衍生親子、家屬及親屬等身分關係。再者，相同性別之二人，得為經營共同生活之目的，成立具有親密性及排他性之永久結合關係（司法院釋字第七四八號解釋施行法第2條）。

二、血　親

(一)自然血親

所謂自然血親，係指出自同一祖先，而具有血緣關係之親屬。無論為父系或母系之親屬，僅要具有血緣關係，均為血親。半血緣之兄弟姐妹為同父異母

或同母異父，亦屬自然血親。血親關係原非當事人間所同意所能消滅者，縱有脫離該等關係之協議，仍不生法律上之效力。

(二)法定血親

所謂法定血親或擬制血親，係指原無血緣關係，而依據法律關係取得血親身分之親屬。法定血親係由收養關係而來，一般係指養子女與養父母，或養子女與養父母之親屬而言。

三、姻　親

姻親（relative by marriage）係因婚姻關係而生之親屬，其種類有三（民法第969條）：(一)血親之配偶，例如，兄弟之妻、兒媳、女婿等；(二)配偶之血親，例如，配偶之父母或其兄弟姐妹；(三)配偶之血親之配偶，例如，夫之兄弟之妻、妻之姐妹之夫。準此，血親之配偶之血親並非民法上之姻親。例如，子女之配偶之父母。

參、親　系

一、血親之親系

血親之親系分為直系與旁系血親兩種類型：(一)所謂直系血親（lineal relative by blood），係指己身所從出或從己身所出之血親。例如，父母、子女（民法第967條第1項）；(二)所謂旁系血親（collateral relative by blood），係指謂非直系血親，而與己身出於同源之血親（第2項）。例如，叔伯、兄弟姐妹。

二、姻親之親系

姻親之親系（line of relationship）依據民法第970條規定，茲分述如後：(一)血親之配偶，從其配偶之親系。例如，己身與子女之配偶為直系姻親；(二)配偶之血親，從其與配偶之親系。例如，己身與妻之兄弟姐妹為旁系姻親；(三)配偶之血親之配偶，從其與配偶之親系。例如，就妻而言，夫之兄弟

之妻爲其旁系姻親。

肆、親 等

一、血親親等

親等（degree of relationship）係區別親屬關係親疏遠近之標準，血親可分直系血親及旁系血親：(一)所謂直系血親，係指從己身上下數，以一世爲一親等（民法第968條前段）。例如，父母與子女爲一親等，祖父母與孫子女爲二等親；(二)所謂旁系血親，係指從乙身數至同源之直系血親，再由同源之直系血親，數至與之計算親等之血親，以其總世數爲親等之數（後段）。例如，兄弟之親等，兄數自其父爲一親等，再由其父數至其弟爲一親等，兩者之和爲二親等，故兄弟爲二親等之旁系血親。

二、姻親親等

姻親有血親之配偶、配偶之血親及配偶之血親之配偶：(一)血親之配偶從其配偶之親等。例如，子爲一親等血親，則媳爲一親等姻親；(二)配偶之血親，從其與配偶之親等。例如，夫之父母爲夫之一親等血親，即爲妻之一親等姻親；(三)配偶之血親之配偶，從其與配偶之親等。例如，夫之兄弟之妻，爲夫之二親等姻親，即妻之二親等姻親。

伍、親屬關係之發生

一、出 生（94、105年司法人員四等）

自然血親係以出生爲發生親屬關係之主要原因，故妻之受胎，係在婚姻關係存續中者，推定其所生子女爲婚生子女（民法第1063條第1項）。非婚生子女與其生母之關係，視爲婚生子女，無須認領（民法第1065條第2項）。

二、認　領

非婚生子女與生母間之自然血親關係，雖因出生而發生。惟非婚生子女經生父認領者，視爲婚生子女。其經生父撫育者，視爲認領，始生法律上之血親關係。

三、收　養

收養他人之子女爲子女時，其收養者爲養父或養母，被收養者爲養子或養女（民法第1072條）。養子女與養父母之關係，除法律另有規定外，與婚生子女同（民法第1077條第1項）。

四、結　婚

姻親關係因結婚而發生，非婚生子女亦因其生父與生母結婚者，視爲婚生子女，而與生父發生法律之自然血親關係，此爲所謂之準正（民法第1064條）。

陸、親屬關係之消滅

一、死　亡

人之權利能力終於死亡（民法第6條）。準此，親屬關係因死亡而消滅，死亡包括眞實死亡及死亡宣告。因出生而發生之自然血親關係，該血親關係無法於死亡前消滅。

二、收養關係之消滅

法定血親因收養關係之成立而發生，嗣因收養關係終止或經撤銷而消滅。終止收養關係有合意終止（民法第1080條）及法院判決終止（民法第1081條）。

三、離婚及結婚撤銷

姻親關係因結婚而發生，離婚或婚姻之撤銷爲婚姻關係消滅之原因。準此，姻親關係雖因離婚或結婚經撤銷而消滅。然配偶一方死亡，生存之配偶與死亡配偶之親屬間之姻親關係，仍然繼續存在。

柒、例題研析

一、親屬關係之消滅

甲女與乙女結婚成爲夫妻，乙女與甲男之父丙男間，爲一親等之直系姻親。死亡固爲親屬關係消滅之原因，然所消滅者僅爲死亡者與其親屬間之關係，因死亡者而連絡之親屬關係，並不消滅。

二、禁婚規定

是甲雖死亡，然乙女與甲之父丙仍保持姻親關係，因直系姻親間不得結婚（民法第983條第1項第1款）。準此，丙男與乙女不得結婚，否則結婚無效（民法第988條第2款）。

第二章 婚 姻

第一節 婚 約

《例題2》

> 　　未成年人甲男與乙女訂婚後，甲反悔該婚約，其求得其父丙之同意再與丁女訂婚約，乙據此解除與甲婚約。嗣1年後，甲已成年，乙心有未甘，請求甲與丙連帶賠償非財產上之損害。試問乙之請求，是否有理？

壹、婚約之要件

一、婚約應由當事人自定

　　所謂婚約（betrothal），係指男女雙方以將來互相結婚（marriage）為目的所訂立之契約，故婚約應由當事人本人自行為之（民法第972條）。職是，父母為子女訂定婚約，該婚約對於子女自無效力。縱使當事人均承認代訂之婚約，自可認為男女當事人自行訂定之婚約。

二、須達法定訂婚年齡

　　男未滿17歲，女未滿15歲者，不得訂定婚約（民法第973條）。實務認為未達法定最低年齡，當事人所簽訂之婚約，應屬無效[1]。相同性別之二人，得為經營共同生活之目的，成立具有親密性及排他性之永久結合關係，故請求就同性間之公證訂婚（司法院釋字第七四八號解釋施行法第2條）。

---

[1] 最高法院33年度上字第2016號民事判決。

三、未成年人訂定婚約應得法定代理人之同意

因未成年人年紀尚輕，為恐其思慮不周，故未成年人訂定婚約，應得法定代理人（statutory agent）同意（民法第974條）。未成年人訂定婚約，雖應得法定代理人之同意，然未成年人自行訂定婚約，以得法定代理人同意為要件，並非法定代理人有為未成年人訂定婚約之權利。準此，未成年人訂定婚約未經法定代理人同意，尚未生效。

貳、婚約之效力

一、不發生身分關係

婚約為結婚之預約，婚約當事人未發生夫妻關係，當事人非配偶關係，自不負同居關係。故雙方親屬間，不發生姻親關係，婚約之當事人間未有任何之身分關係。

二、不得強迫履行

婚約雖為男女雙方將來互為結婚為目的而訂立婚約，然基於當事人之人格自由，是不得請求強迫履行，而與一般債權契約不同，以尊重當事人之意思自由（民法第975條）。換言之，婚約當事人之一方不得對他方提起履行婚約之訴[2]。

三、違反婚約之損害賠償

婚約當事人是否履行結婚義務，固完全委諸當事人之自由意思，惟既已成立婚約，倘未具備正當理由者，違約之一方自應負損害賠償責任。其包括財產上之損害賠償及精神上之損害賠償。申言之：(一)婚約當事人之一方，無民法第976條之理由而違反婚約者，對於他方因此所受之財產上之損害，應負賠償責任（民法第978條）；(二)受害人得請求賠償相當之金額，但以受害人無過

---

[2] 司法院院字第1135號解釋。

失者爲限（民法第979條第1項）。此非財產上之損害請求權係保護被害人之人格而設，專屬於受害人，該項請求權不得讓與或繼承。例外情形，係已依契約承諾或已起訴者，不在此限（第2項）。

參、婚約之解除（90年普考）

一、合意解除

婚約既然由男女雙方合意訂之（民法第972條），自得依據一般契約之原則，合意解除之，以免除婚約之拘束。倘當事人未達成合意解除婚約，當事人一方欲解除，他方不願解除時，應有法定之解除婚約事由，始可解除。

二、法定解除

(一)法定事由

婚約當事人之一方，有下列法定事由之一者，他方得解除（dissolve）婚姻約，無須一方同意，茲將事由分述如後（民法第976條第1項）：1.婚約訂定後，再與他人訂定婚約或結婚者，已可證明無結婚之誠意，自許他方解除契約；2.故意違結婚期約者，即無正當理由違背約定之結婚時期。例如，遭遇父或母喪循例延緩結婚時期，不得謂之故違結婚期約；3.生死不明已滿1年者。所謂生死不明，係指無從知悉其人尚生存或已死亡；4.有重大不治之病者（serious and incurable disease），重大不治之病須經醫學客觀判斷，不得僅憑當事人主觀之認定；5.婚約訂定後與他人合意性交。其可證明無欲於結婚後，遵守夫妻間忠實義務，自許他方據此解除婚約；6.婚約訂定後受徒刑之宣告者。倘爲訂婚前犯罪，而於訂婚後受徒刑之宣告，亦屬本款解除婚約之事由；7.有其他重大事由者（grave reason），此爲概括規定，是否爲重大事由，應斟酌當事人之教育程度、地位、職業等情狀，依社會一般觀念判斷之。例如，訂婚前已非處女，衡諸現在社會一般觀念，並非重大事由。

(二)解除婚約之方式

依據法定事由解除婚約者，婚約之解除，由一方當事人向他方當事人爲意思表示爲已足，無待於他方之同意或意思表示一致。倘事實上不能向他方爲解除之意思表示時，無須爲意思表示，自得爲解除時起，不受婚約之拘束（民法第976條第2項）。

肆、婚約之解除之效力（90年普考）

一、婚約之消滅

婚約解除後，不論是合意解除或法定解除，婚約自始失其效力，雙方之當事人自解除婚約時，即不受婚約之拘束，而解除婚約之意思不得撤銷（民法第258條第3項）。

二、損害賠償

合意解除婚約時，除附有賠償損害金之條件者外，不得請求損害賠償。而依據法定事由而解除婚約時，無過失之一方得向有過失之一方請求財產上及非財產上之損害（民法第977條第1項、第2項）。非財產上損害賠償（non-pecuniary loss）之請求權不得讓與或繼承。例外情形，係已依契約承諾，或已起訴者，不在此限（第3項）。法院認定精神慰藉金之多寡，應斟酌雙方之身分、地位、資力與加害之程度及其他各種情形核定相當之數額。其金額是否相當，自應依實際加害情形與被害人所受之痛苦及雙方之身分、地位、經濟狀況等關係決定之[3]。再者，婚約解除所生之損害賠償請求權，因2年間不行使而消滅（民法第979條之2）。

三、贈與物之返還

婚約當事人，常因訂定婚約而贈與財物之情事，如婚約無效、解除或撤銷

---

[3] 最高法院85年度台上字第460號民事判決。

時，當事人之一方，自得請求他方返還贈與物（民法第979條之1）。婚約當事人一方死亡時，不生返還之問題。返還贈與物之請求權，因2年間不行使而消滅（民法第979條之2）。

伍、例題解析——法定解除婚約之非財產上之損害

婚約當事人之一方有民法第976條第1項各款之法定情形之一者，他方當事人得解除婚約。甲男與乙女訂婚後，再與丁女訂婚，乙女依照民法第976條第1項第1款事由解除婚約，依據民法第977條第2項規定，僅得向有過失之他方甲男請求賠償，而不得向非婚約當事人丙男請求賠償。縱使甲男曾得丙男之同意與他人訂婚，因丙並非婚約之當事人，乙仍不得請求甲、丙連帶賠償非財產之損害[4]。

第二節　結　婚

《例題3》

甲男與乙女於飯店舉行公開之結婚儀式，雖委請二人於結婚證書上之證人欄簽章，然未持結婚證書向戶政機關辦理結婚登記。試問乙女嗣後死亡，甲男得否繼承乙女之遺產？

壹、婚姻之定義

婚姻（marriage）為人類社會之古老制度，男女之間經由婚姻而組織家庭共同生活。我國親屬法以規範婚姻與父母子女關係，建構起現代核心家庭之概念與內涵。夫妻藉由合法方式成立婚姻關係與組成家庭，進而衍生出親子關係。男女雙方因結婚而發生夫妻關係，其為親屬關係之始，繼而發生身分上或財產上之權利義務關係，結婚之成立生效須具備實質要件及形式要件，倘缺乏

---

[4] 司法院(77)廳民1字第458號號函，發文日期1988年4月15日，民事法律問題研究彙編，7輯，226頁。

該等要件，結婚爲無效或得爲撤銷。

貳、結婚之實質要件（97、99年司法人員三等）

一、須當事人之結婚意思合致

結婚爲身分上之契約，當事人須有結婚意思之合致，須有相互履行結婚之義務及爲夫妻共同生活之意思，當事人非在無意識或精神錯亂中結婚。是當事人之一方於結婚時，係在無意識或精神錯亂中者，因無結婚之意思，得於常態回復後6個月內向法院請求撤銷之（民法第996條）。再者，當事人因被詐欺或被脅迫而結婚者，其結婚意思受不法之干涉，自得於發現詐欺或脅迫終止後，6個月內向法院請求撤銷之（民法第997條）[5]。例如，所謂因被詐欺而結婚者，係指結婚當事人之一方，爲達與他方結婚之目的，隱瞞其身體、健康或品德上某種缺陷，或身分、地位上某種條件之不備，以詐術使他方誤信自己無此缺陷或有此條件而與之結婚者。身心健康爲一般人選擇配偶之重要條件，倘配偶之一方患有精神病時癒時發，必然影響婚姻生活，故在一般社會觀念上，應認有告知他方之義務，倘當事人一方將此項婚姻成立前已存在之痼疾隱瞞，導致另一方誤信他方精神正常，而與之結婚，則有被詐欺而爲結婚之事由[6]。

二、須達法定結婚之年齡

男未滿18歲者，女未滿16歲者，不得結婚（民法第980條）。是當事人未達結婚年齡，原則上當事人或其法定代理人得向法院請求撤銷之（民法第989條第1項）。例外情形，係當事人已達法定年齡或已懷胎者，不得請求撤銷（第2項）。所謂當事人已達法定年齡，係指當事人於請求撤銷結婚之訴提起時，已達結婚年齡而言，倘起訴時未達結婚年齡，縱使訴訟中已達結婚年齡，其已行使之撤銷權，並不受影響。

---

[5] 最高法院96年度台上字第1515號民事裁定。

[6] 最高法院70年台上字第880號民事判決。

三、未成年人結婚應得法定代理人之同意

未成年人結婚，應得法定代理人之同意（民法第981條）。未經法定代理人同意者，原則上法定代理人得向法院請求撤銷之。例外情形，係法定代理人自知悉其事實之日起，已逾6個月，或結婚後已逾1年，或已懷胎者，不得請求撤銷（民法第990條）。

四、須非禁婚親間之結婚

近親結婚有害優生及違背倫常，是下列親屬，不得結婚（民法第983條第1項）：(一)直系血親及直系姻親；(二)旁系血親在六親等以內者。但因收養而成立之四親等及六親等旁系血親，輩分相同者，不在此限；(三)旁系姻親在五親等以內，輩分不相同者。直系姻親於姻親關係消滅後，亦不得結婚（第2項）。直系血親及直系姻親結婚之限制，其於因收養而成立之直系親屬間，在收養關係終止後，亦適用之（第3項）[7]。例如，養子女與養父母之兄弟之子女，屬四等親之旁系血親，依據民法第983條第1項第2款規定，自得結婚，因無優生或倫常之顧慮。

五、須無監護關係

監護人與受監護人於監護關係（guardianship）存續中，為保護受監護人之利益，原則上不得結婚（民法第984條本文）。例外情形，經受監護人父母之同意者，則可結婚（但書）[8]。結婚違反前揭規定者，受監護人或其最近親屬得向法院請求撤銷之。但結婚已逾1年者，不得請求撤銷（民法第991條）。

六、須非重婚或同時婚

有配偶者，不得重婚（民法第985條第1項）。而同時婚亦在禁止之列，即一人不得同時與二人以上結婚（第2項）。1985年6月4日前之重婚者，依據舊

---

[7] 司法院釋字第七四八號解釋施行法第5條有相同規定。

[8] 司法院釋字第七四八號解釋施行法第6條有相同規定。

民法第992條規定，利害關係人得向法院請求撤銷。1985年6月5日後之重婚或同時婚者，婚姻無效（民法第988條第3款）。

七、須非不能人道

當事人之一方，於結婚時不能人道（impotent）而不能治者，他方得向法院請求撤銷之。但自知悉其不能治之時起已逾3年者，不得請求撤銷（民法第995條）。所謂不能人道，係指不能性交。至於無生殖能力或無受胎能力，並非不能人道。

參、結婚之形式要件（93年普考；99年司法人員三等；99年民間公證人）

一、2007年5月修正前採儀式婚主義

結婚，應有公開儀式及二人以上之證人（修正前民法第982條第1項）。是關於結婚之形式要件採儀式婚，其要件有二：應有公開儀式及二人以上之證人，缺一不可，違反者，其婚姻無效（民法第988條第1款）。所謂結婚應有公開之儀式（open ceremony），係指結婚之當事人應行定式之禮儀，使不特定人得以共聞共見認識其為結婚者而言。所謂二人以上之證人（presence of two or more witnesses），僅須有行為能力在場願證明者為已足，不以證婚人為限。而結婚並不以書立婚帖為要件，倘當事人之結婚曾有公開之儀式及二人以上之證人，自不容以婚帖未經當事人簽名蓋章，指謫其結婚為無效。經依戶籍法為結婚之登記者（register），推定其已結婚（民法第982條第2項）。結婚戶籍登記之事實，推定已結婚，其屬舉證責任之轉換，並非結婚形式要件之一。主張婚姻關係不存在之當事人，得以反證推翻婚姻關係之發生，或舉證證明真正結婚日期之事實以為反證，推翻業依戶籍法登記之結婚日期。

二、現行法採登記婚主義

為配合世界潮流，避免騙婚與重婚情事之發生，婚姻之形式主義，由儀式

婚改爲登記婚。詳言之，結婚，應以書面爲之，有二人以上證人之簽名，並應由雙方當事人向戶政機關爲結婚之登記（民法第982條）。2007年5月4日修正之民法第982條規定，定有日出條款，自公布後1年施行（民法親屬法編施行法第4條之1第1項）。

肆、結婚無效及撤銷之效力

一、結婚無效之效力

(一)原　則

結婚無效（void）之事由有四（民法第988條）：1.結婚不具備法定之方式者，即未具備書面、二人以上之證人及結婚登記（民法第982條）；2.禁婚親間之結婚，即民法第983條所列之不得結婚之親屬；3.有配偶重婚者（民法第985條第1項）；4.同時婚，即一人同時與二人以上結婚者（第2項）[9]。再者，結婚無效係當然及自始無效，任何人均得主張，不須訴請法院爲判決宣告，當事人就結婚無效有所爭執時，自得提起確認婚姻無效之訴。

(二)例　外

重婚固屬無效，惟爲保護善意無過失之當事人，倘重婚雙方當事人因善意且無過失，而信賴一方前婚姻消滅之兩願離婚登記或離婚確定判決，其結婚者，後婚姻仍爲有效，前婚姻自後婚姻成立之日起視爲消滅（民法第988條第3款但書、第988條之1第1項）。前婚姻視爲消滅之效力，除法律另有規定外，準用離婚效力。但剩餘財產已爲分配或協議者，仍依原分配或協議定之，不得另行主張（民法第988條之1第2項）。前婚姻視爲消滅者，其剩餘財產差額之分配請求權，自請求權人知有剩餘財產之差額時起，2年間不行使而消滅。自撤銷兩願離婚登記或廢棄離婚判決確定時起，逾5年者，亦同（第3項）。前婚姻視爲消滅者，無過失之前婚配偶得向他方請求賠償（第4項）。前婚配偶就非財產上之損害，得請求賠償相當之金額（第5項）。前項請求權，不得讓與

---

[9] 司法院釋字第七四八號解釋施行法第8條有相同規定。

或繼承。但已依契約承諾或已起訴者，不在此限（第6項）。

二、撤銷之效力（97、98年司法人員三等）

撤銷本有溯及之效力，爲保護當事人及子女之權益，乃規定結婚撤銷之效力，不溯及既往（民法第998條）。使被撤銷之婚姻僅向將來消滅。關於結婚撤銷之方法，須依據訴訟方式爲之，此與一般法律行爲之撤銷，僅以意思表示爲之者（民法第116條），兩者不同。

三、損害賠償

當事人之一方，因結婚無效（nullity）或被撤銷（annulment）而受有財產損害者，得向有過失之他方請求賠償。倘他方無過失者，則不得請求（民法第999條第1項）。非財產上之損害，無過失之受害人得請求賠償相當之金額，故受害人有過失者者，則不得請求（第2項）。因非財產損害之請求權，具有專屬性，原則上不得讓與或繼承。例外情形，係已依契約承諾或已起訴者，不在此限（第3項）。

四、離婚規定之準用

結婚無效或撤銷，關於未成年子女之親權行使、贍養費之給與及當事人之財產處理，其於性質相容處得準用離婚有關規定。申言之：(一)民法第1057條之判決離婚時請求贍養費及第1058條之離婚後取回財產，而於結婚無效時（invalid marriage）準用之（民法第999條之1第1項）；(二)第1055條規定父母離婚時決定未成年子女之親權行使、第1055條之1規定法院酌定親權行使之注意事項、第1055條之2規定父母不適合行使親權之處理、第1057條及第1058條規定，均於結婚經撤銷時（annulled marriage）準用之（第2項）。

伍、例題解析──結婚之形式要件

關於結婚之形式要件採登記婚，其要件有三：書面、二人以上證人之簽名及向戶政機關爲結婚登記（民法第982條）。三者缺一不可，否則婚姻無效

（民法第988條第1款）。甲男與乙女雖有舉行公開之結婚儀式，並委請二人於結婚證書上之證人欄簽章，然未持結婚證書向戶政機關辦理結婚登記。準此，甲男並非乙女之配偶，乙女死亡後，甲男非乙女遺產之繼承人。

第三節　婚姻之普通效力

《例題4》

> 　　甲男、乙女係夫妻，甲男之財產遭其債權人查封，乙女以其甲男之法定代理人之身分，依據強制執行法第12條、第14條規定向法院聲明異議及提起債務人異議之訴。試問法院應如何處理？有無理由？

壹、夫妻之姓氏

　　夫妻以保有其本姓（surname）為原則，以冠配偶之姓為例外。即夫妻得書面約定以其本姓冠以配偶之姓，並向戶政機關登記（民法第1000條第1項）。是夫妻不僅可書面約定妻可冠夫姓，夫亦可冠妻姓。冠姓之一方得隨時回復其本姓。但於同一婚姻關係存續中以一次為限（第2項）。

貳、夫妻同居之義務

一、同居義務之期間

　　夫妻互負同居義務（mutual obligation of cohabitation），但有不能同居之正當理由者，不在此限（民法第1001條）[10]。例如，夫妻間雖有同居之義務，但有不堪同居之事實，經雙方同意分別居住，得為一時別居之約定，惟不得為永久別居之約定，因有違婚姻之本質，其約定無效。夫妻間固得約定別居（separation agreement），然夫妻一方縱使有正當理由，仍不得向他方請求別

---

[10] 司法院釋字第七四八號解釋施行法第11條有相同規定。

居，是法院不得爲別居之訴訟和解或判決。準此，同居義務爲婚姻關係之本質義務，是在婚姻關係存續中，自結婚時起至婚姻關係消滅時止，夫妻應負同居義務[11]。

二、同居義務之住所

故夫妻之一方提起履行同居義務之訴，以他方有不履行同居之事實，且無正當理由而不能同居爲要件。決定互負同居義務之住所，應以夫妻之住所爲準，夫妻之住所由雙方共同協議之；未爲協議或協議不成時，得聲請法院定之（民法第1002條第1項）。法院爲夫妻住所之裁定前，以夫妻共同戶籍地推定爲其住所（domicile）（第2項）[12]。

三、夫妻住所設定與夫妻應履行同居之義務

人民有居住之自由，乃指人民有選擇其住所之自主權。住所乃決定各項法律效力之中心地，夫妻互負同居之義務，固爲民法第1001條前段所明定，惟民法並未強制規定自然人應設定住所，且未明定應以住所爲夫妻履行同居義務之唯一處所。準此，夫妻履行同居義務之處所並不以住所爲限。是夫妻住所之設定與夫妻應履行同居之義務尚有不同，住所乃決定各項法律效力之中心地，非民法所定履行同居義務之唯一處所。故夫妻縱未設定住所，仍應以永久共同生活爲目的，而互負履行同居之義務，要屬當然[13]。

四、事實上夫妻

事實上夫妻與男女同居關係不同，事實上夫妻爲欠缺婚姻要件之男女共同生活，而以發生夫妻身分關係之意思，且對外以夫妻形式經營婚姻共同生活之

---

[11] 李弘仁，夫妻履行同居之訴與婚姻住所之決定，1999年8月15日，全國律師，44頁。

[12] 司法院釋字第七四八號解釋施行法第12條有相同規定。

[13] 大法官釋字第452號解釋。

結合關係，而得以類推適用夫妻身分上及財產上法律關係之規定[14]。

參、日常家務代理權

夫妻於日常家務，互爲法定代理人（民法第1003條第1項）。所謂日常家務，包括衣、食、住、行、育、樂及醫療等一切家庭生活所必要事項及因此所生之法律行爲。在前開之範圍內，夫妻依法互爲他方之代理人，毋庸本人再以意思表示授權；反之，夫妻一方逾越日常家務之事項，其屬無權代理，他方毋庸負代理責任。夫妻之一方濫用該法定代理權時，他方得限制之。但不得對抗善意第三人（bona fide third party）（第2項）[15]。

肆、家庭生活費用之分擔

家庭生活費用，除法律或契約另有約定外，由夫妻各依其經濟能力、家事勞動或其他情事分擔之（民法第1003條之1第1項）。因家庭生活費用所生之債務，由夫妻負連帶責任（jointly liable）（第2項）。再者，夫妻互負扶養義務，其所負扶養義務之順序與直系血親卑親屬相同，其所受扶養權利之順序與直系血親尊親屬相同（民法第1116條之1）。而父母對於未成年子女之扶養義務，亦不因結婚經撤銷或離婚而受影響（民法第1116條之2）。

伍、貞操義務

我國民法係採一夫一妻之婚姻制度，故夫妻應互負貞操義務，是夫妻一方有重婚或與配偶以外之人合意性交之情事者，他方自得訴請裁判離婚（民法第1052條第1項第1款、第2款）。

陸、例題解析——夫妻間之日常家務代理權

所謂日常家務，包括衣、食、住、行、育、樂及醫療等一切家庭生活所必要事項及因此所生之法律行爲。夫妻固於上開範圍依法互爲他方之代理人，

---

[14] 最高法院104年度台上字第1398號民事判決。

[15] 司法院釋字第七四八號解釋施行法第13條有相同規定。

但於民事訴訟或強制執行事件，除非有意定代理，夫妻間並非互爲他方之代理人。準此，甲男、乙女雖爲夫妻，甲男之財產遭其債權人查封，然乙女未經甲男授與代理權前，不得以其甲男之法定代理人之身分，向法院聲明異議及提起債務人異議之訴[16]。

第四節　夫妻財產制

第一項　通　則

《例題5》

> 甲男及乙女雖有夫妻關係，然感情破裂，不能繼續維持家庭共同生活，甲男於事實上不同居已逾6個月之期間過後，請求法院宣告改用分別財產制。試問法院應否准許？理由為何？

壹、夫妻財產制契約之選定

夫妻得於結婚前或結婚後，以契約就民法親屬編所定之約定財產制中，選擇其一，爲其夫妻財產制（matrimonial property regime）（民法第1004條）。我國夫妻財產制有法定與約定兩種類型，約定財產制可分共同財產制及分別財產制，當事人爲約定時，僅得就上揭之類型選擇其一，不得自由創設。倘夫妻未以契約訂立夫妻財產制者，除本法另有規定外，以法定財產制（statutory regime），爲其夫妻財產制（民法第1005條）[17]。

---

[16] 最高法院68年度第6次民事庭庭推總會決定(2)，會議日期1979年5月8日。

[17] 司法院釋字第七四八號解釋施行法第2條規定：相同性別之二人，得為經營共同生活之目的，成立具有親密性及排他性之永久結合關係。第15條規定：第2條關係雙方當事人之財產制，準用民法親屬編第二章第四節關於夫妻財產制之規定。

貳、夫妻財產制契約之訂立、變更及廢止

一、法定要式契約與登記對抗要件

夫妻財產制契約之訂立（conclude）、變更（modify）或廢止，應以書面為之，此為法定之要式契約（第1007條）。夫妻財產制契約之訂立、變更或廢止，非經登記，不得以之對抗第三人（民法第1008條第1項）。該登記為對抗要件，而非生效要件。而夫妻財產制契約之登記，亦不影響依其他法律所為財產權登記之效力（第2項）。夫妻財產制契約之登記，依據非訟事件法規定為之（第3項），即非訟事件法第101條至第107條，針對夫妻財產制契約登記之相關規定。有關夫妻財產之其他約定亦準用書面生效及登記對抗之要件（民法第1008條之1）。例如，自由處分金之協議（民法第1018條之1）、共同財產分割數額之約定（民法第1039條第2項、第1040條第2項）。再者，夫妻於婚姻關係存續中，得以契約廢止其財產契約，或改用他種約定財產制（民法第1012條）。

二、法院宣告改用分別財產制（107年司法人員四等）

夫妻之一方有下列情形之一時，法院因他方之請求，得宣告改用分別財產制（民法第1010條第1項）：(一)依法應給付家庭生活費用而不給付時；(二)夫或妻之財產不足清償其債務時；(三)依法應得他方同意所為之財產處分，他方無正當理由拒絕同意時；(四)有管理權之一方對於共同財產之管理顯有不當，經他方請求改善而不改善時；(五)因不當減少其婚後財產，而對他方剩餘財產分配請求權有侵害之虞時；(六)有其他重大事由時。夫妻之總財產不足清償總債務或夫妻難於維持共同生活，不同居已達6個月以上時，前開事由夫妻任何一方，均得請求法院宣告改用分別財產制（第2項）。

參、例題解析——宣告非常法定財產制

夫妻難於維持其共同生活，不同居已達6個月以上時，法院因夫妻一方之請求，得宣告改用分別財產制（民法第1010條第2項）。法文並未限制無過失

之一方始得請求宣告改用分別財產制。因夫妻感情破裂，不能繼續維持家庭共同生活，且事實上不同居已達6個月以上時，倘原採法定財產制或分別財產制以外之約定財產制者，因彼此不能相互信賴，自應准其改用分別財產制，俾夫妻各得保有其財產所有權、管理權及使用收益權，減少不必要之困擾。準此，甲男及乙女感情破裂，不能繼續維持家庭共同生活，且事實上不同居已逾6個月期間，甲男或乙女均有權請求法院宣告改用分別財產制。

第二項　法定財產制

《例題6》

甲男與乙女於2010年間結婚，未約定夫妻財產制。甲婚前有財產新臺幣（下同）500萬元，乙有300萬元。甲、乙於3年後離婚，甲之財產1000萬元，其中因繼承而得200萬元，負債100萬元，而乙有財產800萬元，負債200萬元，試問甲、乙間之剩餘財產如何分配？依據為何？

壹、通常法定財產制

一、所有權歸屬

夫或妻之財產分為婚前財產（before marriage）與婚後財產（in marriage），由夫妻各自所有。不能證明為婚前或婚後財產者，推定為婚後財產；不能證明為夫或妻所有之財產，推定為夫妻共有（民法第1017條第1項）。夫或妻婚前財產，於婚姻關係存續中所生之孳息，視為婚後財產（第2項）。夫妻以契約訂立夫妻財產制後，嗣於婚姻關係存續中改用法定財產制者，其改用前之財產視為婚前財產（第3項）。2002年民法親屬編修正前適用聯合財產制之夫妻，其婚姻關係存續中取得之原有財產，嗣於修正施行後，視為婚後財產（民法親屬編施行法第6條之2後段）[18]。

---

[18] 民法修正前夫妻財產分為原有財產及特有財產。

二、夫妻財產之管理、使用、收益及處分

為確保夫妻權益之平等，並保障交易安全，是夫或妻各自管理、使用、收益及處分其財產（民法第1018條）[19]。因法定財產制規定夫或妻各自所有、管理、使用、收益及處分其財產，為促使夫妻雙方經濟地位平等、重視夫妻生活之和諧及肯定家事勞動價值之目的，並落實剩餘財產分配請求權之規定，故夫妻就其婚後財產，互負報告之（inform）義務（民法第1022條）。

三、自由處分金

基於家務有價之觀念，夫妻於家庭生活費用外，得協議一定數額之金錢，供夫或妻自由處分（free disposition）（民法第1018條之1）。此自由處分金之協議，屬夫妻財產之協議，應以書面為生效要件，且非經登記不得對抗第三人（民法第1008條之1）。

四、債務之清償

因夫或妻各自管理、使用、收益及處分其財產，為貫徹男女平等原則及保護交易安全，是夫妻應各自對其債務負清償之責（民法第1023條第1項）。夫妻之一方以自己財產清償他方之債務時，得於婚姻關係存續中，請求償還（第2項）。

貳、剩餘財產之分配

一、剩餘財產分配之標的（99年司法人員四等）

法定財產制關係消滅時，原則上夫或妻現存之婚後財產，扣除婚姻關係（marriage relationship）存續中所負債務後，倘有剩餘，其雙方剩餘財產（remainder）之差額，應平均分配（民法第1030條之1第1項本文）。例外情形，不列入剩餘財產分配之範圍：(一)夫妻之婚前財產；(二)婚後因

---

[19] 最高法院105年度台上字第1750號民事判決。

繼承（succession）或其他無償（gift）取得之財產；(三)婚後取得之慰撫金（solatium）（第1項但書）。所謂平均分配雙方剩餘財產之差額，係比較剩餘財產之多寡後，由剩餘較少之一方，向他方請求剩餘差額之一半，倘平均分配顯失公平者，法院得調整或免除其分配額（第2項）[20]。剩餘財產差額之分配請求權，自請求權人知有剩餘財產之差額時起，2年間不行使而消滅。自法定財產制關係消滅時起，逾5年者，亦消滅之（第4項）。夫妻財產分配請求權不得讓與或繼承，除非已依契約承諾或已起訴者，不在此限（第3項）。準此，剩餘財產分配請求權有專屬性，夫妻一方之債權人，不得對夫妻之另一方行使代位權。

二、現存婚後財產之範圍

(一)法定財產制關係消滅時債務之計算

法定財產制關係消滅時，依民法第1030條之1規定，應進行現存婚後財產之清算。故夫或妻之一方以其婚後財產清償其婚前所負債務，或以其婚前財產清償婚姻關係存續中所負債務，除已補償者外，而於法定財產制關係消滅時，應分別納入現存之婚後財產或婚姻關係存續中所負債務計算（民法第1030條之2第1項）。夫或妻之一方以其無償取得財產及慰撫金清償婚姻關係存續中其所負債務，應納入婚姻關係存續中所負債務計算（第2項）。

(二)法定財產制關係消滅時財產之追加計算

為避免夫妻之一方以減少他方對剩餘財產之分配為目的，而任意處分其婚後財產，致生不公平。是夫或妻為減少他方對於剩餘財產之分配，而於法定財產制關係消滅前5年內處分其婚後財產者，應將該財產追加計算，視為現存之

---

[20] 最高法院100年度台上字第2031號民事判決：夫妻就其剩餘財產雖以平均分配為原則，惟夫妻之一方有不務正業，或浪費成習等情事，就財產之累積或增加並無貢獻或協力，欠缺參與分配剩餘財產之正當基礎時，自不能使之坐享其成，獲得非分之利益，而於此情形，就夫妻剩餘財產差額平均分配顯失公平者，法院始得調整或免除其分配額，以期公允。

婚後財產。但為履行道德上義務所為之相當贈與，不在此限（民法第1030條之3第1項）。分配權利人於義務人不足清償其應得之分配額時，得就其不足額，對受領之第三人於其所受利益內請求返還。為兼顧交易之安全，倘該處分行為係屬有償性質時，須以顯不相當之對價取得者，始得為之（第2項）。對使第三人之請求權，早日確定，以維護交易之安全，其於知悉其分配權利受侵害時起2年間不行使而消滅。自法定財產制關係消滅時起，逾5年者，亦消滅之（第3項）。

三、現存婚後財產價值之計算時點

財產之價值計算，影響夫妻剩餘財產之分配計算，自應明定夫妻現存婚後財產與應追加計算財產之計價時點，以期明確，避免適用上發生疑義。即夫妻現存之婚後財產，其價值計算以法定財產制關係消滅時為準。但夫妻因判決而離婚者，以起訴時為準（commencement of action）（民法第1030條之4第1項）。夫或妻為減少他方對於剩餘財產之分配，而於法定財產制關係消滅前5年內處分其婚後財產者，應將該財產追加計算為婚後財產，其價值計算以處分時為準（第2項）。

四、剩餘財產分配請求權之保全

(一)行使撤銷權

1. 無償行為

民法第1030條之1雖賦予夫或妻於法定財產制關係消滅時，對雙方婚後剩餘財產之差額，有請求平均分配之權。惟夫或妻之一方於婚姻關係存續中，就其所有之婚後財產為無償行為，致有害及法定財產制消滅後他方之剩餘財產分配請求權時，倘無防範之道，婚後剩餘財產差額分配容易落空。故夫或妻於婚姻關係存續中就其婚後財產所為之無償行為，有害及法定財產制關係消滅後他方之剩餘財產分配請求權者，他方得聲請法院撤銷之。但為履行道德上義務所為之相當贈與，不在此限（民法第1020條之1第1項）。

2. 有償行為

夫或妻於婚姻關係存續中就其婚後財產所為之有償行為，而於行為時明知

有損於法定財產制關係消滅後他方之剩餘財產分配請求權者，以受益人受益時亦知其情事者為限，他方得聲請法院撤銷之（民法第1020條之1第2項）。

(二)除斥期間

夫或妻之一方，就其婚後財產所為無償行為或惡意損及剩餘財產分配請求權之有償行為，他方固得聲請法院撤銷之。惟無時間限制，將使既存之權利狀態，長期處於不確定狀態，危及利害關係人權益及交易安全，是撤銷權之行使，自夫或妻之一方知有撤銷原因時起，6個月間不行使，或自行為時起經過1年而消滅（民法第1020條之2）。

五、夫妻剩餘財產差額分配請求權與繼承權

法定財產制關係消滅時，夫或妻之剩餘財產差額分配請求權，係立法者就夫或妻對家務、教養子女及婚姻共同生活貢獻所作之法律上評價；其與繼承制度，係因人死亡，由具有一定身分之生存者，包括的繼承被繼承人財產上之權利義務之規範目的，兩者未盡相同，配偶之夫妻剩餘財產差額分配請求權與繼承權，性質上本可相互併存。且民法第1030條之1第1項規定之分配請求權，為配偶一方先他方死亡時，屬生存配偶本於配偶身分對其以外之繼承人主張之債權，而與生存配偶對於先死亡配偶之繼承權，為各別存在之請求權，兩者不同[21]。

參、例題解析──剩餘財產之分配

一、法定財產制

夫妻未以契約訂立夫妻財產制者，除本法另有規定外，則以法定財產制，為其夫妻財產制（民法第1005條）。甲男與乙女結婚時，未約定夫妻財產制，自應適用法定財產制。

---

[21] 最高法院101年度台上字第941號民事判決。

二、剩餘財產差額平均分配

法定財產制關係消滅時，原則上夫或妻現存之婚後財產，扣除婚姻關係存續中所負債務後，倘有剩餘，其雙方剩餘財產之差額，應平均分配（民法第1030條之1本文）。而夫妻之婚前財產、婚後因繼承不列入剩餘財產分配之範圍（但書）。甲婚前有財產新臺幣（下同）500萬元，其於離婚時，甲之財產1,000萬元，其中因繼承而得200萬元，負債100萬元，是其剩餘財產有200萬元。而乙婚前有300萬元之財產，離婚時有財產800萬元，負債200萬元，其剩餘財產有300萬元。準此，比較甲乙剩餘財產之多寡後，由剩餘較少之甲，向乙請求剩餘差額之一半，故300萬元扣除200萬元除以2，甲得向乙請求50萬元。

第三項　約定財產制

第一目　共同財產制

《例題7》

甲男及乙女為夫妻，約定共同財產制作為夫妻財產制，甲有財產新臺幣（下同）500萬元，其中包含職業上必須之物有100萬元，嗣後甲死亡時，甲乙之共同財產有800萬元，而甲有特有財產有200萬元。試問乙及甲之繼承人可各得若干財產？依據為何？

壹、夫妻之特有財產

一、特有財產之範圍

所謂特有財產（separate property），係指夫或妻各有其獨立之所有權，可完全支配，而不組成夫妻財產制之財產。而特有財產之範圍有三（民法第1031條之1第1項）：(一)專供夫或妻個人使用之物；(二)夫或妻職業上必須之物；

(三)夫或妻所受之贈物，經贈與人（donor）以書面聲明為其特有財產者。

二、保有所有、管理、使用及收益權利

　　特有財產非屬夫妻共同財產，而特有財產適用關於分別財產制之規定，故夫妻對於其特有財產保有其所有、管理、使用及收益之權利（民法第1031條之1第2項）。

貳、共同財產之類型

一、一般共同財產制

　　共同財產為約定財產之一種，而一般共同財產係指夫妻之財產及所得，除特有財產外，合併為共同財產，屬於夫妻公同共有，並無應有部分（民法第1031條）。

二、所得共同財產制

　　所謂所得共同財產，係指夫妻得以契約訂定僅以勞力所得（labor income）為限為共同財產（民法第1041條第1項）。該項勞力所得，指夫或妻於婚姻關係存續中取得之薪資、工資、紅利、獎金及其他與勞力所得有關之財產收入。勞力所得之孳息及代替利益，亦屬勞力所得（第2項）。不能證明為勞力所得或勞力所得以外財產者，推定為勞力所得（第3項）。夫或妻勞力所得以外之財產，適用關於分別財產制之規定（第4項）。

參、共同財產之管理、使用、收益及處分

　　共同財產（common property），原則上由夫妻共同管理、使用。例外情形，係約定由一方管理或使用者，從其約定（民法第1032條第1項）。不論是夫妻共同管理或一方管理，共同財產之管理費用，均由共同財產負擔（第2項）。收益屬共同財產，屬於夫妻公同共有。再者，夫妻之一方，對於共同財產為處分時，應得他方之同意（民法第1033條第1項）。該同意之欠缺，不得

對抗第三人。但第三人已知或可得而知其欠缺，或依情形，可認為該財產屬於共同財產者，則可對抗之（第2項）。

肆、債務之清償責任

夫或妻結婚前或婚姻關係存續中所負之債務，除應由共同財產負清償責任外，並各就其特有財產負清償責任（民法第1034條）。俾使夫或妻之債權人得自由選擇先就共同財產或為債務人之夫或妻一方之特有財產請求清償，以保障債權人之權益。

伍、補償請求權

共同財產所負之債務，而以共同財產清償者，不生補償請求權（民法第1038條第1項）。共同財產之債務，而以特有財產清償，或特有財產之債務，而以共同財產清償者，有補償請求權，而於婚姻關係存續中，亦得請求之（第2項）。

陸、共同財產關係之消滅

共同財產制關係消滅時，除法律另有規定外，夫妻各取回其訂立共同財產制契約時之財產（民法第1040條第1項）。共同財產制關係存續中取得之共同財產，由夫妻各得其半數。但另有約定者，從其約定（第2項）。夫妻之一方死亡時，共同財產之半數，歸屬於死亡者之繼承人，其他半數歸屬於生存之他方（民法第1039條第1項）。該項財產之分割，其數額另有約定者，從其約定（第2項）。倘生存之他方，依法不得為繼承人時，其對於共同財產得請求之數額，不得超過於離婚時所應得之數額（第3項）。

柒、例題解析——共同財產關係之消滅

夫妻之財產及所得，除特有財產外，合併為共同財產，屬於夫妻公同共有（民法第1031條）。甲男及乙女為夫妻，約定共同財產制作為夫妻財產制，甲有財產新臺幣（下同）500萬元，其中包含職業所必須之物有100萬元，乙有

財產200萬元，是共同財產有600萬元。再者，夫妻之一方死亡時，共同財產之半數，歸屬於死亡者之繼承人，其他半數歸屬於生存之他方（民法第1039條第1項）。嗣後甲死亡時，甲與乙之共同財產有800萬元，甲遺有特有財產200萬元，則乙可得共有財產之1/2即400萬元。甲之繼承人除可得共有財產之1/2外，另加上特有財產200萬元，合計600萬元。

第二目　分別財產制

《例題8》

甲男及乙女為夫妻，約定分別財產制，甲在外積欠債務新臺幣300萬元，乙女變賣自己所有之不動產換現，並替甲清償上揭債務。試問妻乙得否向夫甲請求償還？依據為何？

壹、所有、管理、使用、收益及處分權限

分別財產制（separation of property regime）在我國夫妻財產制上具有雙重之地位，具有非常法定財產制與約定財產制之性質，得由婚姻當事人約定之。就分別財產而言，夫妻各保有其財產之所有權，各自管理、使用、收益及處分（民法第1044條）。

貳、債務之清償責任

分別財產制有關夫妻債務之清償，適用第1023條規定（民法第1046條）。規定夫妻外部責任與內部之求償關係，其與採用法定財產制者相同。故夫妻各自對其債務負清償之責。夫妻之一方以自己財產清償他方之債務時，而於婚姻關係存續中，仍得請求償還。

參、例題解析──債務之清償責任

分別財產，夫妻各保有其財產之所有權，各自管理、使用、收益及處分

（民法第1044條）。夫妻各自對其債務負清償之責。夫妻之一方以自己財產清償他方之債務時，雖於婚姻關係存續中，亦得請求他方償還（民法第1046條）。甲男及乙女為夫妻，約定分別財產制，乙替甲清償其積欠第三人債務新臺幣300萬元，妻乙於婚姻關係存續中，得向甲請求償還該款項。

第五節　離　婚

《例題9》

甲男及乙女係夫妻關係，乙女除終日冷漠以對外，並長期拒絕與甲男同房，使甲男獨自睡臥於客廳。試問甲男得否以不堪同居之虐待為由，訴請判決離婚？

《例題10》

甲男及乙女新婚不久後，甲男遭逢車禍，導致呈現植物人狀態，並經法院宣告受監護。試問乙女正值雙十年華，得否以甲成為植物人之情事，訴請判決離婚？

壹、協議離婚要件

一、實質要件

(一)當事人有離婚之合意

夫妻固得自行兩願離婚（divorce by mutual consent）（民法第1049條本文），惟當事人應有離婚之合致，故通謀虛偽之婚姻，依其本質在當事人與第三人間均因意思之欠缺而無效。準此，兩造離婚係通謀而為之虛偽意思表示，依法自不生效力。

(二)未成年人離婚應得法定代理人同意

未防止未成年人思慮不周，倉促離婚，故民法規定未成年人離婚，應得法定代理人之同意（consent）（民法第1049條但書）[22]。倘未得法定代理人同意，該未成年夫妻之離婚，自屬無效（民法第71條）。

二、形式要件

(一)書面及二人以上證人之簽名

兩願離婚，應以書面為之，有二人以上證人（witness）之簽名（民法第1050條前段）[23]。有關兩願離婚書面關於證人之簽名或蓋章，並未限定須與書面作成同時為之，亦不限於協議離婚時在場之人，始得為證人，僅要親見或親聞雙方當事人確有離婚真意之人，縱使與當事人未熟識，亦得為證人[24]。

(二)應向戶政機關為離婚之登記

協議離婚未經登記（divorce registration），不生離婚之效力（民法第1050條後段）。準此，當事人兩願離婚，僅訂立離婚書面及有二人以上證人之簽名，而因一方拒不向戶政機關為離婚之登記，其離婚契約尚未有效成立，他方自無提起離婚戶籍登記之訴之法律依據。

貳、裁判離婚

我國裁判離婚（juridical decree of divorce）係基於民法第1052條第1項之列舉主義及第2項之概括主義等法定事由（grounds for divorce），當事人訴請法院判決宣告離婚，本質為形成之訴，導致婚姻關係因而消滅。實務上，當事人起訴主張之判決離婚事由，大多為民法第1052條第1項第2款之與配偶以外合意性交、第3款之不堪同居之虐待、第5款之惡意遺棄、第10款之因故意犯罪而經

---

[22] 司法院釋字第七四八號解釋施行法第16條第1項有相同規定。

[23] 司法院釋字第七四八號解釋施行法第16條第2項有相同規定。

[24] 最高法院68年度台上字第3792號民事判決。

判處有期徒刑等事項[25]。

一、絕對離婚原因

(一)重　婚

夫妻之一方，有重婚之情事（commit bigamy），他方雖得據此訴請離婚（民法第1052條第1項第1款）。惟有請求權之一方於事前同意，或事後宥恕或知悉已逾6個月，或自情事發生後已逾2年者，不得請求離婚（民法第1053條）。依據重婚事由訴請離婚者，限於前婚之他方配偶，而後婚姻之配偶，則得提起確認婚姻無效之訴。

(二)與配偶以外之人合意性交

夫妻本應遵守貞操義務，夫妻一方與人合意性交，足以破壞夫妻共同生活之圓滿幸福，如夫妻一方與他人合意性交，另一方可據此訴請離婚（民法第1052條第1項第2款）。民法第1053條所定6個月之期間，應自知悉最後之合意性交情事時起算，並不以因合意性交被處刑罰為要件，除斥期間非自刑事判決確定時起算。

(三)夫妻之一方受他方不堪同居之虐待（103年司法人員四等）

夫妻之一方，受他方不堪同居之虐待者，得請求離婚（民法第1052條第1項第3款）。所謂不堪同居之虐待（cruelty），係指對配偶施以身體上或精神上不可忍受之痛苦，致不堪繼續同居者而言。維護人格尊嚴與確保人身安全，為我國憲法保障人民自由權利之基本理念。增進夫妻情感之和諧，防止家庭暴力之發生，以保護婚姻制度，亦為社會大眾所期待。所謂不堪同居之虐待者，應就具體事件，衡量夫妻之一方受他方虐待所受侵害之嚴重性，斟酌當事人之教育程度、社會地位及其他情事，是否已危及婚姻關係之維繫以為斷。倘受他方虐待已逾越夫妻通常所能忍受之程度而有侵害人格尊嚴與人身安全者，應屬不堪同居之虐待，對於過當之行為逾越維繫婚姻關係之存續所能忍受之範圍亦

---

[25] 司法院釋字第七四八號解釋施行法第17條有相同規定。

同[26]。

(四)夫妻之一方與他方之直系親屬有虐待而不堪為共同生活

　　夫妻之一方對於他方之直系親屬（lineal relative）為虐待，或夫妻一方之直系親屬對他方為虐待，致不堪為共同生活者，他方得請求離婚（民法第1052條第1項第4款）。例如，經常無理辱罵同居之岳母，使其感受精神之痛苦。本款所謂之直系親屬包括血親及姻親。如繼父母。所謂不堪為共同生活之虐待與第3款不堪同居之虐待，均係指身體上或精神上不可忍受之痛苦，致不堪繼續同居者而言。本款之適用，必須夫妻一方與他方之直系尊親屬有共同生活關係為前提。

(五)夫妻之一方以惡意遺棄他方在繼續中

　　夫妻之一方，以惡意遺棄（desert）他方在繼續狀態中者，得為判決離婚之原因（民法第1052條第1項第5款）。所謂惡意遺棄他方，不僅須有違背同居義務之客觀事實，並須有拒絕同居義務之主觀情事始為相當。本款所謂遺棄，係指同居及扶養之兩種義務均不履行，或其中一種義務不履行[27]。以此款離婚事由訴請離婚，實務上居民法1052條第1項裁判離婚事由之首位。

(六)夫妻之一方意圖殺害他方

　　夫妻之一方意圖殺害（murder）他方者，為離婚請求之原因（民法第1052條第1項第6款），殺害之意圖包括殺人未遂與預備（刑法第271條）。法院判斷夫妻之一方有無意圖殺害他方者，得從外部行為來判斷有無殺害之意圖。例如，單純持刀恐嚇，而無擊刺之行為，難謂有殺害之意圖。準此，夫妻之一方僅要意圖殺害他方者，其行為不以經起訴或判刑為要件，有請求權之一方，自知悉後已逾1年，或自其情事發生後已逾5年者，不得請求離婚（民法第1054條）。

---

[26] 大法官釋字第372號解釋。

[27] 戴炎輝、戴東雄，中國親屬法，三民書局，1994年4月，修訂5版，234頁。

(七)不治之惡疾

夫妻一方有不治之惡疾（loathsome disease）者，他方得訴請離婚（民法第1052條第1項第7款）。所謂惡疾之判斷基準，應以一般人所厭惡之疾病，且足以妨害婚姻關係之維持或危害配偶及子女之健康而言。或者指與人之身體、機能及健康有礙而為一般人厭惡之疾病[28]。舉例說明之：1.夫妻之一方罹患梅毒；2.痲瘋病為惡性之傳染病，決非短時期內所能治癒，自屬惡疾。

(八)有重大不治之精神病

夫妻一方有重大不治之精神病者（mental disease），他方得請求訴請離婚（民法第1052條第1項第8款）。所謂重大者，係指已達妨礙婚姻共同生活之程度，而罹患精神疾病經就醫逾數載，均未治癒，反而日趨沉重，足認已達不治（incurable）之程度[29]。法院判斷是否有重大不治之精神疾病者，必須送請專業之精神醫療機構鑑定。例如，被告罹患精神分裂症，有幻想、幻覺等症狀，並有暴力傾向。夫妻之一方有精神疾病時，足以破壞夫妻精神上之共同生活，基於目的主義之理由，故定為得請求離婚之法定原因。僅須其精神疾病之程度，已達於重大不治者，不問其精神疾病係由遺傳或因後天所得，亦不問其發病曾在結婚前或在結婚後，更不問是否由於可歸責離婚請求權之原因，均得請求離婚[30]。

(九)生死不明已逾3年

夫妻一方生死不明已逾3年者，他方得訴請離婚（民法第1052條第1項第9款）。該3年之期間，係自離別時或發最後音信時或其他生存配偶知悉失蹤人生存最後之日起算[31]。所謂生死不明，係指無從確知其生，亦無從確知其

---

[28] 王金龍，改進婚姻事件裁判之研究，1996年，司法院研究年報16期（上），1536頁。

[29] 最高法院33年度上字第5777號民事判決。

[30] 最高法院74年度台上字第1958號民事判決。

[31] 戴炎輝、戴東雄，中國親屬法，三民書局，1994年4月，修訂5版，241頁。

死[32]。

(十)因故意犯罪而經判處有期徒刑逾6個月確定

夫妻一方因故意犯罪（disreputable crime），經判處有期徒刑逾6個月確定者，他方得訴請離婚（民法第1052條第1項第10款）。對於本款之情事，有請求權之一方，自知悉後已逾1年者，或自其情事發生後已逾5年者，不得請求離婚（民法第1054條）。而第1054條所定知悉其情事，應自知悉被處徒刑之判決確定時起算，並非自被處徒刑之判決確定時起算。法院應依職權審究原告何時知悉被告被處徒刑之判決確定。例如，自兩造間通信、探監及親友告知等情節，查明有無逾除斥期間。

二、相對離婚原因（101年三等特考；103司法人員四等）

有前項以外之重大事由（gross event），難以維持婚姻者，夫妻之一方得請求離婚（民法第1052條第2項），係採概括主義，其屬婚姻破綻主義，應實際需要。難以維持婚姻者（maintain marriage）之重大事由，必須主觀及客觀上均認為維持婚姻有困難而言。因婚姻以夫妻終生之共同生活為目的，如有足以破壞共同生活之重大事由，難以維持婚姻者，夫妻之一方得依民法第1052條第2項規定請求離婚。婚姻是否難以維持，應斟酌破壞夫妻共同生活之具體情事，是否客觀上達於動搖夫妻之共同生活，致夫妻已喪失維持婚姻之意欲以為斷。換言之，係以婚姻是否已生破綻而無回復之希望為其判斷之標準。而婚姻是否已生破綻無回復之希望，應依客觀之標準，即難以維持婚姻之事實，是否已達於倘處於同一境況，任何人均將喪失維持婚姻之意願而定[33]。法院認為有民法第1052條第1項各款之裁判離婚事由時，即無庸再論是否構成同條第2項所謂之重大事由。反之，雖不符民法第1052條第1項各款之裁判離婚事由，然構成第2項之重大事由時，仍可據此裁判離婚。

---

[32] 最高法院62年台上字第845號民事判決。

[33] 最高法院87年度台上字第2495號、95年度台上字第2924號民事判決。

三、法院調解或和解離婚

2009年5月1日修正生效施行之民法第1052條之1，增訂離婚經法院調解或法院和解成立者，婚姻關係消滅，法院應依職權通知該管戶政機關。戶政事務所依據戶籍法第4條規定辦理催告與逕爲登記作業[34]。

參、離婚之效力

一、身分上之效力

夫妻不論是協議或離婚判決離婚，均使婚姻關係消滅，因婚姻關係消滅所生之身分關係。例如，夫妻關係、姻親關係，即隨離婚而消滅。準此，男女雙方可以再婚。

二、財產之效力

(一)財產分割（99年司法人員四等）

夫妻離婚時，除採用分別財產制者外，各自取回其結婚或變更夫妻財產制時之財產。倘有剩餘，各依其夫妻財產制之規定分配之（民法第1058條）。法定財產制及共同財產制於夫妻離婚時，除各自取回其財產外，尚須依據民法第1030條之1規定計算雙方之剩餘財產，作爲剩餘財產之分配。

(二)損害賠償

夫妻之一方，因判決離婚而受有損害者，得向有過失（fault）之他方，請求財產上賠償，不問請求人是否有過失（民法第1056條第1項）。非財產上之損害（non-pecuniary loss），受害人亦得請求賠償相當之金額。但以受害人無過失者爲限，故請求人有過失者，則不得請求（第2項）。非財產上之損害賠償請求權，其有專屬性，不得讓予或繼承。例外情形，係已依契約承諾或已起訴者，不在此限（第3項）。

---

[34] 司法院釋字第七四八號解釋施行法第18條有相同規定。

(三)贍養費之給與

夫妻無過失（innocent）之一方，因判決離婚而陷於生活困難者，他方縱無過失，亦應給與相當之贍養費（民法第1057條）。反之，請求人有過失，或者當事人協議離婚，均不得向他方請求贍養費（alimony）。所謂贍養費，係指為填補婚姻上生活保持請求權之喪失而設，其給與範圍限於權利人個人之生活所需，並非賠償請求權性質，乃基於權利人生活上之需要，為求道義上公平，使於婚姻關係消滅後，事後發生效力之一種給付。性質上僅係扶養失婚者於合理年限內，至其覓得工作機會及取得經濟獨立為止之生活保持狀態，而非屬扶養其終身之義務，其給與之額數，並應斟酌權利人之身分、年齡、自營生計之能力與生活程度及義務人之財力如何而定[35]。

肆、對於未成年子女權利義務之行使或負擔（93年司法人員四等）

一、行使親權人之決定

(一)依據協議

不論是夫妻協議離婚或裁判離婚，對於未成年子女權利義務之行使或負擔，依協議（mutual agreement）由一方或雙方共同任之（民法第1055第1項前段）。夫妻協議或法院酌定父母一方任親權人時，未任親權之他方，其親權僅一時停止而已，任親權之一方死亡時，對該未成年子女權利義務之行使或負擔，當然由生存他方任之[36]。

(二)未為協議或協議不成者

夫妻未為協議或協議不成，法院得依夫妻之一方、主管機關、社會福利機構或其他利害關係人之請求或依職權酌定對於未成年子女權利義務之行使或負擔（民法第1055條第1項後段）。

---

[35] 最高法院96年度台上字第1573號民事判決。

[36] 最高法院62年台上字第1398號民事判決。

(三)法院改定

夫妻之協議不利於子女者，法院得依主管機關、社會福利機構或其他利害關係人之請求或依職權為子女之利益（interest of minor child）改定之（民法第1055條第2項）。或者行使、負擔權利義務之一方未盡保護教養之義務或對未成年子女有不利之情事者，他方、未成年子女、主管機關、社會福利機構或其他利害關係人得為子女之利益，請求法院改定之（第3項）。

二、法院酌定或改定親權之注意事項

(一)法院依請求或依職權

法院得依請求或依職權，為子女之利益酌定權利義務行使負擔之內容及方法（民法第1055條第4項）[37]。法院得依請求或依職權，為未行使或負擔權利義務之一方酌定其與未成年子女會面交往之方式及期間。但其會面交往有妨害子女之利益者，法院得依請求或依職權變更之（第5項）。

(二)子女之最佳利益

法院為酌定或改定親權時，應以子女之最佳利益為考量，除得參考社工人員之訪視報告或家事調查官之調查報告外，並得依囑託警察機關、稅捐機關、金融機構、學校及其他有關機關、團體或具有相關專業知識之適當人士就特定事項調查之結果認定之，並應審酌如後事項：1.子女之年齡、性別、人數及健康情形；2.子女之意願及人格發展之需要；3.父母之年齡、職業、品行、健康情形、經濟能力及生活狀況；4.父母保護教養子女之意願及態度；5.父母子女間或未成年子女與其他共同生活之人間之感情狀況；6.父母之一方是否有妨礙他方對未成年子女權利義務行使負擔之行為；7.各族群之傳統習俗、文化及價值觀（民法第1055條之1）。父母均不適合行使權利時，法院應依子女之最佳利益並審酌前開各款事項，選定適當之人為子女之監護人，並指定監護之方法、命其父母負擔扶養費用及其方式（民法第1055條之2）。

---

[37] 最高法院103年度台簡抗字第31號民事裁定。

伍、例題解析——判決離婚事由

一、列舉事由

(一)不堪同居之虐待

夫妻之一方，受他方不堪同居之虐待者，得請求離婚（民法第1052條第1項第3款）。所謂不堪同居之虐待，係指以身體上或精神上不可忍受之痛苦，致不堪繼續同居者而言；究竟有無此種虐待，須從夫妻之一方對待他方，是否處於誠摯基礎而觀察。是否達精神上不可忍受之痛苦，應依當事人身分地位、所受教育程度及其他情事觀察，客觀上已否達不堪繼續同居程度[38]。

(二)客觀上不堪繼續同居程度

夫妻互負同居之義務，為婚姻關係之本質。詳言之，係指因婚姻而生之一切生活義務，應同住一家而經營共同生活關係之義務。所謂同居，係指男女互以夫妻身分而同居，並非僅指男女同住一起。準此，夫妻間不堪同居之虐待，除對配偶之身體或精神積極施予痛苦之行為外，倘消極性之終日冷漠相向或拒絕同房，綜合一切情狀判斷，認其已失夫妻間應有之誠摯基礎時，得認為不堪同居之虐待。準此，甲男及乙女係夫妻關係，乙女長期無故拒絕與甲男同房，使甲男單獨長期睡臥客廳，因夫妻間同房共眠為遂行婚姻義務之本質所必要，此為夫妻間誠摯愛情維繫之基石。是乙女除長期無故拒絕與甲男同房，已反於夫妻間之同居義務外，並終日冷漠以對，其已足以動搖兩造間共營愛情生活之誠摯基礎。故甲男自得以身心受有不可忍受之痛苦，已達客觀上不堪繼續同居之程度，訴請判決離婚為有理由[39]。

二、概括事由

有重大事由，難以維持婚姻者，夫妻之一方得請求離婚（第1052條第2

---

[38] 最高法院70年度台上字第1922號民事判決。

[39] 林洲富，家事事件之理論及實務研究，司法院研究年報23輯，6篇，司法院，2003年11月，71至73頁。

項）。係採概括主義，其屬婚姻破綻主義，應實際需要。難以維持婚姻者之重大事由，必須主觀及客觀上均認爲維持婚姻有困難。婚姻以夫妻終生之共同生活爲目的，倘有足以破壞共同生活之重大事由，難以維持婚姻者，夫妻之一方自得請求離婚。婚姻是否難以維持，應斟酌破壞夫妻共同生活之具體情事，是否客觀上達於動搖夫妻之共同生活，致夫妻已喪失維持婚姻之意欲以爲斷。準此，甲男及乙女係夫妻，因甲男遭逢車禍，導致呈現植物人狀態，並經法院宣告受監護，依據目前醫學技術，顯難有治癒之日，足見甲男無法履行婚姻關係持續中應盡之義務及責任，導致夫妻難以維持共同生活，其妨礙家庭生活的幸福美滿，況當事人婚姻未久，乙女正值年少，難期獨守空閨，終身相隨。是足認爲有重大事由，客觀上確難以維持婚姻，訴請判決離婚爲有理由。

第三章　父母子女

《例題11》

　　甲男及乙女為情侶，甲乙於同居期間，乙女孕有丙子後，甲因發生車禍而傷重不治身亡。試問丙子出生後，其與甲男是否具有法律上之父子關係？依據為何？

《例題12》

　　甲男及乙女婚後與有未成年之丙子，甲與乙協議離婚，約定由甲男對於未成年之丙子行使權利及負擔義務。試問甲男未經乙女同意，將丙子出養於第三人丁，收養關係是否有效？

壹、親子關係之類型

　　民法之親子關係（parents and children）有自然血親及擬制血親，自然血親之親子關係可分婚生子女及非婚生子女兩種。所謂擬制血親之親子關係，係指成立收養關係，形成養父母及養子女之法律關係。

貳、婚生子女

一、受胎期間（98年司法人員三等）

　　所謂婚生子女，係指由婚姻關係受胎（conception）而生之子女（民法第1061條）。受胎期間之計算，原則上自子女出生日回溯第181日起至第302日止，為受胎期間（民法第1062條第1項）。倘能證明受胎回溯在前項第181日以內或第302日以前者，以其期間為受胎期間（第2項）。妻之受胎係在婚姻關係存續中，縱使受胎期間內未與其妻同居，妻所生子女仍推定為夫之婚生子女，在夫妻之一方提起否認子女之訴，得有勝訴之確定判決以前，任何人均不得主

張該子女非婚生子女[1]。

二、提起確認親子關係存在或不存在之訴（105年司法人員四等）

　　有鑑於子女獲知其血統來源，確定其真實父子身分關係，攸關子女之人格權，應受憲法保障。而修正前民法第1063條第2項但書規定之1年除斥期間，雖有兼顧身分安定及子女利益，惟其得提起否認之訴者僅限於夫妻之一方，子女本身則無獨立提起否認之訴之資格，且未顧及子女得獨立提起該否認之訴時應有之合理期間及起算日，是上開規定使子女之訴訟權受到不當限制，而不足以維護其人格權益，在此範圍內與憲法保障人格權及訴訟權之意旨不符[2]。準此，子女提起確認親子關係存在或不存在之訴，不受該除斥期間之限制[3]。

三、婚生子女之推定（98年高考；105年司法人員四等）

　　妻之受胎係在婚姻關係存續中，推定其所生子女為婚生子女（legitimacy）（民法第1063條第1項）。倘夫妻之一方或子女能證明子女非為婚生子女胎者，其得提起否認之訴（第2項）。否認子女之訴，夫妻之一方自知悉該子女非為婚生子女，或子女自知悉其非為婚生子女之時起2年內為之。但子女於未成年時知悉者，仍得於成年後2年內為之（第3項）。該2年期間為除斥期間，是否認權經2年而不行使者，歸於消滅。

參、非婚生子女

　　所謂非婚生子女，係指由非婚姻關係受胎而生之子女。而非婚生子女與其生母之關係，可由分娩之事實確定，故法律視為婚生子女，無須認領（民法第1065條第2項）。而非婚生子女與其生父不當然生法律上之父子關係，須經由準正或認領，始發生法律上之關係。

---

[1] 最高法院96年度台上字第2278號民事判決。
[2] 大法官釋字第587號解釋。
[3] 臺灣臺中地方法院95年度家訴第208號民事裁定、第364號民事判決。

一、準　正

非婚生子女，其生父與生母結婚者，視為婚生子女（民法第1064條）。詳言之，準正要件有三：(一)非婚生子女限於父母結婚前已出生者；(二)須有血統上之父母子女關係；(三)須生父與生母結婚。準正之效力固溯及於子女出生時發生效力，惟第三人已得之權利，不因此而受影響。

二、認　領（98年高考；98年司法人員三等）

(一)任意認領

非婚生子女經生父認領者（acknowledge），視為婚生子女。其經生父撫育者，視為認領（民法第1065條第1項）。認領為單獨之身分行為，屬非要式行為。非婚生子女與其生母之關係，視為婚生子女，無須認領，生父對於胎兒亦得認領之（第2項）[4]。子女之認領，以有真實血統關係為前提，認領人與被認領人間無真實父子關係時，不因認領而成為父子，其認領無效，非婚生子女或其利害關係人得舉反對事實訴請確認認領無效。

(二)提起確認父子或父女關係存在之訴

非婚生子女或其生母，對於生父之認領，得否認之（repudiate）（民法第1066條）。從而，生父之認領遭否認後，須提起確認父子或父女關係存在之訴，主張其為生父，並證明有血緣關係。

(三)強制認領

有事實足認其為非婚生子女之生父者，非婚生子女或其生母或其他法定代理人，得向生父提起認領之訴（民法第1067條第1項）。認領之訴，於生父死亡後，得向生父之繼承人為之。生父無繼承人者，得向社會福利主管機關為之（第2項）。

---

[4] 最高法院44年台上字第1167號民事判決。

(四)認領之效力

非婚生子女認領之效力，溯及於出生時。但第三人已得之權利，不因此而受影響（民法第1069條）[5]。生父認領非婚生子女後，不得撤銷其認領（民法第1070條本文）。因生父與認領之非婚生子女間有眞實之血緣關係者，生父不得以其認領出於錯誤或被詐欺、脅迫而爲撤銷。倘認領者與被認領者無眞實之血統關係，認領者自得主張其認領無效（但書）。再者，非婚生子女經認領者，關於未成年子女權利義務之行使或負擔，準用民法第1055條、第1055條之1及第1055條之2有關離婚後監護權歸屬規定（民法第1069條之1）。例如，依據民法第1055條之1規定，法院爲監護權歸屬之裁判時，應依子女之最佳利益，審酌一切情狀，參考社工人員之訪視報告，尤應注意：1.子女之年齡、性別、人數及健康情形；2.子女之意願及人格發展之需要；3.父母之年齡、職業、品行、健康情形、經濟能力及生活狀況；4.父母保護教養子女之意願及態度；5.父母子女間或未成年子女與其他共同生活之人間之感情狀況。民法第1055條酌定監護權之訴，係以監護酌定請求權爲其訴訟標的，因其權利之行使，可生監護權之發生、變更或消滅之效果，其屬形成之訴。

肆、養子女

所謂收養，係指收養他人之子女爲自己之子女，而法律上視同婚生子女。收養他人之子女爲子女時，其收養者爲養父（adoptive father）或養母（adoptive mother），被收養者爲養子（adopted son）或養女（adopted daughter）（民法第1072條）。

一、實質要件（96年司法人員三等）

(一)當事人間須有收養之合意

收養係身分契約，須當事人達成發生親子關係之合意。收養係身分行爲，須自行爲之。而未滿7歲之未成年人被收養時，由法定代理人代爲意思表示並

---

[5] 最高法院103年度台上字第618號民事判決。

代受意思表示（民法第1076條之2第1項）。滿7歲以上之未成年人被收養時，應得法定代理人之同意（第2項）。被收養者未滿7歲，未經其法定代理人爲意思表示並代受意思表示者，收養無效（民法第1079條之4）。收養子女，未得法定代理人之同意被收養者，被收養者之法定代理人得請求法院撤銷之。但自知悉其事實之日起，已逾6個月，或自法院認可之日起已逾1年者，不得請求撤銷（民法第1079條之5第2項）。

(二)收養者之年齡應長於被收養者16或20歲以上

收養者之年齡，應長於被收養者20歲以上（民法第1073條第1項本文）。例外情形，係夫妻共同收養時，夫妻之一方長於被收養者20歲以上，而他方僅長於被收養者16歲以上，亦得收養（但書）。夫妻之一方收養他方之子女時，應長於被收養者16歲以上（第2項）。違反本條規定，其收養無效（民法第1079條之4）。例如，甲男爲大陸地區人民依據臺灣地區與大陸地區人民關係條例，以其爲臺灣地區人民乙男之養子，向法院聲明繼承，而甲、乙二人年齡相距未達20歲以上，是該收養無效，甲不具乙之養子身分，其聲明繼承不應准許。

(三)須與配偶共同為之

爲維持家庭之和諧，有配偶者收養子女時，應與其配偶共同爲之。但夫妻之一方，收養他方之子女者，不在此限（民法第1074條本文）。有下列各款情形之一者，得單獨收養：1.夫妻之一方收養他方之子女；2.夫妻之一方不能爲意思表示或生死不明已逾3年。收養子女，未經配偶同意者，收養者之配偶得請求法院撤銷之。但自知悉其事實之日起，已逾6個月，或自法院認可之日起已逾1年者，不得請求撤銷（民法第1079條之5第1項）。

(四)被收養者應得配偶之同意

有配偶者被收養時，雖應得其配偶之同意（民法第1076條本文）。惟他方不能爲意思表示或生死不明已逾3年者，不在此限（但書）。收養未得被收養者配偶同意者，被收養者之配偶得請求法院撤銷之。但自知悉其事實之日起，已逾6個月，或自法院認可之日起已逾1年者，不得請求撤銷（民法第1079條之

5第2項）。

(五)一人不得同時為二人之養子女

除夫妻共同收養外，一人不得同時爲二人之養子女（民法第1075條）。除法律有禁止規定外，亦爲善良風俗所不容。違反該收養規定者，所爲之收養關係無效（民法第1079條之4）。

(六)一定之親屬不得收養為養子女

爲維護倫理關係，親屬間收養輩分應相當，故下列親屬不得收養爲養子女：1.直系血親（lineal relatives by blood）；2.直系姻親（lineal relatives by marriage）。但夫妻之一方，收養他方之子女者，不在此限；3.旁系（collateral relatives）血親在六親等以內及旁系姻親在五親等以內，輩分不相當者（民法第1073條之1）。例如，岳母不得收養女婿爲養子，或者兄姐不得收養弟妹爲養子女。違反該收養規定者，所爲之收養關係無效（民法第1079條之4）。

二、形式要件（96、102年司法人員四等）

(一)應以書面為之

收養子女爲求其愼重，原則應以書面爲之，此爲要式行爲（民法第1079條第1項）[6]。子女被收養時，應得其父母之同意，該同意不得附條件或期限（民法第1076條之1第1項、第3項）。但有下列各款情形之一者，不在此限：1.父母之一方或雙方對子女未盡保護教養義務或有其他顯然不利子女之情事而拒絕同意（第1項第1款）；2.父母之一方或雙方事實上不能爲意思表示（第1項第2款）。父母之一方之同意應作成書面並經公證，但已向法院聲請收養認可者，得以言詞向法院表示並記明筆錄代之（民法第1076條之1第2項）。

(二)應聲請法院認可

爲保護養子女利益，收養子女應聲請收養人住所地之法院認可（非訟事件法第133條；民法第1079條第1項）。法院爲未成年人被收養之認可時，應依養

---

[6] 最高法院102年度台上字第2301號民事判決。

子女最佳利益為之（民法第1079條之1）。如收養有下列情形之一者，法院應不予認可（admit）（民法第1079條第2項、第1079條之2）：1.意圖以收養免除法定義務；2.依其情形，足認收養於其本生父母不利者；3.有其他重大事由，足認違反收養目的。

(三)收養有得撤銷原因

收養有得撤銷之原因者，經法院判決撤銷收養者，準用第1082條及第1083條之規定（民法第1079條之5第3項）：1.收養關係經判決撤銷時，無過失之一方，因而陷於生活困難者，得請求他方給與相當之金額；2.養子女自收養關係撤銷時起，回復其本姓，並回復其與本生父母之關係。但第三人已取得之權利，不因此而受影響。

伍、收養之效力

一、養子女與養父母之關係

收養自法院認可裁定確定時，溯及於收養契約成立時發生效力。但第三人已取得之權利，不受影響（民法第1079條之3）。而養子女與養父母及其親屬間之關係，除法律另有規定外，與婚生子女同（民法第1077條第1項）。養子女與本生父母及其親屬間之權利義務，其於收養關係存續中停止之。但夫妻之一方收養他方之子女時，他方與其子女之權利義務，不因收養而受影響（第2項）[7]。收養者收養子女後，而與養子女之本生父或母結婚時，養子女回復與本生父或母及其親屬間之權利義務。但第三人已取得之權利，不受影響（第3項）。養子女於收養認可時已有直系血親卑親屬者，收養之效力僅及於其未成年且未結婚之直系血親卑親屬，但收養認可前，其已成年或已結婚之直系血親卑親屬表示同意者，不在此限（第4項）。前項同意應作成書面並經公證，但已向法院聲請收養認可者，得以言詞向法院表示並記明筆錄代之，該項同意不得附條件或期限（第5項）。

---

[7] 司法院釋字第七四八號解釋施行法第20條有相同規定。

二、養子女之姓

養子女從收養者之姓或維持原來之姓（民法第1078條第1項）。夫妻共同收養子女時，於收養登記前，應以書面約定養子女從養父姓、養母姓或維持原來之姓（第2項）。第1059條第2項至第5項有關婚生子女之姓的變更規定，應於收養情形準用之（第3項）。

陸、收養之終止

一、協議終止

(一)合意終止

養父母與養子女之關係，得由雙方合意終止之（民法第1080條第1項）。終止收養，應以書面為之（第2項前段）。倘未以書面為之，不生終止收養之效力。養子女為未成年人者，並應向法院聲請認可（第2項後段）。法院依前項規定為認可時，應依養子女最佳利益為之（第3項）。養子女為未成年人者，終止收養自法院認可裁定確定時發生效力（第4項）。養子女未滿7歲者，其終止收養關係之意思表示，由收養終止後為其法定代理人之人代為之（第5項）。養子女為滿7歲以上之未成年人者，其終止收養關係，應得收養終止後為其法定代理人之人之同意（第6項）。

(二)單獨終止

夫妻共同收養子女者，如下列情形之一者，得單獨終止：1.夫妻之一方不能為意思表示或生死不明已逾3年；2.夫妻之一方於收養後死亡；3.夫妻離婚（民法第1080條第7項）。夫妻之一方依前項但書規定單獨終止收養者，其效力不及於他方（第8項）。

二、判決終止

養父母、養子女之一方，有下列法定終止收養原因者，法院因他方、主管機關或利益關係人之請求，得宣告終止其收養關係（民法第1081條第1項）。

養子女為未成年人者，法院宣告終止收養關係時，應依養子女最佳利益為之（第2項）：1.對於他方為虐待（abuse）或重大侮辱（grossly insult）時。例如，養子女無故將養父母鎖於屋內；2.遺棄他方時。例如，不履行扶養義務；3.因故意犯罪，受2年有期徒刑以上之刑的裁判確定而未受緩刑宣告；4.有其他重大事由難以維持收養關係。例如，養子女吸食毒品、令未成年養女操持淫業、惡言相加、肆意辱罵或養父母生死不明已逾3年。

三、死後終止

養父母死亡後，養子女得聲請法院許可，終止收養關係（民法第1080條之1第1項）。此終止之許可，法院以裁定為之。許可終止之聲請，如養子女未滿7歲，由收養終止後為其法定代理人之人代為之（第2項）。養子女為滿7歲以上之未成年人者，應得收養終止後為其法定代理人之人之同意（第3項）。法院認終止收養顯失公平者，得不許可之（第4項）。

四、終止收養之效力

養子女及收養效力所及之直系血親卑親屬，收養關係終止時起，回復其本姓，並回復其與本生父母之關係。但第三人已取得之權利，不因此而受影響（民法第1083條）。例如，本生父母死亡時，其遺產已由本生家之兄弟姐妹繼承者，不因養子女終止收養而受影響，故養子女不得主張其對本生父母有繼承權，而請求分配遺產。因收養關係終止而陷於生活困難者，得請求他方給與相當之金額（民法第1082條本文）。例如，因養子女自收養關係終止時起，回復其與本生父母之關係，該子女尚未成年者，並應由其本生父母負擔教養之義務，倘其本生父母有負擔扶養費用之資力，不得謂因判決終止收養關係而陷於生活困難。

五、違反終止收養規定之效力

(一)無　效

終止收養，違反第1080條第2項、第5項或第1080條之1第2項規定者，因為

強制規定，當事人違反者，終止收養無效，仍具有收養關係（民法第1080條之2）。

(二)得撤銷

終止收養，違反第1080條第7項之規定者，終止收養者之配偶得請求法院撤銷之。但自知悉其事實之日起，已逾6個月，或自法院認可之日起已逾1年者，不得請求撤銷（民法第1080條之3第1項）。終止收養，違反第1080條第6項或第1080條之1第3項之規定者，終止收養後被收養者之法定代理人得請求法院撤銷之。但自知悉其事實之日起，已逾6個月，或自法院許可之日起已逾1年者，不得請求撤銷（第2項）。

柒、父母之權利義務

一、內　容

父母保護教養未成年子女為其重要之職分，父母對於未成年之子女，有保護及教養之權利義務（民法第1084條第2項）[8]。所謂保護者，係指預防及排除危害，以謀子女身心之安全，包括對其日常生活為適當之監督及維護。所謂教養者，係指教導養育子女，以謀子女身心之健全成長，包括使子女接受國民義務教育。父母違反保護教養之義務時，應構成親權之濫用。再者，子女亦應孝敬父母，子女包括未成年及已成年子女（第1項）。父母對於未成年子女之權利義務內容，可分身分及財產上之權利義務。

(一)住所指定權

未成年之子女，以其父母之住所為住所（domicile）（民法第1060條）。其雖規定未成年之子女，應以父母之住所為住所，然並未規定父母與子女間必須互負同居之義務，此與民法第1001條規定夫妻應互負同居之義務不同。是未成年人子女不服從父母之住所指定權，父母不得提起請求子女同居之訴[9]。

---

[8] 最高法院102年度台上字第1972號民事判決。
[9] 最高法院52年台上字第3346號民事判決。

(二)懲戒權

父母得於必要範圍內懲戒（inflict punishment）其子女（民法第1085條）。例如，甲父對其未成年之子乙稱：再發現你偷東西，就打死你等語，導致乙子心生畏懼，因甲對乙所為危害之通知，係其行使教養懲戒權之手段，方法固有不當，然有正當目的，係以乙之不法侵害行為即再竊盜之不法行為為前提，倘不再有竊盜行為，即不發生所謂心生畏懼，此基於防衛其財產權之動機及附條件，不確定之危害通知，尚不構成恐嚇罪。

(三)法定代理權

原則上父母為其未成年子女之法定代理人（statutory agent）（民法第1086條第1項）。是父母本於法定代理人之身分，對於未成年子女有法律行為依法有同意權、允許權、承認權及代理權。例外情形，父母之行為與未成年子女之利益相反，依法不得代理時，法院得依父母、未成年子女、主管機關、社會福利機構或其他利害關係人之聲請或依職權，為子女選任特別代理人（第2項）。

(四)子女特有財產管理使用收益處分權

未成年子女，因繼承、贈與或其他無償取得之財產，為其特有財產（民法第1087條）。故父母以未滿7歲之未成年子女之名義購買之不動產，其立約當事人為未成年之子女與第三人，父母僅居於法定代理人地位，不發生雙方代理之問題，其不動產買賣契約應屬有效。該財產既為子女之名義為其特有財產，非為子女之利益不得處分，父母之債權人不得聲請強制執行[10]。未成年子女之特有財產，由父母共同管理（民法第1088條第1項）。父母對於未成年子女之特有財產，固有使用、收益之權。但非為子女之利益，不得處分之（第2項）。處分行為之範圍，包含減少積極財產與負擔債務，亦應包括在內。因父母為其未成年子女之法定代理人，有權代理其子女為法律許可之法律行為。而保證行為或票據行為，法律並未禁止法定代理人為之，父母代理未成年子女為

---

[10] 司法院第3期司法業務研究會，民事法律問題研究彙編，3輯，1頁。

保證行為或票據行為，不能依民法第1088條第2項規定認為無效。

二、對未成年子女之權利行使及義務負擔

(一)父母共同行使或負擔

對於未成年子女之權利義務，除法律另有規定外，由父母共同行使或負擔之（民法第1089條第1項前段）。父母之一方不能行使權利時，由他方行使之（中段）。父母不能共同負擔義務時，由有能力者負擔之（後段）。所謂父母之一方不能行使對於未成年子女之權利，兼指法律上不能及事實上不能，前者如受停止親權之宣告；後者如在監受長期徒刑之執行、精神錯亂、重病、生死不明等而言。至於行使有困難，例如，自己上班工作無暇管教，子女尚幼須僱請傭人照顧等，並非不能行使[11]。

(二)法院裁判

父母對於未成年子女重大事項權利之行使意思不一致時，得請求法院依子女之最佳利益酌定之（the best interests of child）（民法第1089條第2項）。法院為該項裁判前，應聽取未成年子女、主管機關或社會福利機構之意見（第3項）。父母不繼續共同生活達6個月以上時，關於未成年子女權利義務之行使或負擔，準用民法第1055條、第1055條之1及第1055條之2有關酌定子女監護規定。但父母有不能同居之正當理由或法律另有規定者，不在此限（民法第1089條之1）。

三、親權之糾正及停止

父母之一方濫用其對於子女之權利時，法院得依他方、未成年子女、主管機關、社會福利機構或其他利害關係人之請求或依職權，為子女之利益，宣告停止其權利之全部或一部（民法第1090條）。

---

[11] 最高法院62年台上字第415號民事判決。

捌、子女姓氏

一、婚生子女

(一)當事人協議

　　父母於子女出生登記前，應以書面約定子女從父姓或母姓。未約定或約定不成者，於戶政事務所抽籤決定之（民法第1059條第1項）。子女經出生登記後，於未成年前，得由父母以書面約定變更為父姓或母姓（第2項）。子女已成年者，經父母之書面同意得變更為父姓或母姓（第3項）。父姓或母姓之變更，各以1次為限（第4項）。再者，為避免日後子女從姓出現爭議，養子女與養父母姓氏相同者，當事人於辦理收養登記前，應比照出生登記規定，檢附養子女從姓約定書。倘辦理出生登記前有認領事實，應於辦理出生登記前檢附子女從姓約定書[12]。因原住民子女變更姓氏或取得原住民傳統名字規定，原住民身分法有特別規定，自不適用民法及姓名條例相關規定（中央法規標準法第16條；原住民身分法第1條、第7條）[13]。

(二)法院裁判

　　原則上婚生子女從父姓或母姓，由當事人協議定之。例外情形，係有事實足認子女之姓氏對其有不利之影響時，父母之一方或子女得請求法院宣告變更子女之姓氏為父姓或母姓，其事由如後（民法第1059條第5項）：1.父母離婚者；2.父母之一方或雙方死亡者；3.父母之一方或雙方生死不明滿3年者；4.父母之一方顯有未盡保護或教養義務之情事者[14]。

二、非婚生子女

　　原則上非婚生子女從母姓。經生父認領者，適用第1059條第2項至第4項規

---

[12] 內政部2013年10月8日台內戶字第1020321716號函。

[13] 法務部2013年9月16日法律字第10203510380號函。

[14] 最高法院105年度台簡抗字第172號民事裁定。

定（民法第1059條之1第1項）。倘非婚生子女經生父認領，有事實足認子女之姓氏對其有不利之影響時，父母之一方或子女得請求法院宣告變更子女之姓氏為父姓或母姓，其事由如後：(一)父母之一方或雙方死亡者；(二)父母之一方或雙方生死不明滿3年者；(三)非婚生子女由生母任權利義務之行使或負擔者；(四)父母之一方顯有未盡保護或教養義務之情事者（第2項）。

玖、例題解析

一、認領遺腹子

　　甲男及乙女同居期間，乙女孕有丙子後，甲因車禍身亡，而丙子之父母有同居之事實，或者生母懷孕時，生父有給與相當之照顧，均可認為有撫育之事實，視為認領，可由生父之認領事實及繼承關係，向戶政機關辦理認領之登記。職是，非婚生之遺腹子得為撫育之對象[15]。

二、撤銷收養事由

　　夫妻離婚後，關於對於未成年子女之權利之行使及義務之負擔，不論依法律規定，或雙方約定，或由法院酌定一方為行使親權人時，他方之親權不過一時停止而已，父母子女之親子關係，並不受影響。因收養關係成立，將使養子女與本生父母間之關係，除保持自然血緣關係外，其餘均停止。故夫妻離婚後，有親權之一方應得親權一時停止之他方同意，始得將其未成年子女出養，否則僅憑有親權之一方同意或代為出養行為，即可消滅親權僅一時停止之他方與子女間之親子關係，就情理法而言，均欠允當。準此，甲男及乙女協議離婚，約定由甲男對於未成年之丙子行使權利及負擔義務，然甲男未經乙女同意，單獨將丙子出養，乙女得以未經其同意為由，向法院提起確認收養無效之訴（民法第1076條之1第1項本文；民事訴訟法第583條）。例外情形，係乙女對丙子未盡保護教養義務或有其他顯然不利丙子之情事，而拒絕同意（民法第

---

[15] 最高法院44年台上字第1167號民事判決。

1076條之1第1項第1款）。或者乙女事實上不能爲意思表示，始得由甲男單獨將丙子出養（第2款）[16]。

---

[16] 最高法院101年度台簡抗字第49號民事裁定：父母對於兒童及少年出養之意見不一致，或一方所在不明時，父母之一方仍可向法院聲請認可。經法院調查認爲收養乃符合兒童及少年之最佳利益時，應予認可。兒童及少年福利與權益保障法第18條第1項爲民法第1076條之1之特別規定，應予優先適用。

第四章 監 護

第一節　未成年人之監護

《例題13》

　　甲男為19歲之未成年人，因其養父母均死亡或不能行使親權，導致甲無法處理其所有財產。試問應由其親生父母或何人行使對甲子之親權？依據為何？

壹、監護制度之目的

　　監護制度之目的，在於保護無父母或父母均不能行使親權之未成年人或受監護宣告者之身體、財產所設之私法規範。未成年人之監護制度，係在應行使親權之父母，而無法行使其保護、教育未成年子女之義務時，為照顧未成年人權益而設立之法律機制。準此，監護（guardianship）內容係與親權之內容相當，是監護係親權替代、延長及補充。換言之，僅有不受親權保護之未成年子女或受監護宣告者時，為保護其等之權利，始需要設置監護人，以保護照顧未成年人或受監護宣告人。監護之範圍可分對於受監護人身體上及財產上之監護，我國之監護制度有為未成年人之監護及受監護宣告人之監護，監護機關有監護執行機關之監護人與監護機關之親屬會議。

貳、監護人之產生

　　未成年人無父母，或父母均不能行使、負擔對於其未成年子女之（minor child）權利、義務時，應置監護人（guardian）。但未成年人已結婚者，不在此限（民法第1091條）。未成年人之監護人產生之方法有遺囑指定、法定監護、委託監護及法院選定或改定等類型。民法就監護人資格有限制規定，即未成年人及受監護或輔助宣告尚未撤銷人、受破產宣告尚未復權人、失蹤人，均不得為監護人（民法第1096條）。

一、遺囑指定監護人

最後行使、負擔對於未成年子女之權利、義務之父或母，得以遺囑指定（appoint by will）監護人（民法第1093條第1項）。前項遺囑指定之監護人，應於知悉其為監護人後15日內，將姓名、住所報告法院；其遺囑未指定會同開具財產清冊之人者，並應申請當地直轄市、縣（市）政府指派人員會同開具財產清冊（第2項）。監護人於前項期限內，未向法院報告者，視為拒絕就職（第3項）。

二、法定監護人

父母均不能行使、負擔對於未成年子女之權利義務，或父母死亡而無遺囑指定監護人時，依下列順序定其監護人：(一)與未成年人同居之祖父母；(二)與未成年人同居之兄姐；(三)不與未成年人同居之祖父母（民法第1094條第1項）。

三、委託監護人

父母對其未成年之子女，得因特定事項（specific matters），而於一定期限內，以書面委託他人行使監護之職務（民法第1092條）。所謂委託監護人，係指由於父母之委託，而行使負擔父母對於子女之權利義務，並非由父母受讓親權或監護權。準此，父母於委託他人為監護人後，其親權或監護權並不喪失，自不得推卸其為未成年子女之法定代理人之義務。委託他人行使其對未成年子女之監護職務者，得隨時撤回之。

四、法院選定或改定

未成年人父母俱亡，亦無遺囑指定監護人及法定監護人時，法院得依未成年子女、四親等內之親屬、檢察官、主管機關或其他利害關係人之聲請，為未成年子女之最佳利益，就其三親等旁系血親尊親屬、主管機關、社會福利機構或其他適當之人選定為監護人，並得指定監護之方法（民法第1094條第3項）。未成年人無法定監護人，而於法院選定確定前，由當地社會福利主管機

關為其監護人，以保護未成年人（第5項）。

參、監護人之法定代理範圍

一、保護教養

監護人於保護、增進受監護人（ward）利益之範圍內，原則上行使、負擔父母對於未成年子女之權利、義務。例外情形，由父母暫時委託者，以所委託之職務為限（民法第1097條第1項）。

二、法定代理

監護人於監護權限內，為受監護人之法定代理人。監護人之行為與受監護人之利益相反或依法不得代理時，法院得因監護人、受監護人、主管機關、社會福利機構或其他利害關係人之聲請或依職權，為受監護人選任特別代理人（民法第1098條）。

肆、監護關係之終止

監護人有正當理由（good cause），經法院許可者，得辭任其職務（民法第1095條）[1]。監護人有下列法定情形，法院得依聲請或依職權，另行選定適當之監護人：(一)死亡；(二)經法院許可辭任；(三)監護人為未成年、受監護或輔助宣告尚未撤銷、受破產宣告尚未復權或失蹤者（民法第1106條第1項）。法院另行選定監護人確定前，由當地社會福利主管機關為其監護人（第2項）。

---

[1] 最高法院81年度台上字第1339號民事判決：所謂正當理由，係指被指定為監護者，客觀上不能或不宜執行監護職務而言。倘自願放棄監護權，並非屬正當理由。

伍、例題解析──選定未成年人之監護人

一、監護人產生方法

　　養父母均死亡或不能行使親權，未成年人養子之監護人產生方法，依法有遺囑指定、法定監護及法院選定或改定。申言之，最後行使、負擔對於未成年子女之權利、義務之父或母，得以遺囑指定監護人（民法第1093條第1項）。倘無遺囑指定監護人，其法定監護人之順序如後：(一)與未成年人同居之祖父母；(二)與未成年人同居之兄姊；(三)不與未成年人同居之祖父母（民法第1094條第1項）。而無遺囑指定監護人及法定監護人時，由法院自其三親等內旁系血親尊親屬、社會福利主管機關、社會福利機構或其他適當之人選定監護人（第3項）。

二、指定監護人

　　決定監護權之歸屬，應以未成年人最佳利益為原則，其考慮之方向從兒童精神上利益、物質上利益、意向、年齡、健康、性別及監護人之住居、成長環境、親屬救援可能性、品格、性格、健康、氣質、能力、職業及監護現狀等綜合考量。準此，未成年人甲之養父母已死亡，縱使有其他法定監護人，如甲之生父母應有監護之能力，以未成年人之最佳利益考慮，法院亦得選定甲之生父母為其之監護人。

第二節　受監護宣告人之監護

《例題14》

　　甲、乙為兄弟關係，父母及祖父母均已亡故，而乙未婚無子女，渠等同住一處，甲係該戶之戶長，法院對乙為監護宣告，並無謀生能力，均由甲撫養。試問乙之監護人如何產生？依據為何？

壹、監護人之產生

對於因精神障礙或其他心智缺陷，致不能為意思表示或受意思表示，或不能辨識其意思表示之效果者，其為無行為能力人，自應設置監護人（民法第14條、第15條、第1110條）。法院為監護之宣告時，應依職權就配偶、四親等內之親屬、最近1年有同居事實之其他親屬、主管機關、社會福利機構或其他適當之人選定一人或數人為監護人，並同時指定會同開具財產清冊之人（民法第1111條第1項）。法院為前項選定及指定前，得命主管機關或社會福利機構進行訪視，提出調查報告及建議。監護之聲請人或利害關係人亦得提出相關資料或證據，供法院斟酌（第2項）。

貳、受監護宣告人之權利義務

監護人於執行有關受監護人之生活、護養療治及財產管理之職務時，應尊重受監護人之意思，並考量其身心狀態與生活狀況（民法第1112條）。尊重受監護人之意思，包括監護人選定前，受監護人所表明之意思。

參、例題解析——受監護宣告人之監護人

甲、乙為兄弟關係，並同住一處，甲為該戶之戶長，乙均由甲撫養，甲與乙係永久共同生活為目的而同居之親屬團體，是甲、乙間係家長及家屬之關係（民法第1122條、第1123條）。而乙男未婚，父母及祖父母均已死亡，基於乙之最佳利益考量，法院得選定與乙為二親等血親，且有同居事實之甲，做乙之監護人。

第五章　扶　養

《例題15》

> 　　甲有子女乙、丙二人，甲依據自身財力無法維持生活，其每月須扶養費用新臺幣（下同）2萬元，乙之收入每月8萬元，而丙之收入為每月2萬元。試問乙、丙每月應分擔甲之扶養費用各為若干？依據為何？

壹、扶養要件

一、須有一定之親屬、家屬或配偶關係

　　所謂扶養者（maintenance），係指特定人對不能維持生活而無謀生能力之他特定人予以經濟上、生活上之扶助養育，盡其照顧之能事。而下列親屬，互負扶養之義務：(一)直系血親相互間；(二)夫妻之一方與他方之父母同居者，其相互間；(三)兄弟姐妹相互間；(四)家長家屬相互間（民法第1114條）；(五)夫妻間（民法第1116條之1）。父母對於未成年子女之扶養義務，不因結婚經撤銷或離婚而受影響（民法第1116條之2）。

二、受扶養之要件

　　受扶養權利者，以不能維持生活（support living）而無謀生能力者（earn living）為限（民法第1117條第1項）。所謂不能維持生活，係指自身財力無法維持生活而言。而無謀生能力之限制，就直系血親尊親屬而言，不適用之（第2項）。

三、扶養義務人之要件

　　扶養義務人須具備扶養能力，是因負擔扶養義務而不能維持自己生活者，免除其義務。但受扶養權利者為直系血親尊親屬或配偶時，減輕其義務（民法第1118條）。父母子女及配偶間相互扶養之義務，其屬共生義務之性質，為生

活保持義務。而父母子女及配偶間以外之人受扶養時，義務人僅負生活扶助義務，其屬輔助義務之性質，毋庸犧牲自己之基本需求而與他人共享生活經濟資源。

貳、扶養之順序

一、扶養義務人之順序

負扶養義務者有數人時，應依下列順序定其履行義務之人（民法第1115條第1項）：(一)直系血親卑親屬（younger lineal relatives by blood）；(二)直系血親尊親屬（elder lineal relatives by blood）；(三)家長；(四)兄弟姐妹；(五)家屬；(六)子婦（daughter-in-law）、女婿（son-in-law）；(七)夫妻之父母。再者，扶養義務人同為直系尊親屬或直系卑親屬者，以親等近者為先（第2項）。負扶養義務者有數人而其親等同一時，應各依其經濟能力，分擔義務（第3項）。夫妻互負扶養之義務，其負扶養義務之順序與直系血親卑親屬同（民法第1116條之1）[1]。

二、扶養權利人之順序

受扶養權利者有數人，而負扶養義務者之經濟能力，不足扶養其全體時，依下列順序定其受扶養之人（民法第1116條第1項）：(一)直系血親尊親屬；(二)直系血親卑親屬；(三)家屬；(四)兄弟姐妹；(五)家長；(六)夫妻之父母；(七)子婦、女婿。再者，扶養權利人同為直系尊親屬或直系卑親屬者，以親等近者為先（第2項）。受扶養權利者有數人而其親等同一時，應按其需要之狀況，酌為扶養（第3項）。夫妻互負扶養之權利，其受扶養權利之順序與直系血親尊親屬同（民法第1116條之1第1項）。

---

[1] 司法院釋字第七四八號解釋施行法第22條第1項有相同規定。

三、扶養義務之減免

受扶養權利者有下列情形之一，由負扶養義務者負擔扶養義務顯失公平，負扶養義務者得請求法院減輕其扶養義務：(一)對負扶養義務者、其配偶或直系血親故意爲虐待、重大侮辱或其他身體、精神上之不法侵害行爲。(二)對負扶養義務者無正當理由未盡扶養義務（民法第1118條之1第1項）。受扶養權利者對負扶養義務者，有前開各款行爲之一，且情節重大者，法院得免除其扶養義務（第2項）[2]。例如，故意致扶養義務者於死而未遂或重傷、強制性交或猥褻、妨害幼童發育等。受扶養權利者爲負扶養義務者之未成年直系血親卑親屬者，不適用前開規定（第3項）。

參、扶養之程度及方法

扶養之程度，應按受扶養權利者之需要與負扶養義務者之經濟能力及身分定之（民法第1119條）。扶養之方法，由當事人協議定之；無法協議時，由親屬會議定之（民法第1120條本文）。但撫養費之給付，當事人不能協議時，由法院定之（但書）[3]。扶養之程度及方法，當事人得因情事之變更，請求變更之（民法第1121條）。

肆、例題解析——扶養義務之分擔

甲有子女乙、丙二人，甲依據自身財力無法維持生活，其有受扶養之權利（民法第1117條第2項）。其每月須扶養費用新臺幣（下同）2萬元，乙之收入每月8萬元，而丙之收入爲每月2萬元，應各依其經濟能力分擔對其父甲之扶養義務，並非平等分擔（民法第1115條第3項）。職是，乙、丙應按4比1之比例負擔其扶養義務，乙、丙每月應分擔甲扶養費用各爲1萬6千元及4千元。

最高行政法院101年度判字第715號行政判決：請求法院免除其扶養義務之權利，係形成權，自法院予以免除確定時起，始發生扶養義務者對受扶養權利者免除負扶養義務之法律效果。

最高法院100年度台上字第2150號民事判決。

第六章 家

《例題16》

甲男、乙女同居於甲之住所，而乙未於該住所設籍。試問某日乙遭甲毆打，某乙可否主張其遭甲施家庭暴力行為，而向法院聲請核發保護令？

壹、家之定義

所謂家者，係指以永久共同生活為目的而同居之親屬團體（community of relatives）（民法第1122條）。設籍僅為行政上之管理措施，而與家之概念有異。凡以永久共同生活為目的而同居之親屬團體，縱非設籍於同一處所，亦屬同一家。反之，數人雖設籍於同一處所，倘非以永久共同生活為目的而同居之親屬團體，仍不得稱為家[1]。

貳、家之構成

家置家長（民法第1123條第1項）。同家之人，除家長外，均為家屬（member）（第2項）。雖非親屬，而以永久共同生活為目的同居一家者，視為家屬（第3項）。家長由親屬團體中推定之；無推定時，以家中之最尊輩者為之；尊輩同者，以年長者為之（民法第1124條）。

參、家務管理

家務由家長管理。但家長得以家務之一部，委託家屬處理（民法第1125條）。最尊或最長者不能或不願管理家務時，由其指定家屬一人代理之（民法第1124條）。家長管理家務，應注意於家屬全體之利益（民法第1126條）[2]。

---

[1] 最高法院87年度台上字第1096號民事判決；最高行政法院96年度判字第724號行政判決。

[2] 最高法院42年台上字第364號民事判決：家長請求將家屬入譜，應注意家屬全體

肆、家屬分離

家屬已成年或雖未成年而已結婚者，得請求由家分離，不必有正當理由（民法第1127條）。反之，家長對於已成年或雖未成年而已結婚之家屬，得令其由家分離。但以有正當理由時為限（民法第1128條）。

伍、例題解析──家長與家屬

所謂家者，係指以永久共同生活為目的而同居之親屬團體；同家之人除家長外均為家屬；雖非親屬而以永久共同生活為目的同居一家者，視為家屬（民法第1122條、第1123條第2項、第3項）。家之定義係採實質要件主義，以永久共同生活為目的而同居一家為要件，應取決於有無共同生活之客觀事實，而不應以登記同一戶籍為唯一認定標準。甲男、乙女同居於甲之住所，乙戶籍雖未遷至甲處，仍應認雙方以永久共同生活為目的同居一家，甲、乙間應視為具有家長家屬之關係。因家庭暴力防治法之立法意旨，無非是期盼發揮保護令之保護及得到其他扶助、護衛、輔導及治療。準此，乙應可依該關係聲請保護令（家庭暴力防治法第3條第2款）[3]。

之利益事項，同宗集合修譜，各家家長對於家屬入譜事項，自屬有權主持。

[3] 最高法院105年度台簡抗字第63號民事裁定：家庭暴力防治法之家庭暴力者，係指家庭成員間實施身體、精神或經濟上之騷擾、控制、脅迫或其他不法侵害之行為；所稱家庭成員，包括現有或曾有同居關係者（家庭暴力防治法第2條第1款、第3條第2款）。而同居以有雙宿同眠之事實為已足，無須同住一處。

第七章　親屬會議

《例題17》

　　未成年人甲僅有血親三人，甲之法定代理人欲召集親屬會議，向法院聲請指定甲姻親二人為親屬會議之會員。試問法院應如何處理？依據為何？

壹、親屬會議之定義

　　親屬會議（family council）為處理親屬間一家或特定人之事項之親屬間合議機關，其為非常設機關，必須有特定事務時，始行召集，會議完畢後，即行解散，其無法律上之人格，不屬非法人團體。

貳、親屬會議之召集

　　親屬會議時，由當事人、法定代理人或其他利害關係人召集之（民法第1129條）。例如，被繼承人生前繼續扶養之人，其於民法第1149條之親屬會議酌給遺產事件，自屬民法第1129條所稱之利害關係人，其有召集權。

參、親屬會議之組織

　　親屬會議，以會員五人組織之，俾於形成多數決（民法第1130條）。監護人、未成年人及受監護宣告人，因有利害關係或行為能力不完全，不得為親屬會議會員（民法第1133條）。

一、法律規定

　　親屬會議會員，應就未成年人、受監護宣告人或被繼承人之下列親屬與順序定之（民法第1131條第1項）：(一)直系血親尊親屬；(二)三親等內旁系血親尊親屬；(三)四親等內之同輩血親。再者，同一順序之人，以親等近者為先；親等同者，以同居親屬為先，無同居親屬者，以年長者為先（第2項）。依先

順序所定之親屬會議會員，不能出席會議或難於出席時，由次順序之親屬充任之（第3項）。準此，親屬會議會員原則上應由血親充任之，須事實上無民法第1131條所定之親屬，或此類親屬不足法定人數時，始得由有召集權人聲請法院就其他親屬中指定。

二、法院處理

　　無法定之親屬會議之親屬或親屬不足法定人數、親屬會議不能或難以召開、親屬會議經召開而不為或不能決議，依法應經親屬會議處理事項，得有召集權人或利害關係人聲請法院處理之（民法第1132條）[1]。

肆、親屬會議之權限

　　親屬會議之權限以法律明文規定為限：(一)扶養之方法，由當事人協議定之；不能協議時，由親屬會議定之（民法第1120條本文）；(二)被繼承人生前繼續扶養之人，應由親屬會議依其所受扶養之程度及其他關係，酌給遺產（民法第1149條）；(三)親屬會議於繼承開始時1個月內選定遺產管理人，向法院報明繼承開始及選定遺產管理人之事由，法院應依公示催告程序，定6個月以上之期限，公告繼承人，命其於期限內承認繼承（民法第1177條、第1178條第1項）；(四)口授遺囑，應由見證人中之一人或利害關係人，而於為遺囑人死亡後3個月內，提經親屬會議認定其真偽，倘對於親屬會議之認定有異議，得聲請法院判定之（民法第1197條）。

伍、親屬會議之開會及決議

　　親屬會議，非有三人以上之出席，不得開會；非有出席會員過半數之同意（majority of members present），不得為決議（民法第1135條）。親屬會議會員，於所議事件有個人利害（personal interests）關係者，不得加入決議（民法第1136條）。第1129條所定有召集權之人，對於親屬會議之決議有不服者，得於3個月內向法院提起不服之訴（民法第1137條）。

---

[1] 最高法院100年度台上字第2150號民事判決。

陸、例題解析──指定親屬會議會員

親屬會議以會員五人組織之（民法第1130條）。親屬會議會員，應就未成年人、受監護之人、被繼承人之下列親屬與順序定之：(一)直系血親尊親屬；(二)三親等內旁系血親尊親屬；(三)四親等內之同輩血親（民法第1131條第1項）。依法應經親屬會議處理之事項，親屬不足法定人數，得由有召集權人或利害關係人聲請法院處理之（民法第1132條第1款）。

第六編

繼　承

第一章　遺產繼承人

《例題1》

> 甲男及乙女婚後生有丙子、丁女，並共同收養戊為養女。丙子與己女結婚，婚後生有A子及B女。某日甲男與丙子同時出遊，途中遭遇車禍，甲男與丙子同時死亡，甲男遺有遺產新臺幣（下同）1,000萬元，丙子遺產則有600萬元。試問甲及丙之遺產如何分配？依據為何？

壹、繼承之定義

所謂繼承者（succession），係指某一人死亡時，就該死亡人非專屬之一切權利義務，由其有一定親屬身分關係之人，當然包括繼承，毋庸繼承人（heir）為意思表示或請求（民法第1147條）。所謂死亡之定義，包括自然死亡與死亡宣告。準此，繼承法係以一定親屬身分為基礎之財產法規範，性質為身分財產法。

貳、遺產繼承人之資格

一、同時存在之原則

因被繼承人（the deceased）之財產於繼承開始時，當然移轉於繼承人，是為其繼承人者，須於繼承開始當時為生存之人。所以同時死亡者，並不具備同時存在之要件，互相不發生繼承關係（民法第11條）。

二、須有繼承能力

凡是有權利能力之人，均有繼承人之資格。因繼承人限於被繼承人之一定親屬身分者間，所以法人並無繼承能力。外國人亦有為繼承人之資格，但外國

人不得享有之財產權，自不得繼承（民法總則施行法第2條）。

三、須位居於繼承順序

同為繼承人，除配偶外，其有一定之繼承順序（民法第1138條）。順序在前者，得排除在後者，依法繼承之。職是，次順位之繼承人，須先順位之繼承人有拋棄繼承權或喪失繼承權之事由，始得繼承之。

四、須不喪失繼承權（92年司法人員四等）

繼承人對於被繼承人或順序在先之繼承人有重大不法、不道德行為，或者就有關繼承之遺囑，有非法企圖時，應剝奪其繼承權（民法第1145條第1項）。就喪失繼承權之人而言，其為繼承權之缺格。

參、遺產繼承人之順序（97年高考；99年三等特考；101年司法人員四等）

遺產繼承人有血親繼承及配偶兩種，即除配偶外，血親繼承人有四種，其繼承順序，依序如後（民法第1138條）：(一)直系血親卑親屬；(二)父母，包括親生父母及養父母；(三)兄弟姐妹，包括半血緣之兄弟姐妹在內；(四)祖父母，包括內祖父母及外祖父母。再者，直系血親卑親屬，以親等近者為先（民法第1139條）。例如，被繼承人有子女及孫子女，子女應先孫子女而為繼承[1]。

肆、代位繼承（101年司法人員三等；101、104年司法人員四等）

直系血親卑親屬為繼承人時，倘於繼承開始前死亡或喪失繼承權者，由其直系血親卑親屬代位繼承其應繼分（民法第1140條）。例如，甲有乙、丙、丁三名子女，乙先於甲過世，遺有一對子女，甲死亡時，甲之遺產則有乙之子

---

[1] 司法院釋字第七四八號解釋施行法第23條有相同規定。

女、丙、丁各繼承1/3，而乙之子女各得1/6。代位繼承為孫輩子女固有權，養子女之子女亦可主張。

伍、應繼分

一、法定應繼分（97年三等特考）

(一)同順序繼承人之應繼分

同一順序之繼承人有數人時，按人數平均繼承。但法律另有規定者，不在此限（民法第1141條）。例如，被繼承人有甲、乙二名子女，共同繼承遺產，而遺產有新臺幣（下同）100萬元，平均分配之結果，每人各得50萬元。

(二)配偶之應繼分

配偶有相互繼承遺產之權，其應繼分（entitled portion），依下列各款定之：1.配偶與被繼承人之直系血親卑親屬為繼承時，其應繼分與他繼承人平均；2.配偶與被繼承人之父母或兄弟姐妹同為繼承時，其應繼分為遺產1/2；3.配偶與被繼承人之祖父母同為繼承時，其應繼分為遺產2/3；4.無上開之繼承人時，配偶應繼分為遺產全部（民法第1144條）。

二、指定應繼分

所謂指定應繼分，係指被繼承人依據遺囑之方式，指定繼承人之分配率。指定應繼分有兩種限制：(一)應依遺囑方式為之，否則不生指定之效力；(二)遺囑指定應繼分，不違反特留分，受侵害之繼承人得行使扣減權。

陸、繼承權之喪失

繼承人對於被繼承人或順序在先之繼承人有重大不法、不道德行為，或者就有關繼承之遺囑，有非法企圖時，則剝奪其繼承權。有下列各款情事之一者，喪失其繼承權（民法第1145條第1項）：(一)故意致被繼承人或應繼承人於死或雖未致死因而受刑之宣告者（第1款）；(二)以詐欺（fraud）或脅迫

（duress）使被繼承人爲關於繼承之遺囑（will relating to inheritance），或使其撤回或變更之者（第2款）；(三)以詐欺或脅迫妨害被繼承人爲關於繼承之遺囑，或妨害其撤回或變更之者（第3款）；(四)僞造（forge）、變造（alter）、隱匿（conceal）或湮滅（destroy）被繼承人關於繼承之遺囑者（第4款）；(五)對於被繼承人有重大之虐待或侮辱情事，經被繼承人表示其不得繼承者（第5款）。前揭第2款至第4款之事由規定，倘經被繼承人宥恕者，其繼承權不喪失，其屬相對喪失繼承權之事由（第2項）。

柒、繼承回復請求權（98年司法人員四等）

繼承權（right to inherit）被侵害者，被害人或其法定代理人得請求回復之（民法第1146條第1項）。繼承回復請求權，自知悉被侵害之時起，2年間不行使而消滅；自繼承開始時起逾10年者亦同（第2項）[2]。繼承回復請求權，包括請求確認繼承人資格及回復繼承標的之一切權利，此項請求權因時效完成而消滅時，其原有繼承權全部喪失，自應由表見繼承人取得其繼承權[3]。此項請求權，應以與其繼承爭執資格之表見繼承人爲對象，而於訴訟外或訴訟上行使均無不可[4]。

捌、例題解析——遺產應繼分

甲男及乙女婚後生有丙子、丁女，並共同收養戊爲養女。丙子與己女結婚，婚後生有A子及B女。某日甲男與丙子同時出遊，途中遭遇車禍，甲男與丙子同時死亡，互不爲繼承，甲男遺有遺產（下同）1,000萬元，應由乙女、丁女、戊女及代位繼承之A子及B女共同繼承，則乙、丁、戊之應繼分各爲250萬元。A及B之應繼分各爲125萬元。就丙子之遺產600萬元，由己女及A子及B女共同繼承，應繼分各爲200萬元。

---

[2] 最高法院104年度台上字第2125號民事判決。
[3] 最高法院40年台上字第730號民事判決。
[4] 最高法院53年台上字第1928號民事判決。

第二章 遺產繼承

第一節 效 力

《例題2》

> 甲向乙借用新臺幣300萬元,清償期屆至時,甲已死亡,甲之繼承人為子女A、B及C三人。試問乙得向A、B及C請求之數額為何?依據為何?

壹、繼承之標的

繼承,因被繼承人死亡而開始(民法第1147條)。繼承人自繼承開始時,除本法另有規定外,承受被繼承人財產上之一切權利、義務。但權利、義務專屬於被繼承人本身者,不在此限(民法第1148條第1項)[1]。是繼承人於被繼承人死亡時,當然承受被繼承人財產上之一切非專屬之權利義務,並無待於繼承人之主張。例如,職務保證原有專屬性,除有特約或特殊情形外,保證人之責任因其死亡而消滅。因職務保證於保證契約成立時,被保人尚無具體之賠償債務,必待被保人有發生應賠償之情事後,其賠償之責任始能具體確定。而遺產繼承,應以繼承開始時被繼承人之權利義務狀態為準,倘繼承開始時,被保人尚未發生具體而確定之賠償義務,職務保證契約不在其繼承人繼承範圍[2]。

貳、繼承費用

關於遺產管理、分割及執行遺囑之費用,此為共益費用,原則上由遺產中支付之[3]。例如,喪葬費用、遺產管理人之報酬、因遺產而生之地價稅及房屋稅等。例外情形,係因繼承人之過失而支付者,不得由遺產中支付(民法第

---

[1] 最高法院100年度台抗字第283號民事裁定。

[2] 最高法院51年台上字第2789號民事判決。

[3] 最高法院99年度台上字第408號民事判決。

1150條）。

參、遺產酌給權

一、被繼承人生前繼續撫養之人

被繼承人生前繼續扶養之人，應由親屬會議依其所受扶養之程度及其他關係，酌給遺產（民法第1149條）。須酌給請求權人不能維持生活而無謀生能力者為限（民法第1117條第1項）。而無謀生能力之限制，其於直系血親尊親屬，不適用之（第2項）。遺產酌給請求權之行使，由請求權人向親屬會議決議請求之，對於親屬會議之決議有不服時，始得依民法第1137條規定，向法院提起訴訟，不得逕行請求法院以裁判酌給。召集親屬會議，所為酌給遺產之決議，原應依其所受扶養之程度及其他關係而定，倘親屬會議中決議不適當時，法院自可斟酌情形予以核定[4]。酌給遺產制度之目的，在使被繼承人生前繼續扶養而無繼承權之人，其於被繼承人死後，得以維持其生活。準此，遺產酌給之程度應於遺產範圍內，依被繼承人生前扶養之程度、受酌給權利人之性別、年齡、身體狀況、生活狀況，暨其與被繼承人間之身分關係、情誼厚薄、遺產狀況等情況定之[5]。

二、遺產債務

遺產酌給請求權性質上屬遺產債務，其與親屬間之扶養義務有別，被繼承人生前繼續扶養之人經親屬會議決議酌給遺產者，應由繼承人或遺囑執行人履行，將酌給物交付或移轉登記予被扶養人。

肆、遺產之共同繼承

繼承人有數人時，在分割遺產前，各繼承人對於遺產全部為公同共有

---

[4] 最高法院40年度台上字第937號民事判決。
[5] 最高法院104年度台上字第1610號民事判決。

（property in common），並無應有部分（民法第1151條）[6]。繼承人之一自不得在分割遺產前，主張遺產中之特定部分，由其個人承受。是繼承人共同出賣公同共有之遺產，其所取得之價金債權，仍為公同共有，並非連帶債權。公同共有人受領公同共有債權之清償，應共同為之，除得全體公同共有人之同意外，無由其中一人或數人單獨受領之權[7]。公同共有之遺產，原則上應有全體共同繼承人管理（民法第828條第2項）。例外情形，得由繼承人中互推一人管理之（民法第1152條）。

伍、繼承債務之連帶責任

原則上繼承人對於被繼承人之債務，以因繼承所得遺產為限負連帶責任（jointly liable）（民法第1153條第1項）。所謂連帶主義，係指債權人得向共同繼承人中之一人或數人或其全體，同時或先後請求全部或一部之給付。連帶債務未全部履行前，全體繼承人仍負連帶責任，各共同繼承人自不得以其應繼分為由，拒絕為全部之清償。而繼承人相互間對於被繼承人之債務，除另有約定外，按其應繼分比例負擔之（第2項）[8]。

陸、例題解析──繼承債務之連帶責任

甲向乙借用新台幣（下同）300萬元，清償期屆至甲已死亡，甲之繼承人為A、B及C等三人。因繼承人對於被繼承人之債務，以因繼承所得遺產為限，負連帶責任（民法第1153條第1項）。是債權人乙得向共同繼承人A、B及

---

[6] 最高法院104年度台上字第531號民事判決：繼承人有數人時，在分割遺產前，各繼承人對於遺產全部為公同共有關係，固無應有部分。然繼承人就繼承財產權義之享有或分擔，仍應以潛在之應有部分比例為計算基準，逾越其應繼分比例享有權利，就超過部分，應對其他共有人負不當得利返還義務，他共有人自得依其應繼分比例計算其所失利益而為不當得利返還之請求，此項請求權非因繼承所生，自非屬公同共有。

[7] 最高法院74年台上字第748號民事判決。

[8] 最高法院108年度台上字第422號民事判決。

C之一人或數人或其全體，同時或先後請求全部或一部之給付。在繼承所得遺產為限，而於300萬元之借款未全部履行前，全體繼承人仍負連帶責任，各共同繼承人自不得以其應繼分各為1/3為由，拒絕為全部之清償。

第二節　限定繼承

《例題3》

> 甲死亡後遺有遺產新臺幣（下同）300萬元及積欠債務500萬元，甲之繼承人有乙、丙，乙依法拋棄繼承，丙未為任何表示。試問甲之遺產應如何清算？依據為何？

壹、限定繼承之定義

所謂限定繼承（limited succession），係指繼承人得限定以因繼承所得之遺產，償還被繼承人之債務，以保護繼承人。是限定繼承之繼承人，就被繼承人之債務，僅負以遺產為限度之物的有限責任。所以就被繼承人之債務為執行時，限定繼承人僅就遺產之執行居於債務人之地位，倘債權人就限定繼承人之固有財產聲請強制執行，應認限定繼承人為強制執行法第15條之第三人，得提起第三人異議之訴，請求撤銷強制執行程序[9]。

貳、法院清算程序

一、於一定期間呈報遺產清算

繼承人於知悉其得繼承之時起3個月內開具遺產清冊陳報法院（民法第1156條第1項）。該3個月期間，法院因繼承人之聲請，認為必要時，得延展之（第2項）。繼承人有數人時，其中一人已開具遺產清冊陳報法院者，其他繼

---

[9] 最高法院108年度台上字第361號民事判決。

承人視爲已陳報（第3項）[10]。債權人得向法院聲請命繼承人於3個月內提出遺產清冊（民法第1156條之1第1項）。法院於知悉債權人以訴訟程序或非訟程序向繼承人請求清償繼承債務時，得依職權命繼承人於3個月內提出遺產清冊（第2項）。

二、報明債權之公示催告及其期限

繼承人於法定期間呈報法院時，法院應依公示催告程序公告，命被繼承人之債權人於一定期限內報明其債權（民法第1157條第1項）。公示催告期限，不得在3個月以下（第2項）。被繼承人之債權人，不於第1157條之一定期限內報明其債權，而爲繼承人所不知者，僅得就賸餘遺產，行使其權利（民法第1162條）[11]。

三、須無喪失限定繼承利益之事由

繼承人中有下列各款情事之一者，不得主張限定繼承之利益：(一)隱匿遺產情節重大；(二)在遺產清冊爲虛僞之記載情節重大；(三)意圖詐害被繼承人之債權人之權利而爲遺產之處分。因限定繼承係爲保護繼承人而設，倘繼承人有上揭之不正行爲時，不應賦予限定繼承之利益（民法第1163條）[12]。

---

[10] 最高法院100年度台上字第1622號民事判決。

[11] 最高法院100年度台上字第1509號民事判決。

[12] 最高法院103年度台抗字第849號民事裁定：繼承人依民法第1163條規定，不得主張同法第1148條第2項所定之利益時，應視爲單純承認繼承，自繼承開始時，承受被繼承人財產上之一切權利義務；對於被繼承人之債務，不以因繼承所得遺產爲限，負清償之責。是被繼承人之債權人中一人或數人聲請法院裁定繼承人不得享有限定繼承利益確定時，其法律效果應及於被繼承人之其他債權人。

參、限定繼承之效力（91年司法人員四等）

一、繼承人之有限責任

　　繼承人僅以因繼承所得之遺產，償還被繼承人之債務，負物之有限責任（民法第1148條第2項）。繼承人為債務人，僅其責任有限而已。是繼承人之債權人，得就債權全額為裁判上及裁判外一切請求。債權人起訴請求，繼承人提出限定繼承之抗辯時，法院應為保留的給付之判決，即於繼承財產限度內為給付之判決。

二、財產分離

　　為限定之繼承者，其對於被繼承人之權利、義務，不因繼承而消滅（民法第1154條）。繼承人之固有財產與遺產各自獨立，不因混同而消滅。故繼承人對被繼承人有債權者，其於遺產分割時，自應列為被繼承人之債務[13]。

三、債務清償

　　繼承人在申報債權之公示催告期限內，不得對於被繼承人之任何債權人償還債務（repay）（民法第1158條）。報明債權所定期限屆滿後，繼承人對於在該一定期限內報明之債權及繼承人所已知之債權，均應按其數額，比例計算，以遺產分別償還。但不得害及有優先權人（preferential creditor）之利益（民法第1159條）。例如，留置權、抵押權及質權。而繼承人應先清償於公示催告期間所申報之債權，不得對受遺贈人（legatee）交付遺贈（legacy）（民法第1160條）。被繼承人之債權人，不於申報債權之公示催告期限內報明其債權，且為繼承人所不知者，僅得就膡餘遺產，行使其權利（民法第1162條）[14]。

---

[13] 最高法院105年度台上字第686號民事判決。
[14] 最高法院100年度台上字第1509號民事判決。

四、債權人之賠償請求權及求償權

繼承人未依據民法第1157條規定清償債務及第1160條規定交付遺贈，導致被繼承人之債權人受有損害者，繼承人應負賠償之責（民法第1161條第1項）。受有損害之債權人，對於不當受領之債權人或受遺贈人，得請求返還其不當受領之數額（第2項）。繼承人及不當受領之債權人受遺贈人間對受損害之債權人，負不真正連帶債務責任。

肆、例題解析——限定繼承之效力

甲死亡後遺有遺產新臺幣（下同）300萬元及積欠債務500萬元，其繼承人有乙、丙。乙依法拋棄繼承，其對遺產並無權利義務關係。丙未為任何表示，適用法定限定繼承。繼承人僅以其繼承所得之遺產，負償還被繼承人之債務之義務（民法第1148條第2項）。職是，以甲之遺產300萬元清償積欠債務500萬元，不足清償之部分，不得向繼承人丙之固有財產求償。

第三節　繼承分割

《例題4》

甲喪偶，其有子女乙、丙、丁三人，乙向甲借款新臺幣（下同）100萬元，甲因丙結婚而贈與100萬元，甲死亡後遺有財產400萬元。試問繼承人實行遺產分割時，可各得之數額為何？

壹、遺產分割之自由及限制

所謂遺產分割（partition of inheritance），係指遺產之共同繼承人，以消滅遺產之公同共有關係為目的之法律行為。繼承人得隨時請求分割遺產。但法律另有規定或契約另有訂定者，不在此限（民法第1164條）[15]。是遺產以自由分

---

[15] 最高法院104年度台上字第1077號民事判決：遺產分割係以遺產為一體，整體為

割爲原則，例外不得分割之情事，其事由主要有二：(一)遺囑有禁止遺產之分割者，其禁止之效力則以10年爲限（民法第1165條第2項）；(二)胎兒爲繼承人時，非保留其應繼分，他繼承人不得分割遺產（民法第1166條第1項）。倘有違反未保留其應繼分而分割遺產，即應屬無效。至於胎兒關於遺產之分割，以其母爲代理人（第2項）。

貳、分割方法

遺產之分割方法有三種：(一)依遺囑指定：即爲尊重被繼承人之意思，被繼承人之遺囑，定有分割遺產之方法，或託他人代定者，從其所定（民法第1165條第1項）[16]。遺囑指定之分割方法，不得侵害繼承人之特留分（民法第1187條）；(二)協議分割：無遺囑指定者，共同繼承人得協議分割公同共有之遺產（民法第830條第2項、第824條第1項）；(三)裁判分割：共同繼承人協議不成或無法協議，繼承人得請求法院判決分割遺產（民法第830條第2項、第824條第2項）。

參、分割之計算

一、債務之扣還（100年司法人員四等）

繼承人中如對於被繼承人負有債務時，爲顧及其他繼承人之利益，不因繼承而生混同之結果，而於遺產分割時，應按其債務數額，由該繼承人之應繼分

分割，除有特別情事外，不得分別以遺產中各個財產爲分割之對象。

[16] 最高法院107年度台上字第2222號民事判決：民法第1165條第1項規定，被繼承人之遺囑，定有分割遺產之方法，或託他人代定者，從其所定。同法第1164條所定遺產分割，係以消滅遺產公同共有關係爲目的，除被繼承人以遺囑禁止繼承人分割之遺產，或繼承人全體以契約約定禁止分割之遺產外，應以全部遺產爲分割對象。倘被繼承人之遺囑就部分遺產指定分割之方法，而繼承人就其餘遺產不能達成分割協議，請求裁判分割時，仍應以全部遺產爲分割對象，僅經遺囑指定分割方法之遺產，應依遺囑指定之方法爲分割。

內扣還（民法第1172條）。例如，甲有繼承人乙子及丙女，其遺有現金新臺幣（下同）100萬元，丙於甲生前向其借款20萬元，是甲之遺產有120萬元，乙、丙之應繼分各為60萬元，丙之債務應自應繼分扣除。準此，乙、丙各分得60萬元及40萬元。

二、贈與之歸扣（98年高考；104年司法人員四等）

繼承人中有在繼承開始前因結婚、分居或營業，已從被繼承人受有財產之贈與者，應將該贈與價額加入繼承開始時被繼承人所有之財產中，為應繼遺產，此為生前特種贈與之範圍。但被繼承人於贈與時有反對之意思表示者，不在此限（民法第1173條第1項）。該項贈與價額，應於遺產分割時，由該繼承人之應繼分中扣除（第2項）。贈與價額，依贈與時之價值計算（第3項）。故被繼承人在繼承開始前，因繼承人之結婚、分居或營業，而為財產之贈與，通常無使受贈人特受利益之意思，係就其嗣後終應繼承之財產預先給付，故除被繼承人於贈與時有反對之意思表示外，應將該贈與價額加入繼承開始時，被繼承人所有之財產中，作為應繼財產。倘為其他事由，贈與財產於繼承人，應認其有使受贈人特受利益之意思，不能與因結婚、分居或營業而為贈與者相提並論。例如，因出國留學之贈與，非屬生前特種贈與之範圍。

肆、分割之效力（100年司法人員四等）

一、繼承人間互相擔保責任

遺產分割後，各繼承人按其所得部分，對於他繼承人因分割而得之遺產，負與出賣人同一之擔保責任（obligation of warranty of seller）（民法第1168條）[17]。此擔保責任包括權利瑕疵擔保及物之瑕疵擔保（民法第349條、第350條、第354條）。

---

[17] 最高法院106年度台上字第732號民事判決。

二、對債務人資力之擔保責任

遺產分割後，各繼承人按其所得部分，對於他繼承人因分割而得之債權，就遺產分割時債務人之支付能力，負擔保之責（民法第1169條第1項）。該項債權，附有停止條件或未屆清償期者，各繼承人就應清償時債務人之支付能力（solvency of debtor），負擔保之責（第2項）[18]。

三、繼承人無資力時之分擔

負出賣人及債務人擔保責任之繼承人中，有無支付能力不能償還其分擔額者，其不能償還之部分，由有請求權之繼承人與他繼承人，按其所得部分比例分擔之。但其不能償還，係由有請求權人之過失所致者，不得對其他繼承人請求分擔（民法第1170條）。

四、連帶債務之免除（102年司法人員四等）

遺產分割後，其未清償之被繼承人之債務，移歸一定之人承受，或劃歸各繼承人分擔，倘經債權人同意者，各繼承人免除連帶責任（民法第1171條第1項）。未經債權人同意者，繼承人之連帶責任，自遺產分割時起，倘債權清償期在遺產分割後者，自清償期屆滿時起，經過5年而免除（第2項）。

伍、例題解析——分割實行

倘繼承人中對於被繼承人負有債務者，而於遺產分割時，應按其債務數額，由該繼承人之應繼分內扣還（民法第1172條）。繼承人中有在繼承開始前因結婚、分居或營業，已從被繼承人受有財產之贈與者，應將該贈與價額加入繼承開始時被繼承人所有之財產中，為應繼遺產（民法第1173條第1項）。甲喪偶，其有子女乙、丙、丁三人，乙向甲借款新臺幣（下同）100萬元，甲因丙結婚而贈與100萬元，甲死亡後遺有財產400萬元，加上借款債權100萬元及特種贈100萬元，繼有應繼分財產600萬元，乙、丙、丁之法定應繼分各為200

---

[18] 最高法院106年度台上字第732號民事判決。

萬元，乙扣還借款債務後，應得遺產100萬元，丙扣除特種贈與100萬元，應得遺產100萬元，而丁可分得遺產200萬元。

第四節　繼承之拋棄

《例題5》

甲為乙被繼承人之繼承人，甲向法院表示拋棄繼承。試問：(一)甲逾其知悉被繼承人死亡時3個月，其拋棄是否有效？(二)乙僅有甲一名繼承人，乙死亡時，其兄丙向法院聲明拋棄繼承甲之遺產，法院應否准許其拋棄？

壹、拋棄繼承之定義

繼承之拋棄（waiver of inheritance），係消滅繼承效力之單獨行為（民法第1174條第1項）。繼承人拋棄繼承權者，視為自始該繼承人不存在（民法第1175條）。拋棄繼承不得附加條件或期限，亦不得撤回，以免影響繼承關係之確定。而拋棄繼承須全部為之，不得為一部拋棄。

貳、拋棄繼承之方式（92、104年司法人員四等）

拋棄繼承須於繼承開始後為之，是繼承人應於其知悉得繼承之時起3個月內，以書面向法院為之，不依此方式為之，其拋棄無效（民法第1174條第2項）。並以書面通知因其拋棄而應為繼承之人。但不能通知者，不在此限（第3項）。是否書面通知因其拋棄而應為繼承之人，並非拋棄繼承之形式要件。因他人拋棄繼承而應為繼承之人，為拋棄繼承時，應於知悉其得繼承之日起3個月內為之（民法第1176條第7項）。準此，繼承人於被繼承人生前不得預為繼承拋棄之聲明，縱使為之，仍不生拋棄繼承之效力。

參、拋棄繼承之效力

一、溯及效力

繼承人以書面將拋棄繼承之意思表示向法院為之,即生拋棄繼承之效力,溯及(retroact)於繼承開始時(民法第1175條)。其應繼分之歸屬確定,嗣再具狀撤回拋棄繼承之意思表示,自不生撤回效力,以免有礙繼承關係之安定。至拋棄繼承之意思表示,倘有錯誤、被詐欺或被脅迫等瑕疵時,該繼承人自得適用民法總則之規定,行使撤銷權。職是,拋棄繼承之意思表示不得撤回。

二、管理遺產之義務

拋棄人拋棄繼承後,其自始脫離繼承關係,雖無管理遺產之權利義務。惟為避免遺產之遺失或毀損。故拋棄繼承權者,就其所管理之遺產,而於其他繼承人或遺產管理人開始管理前,應與處理自己事務為同一之注意,繼續管理之(民法第1176條之1)。

三、拋棄繼承權人應繼分之歸屬

(一)第一順位繼承人拋棄

第1138條所定第一順序之繼承人即被繼承人之直系血親卑親屬,其中有拋棄繼承權者,其應繼分歸屬於其他同為繼承之人(民法第1176條第1項)。第一順序之繼承人,其親等近者均拋棄繼承權時,由次親等之直系血親卑親屬繼承(第5項)。

(二)第二順序至第四順序繼承人拋棄

第1138條所定第二順序至第四順序之繼承人,分別為父母、兄弟姐妹及祖父母,其中有拋棄繼承權者,其應繼分歸屬於其他同一順序之繼承人(民法第1176條第2項)。

(三)拋棄繼承對於配偶之效力

與配偶同為繼承之同一順序繼承人均拋棄繼承權,而無後順序之繼承人

時，其應繼分歸屬於配偶（民法第1176條第3項）。配偶拋棄繼承權者，其應繼分歸屬於與其同爲繼承之人（第4項）。

(四)先順序繼承人均拋棄其繼承權

先順序繼承人均拋棄其繼承權時，由次順序之繼承人繼承。其次順序繼承有無不明或第四順序之繼承人均拋棄其繼承權者，準用關於無人承認繼承之規定（民法第1176條第6項）。

肆、例題解析——拋棄繼承之方式

一、拋棄期間

繼承人拋棄其繼承權，應於知悉其得繼承之時起3個月內，以書面向法院爲之（民法第1174條第2項前段）。拋棄繼承人於知悉被繼承人死亡事實後，其遲至3個月後，始向被繼承人住所地之法院聲明拋棄繼承權（非訟事件法第144條第1項）。準此，甲爲乙被繼承人之繼承人，甲向法院表示拋棄繼承，已逾其知悉被繼承人死亡時3個月，其拋棄繼承於法不合，應予駁回。

二、拋棄繼承之定義

遺產繼承人，除配偶外，依順序爲直系血親卑親屬、父母、兄弟姐妹、祖父母。倘第一順序之繼承人，其親等近者均拋棄繼承權時，由次親等之直系血親卑親屬繼承（民法第1138條、第1176條第5項）。故遺產繼承人除配偶外，倘前順位有繼承人時，後順位者依法不得繼承，並非繼承人，其聲明拋棄繼承，即於法不合。職是，乙僅有甲一名繼承人，乙死亡時，其兄丙向法院聲明拋棄繼承甲之遺產，法院應駁回之。

第五節　無人承認之繼承

《例題6》

甲為臺灣地區無繼承人之退除役官兵，乙為大陸地區人民，乙為甲之同父異母之胞弟，乙為甲唯一之繼承人。試問乙得否繼承甲之遺產？依據為何？

壹、無人承認繼承之定義

所謂無人承認繼承（unacknowledged succession），係指繼承開始時，繼承人有無不明之狀態而言（民法第1177條前段）。應由親屬會議於1個月內選定遺產管理人，並將繼承開始及選定遺產管理人之事由，向法院報明（後段）。一方面為繼承人之搜索，另一方面為遺產管理及清算。

貳、繼承人之搜索

親屬會議將繼承開始及選定遺產管理人之事由報明法院後，法院應依公示催告程序，定6個月以上之期限，公告繼承人，命其於期限內承認繼承，此為搜索繼承人之方法（民法第1178條第1項）。無親屬會議或親屬會議未於繼承開始起1個月內之期限內選定遺產管理人者，利害關係人或檢察官，得聲請法院選任遺產管理人，並由法院依第1項規定為公示催告（第2項）。

參、遺產之管理及清算

一、法院為保存遺產之必要處置

繼承開始時繼承人之有無不明者，在遺產管理人選定前，法院得因利害關係人或檢察官之聲請，為保存遺產之必要處置（民法第1178條之1）。例如，無合法繼承人時，倘遺產有易腐敗之物品，利害關係人得聲請法院拍賣之，轉換成金錢。

二、遺產管理人之職務

遺產管理人之職務如後：(一)管理人應於就職後3個月內編製遺產清冊（民法第1179條第1項第1款、第2項）；(二)為保存遺產必要之處置（第1項第2款）；(三)聲請法院依公示催告程序，限定1年以上之期間，公告被繼承人之債權人及受遺贈人，命其於該期間內報明債權及為願受遺贈與否之聲明，被繼承人之債權人及受遺贈人為管理人所已知者，應分別通知之（第1項第3款）；(四)清償債權或交付遺贈物，而債權之清償，應先於遺贈物之交付，為清償債權或交付遺贈物之必要，管理人經親屬會議之同意，得變賣遺產（第1項第4款、第2項）。遺產管理人非於公示催告所定期間屆滿後，不得對被繼承人之任何債權人或受遺贈人，償還債務或交付遺贈物（民法第1181條）。而被繼承人之債權人或受遺贈人，不於公示催告期間內為報明或聲明者，僅得就賸餘遺產，行使其權利（民法第1182條）；(五)有繼承人承認繼承或遺產歸屬國庫時，為遺產之移交（民法第1179條第1項第5款）；(六)遺產管理人，因親屬會議，被繼承人之債權人或受遺贈人之請求，應報告或說明遺產之狀況（民法第1180條）。

三、遺產管理人之報酬

遺產管理人（manager）得請求報酬，其數額由法院按其與被繼承人之關係、管理事務之繁簡及其他情形，就遺產酌定之，必要時得命聲請人先為墊付（民法第1183條）。此項報酬為管理遺產所生之費用，應由遺產中支付（民法第1150條）[19]。至於法院選任之遺產管理人，其得聲請法院酌定報酬。遺產管理人受有報酬者，其執行職務時，應盡善良管理人之注意義務。

肆、遺產之歸屬

在法院公示催告期間內，倘有繼承人承認繼承時，遺產管理人在繼承人承認繼承前所為之職務上行為，視為繼承人之代理（民法第1184條）。公示催告

---

[9] 最高法院99年度台上字第408號民事判決。

期限屆滿，無繼承人承認繼承時，其遺產於清償債權並交付遺贈物後，倘有賸餘，歸屬國庫，此當然發生之效果，並為原始取得，無待於法院另有裁判而始發生（民法第1185條）。

伍、例題研析——聲明繼承

一、聲明繼承之時期

　　民法第1148條採當然繼承主義，是臺灣地區人民繼承遺產不需向法院聲明繼承。而大陸地區人民欲繼承臺灣地區人民之遺產，需向我國法院聲明繼承。大陸地區人民繼承臺灣地區人民之遺產，應於繼承開始3年內以書面向被繼承人住所地之法院為繼承表示；逾期視為拋棄其繼承權（臺灣地區與大陸地區人民關係條例第66條第1項，下稱兩岸條例）。大陸地區人民繼承兩岸條例施行日即1992年9月18日已由主管機關處理，且在臺灣地區無繼承人之現役軍人或退除役官兵遺產者，該項繼承表示之期間為4年（第2項）。法院得函國防部查詢就被繼承人之身分，即是否具有現役軍人或退除役官兵遺產之身分。倘繼承在兩岸條例施行前開始者，3年或4年之期間自1992年9月18日起算（第3項）。

二、聲明繼承方式

(一)聲明文件

　　聲請人向法院聲明繼承時，應提出如後文件供法院斟酌（兩岸條例施行細則第43條）：1.聲請書，乃聲明繼承之書狀；2.被繼承人死亡時之除戶謄本、繼承人戶籍謄本及繼承系統表；3.符合繼承人身分之證明文件。例如，被繼承人及繼承人間親屬關係、被繼承人之生父母年籍資料、聲請人及相對人收養關係等證明，該等證明身分之文件需附正本俾於查核；4.繼承人身分及委任狀等證明文件須經財團法人海峽交流基金會（下稱海基會）驗證，並附正本以便核符。倘法院對大陸地區出具之公證書之真偽有疑問時，得委託海基會查明其真實性；5.法院應查明聲請人之書狀到達法院時間，是否逾越3年或4年之法定期間（兩岸條例第66條）。

(二)被繼承人於1992年9月18日前死亡

　　兩岸條例係於1992年9月18日施行，倘被繼承人於1992年9月18日前死亡，無論其是否為現役軍人或國軍退除役官兵輔導委員會列管之退除役官兵，其大陸地區之繼承人最遲應於1996年9月17之前聲明繼承[20]。

---

[20] 林洲富，實用非訟事件法，五南圖書出版股份有限公司，2019年11月，12版1刷，273至274頁。

第三章 遺 囑

第一節 通 則

《例題7》

> 被繼承人甲有遺產A、B、C等3筆土地，繼承人有配偶乙及子女丙、丁。試問甲於生前以遺囑指定遺產之分管方式者，該遺囑是否有效？

壹、遺囑之定義

遺囑（will）係遺囑人死亡時，始發生法律上效力之單獨行為（民法第1199條）[1]。為確保遺囑人之真意，防止利害關係人之爭執，法律規定遺囑之種類及必須遵守之法定方式。準此，遺囑為要式行為，未依照法定方式為之，不生法律上之效力。

貳、遺囑能力

無行為能力人，不得為遺囑（民法第1186條第1項）。16歲以上而未受監護宣告之人，均有遺囑能力，縱使為未滿20歲之限制行為能力人，亦無須經法定代理人之允許，得為遺囑（第2項）。

參、遺囑之自由處分及限制

遺囑人於不違反關於特留分規定之範圍內，得以遺囑自由處分遺產（民法第1187條）[2]。是被繼承人之遺贈，在不違反特留分規定之範圍內，繼承人不得拒絕履行，因被繼承人處分自己之財產，不許繼承人擅為干預。以遺囑作為處分遺產為目的之行為時，倘非屬遺產之範圍，並非遺囑所得處分之範圍。

---

[1] 最高法院103年度台上字第880號民事判決。
[2] 最高法院101年度台抗字第184號民事裁定。

肆、受遺贈權之喪失

　　受遺贈人有如下喪失繼承之事由者，則喪失受遺贈權：(一)故意致被繼承人或應繼承人於死或雖未致死因而受刑之宣告者；(二)以詐欺或脅迫使被繼承人為關於繼承之遺囑，或使其撤回或變更之者；(三)以詐欺或脅迫妨害被繼承人為關於繼承之遺囑，或妨害其撤回或變更之者；(四)偽造、變造、隱匿或湮滅被繼承人關於繼承之遺囑者；(五)對於被繼承人有重大之虐待或侮辱情事，經被繼承人表示其不得繼承者。再者，第2款至第4款規定，倘經被繼承人宥恕者，其受遺贈權不喪失（民法第1188條）。

伍、例題解析──遺囑之自由處分

　　關於遺產之處分應充分尊重被繼承人之意思，故民法第1187條規定，在不違反特留分之範圍內，得以遺囑自由處分。而民法第1165條就分割方法及禁止分割之規定，亦應遵從被繼承人之意思。舉重以明輕，就處分、分割等重度行為而言，分管係輕度行為，自應遵從被繼承人之意思[3]。準此，繼承人甲有遺產A、B、C等3筆土地，繼承人有配偶乙及子女丙、丁，其於生前以遺囑指定遺產之分管方式者，該遺囑應為有效。

第二節　遺囑之方式

《例題8》

　　甲因車禍受傷，生命危急，乃指定乙、丙二人為筆記口授遺囑，指定甲之子丁之應繼分為1/2，並對第三人戊遺贈新臺幣200萬元，嗣後甲經醫療而痊癒，1年後始過世。試問丁或戊是否得依該口授遺囑之內容，分別主張指定應繼分與請求交付遺贈物？

---

[3] 司法院第7期公證實務研究會，公證法律問題研究(3)，57至59頁。

壹、遺囑之要式性

遺囑之方式（formality），應依法律規定，不得創設，否則不生法律上之效力。其法定遺囑有自書遺囑、公證遺囑、密封遺囑、代筆遺囑及口授遺囑等五種類型（民法第1189條）。

貳、自書遺囑（97年高考；97年司法人員三等）

自書遺囑者（holograph will），立遺囑人（testator）應自書遺囑全文，記明年、月、日，並親自簽名（sign）；倘有增減、塗改，應註明增減、塗改之處所及字數，另行簽名（民法第1190條）。遺囑應依法定方式為之，既然自書遺囑應自書遺囑全文，記明年月日，並親自簽名，非依此方式為之者，不生效力，故不得以印章代替簽名[4]。

參、公證遺囑

公證遺囑（notarized will），應指定二人以上之見證人（witness），在公證人（public notary）前口述遺囑意旨，由公證人筆記、宣讀、講解，經遺囑人認可後，記明年、月、日，由公證人、見證人及遺囑人同行簽名：遺囑人不能簽名者，由公證人將其事由記明，使按指印（fingerprint）代之（民法第1191條第1項）[5]。在無公證人之地區，公證人之職務得由法院書記官（court clerk）行之，僑民在中華民國領事駐在地為遺囑時，得由領事（consul）行之（第2項）。

---

[4] 最高行政法院103年度判字第92號行政判決：被繼承人應自書遺囑全文，未依法定方式所為增刪塗改，應視為無變更，而保持效力，尤其在增減塗改字句並不足以造成遺囑文義之變更，或造成無法辨識遺囑內容時，倘拘泥於文義，而謂遺囑歸於無效，反有違立法原意。

[5] 最高法院105年度台上字第2082號民事判決。

肆、密封遺囑

密封遺囑（sealed will），應於遺囑上簽名後，將其密封，而於封縫處簽名，指定二人以上之見證人，向公證人提出，陳述其為自己之遺囑，如非本人自寫，並陳述繕寫人（draftsman）之姓名、住所，由公證人於封面記明該遺囑提出之年、月、日及遺囑人所為之陳述，與遺囑人及見證人同行簽名（民法第1192條第1項）。在無公證人之地，公證人之職務得由法院書記官行之，僑民在中華民國領事駐在地為遺囑時，得由領事行之（第2項準用第1191條第2項）。密封遺囑不具備法定之方式時，而具備自書遺囑之方式者，有自書遺囑之效力（民法第1193條）。

伍、代筆遺囑

代筆遺囑（dictated will），由遺囑人指定三人以上之見證人，由遺囑人口述遺囑意旨，使見證人中之一人筆記、宣讀、講解，經遺囑人認可（approve）後，記明年、月、日及代筆人之姓名，由見證人全體及遺囑人同行簽名，遺囑人不能簽名者，應按指印代之（民法第1194條）[6]。準此，民法第3條第2項關於蓋章與簽名生同等效力之普通規定，而於代筆遺囑並不適用[7]。

---

[5] 最高法院107年度台上字第901號民事裁定。

[7] 最高法院108年度第5次民事庭會議決議，會議日期2019年4月16日：民法第1194條所定使見證人中之一人筆記、宣讀、講解，在於使見證人之一人依遺囑人口述之遺囑內容加以筆記，並由見證人宣讀，以確定筆記之內容是否與遺囑人口述之意旨相符，講解之目的在於說明、解釋筆記遺囑之內容，以使見證人及遺囑人瞭解並確認筆記之內容是否與遺囑人口述之遺囑相合，最後並須經遺囑人認可及簽名或按指印後，始完成代筆遺囑之方式。法律規定須由見證人加以筆記、宣讀、講解，僅在確保代筆遺囑確係遺囑人之真意。準此，見證人筆記、宣讀、講解之行為，係各自分立之行為，各有其作用及目的，並非三者合成一個行為，見證人三人並得互證所為遺囑筆記、宣讀、講解之真實，未限制應同一見證人為筆記、宣讀、講解之必要，俾能符合其立法之目的，並免增加法律所無之限制。

陸、口授遺囑

一、口授遺囑之方法

遺囑人因生命危急或其他特殊情形，不能依其他方式為遺囑者，得依下列方式之一為口授遺囑（oral will）：(一)筆記口授遺囑，係由遺囑人指定二人以上之見證人，並口授遺囑意旨，由見證人中之一人，將該遺囑意旨，據實作成筆記，並記明年、月、日，與其他見證人同行簽名（民法第1195條第1款）；(二)錄音口授遺囑，係由遺囑人指定二人以上之見證人，並口授遺囑意旨、遺囑人姓名及年、月、日，由見證人全體口述遺囑之為真正及見證人姓名，全部予以錄音，將錄音帶當場密封，並記明年、月、日，由見證人全體在封縫處同行簽名（第2款）。

二、口授遺囑之失效

口授遺囑係因受遺囑人有生命危急或其他特殊情形，不能依其他方式為遺囑者之臨時緊急方式。準此，口授遺囑，自遺囑人能依其他方式為遺囑之時起，經過3個月而失其效力（民法第1196條）。

三、口授遺囑之認定

口授遺囑係遺囑人於緊急之情事，所為之不得已之遺囑方式，其是否為遺囑人之真意，實有確認之必要。口授遺囑應由見證人中之一人或利害關係人，（interested person）於為遺囑人死亡後3個月內，提經親屬會議認定其真偽，對於親屬會議之認定如有異議，得聲請法院判定之（民法第1197條）。

柒、遺囑見證人之資格

除自書遺囑以外，公證遺囑、密封遺囑、代筆遺囑及口授遺囑均有見證人，茲以證明遺囑出自遺囑人之真意，是為確保認定遺囑之真實性，遺囑見證人資格之應有限制，故下列之人不得為遺囑見證人（民法第1198條）：(一)未成年人；(二)受監護或輔助宣告之人；(三)繼承人及其配偶或其直系血親；

四、受遺贈人及其配偶或其直系血親；五、爲公證人或代行公證職務人之同居人助理人或受僱人。

捌、例題解析──口授遺囑之效力

因口授遺囑具有緊急性，故自遺囑人能依其他方式爲遺囑之時起，經過3個月而失其效力（民法第1196條）。甲雖因車禍受傷而生命危急，指定乙、丙二人爲筆記口授遺囑，指定甲之子丁之應繼分爲1/2，並對第三人戊遺贈新臺幣200萬元，然嗣後甲經醫療而痊癒，1年後始過世，其遺囑經過3個月而失其效力。職是，丁或戊不得依據失效之口授遺囑，主張指定應繼分與請求交付遺贈物。

第三節　遺囑之效力

《例題9》

甲立遺囑遺贈乙坐落臺北市之房屋1棟，嗣後將該房屋出賣及移轉所有權與丙。試問甲死亡後，乙得否請求甲之繼承人交付及移轉該房屋所有權？

壹、遺囑生效之時期

遺囑自遺囑人死亡時發生效力（take effect）（民法第1199條）[8]。例外情形有三：(一)爲遺囑所定遺贈，附有停止條件者，自條件成就時，發生效力（民法第1200條）；(二)受遺贈人於遺囑發生效力前死亡者，其遺贈不生效力（民法第1201條）。故受遺贈人於遺囑發生效力時須客觀確定存在者，其遺贈始生效力；(三)遺囑人以一定之財產爲遺贈，而其財產在繼承開始時，有一部分不屬於遺產者，其一部分遺贈爲無效。全部不屬於遺產者，其全部遺贈爲無

---

[8] 最高法院103年度台上字第880號民事判決。

效。除非遺囑另有意思表示者，從其意思（民法第1202條）。

貳、遺　贈

一、遺贈之定義（98年三等特考）

　　所謂遺贈，係指遺囑人以遺囑方式，將財產上利益無償與他人之死後行為。關於死因贈與，我民法雖無特別規定，然就無償給與財產為內容而言，其與死因贈與不同。死因贈與以契約之方式為之，遺贈係以遺囑之方式為之。就死因贈與發生效力而言，實與遺贈無異，同為死後處分。

二、遺贈標的物之推定

　　遺囑人因遺贈物（legacy）滅失、毀損、變造、或喪失物之占有，而對於他人取得權利時，推定以其權利為遺贈；因遺贈物與他物附合或混合而對於所附合或混合之物取得權利時亦同（民法第1203條）。

三、用益權之遺贈及其期限

　　遺產除可使受贈人取得所有權外，並得以遺產之使用、收益為遺贈，而遺囑未定返還期限，並不能依遺贈之性質定其期限者，即以受遺贈人之終身為其期限（民法第1204條）。

四、附負擔之遺贈

　　遺贈附有義務或負擔者，受遺贈人以其所受利益為限，負履行之責（民法第1205條）。所謂義務或負擔，係指法律上之義務或負擔，不以有經濟上之利益為必要者為限。

參、遺贈之承認

　　繼承人或其他利害關係人，得定相當期限，請求受遺贈人於期限內為承認（accept）遺贈與否之表示。期限屆滿，尚無表示者，視為承認遺贈（民法第

1207條）。所謂利害關係人，如遺囑執行人、遺贈義務人之債權人或遺產管理人等。

肆、遺贈之拋棄

　　受遺贈人在遺囑人死亡後，得拋棄遺贈（民法第1206條第1項）。遺贈之拋棄，溯及遺囑人死亡時發生效力（第2項）。而遺贈無效或拋棄時，其遺贈之財產，仍屬於遺產（民法第1208條）。

伍、例題解析──遺贈之要件

　　遺囑人以一定之財產為遺贈，而其財產在繼承開始時，有一部分不屬於遺產者，其一部分遺贈為無效。全部不屬於遺產者，其全部遺贈為無效。除非遺囑另有意思表示者，從其意思（民法第1202條）。甲雖立遺囑遺贈乙房屋1棟，惟嗣後將該房屋出賣及移轉所有權與丙，甲死亡後，該房屋已不屬於遺產，是該遺贈無效，乙自不得請求甲之繼承人交付及移轉該房屋所有權。

第四節　遺囑之執行

《例題10》

　　甲男於生前立有遺囑，甲死亡後，甲之繼承人逕行開視遺囑，並依據遺囑內容分配遺產。試問甲之繼承人分配遺產之行為是否有效？依據為何？

壹、遺囑之提示及開視

　　遺囑保管人（custodian）知有繼承開始之事實時，或無保管人而由繼承人發現遺囑者，應即將遺囑交付遺囑執行人，並以適當方法通知已知之繼承人；無遺囑執行人者，應通知已知之繼承人、債權人、受遺贈人及其他利害關係人（民法第1212條）。因適法之遺囑，其於遺囑人死亡，即生效力，故遺囑之提

示或開視，並非遺囑之生效要件，僅為遺囑執行程序之一部。是遺囑保管人知有繼承開始之事實時，依法雖應將遺囑提示於親屬會議，惟遺囑保管人不於其時將遺囑提示於親屬會議，而於遺囑之效力，不生影響。有封緘之遺囑，非在親屬會議當場或法院公證處，不得開視（民法第1213條第1項）。遺囑開視時應製作紀錄，記明遺囑之封緘有無毀損情形，或其他特別情事，並由在場之人同行簽名（第2項）。

貳、遺囑執行人之產生

遺囑執行人之產生方法有遺囑指定、親屬會議選定及法院指定三種類型：(一)遺囑指定：遺囑人得以遺囑指定遺囑執行人（executor），或委託他人指定之（民法第1209條第1項）。委託者應即指定遺囑執行人，並通知繼承人（第2項）；(二)親屬會議之選定：遺囑未指定遺囑執行人，並未委託他人指定者，得由親屬會議選定之（民法第1211條前段）；(三)法院指定：不能由親屬會議選定時，得由利害關係人聲請法院指定之（後段）。民法就遺囑執行人資格之限制，規定未成年人（minor）、受監護或輔助宣告之人，不得為遺囑執行人（民法第1210條）。關於未成年人，係專就年齡上加以限制，故未成年人雖因結婚而有行為能力，仍不得為遺囑執行人[9]。

參、遺囑執行人之職務

一、編製遺產清冊

遺囑執行人就職後，就遺囑有關之財產，有編製清冊之必要時，應即編製遺產清冊，交付繼承人（民法第1214條）。關於身分事項或與遺囑無關之遺產，毋庸編製遺產清冊之必要。

---

[9] 司法院院字第1628號解釋。

二、管理遺產及為執行必要行為

遺囑執行人有管理遺產，並為執行上必要行為之職務（民法第1215條第1項）。遺囑執行人因前項職務所為之行為，視為繼承人之代理（第2項）。準此，當事人死亡而有以遺囑指定之遺囑執行人者，依民事訴訟法第168條規定，其訴訟程序，應由遺囑執行人承受之[10]。繼承人於遺囑執行人執行職務中，除不得處分與遺囑有關之遺產外，亦不得妨礙其職務之執行（民法第1216條）。

三、共同遺囑執行人執行職務之方法

遺囑執行人有數人時，其執行職務，以過半數（majority）決之。但遺囑另有意思表示者，從其意思（民法第1217條）。準此，遺囑執行人之人數，宜以奇數為佳，始不至於正反意見相同，而無法過半數決之。

肆、遺囑執行人之解任

遺囑執行人怠於執行職務（neglect duty），或有其他重大事由時，利害關係人，得請求親屬會議改選他人；其由法院指定者，得聲請法院另行指定（民法第1218條）。例如，應編製遺產清冊之必要，而不編製。

伍、例題解析──遺囑之提示及開視

遺囑保管人知有繼承開始之事實時，或無保管人而由繼承人發現遺囑者，應即將遺囑交付遺囑執行人，並以適當方法通知已知之繼承人；無遺囑執行人者，應通知已知之繼承人、債權人、受遺贈人及其他利害關係人（民法第1212條）。有封緘之遺囑，非在親屬會議當場或法院公證處，不得開視（民法第1213條第1項）。該遺囑開視時應製作紀錄，記明遺囑之封緘有無毀損情形，或其他特別情事，並由在場之人同行簽名（第2項）。因適法之遺囑，於遺囑人死亡，即生效力，故遺囑之提示或開視，並非遺囑之生效要件，僅為遺囑執

---

[10] 最高法院46年台上字第236號民事判決。

行程序之一部。是繼承人未依法提示或開視遺囑，於遺囑之效力，不生影響。準此，甲立有遺囑，其死亡後，其繼承人逕行開視遺囑，並依據遺囑分配遺產，繼承人分配遺產之行爲應屬有效。

第五節　遺囑撤回

《例題11》

> 甲之遺囑記載，其死亡後贈與其無資力之友人乙新臺幣100萬元，嗣後甲以遺囑撤回對於乙之遺贈。試問乙之債權人丙得否以甲撤回有關遺贈之遺囑，有害其對乙之債權，行使撤銷權，撤銷甲以遺囑撤回對乙遺贈之意思表示？

壹、遺囑撤回之定義

遺囑於遺囑人死亡前，尚未發生效力，故遺囑人得隨時依遺囑之方式，撤回（withdraw）遺囑之全部或一部（民法第1219條）。遺囑人於遺囑效力發生前，不須具何理由，自可任意將其遺囑撤回或變更之，縱使撤回遺囑之結果，對第三人有影響，該人亦無權干涉。

貳、遺囑撤回之方式

遺囑撤回之方式有明示撤回及法定撤回：(一)明示撤回，係以遺囑方式，撤回遺囑之全部或一部（民法第1199條）；(二)法定撤回有三種情況：1.前後遺囑牴觸（conflict）：前後遺囑有相牴觸者，其牴觸之部分，前遺囑視爲撤回（民法第1220條）；2.遺囑與行爲牴觸：遺囑人於爲遺囑後所爲之行爲與遺囑有相牴觸者，其牴觸部分，遺囑視爲撤回（民法第1221條）；3.遺囑之廢棄：遺囑人故意破毀或塗銷遺囑，或在遺囑上記明廢棄（annul）意思者，其遺囑視爲撤回（民法第1222條）。

參、例題解析——遺囑之撤回自由

　　債權人得依民法第244條規定行使撤銷訴權者，以債務人所爲非以其人格上之法益爲基礎之財產上行爲爲限。以拋棄繼承而言，繼承人雖係對財產繼承之拋棄，惟因繼承之取得，係基於特定之身分關係，故繼承權之拋棄具有身分之性質，其僅爲單純利益之拒絕。是繼承人之債權人自不得撤銷繼承人拋棄繼承之意思。因此，撤回遺囑雖係針對立遺囑人之財產爲之，而具有財產權之性質，惟撤回遺囑制度之設，在使立遺囑人得依其自由意志，決定其財產分配之身後大事內容，其直接涉及人格之自由及尊嚴，立遺囑人撤回遺囑與否，第三人並無干涉之權。故民法第1219條及第1221條分別規定，遺囑人得隨時依遺囑之方式撤回遺囑之全部或一部。遺囑人於爲遺囑後所爲之行爲與遺囑有相牴觸部分，遺囑視爲撤回。是撤回遺囑權以人格上之法益爲基礎，自不得以之爲撤銷訴權之標的[11]。準此，甲之遺囑記載，其死亡後贈與其無資力之乙新臺幣100萬元，嗣後甲以遺囑撤回對於乙之遺贈，乙之債權人丙不得以甲撤回有關遺贈之遺囑，有害其對乙之債權，依據民法第244條規定行使撤銷訴權者。

第六節　特留分

《例題12》

　　甲死亡後，其繼承人為乙子及丙女，甲於生前因乙結婚而贈與新臺幣（下同）100萬元，甲之遺產有積極財產500萬元，債務100萬元。試問甲立有遺囑對其母丁遺贈300萬元，乙、丙及丁可各得遺產數額為何？

---

[11] 臺灣高等法院87年度上字第32號民事判決。

壹、特留分之意義

特留分者（compulsory portion）係為保護法定繼承人，而特別為其保留一定比例之財產，此為法定繼承人之最低限度之應繼分。準此，遺囑人於不違反關於特留分規定之範圍內，得以遺囑自由處分遺產（民法第1187條）[12]。

貳、特留分之比例（97年司法人員三等）

繼承人之特留分，依據親屬關係之不同而有所差異如後：(一)直系血親卑親屬之特留分，為其應繼分1/2（民法第1223條第1款）；(二)父母之特留分，為其應繼分1/2（第2款）；(三)配偶之特留分，為其應繼分1/2（第3款）；(四)兄弟姐妹之特留分，為其應繼分1/3（第4款）；(五)祖父母之特留分，為其應繼分1/3（第5款）。

參、特留分之計算及扣減

特留分之計算，依據第1173條規定，算入特種贈與之部分後，算定之應繼財產中，除去債務額算定之（民法第1224條）。倘應得特留分之人，因被繼承人所為之遺贈，致其應得之數不足者，得按其不足之數由遺贈財產扣減之。受遺贈人有數人時，應按其所得遺贈債額比例扣減，此有特留分被侵害之繼承人行使扣減權之權利（民法第1225條）。

肆、例題解析──特留分之扣減

特留分之計算，依據第1173條規定，算入特種贈與之部分後，算定之應繼財產中，除去債務額算定之（民法第1224條）。甲之遺產為積極遺產新臺幣（下同）500萬元加上特種贈與100萬元，扣除債務100萬元，得500萬元。甲之繼承人為乙子及丙女，其應繼分各為250萬元，其特留分為1/2得125萬元（民法第1223條第1款）。甲於生前因乙結婚而贈與100萬元，乙可得25萬元。扣除乙之取得之25萬元，遺產有375萬元。倘丁取得有遺贈300萬元，僅剩75萬元，

---

[12] 最高法院101年度台抗字第184號民事裁定。

是丙之特留分不足50萬元，該部分得向丁主張扣減。準此，乙可得25萬元、丙可得125萬元、丁可得250萬元。

參考書目

〔中文部分〕

王澤鑑　民法概要，三民書局股份有限公司，臺大法學福利社，1版5刷，2003年10月。

朱鈺洋　民法概要，三民書局股份有限公司，修訂4版1刷，2003年10月。

林洲富　家事事件之理論及實務研究，司法院研究年報，23輯，6篇，司法院，2003年11月。

林洲富　實用非訟事件法，五南圖書出版股份有限公司，12版1刷，2019年11月。

林洲富　實用強制執行法精義，五南圖書出版股份有限公司，14版2刷，2020年2月。

林洲富　商事法實例解析，五南圖書出版有限公司，11版1刷，2019年8月。

法務部　中華民國民法英譯本，法務部，2004年5月。

陳美伶、李太正、陳連順　民法入門，元照出版有限公司，4版1刷，2002年9月。

郭振恭　民法，三民書局股份有限公司，修訂3版1刷，2002年11月。

詹森林、馮震宇、林誠二、陳榮傳、林秀雄　民法概要，五南圖書出版股份有限公司，4版2刷，2002年10月。

劉振鯤　實用民法概要，元照出版有限公司，5版1刷，2002年10月。

蔡輝龍、洪麗鈞　民法理論與實務，華立圖書股份有限公司，2004年5月。

薛平山　民法概要（全），中華電視股份有限公司，2003年2月。

謝哲勝　財產法專題研究，三民書局股份有限公司，1995年5月。

謝哲勝　財產法專題研究（2），元照出版公司，1999年11月。

謝哲勝　財產法專題研究（3），元照出版公司，2002年3月。

附錄 索 引

家圖書館出版品預行編目資料

法：案例式／林洲富著. -- 八版. -- 臺北
市：五南, 2020.09
　　面；　公分
　　ISBN 978-986-522-281-9（平裝）

1.民法

4　　　　　　　　109013896

1S05

民法—案例式

作　　　者 ― 林洲富（134.2）

發 行 人 ― 楊榮川

總 經 理 ― 楊士清

總 編 輯 ― 楊秀麗

副總編輯 ― 劉靜芬

責任編輯 ― 林佳瑩、李孝怡

封面設計 ― 姚孝慈

出 版 者 ― 五南圖書出版股份有限公司

地　　　址：106台北市大安區和平東路二段339號4樓

電　　　話：(02)2705-5066　　傳　　　真：(02)2706-6100

網　　　址：http://www.wunan.com.tw

電子郵件：wunan@wunan.com.tw

劃撥帳號：01068953

戶　　　名：五南圖書出版股份有限公司

法律顧問　林勝安律師事務所　林勝安律師

出版日期　2005年 5 月初版一刷
　　　　　2007年 8 月二版一刷
　　　　　2008年 9 月三版一刷
　　　　　2009年 3 月四版一刷
　　　　　2010年10月五版一刷
　　　　　2012年 5 月六版一刷
　　　　　2013年 6 月七版一刷
　　　　　2020年 9 月八版一刷

定　　　價　新臺幣650元

經典永恆・名著常在

五十週年的獻禮 —— 經典名著文庫

五南，五十年了，半個世紀，人生旅程的一大半，走過來了。
思索著，邁向百年的未來歷程，能為知識界、文化學術界作些什麼？
在速食文化的生態下，有什麼值得讓人雋永品味的？

歷代經典・當今名著，經過時間的洗禮，千錘百鍊，流傳至今，光芒耀人；
不僅使我們能領悟前人的智慧，同時也增深加廣我們思考的深度與視野。
我們決心投入巨資，有計畫的系統梳選，成立「經典名著文庫」，
希望收入古今中外思想性的、充滿睿智與獨見的經典、名著。
這是一項理想性的、永續性的巨大出版工程。
不在意讀者的眾寡，只考慮它的學術價值，力求完整展現先哲思想的軌跡；
為知識界開啟一片智慧之窗，營造一座百花綻放的世界文明公園，
任君遨遊、取菁吸蜜、嘉惠學子！